Adictos al Sexo y al Amor Anónimos

Texto Básico S.L.A.A.

Adictos al Sexo y al Amor Anónimos

Texto Básico S.L.A.A.

Primera edición

**The Augustine Fellowship,
Sex and Love Addicts Anonymous,
Fellowship-Wide Services, Inc.**

1986, 2026

Primera edición. Primera impresión, 2026.
La última cifra de arriba indica el año de esta impresión.

Se agradece el permiso para reimprimir y adaptar lo siguiente:

Los Doce Pasos y las Doce Tradiciones de Alcohólicos Anónimos tienen derechos de autor de Alcohólicos Anónimos World Service, Inc., reimpresos para su adaptación con permiso del editor.

El material de *Knowing Woman* de Irene Claremont de Castillejo tiene derechos de autor de C.G. Fundación Jung, reimpreso con autorización de C.G. Fundación Jung.

El logotipo es una marca registrada de The Augustine Fellowship, Sex and Love Addicts Anonymous, Fellowship-Wide Services, Inc.

Este libro es S.L.A.A. Literatura aprobada por la Conferencia de Servicios de toda la confraternidad.

Catalogación de datos de publicaciones de la Biblioteca del Congreso

Entrada principal bajo el título:
Adictos al sexo y al amor anónimos.
        1. Adictos al sexo y al amor anónimos. I. Título.

HQ72.U53S4 1986   306.7   85-30829

ISBN: (print) 979-8-9920530-4-3
ISBN: (ebook) 979-8-9920530-5-0

Contents

Prefacio

Desde el nacimiento de A.A. en 1935, los Doce Pasos del programa de recuperación de dicha asociación han sido adaptados a un sinnúmero de problemas que aquejan al hombre, entre ellos los relacionados con el juego, la comida, el tabaco, las drogas y los abusos sufridos durante la infancia.

La desesperanza generalizada que conlleva la adicción encuentra en este programa de Doce Pasos, una alternativa de elegante simplicidad. Sus principios pueden considerarse universales. No son originales de A.A. sino que se hallan en todas las principales religiones y filosofías.

Estos principios son muy simples: la admisión de la verdadera causa del problema (la actividad adictiva en sí); depositar la confianza en Dios o en alguna otra fuente de poder más allá de nuestros propios recursos para que nos guíe a través del camino de la recuperación; la voluntad de realizar un inventario con los propios defectos dé carácter y de compartirlo con otra persona; una buena disposición a enfrentarnos con nuestras deficiencias y a reparar el daño causado a otros; y un compromiso de que estos principios se conviertan en nuestra forma de vida. El Doceavo Paso—el principio que resume todos los anteriores—constituye la afirmación de la recuperación personal a través de la aceptación de la responsabilidad de comprometernos con esta forma de vida y de compartirla con los demás. Es allí donde se encuentra y se expresa el verdadero amor—que es de Dios y que hace posible que una persona llegue a tocar el alma de otra.

Considerando el carácter universal de estos principios, entonces ¿por qué es necesaria la existencia de diferentes asociaciones que se dediquen a adicciones específicas? La respuesta parecería encontrarse en el hecho de que, si bien dichos principios se aplican de forma generalizada, a nivel práctico e individual—y rigurosamente humano—las personas adictas tienden a considerar como adicción, sólo aquellas cosa que ellas no pueden manejar. Las diferentes preferencias adictivas de otros adictos pueden resultar desconcertantes o amenazantes. Por ejemplo, para un alcohólico resultará incomprensible—e incluso ridícula—la incapacidad de un comedor compulsivo de controlarse con la comida; un adicto al juego a quien no le gusta beber pues el alcohol le hace daño, es incapaz de comprender al alcohólico que bebe hasta sentirse mal, y aún así continúa bebiendo; el comedor compulsivo que goza y se satisface con un momento de amor, no puede comprender los sentimientos del adicto al sexo y al amor para quién nunca es suficiente. Cada adicto en soledad—ávido de una asociación y atrapado por la necesidad compulsiva de algún tipo de exceso que lo único que hace es acrecentar el enorme vacío interior—se encuentra en un estado de dolor permanente, y piensa que solamente alguien que ha experimentado la misma forma de adicción, es capaz de comprenderlo. Una asociación constituida por personas que pueden decir de verdad: "Sí, comprendo, yo también me he sentido así", es una parte vital de aquello que hace posible la recuperación en los distintos caminos de la adicción.

Como resultado de esto hoy en día contamos con esta asociación, Adictos Anónimos al Sexo y al Amor, y con este libro, basado en las experiencias de aquellos que descubrieron que la necesidad humana básica de establecer relaciones estrechas con otra persona, combinada con la realización de las propias capacidades sexuales como una expresión del compromiso con dicha relación, pueden ser corrompidas por la adicción y degenerar en una búsqueda compulsiva de sexo y romancero bien pueden conducir a relaciones-trampa obsesivas caracterizadas por las necesidades personales y la hiperdependencia— modelos de conducta capaces de impedir para siempre la posibilidad de satisfacer la necesidad primordial de lograr una auténtica intimidad con uno mismo y con el otro. El adicto al sexo y al amor sustituye con las emociones de las aventuras sexuales y los romances apasionados, las satisfacciones más generales que se encuentran, primero y principal en el respeto por sí mismo, y luego en la realización familiar, en una carrera y en la integración a la comunidad. La adicción proporciona un escape momentáneo de una realidad que nos duele, sin embargo cada vez debemos hacer un esfuerzo mayor para encontrar este escape, hasta que la búsqueda en sí se convierte en el motivo principal de nuestra supervivencia, y en pos de ella lo sacrificamos todo, incluso nuestra autoestima.

Alcohólicos Anónimos creció gracias al principio por el cual un alcohólico puede lograr la recuperación a través de la ayuda que brinda a otro alcohólico. Sin embargo, la historia nos enseña que—además del contacto personal—el mensaje de esperanza y las normas básicas que conducen a la recuperación también se pueden aprender y compartir a través de los libros. El principio de "pasar el mensaje" enunciado por el Doceavo Paso se propone asegurar que el adicto solitario, desesperado por lograr la recuperación y armado solamente con este libro, tenga la oportunidad de encontrar esa amistad y compañerismo tan especiales, tan vitales y dadoras de vida. Este libro no ha tomado simplemente prestados los principios de otras asociaciones que usan los Doce Pasos, sino que ha incorporado nuestras propias experiencias; desde el relato de la vida de alguien que encontró la recuperación y de las aventuras de esos primeros miembros que lucharon por ser honestos con ellos mismos combatiendo contra esta frustrante y alienante enfermedad, hasta las experiencias compartidas de aquellos que se quedaron, aprendiendo de los errores de los que se fueron.

El 14 de junio de 1984 en la primera reunión de la Fellowship-Wide Service Conference, S.L.A.A., aquellos adictos al sexo y al amor que—a través de este programa—habían recuperado el sano juicio y su papel dentro de la sociedad y de la comunidad, juzgaron que este libro llevaba el mensaje de recuperación y esperanza con la sinceridad necesaria como para que se convirtiera en el texto básico de S.L.A.A., capaz de ayudar a quienes aún sufren de esta enfermedad.

Aquellos de nosotros que vivimos este libro desde sus comienzos, sabemos que su verdadero valor no será juzgado por profesionales del campo de las enfermedades mentales o críticos literarios. El mérito de este mensaje será evaluado principalmente por aquellos que reciben su ayuda abrigamos la esperanza de que la verdad de este mensaje pueda transmitirse a pesar de las inevitables limitaciones de los mensajeros. Ofrecemos este libro con la profunda gratitud por el regalo de la recuperación y por la experiencia de la dignidad personal, la cual nos ha llegado a través de esta asociación otorgada por un Poder Superior a nosotros mismos.

Capítulo 1

Descubrimiento de la Enfermedad de la Adicción al Sexo y al Amor: una Historia Personal

Creo que de pequeño yo era un niño sensible. Mi actitud frente al mundo natural era siempre de curiosidad y asombro; amaba y buscaba la armonía sobre todas las cosas. Sin embargo, el ambiente que me rodeaba raramente era armonioso. Mi padre se hallaba en un vertiginoso camino de degradación debido al alcoholismo y mi madre tremendamente preocupada tratando de mantener la familia en pie a toda costa.

En fin, era un niño sensible que crecía entre dos adultos en lucha uno contra otro. Miles de veces traté de creer en un mundo lógica y emocionalmente coherente. Necesitaba suavizar, de alguna manera, los terribles extremos emocionales que se sucedían dentro de mí y la violencia física que existía a mí alrededor. En medio de toda esta confusión, fue imposible sentirme amado, así como me fue imposible dejar de desearlo. No encontraba las palabras para explicarme a mí mismo lo que estaba sucediendo, y de esta manera una furia envenenada se iba instalando en mi corazón. Tuve muy pocas experiencias que me hicieron sentir que todo estaba bien conmigo, que yo era valioso por el sólo hecho de ser una criatura de Dios. La mayor parte del tiempo me sentía superado por el pesar y los sentimientos de pérdida y abandono. Excepcionalmente, en muy raras ocasiones, pude notar, de forma espontánea, el sentido de satisfacción—de "todo está bien"—frente a Dios. Esas contadas experiencias, tan incongruentes en relación a lo que sucedía en el resto de mi vida, se me aparecían como puntos luminosos que brillaban a lo lejos, como rayos de luz que se alejaban en el oscuro abismo de los próximos 25 años. Sin embargo, olvidé casi por completo estas tempranas e íntimas experiencias positivas de mí mismo, y con ellas el sentido de abrigar algún tipo de esperanza.

Durante esos años de mi temprana infancia el único otro solaz era el contacto físico con mi madre. En general ella era muy poco expresiva, desde el punto de vista físico, excepto en los momentos en que me acunaba cuando yo me despertaba con pesadillas, o cuando me daba una paliza. Sin embargo, cuando tenía fiebre me llevaba a su cama y dormíamos abrazados, todo mí pequeño cuerpo rodeado por el suyo, de pies a cabeza, envuelto por la sensualidad del calor materno. Este placer, bendito como era, no lo conservo asociado a ningún tipo de connotación sexual. No obstante, la tibieza y el contacto tan cercano de otro cuerpo, traían para mí un mensaje emocional sumamente poderoso: "alguien me cuida, me protege y me quiere. Alguien me ama." De niño odiaba, e idolatraba al mismo tiempo, a mi padre alcohólico, y odiaba a mi madre por ser incapaz de ponerle fin a ese diario holocausto familiar. Sin embargo, a través de ella y del contacto de esas noches en que dormíamos juntos, pude recibir el mensaje de que "todo estaba bien."

Salí de mi primera infancia con algunas ideas extrañas, aunque comprensibles, tales como: "El único modo en que me siento querido es a través; del contacto físico", o "nunca debo revelar mis sentimientos ya que ser sensible significa ser vulnerable, y ser vulnerable implica sufrir las consecuencias de ser considerado un débil."

Estos conceptos coincidían perfectamente con los valores representados y enfatizados por los héroes del cine de entonces. En particular John Wayne, ejemplificaba una estrategia de vida basada solamente en la rectitud, sin evidenciar jamás ninguna necesidad de demostraciones de cariño. Usando el modelo de estos héroes de película, decidí que si nunca demostraba mis sentimientos, obtendría lo que quería; es decir, si me comportaba de forma abusiva con las mujeres, ellas se sentirían secretamente atraídas hacia mí. Me adorarían por abusar de ellas, se aferrarían a mí y no me dejarían nunca.

Durante todo el periodo de la escuela primaria, esta decisión de ocultar mis propios sentimientos tuvo sus consecuencias lógicas, debido a que, por supuesto, mis "necesidades emocionales" en realidad no habían desaparecido. Estaban contenidas, reprimidas, acumulando rencor y provocando ese tipo de ansia que me llevaba a los más apasionados e insaciables enamoramientos y pasiones secretas hacia mis compañeros, fueran chicas o chicos. Una chica en particular, dos años mayor que yo, fue mi "dueña" durante casi cinco años. Cuando ella entraba en algún lugar en el que yo estaba, una descarga de adrenalina recorría todo mi cuerpo, dejándome sin aliento y con el corazón batiendo desenfrenadamente. Ella nunca lo supo.

Los objetos de mis enamoramientos eran siempre del tipo "virgen en un pedestal", y representaban algo así como la pureza inalcanzable. Sólo en mis fantasías—donde yo también representaba un papel, el de héroe salvador de vida en caballerescas hazañas—era capaz de revelar mis ardientes sentimientos a estas "vírgenes."

Y aquí se hacía presente otro tema, en parte como compensación de la parálisis que provocan los enamoramientos, y en parte alimentado por un inconsciente odio hacia mi madre y por ende hacia todas las mujeres. Cultivé una personalidad directa y dura, al estilo de John Wayne, alrededor de la cual giraba mi concepto de masculinidad. Al igual que estos héroes de las películas y un compañero de clase que parecía tener mucho éxito con las chicas, yo veía a las jóvenes que se interesaban por mí como una "mercadería" y no como personas. En mí cabeza sólo existían dos maneras de clasificar a las mujeres, las vírgenes y las prostitutas.

Irónicamente, por el hecho de haber sido bastante inocente acerca de las "cosas de la vida", hasta los once años, y a pesar de todo el juego de excitación sexual que practiqué con mis amigos durante la infancia, el descubrimiento del orgasmo me causó una violenta sacudida, algunos pocos amigos en la escuela, que estaban hartos de tolerar mi ignorancia, finalmente me ilustraron de "cómo sucedía", por supuesto poniéndome en ridículo. Fui donde mi madre con este conocimiento recién adquirido en la calle; ella primero palideció y luego salió con una explicación del acto sexual que, de acuerdo a su relato, tenía tanto contenido emocional como una operación de colocación de tuberías. Jamás surgió de ella alguna descripción más humana o más inspirada.

Fue una noche de verano, en un campamento para chicos, cuando tuve mi primer orgasmo. Algunos de los chicos más grandes me habían enseñado acerca de la práctica de la masturbación, pero yo no había hecho demasiado caso. Sin embargo, una noche comencé a juguetear con mi sexo y, por primera vez, comencé a sentir una fuerte sensación en los genitales. Cuando este "crescendo" culminó en el orgasmo, el efecto fue tan deslumbrante e inesperado que me cogió completamente desprevenido. Era como tener un remolino de brillantes luces delante de los ojos que invadían todo mi cuerpo con su energía. Esta experiencia fue trascendental. Sentí como si se me hubiera revelado un poder secreto y oculto; ese poder, objeto de tabú, que en verdad gobernaba el mundo pero que nadie era capaz de reconocer.

A partir de ese momento el principal objetivo de cada día fue lograr el orgasmo a través de la masturbación. Al contrario de mucha gente, yo no había sido educado con tabúes religiosos acerca de la masturbación, simplemente porque ese tipo de temas no se hablaban en mi familia. Por lo tanto yo me sentía libre de ejercer ésta práctica sin pensar que estaba violando algún tipo de regla moral.

Había dado el primer paso que me conduciría a la fase activa de lo que mucho tiempo después diagnostiqué como adicción al sexo y al amor. Aquella antigua sensación de seguridad, de "todo está bien", que generalmente derivaba del contacto físico y sensual con mi madre, ahora se combinaba con una fuerte presencia en la zona de los genitales. Esto, sumado a la convicción de que era lícito tratar de obtener todo lo que a uno le apetece, allanaron el camino hacia un estilo de promiscuidad libre de culpas, hecho perfectamente a mi medida.

Para entonces también la cultura pop hacía su contribución con excitantes mensajes de derechos sobre el sexo que llegaban transmitidos por expresiones tales como; "nueva moral", "sexo sin culpa", "revolución sexual", "la píldora", etc. En medio de esta licencia culturalmente sancionada y camuflada, entré en la fase activa de la adicción.

Buscaba conscientemente situaciones en las que pudiera experimentar el contacto sexual sin implicarme emocionalmente —sexo sin compromiso–. Muy pronto llegué al punto en el cual lograba establecer un contacto puramente sexual sólo para darme cuenta de que llegado el momento era incapaz de funcionar debido a la ansiedad. Esto aumentó los temores en cuanto a mis posibilidades físicas en el terreno sexual, para no hablar de los miedos provocados por las sospechas de ser gay.

La inseguridad emocional que se derivó de este fracaso inicial fue rápidamente reemplazada por una mayor determinación en la reafirmación de mí mismo. De todas maneras aquellas primeras experiencias sexuales estaban cargadas con la ansiedad que conllevaba descubrir si yo era capaz de obtener de la vida la satisfacción que creía merecer. Por supuesto me producía gran incomodidad tratar de arreglar citas y encuentros sexuales. En el fondo yo era tímido y el enorme peso de sentirme en la obligación de hacerlo, generalmente me deprimía hasta el punto de la inercia total. Era incapaz de sentir que podía atraer a otras personas. Sólo me era posible superar la depresión y los temores del mundo exterior después de duplicar los esfuerzos por reafirmar mi voluntad y auto convencerme de mi audacia y valentía.

Extrañamente, alrededor de cinco meses después del primer encuentro sexual no consumado, me encontré diciéndole a una chica que estaba profundamente enamorado de ella, sin haber tenido ninguna intención previa de hacerlo. ¡No lo había previsto en absoluto! Antes de esto ella había sido una persona más hacia la cual yo había reaccionado con actitud irónica, sarcástica y presuntuosa. No pensaba en ella en términos de sexo, por lo que fue increíblemente sorprendente para mí experimentar ese estado casi hipnótico de "confundirme" con ella y entregarle mi corazón desde lo más profundo de mi alma. Junto a este sentimiento de descubrir y compartir mi ser más íntimo con otra persona, se hizo presente otro, igualmente trascendental, muy parecido al que había experimentado con mi primer orgasmo años atrás. Esa noche en que descubrí y entregué mi corazón—o más bien, descubrí mi corazón en el acto de entregarlo—no hubo sexo.

Es decir, yo había partido con la idea de obtener mi propio bienestar a través del sexo sin compromiso, e inesperadamente me encontraba "atrapado" por mis propias necesidades emocionales en una relación comprometida.

El enorme poder de mis anhelos de amor, tanto tiempo negados, me superó totalmente y así me llevó a pensar que mi amada "era la única", la única luz de mi vida, designada por los cielos para mí.

Sin embargo, mi indisciplinado muestrario de sexo-sin-culpa y sin compromiso no desapareció como resultado de la declaración de amor cósmico a una mujer. Seguía reclamando lascivas experiencias sexuales y el lazo emocional que mantenía con una persona no hacía mella en esos otros anhelos. De hecho me maldecía a mí mismo por haberme involucrado con Leonor, pues pensando en lo que yo pretendía lograr, ésta habría debido ser la última cosa que me sucediera. Sin embargo Leonor me habló directamente al alma, al menos a esa parte de mi alma aún virgen y vulnerable. Luchaba contra el irremediable vuelco que había dado mi vida. Todo lo que yo quería era sexo, y de pronto estaba esta mujer que me atraía en algún punto y a la cual no parecía poder resistirme. Por supuesto había una parte de mí que no quería renunciar a eso. Leonor me imaginaba desempeñando roles heroicos y caballerescos. Me entusiasmaba que ella me viera como el caballero de brillante armadura montado en un blanco corcel. Significaba la realización del sueño de gloria que había imaginado para mí. Y que esto me estuviera sucediendo en el mundo real era demasiado; no podía decepcionarla, defraudarla. Se trataba de una causa noble, santa.

Y fue así como Leonor se convirtió en la raíz de mi estabilidad emocional, o al menos, de alguna coherencia emocional, si bien el hecho de estar "atado" a alguien me hacía sentir como una fiera enjaulada. Una vez que el primer sofocón del romance comenzó a desaparecer, empecé a sentirme desdichado, no porque no me sintiera enamorado de ella, sino porque mis ansias me llevaban a buscar otras experiencias sexuales. Si no estaba con ella, estaba tratando de ligar. No podía detenerme, y raramente lo deseaba. Cuando me encontraba en los brazos de una nueva conquista y sentía la plenitud de mi poder y cómo éste se manifestaba, sentía que ese acto, ese abrazo, era lo único que existía en el mundo. Nada más importaba. Estas pasiones conflictivas me habían llevado a la completa desesperanza y me machacaba pensando: "si sólo quieres ligar ¿por qué no rompes con Leonor y te abocas a lo que se supone que quieres? Si en cambio, quieres estar con Leonor ¿porqué no dejas de andar a la búsqueda de aventuras y romances pasajeros? El sentido que yo poseía de mis derechos sexuales y emocionales me había hecho pensar que merecía ambos, y la verdad me era imposible decir que NO a alguno de los dos. Nunca sospeché cuán profunda era mi dependencia de Leonor. Cuando ella me dejó, después de dos años de habernos precipitado en esta relación, pensé que iba a morirme. Caí en un inexorable remolino de dolor. No podía dormir, perdí el apetito y perdí peso, vomitaba continuamente, y además las ideas de suicidio eran mis compañeras permanentes. El horror de esta "muerte"—la muerte de mi relación amorosa con Leonor—residía en que con ella también moría el concepto que yo tenía de mí mismo, ya que éste se había desarrollado como parte de dicha relación. Mi sentido del "yo" había surgido del sentido del "nosotros"; yo no poseía un concepto positivo de mí mismo, personal e independiente.

Trataba de ocultar lo mejor posible lo que estaba sucediendo diciéndome a mí mismo que lograría que ella volviera, usando la fuerza si era necesario. En cambio encontré una manera más poderosa y convincente de mantener a raya mi autodestrucción. Descubrí el alcohol y su poder de alterar la mente.

¡Qué gran descubrimiento! Como me había sucedido antes con la masturbación, el alcohol me permitía alejarme del mundo por un momento—perderme en un instante de liberación de tensiones-. Sin embargo creo que el descubrimiento del alcohol como una manera de "pincharme" e incitarme a vivir la vida (con todas sus duras lecciones), fue un hecho afortunado. En ese momento carecía de todo recurso que pudiera brindarme esperanza y un sentido al futuro, por lo que, de no ser por el alcohol, probablemente me habría suicidado.

Parte de la ilusión que me brindaba el alcohol consistía en la aparente habilidad de lograr aquello que siempre había proclamado desear: una vida de merecida promiscuidad, sin ataduras ni inhibiciones. Es decir, ahora podía tener una vida de relaciones exclusivamente sexuales sin la necesidad de camuflarlas con un romanticismo bajo y mezquino. De todas maneras, el patrón de mi conducta sexual y romántica permanecía inalterado.

Llorando aún a Leonor, y encontrándome alejado, trabajando en un colegio rural en el norte, a varios cientos de kilómetros de distancia del ambiente familiar de las "luces de la ciudad" donde yo me sentía seguro, comencé a alimentar un vívido odio al hecho de estar atrapado en ese aislamiento. Descubrí que manteniendo vivo ese odio era capaz de encontrar en él una especie de fortaleza que me confería la voluntad de sobrevivir a todas las adversidades.

El odio como fuerza motivadora hacía que cada viernes por la mañana preparara mis maletas. Después de una clase y un almuerzo temprano, me lanzaba a la carretera y, a dedo, emprendía el largo camino hacia el sur, hacia la ciudad. Allí había una gran universidad, y un fin de semana de principios de otoño asistí a un baile de la Facultad. Mí verdadero propósito consistía en emborracharme, echarme por ahí, y olvidar que el domingo tendría que regresar, a dedo, nuevamente al aislamiento.

En medio de ese grupo de gente, particular y heterogéneo, descubrí una mujer que bailaba, girando enloquecidamente como una mariposa herida. Percibí en ella una desesperación arrítmica ante la cual reaccioné inmediatamente, y me acerqué a ella para bailar. Con la cuota de alcohol que tenía encima me fue muy fácil sintonizar su conducta maniática y frenética con la mía, hasta despertar su atención. Hablamos y le mentí, le dije que asistía a la misma universidad a la que iba ella. No dormimos juntos. Apenas me di cuenta de que otra vez, y a la primera oportunidad, me estaba embarcando compulsivamente en lo que sería la próxima relación estable–miserable de mi vida. Esta haría, al menos por el momento, más llevadero el doloroso proceso de separación de Leonor y me tendría atrapado durante los próximos dos años.

A primera vista Leonor y Jean parecían muy diferentes. Sus historias pasadas, aspecto y opiniones, eran distintas. Yo había definido, para mí, el concepto de "amor" solamente en términos de experimentar ese extraño "poder" que me había llevado a rendirme a Leonor tan precipitadamente. En este caso me sentía menos obligado emocionalmente hacia Jean en cuanto a sentir que la "amaba." Sin embargo ella me adoraba y comenzó a demandar esa especie de atención continua; sucumbí a ello y me esforcé en convencerme que realmente estaba enamorado. No encontraba en ella un especial atractivo sexual; físicamente resultaba una relación bastante común. Esta falta de atracción sexual me permitió usar la excusa de que ella era virgen para evitar las relaciones sexuales durante casi un año. Si bien aparentemente yo abogaba por una sexualidad libre, sin ataduras y sin culpas, de alguna manera, al no tener relaciones sexuales con Jean, sentía que no estaba realmente comprometido con ella aparentemente Jean me adoraba. Yo era el rayo de sol en su vida. Me llamaba "Rich, el milagroso", y me colmaba de atenciones. Nunca me había sentido "amado" de esa manera, y tampoco había experimentado antes el hecho de tener tanto poder sobre otra persona. Cuanto más ella me mimaba, más yo me convencía de que la tenía completamente "enganchada", y que podía continuar evitando el compromiso sin temor a perderla. Parecía incapaz de dejarme.

Fui capaz de explotar esta situación, es decir, la libertad de saber a Jean tan enganchada a mí al punto de no poder dejarme, y que yo, aparentemente, no me sentía enganchado a ella. Por largo tiempo había tenido relaciones sexuales con alguien que vivía en el mismo colegio que Jean y continué haciéndolo, hecho que se hizo bastante obvio para Jean. Georgia se hallaba suficientemente disponible como para que yo la dejara pasar. Ella fue una de las tantas mujeres que, a través de los años, me proporcionaron, en el sentido físico, todo lo que se suponía yo deseaba. Si bien trataba de disimularlo, ella me atrapó completamente. El momento en que fuimos inevitablemente descubiertos significó el fin de mi relación con Georgia, algo que me dolió mucho. También significó el fin de una amistad de muchos años entre Jean y Georgia–hecho que fui incapaz de lamentar.

Continué resistiéndome a realizar una declaración formal de compromiso con Jean. A veces desaparecía de su vista por un tiempo, pero era incapaz de decírselo de frente cuando no quería verla. Inventaba una enfermedad, un viaje u otra excusa y simplemente desaparecía. Finalmente esto sirvió para que Jean me enganchara, y eso fue lo que hizo.

Aproximadamente después de un año comenzamos a tener relaciones sexuales. No constituía una perspectiva demasiado excitante para mí, pero era el camino más fácil y el de menor resistencia. Sinceramente, por esto no me sentí más comprometido que antes. Una noche, ella no estaba en su habitación a la hora en que yo solía pasar—conmigo era imposible acordar una cita previa—Tuve una extraña sensación ya que ella siempre estaba allí. Comencé a buscar y a comprobar que no estaba, primero con despreocupación y luego compulsivamente. Jean no estaba a la mañana siguiente la llamé a las 9, ya había vuelto, le pregunté dónde había pasado la noche. No fue capaz de darme una respuesta concreta, al final exigí una explicación y me confesó que había dormido con Bert–alguien a quien yo apenas conocía.

Estaba destrozado. Pensé, Jean me tiene enganchado. Se suponía que esto no debía suceder. Toda mi identidad se basaba en que yo era deseable e irresistible, por lo tanto esto me hacía enloquecer. No podía dejar de imaginarme a ellos dos juntos en la cama. Me sentí fatal. Tenía ganas de vomitar. Me era imposible borrar esa imagen de mi mente. Me sentí violado.

Jean observaba todo cuidadosamente y parecía arrepentida. Después de un momento sentí que, si quería, podía tenerla nuevamente. No había alternativa. Fuimos caminando hasta la casa de Bert a recoger algunas cosas que ella había olvidado la noche anterior. Ahora negaba cualquier interés en él y parecía tan "enganchada" a mí como antes—con una gran diferencia: ahora Yo estaba finalmente "comprometido" con ella.

A medida que nuestra relación deambulaba, Jean comenzó a sospechar la mezquina premisa en que ésta se basaba, es decir, una excesiva dependencia emocional mutua. Ella también se mostró menos disponible a pasar por alto la evidente incoherencia que existía entre mi declarado compromiso y mi inaccesibilidad para con ella aunque supuestamente yo estaba comprometido con ella, pasaba la mayoría de los fines de semana por ahí, en busca de aventuras sexuales.

En una noche típica, dije que saldría solo e iría a un club de jazz. Sin embargo pasé la noche inmerso en una romántica aventura de sexo, con una mujer que, de forma intermitente, había accedido a mis requerimientos sexuales durante varios años. Volví a casa de Jean muy tarde. Tuve cuidado en tomar una ducha y lavarme la boca con colutorio para eliminar todo rastro de perfume corporal de aquella mujer, antes de meterme en la cama con Jean. Al día siguiente me esmeré en demostrar un gran entusiasmo por un grupo de jazz que nunca había escuchado.

Ahora me doy cuenta, analizando esta típica escena que se repetía como tantas otras, que independientemente de la trampa adictiva, nunca estuve seguro de cuáles eran mis sentimientos hacia Jean. Si bien ella había invertido mucho en sus fantasías acerca de mí, ahora comenzaba a darse cuenta de mi inconsistencia emocional. Un hecho patético reveló esa sospecha que había comenzado a crecer.

Durante un fin de semana que pasamos en la casa de campo de su madre, íbamos paseando en coche, cuando ella mencionó un asunto que había estado en el aire durante varios meses: el matrimonio. Comencé a sentir la presión que venía hacia mí por parte de ella y de su madre. En ese momento me sentí enormemente solo. No recuerdo haber sentido una soledad más grande que aquella de estar con una persona que se supone amas, y con la cual no existe, ni siquiera la posibilidad, de una comunicación profunda, positiva. Es un sentimiento de soledad mucho mayor que el que se siente estando realmente solo.

De pronto Jean comenzó a llorar y a decir entre sollozos que yo no la amaba. Me sentí como un helado muro de piedra, extraño frente a la emoción que ella estaba manifestando. Traté de tranquilizarla y de convencerla que todo estaba bien. En ese momento me sentí totalmente en desacuerdo con mis declaraciones de amor y cariño, pero me era imposible ser honesto, la amara o no, la verdad es que la *necesitaba*. Para poder funcionar, yo dependía de la seguridad que ella me brindaba. Sin embargo, el compromiso que hubiera requerido el matrimonio me resultaba imposible. Siendo honesto con la verdad de mis sentimientos, el matrimonio no era, ni podía ser, una opción.

Intuyendo mi ambivalencia, finalmente rompió conmigo. Seis semanas después me encontré rogándole de rodillas, y con el rostro bañado en lágrimas, que se casara conmigo. Era una súplica para que ella me liberara de mi problema: yo mismo. Si bien hoy en día sé que en aquel momento era incapaz de sentir verdadero amor por alguien, el dolor que sufrí a causa de la separación de Jean fue aún más agudo e intenso que el que había sentido con Leonor.

Para entonces, el modelo de mi adicción al sexo y al amor estaba bien establecido desde hacía varios años. Sólo cambiaban los personajes. Naturalmente yo era incapaz de reconocerlo; para mí, cada nueva conquista encerraba la promesa de una nueva y original aventura. Creía estar viviendo la vida que otros, secretamente, envidiaban. Pensaba: "Son unos cobardes, no se atreven a arriesgar para vivir." No se me ocurría en absoluto pensar en la posibilidad de que este modelo de vida no podía conducirme a una satisfacción o felicidad duradera. De hecho, la promesa de la siguiente era la clave de toda la situación, la zanahoria que pendía permanentemente delante de mi nariz y que me hacía ir hacia adelante.

Viéndolo en perspectiva, el comienzo de mi relación con Kate tuvo un patrón dolorosamente familiar. Desde el momento en que ella proveía a mi vida de una situación de seguridad, sólo podía tener acceso a una pequeña parte de mí. Ahora mí vida estaba estrictamente dividida en compartimentos estancos y todos mis esfuerzos se dirigían a mantenerlos así, de manera que la seguridad que obtenía con Kate no se viera amenazada por mi constante flirteo con otras mujeres.

Kate y yo tuvimos una relación bastante turbulenta durante varios años, lo dejábamos y volvíamos a comenzar. Solamente cuando alcancé la sobriedad en Alcohólicos Anónimos, a finales de enero de 1971, comenzaron a vislumbrarse las semillas de un cambio importante. Durante los últimos meses del período en que aún bebía, Kate se había convertido en algo así como la voz de mi conciencia—una parte de mí que no me hacía muy feliz descubrir–. Cuando fui capaz de reconocer la aplastante evidencia de mi incapacidad para dejar de beber, pude finalmente abrirme, si bien débilmente, para aceptar la ayuda de A.A.

Sin embargo hubo algo que yo necesité establecer en el mismísimo momento en que comencé mi período de abstinencia del alcohol: ¡que mi vida de amor y sexo no debía cambiar! Cuando llevaba aproximadamente un mes de abstinencia, un viaje de negocios me impulsó a vivir una apasionada historia de amor y sexo, y esto fue suficiente para convencerme de que no se acabaría. Y de hecho no se acabó.

Estoy seguro de que el hecho de continuar con mi vida de amor y sexo como antes, ayudó a que mi abstinencia del alcohol fuera más llevadera. Esto sin mencionar el rechazo consciente que sentía hacia la recuperación en A.A. Me convertí en un miembro muy activo de esta asociación y me involucré en el programa de los Doce Pasos ya desde el principio. Sin embargo, no podía ser honesto conmigo mismo en ciertas áreas, más allá de lo que mi capacidad y determinación me lo permitían. Las actitudes relacionadas con la forma de conducirme en las relaciones de amor y sexo, estaban tan estrechamente vinculadas a la visión de mí mismo como persona, que me era imposible cuestionarlas voluntariamente—hasta que las circunstancias de la vida me forzaron a hacerlo.

Durante mi primer año de sobriedad en A.A., Kate trabajó para un hombre que se sentía atraído por ella y que tenía mucho para ofrecerle. Fue precisamente a causa del miedo a esta competencia que le pedí que se casara conmigo; pensé que era la única manera de retenerla así fue como nos casamos cuando llevaba ocho meses de abstinencia. Hice un compromiso interno de ser "fiel"—si bien la posibilidad de que yo nunca más flirteara o sedujera me parecía totalmente increíble–, A pesar de estos recelos, mi compromiso, boda y luna de miel, fueron muy bien, y fue un período en que pude gozar de cierto tipo de acercamiento a Kate. Incluso, en algún punto, sentía una especie de alivio pues al final estaba teniendo una oportunidad de vivir la vida en lugar de resistirla a toda costa.

De todas maneras, las adicciones son como huracanes internos. Existían los períodos de calma, pero nuevos avances de la marea podían suceder en cualquier momento. Seis meses después de nuestra luna de miel, contraje una enfermedad venérea, y ante la duda de saber si Kate pudiera estar infectada o no, me forcé a mí mismo a decírselo. Fuimos juntos a la clínica de enfermedades de transmisión sexual ¡un verdadero ejemplo de unión!

Llegado a este punto, corría el riesgo de establecer un compromiso más profundo con mis parejas sexuales pues la antigua vulnerabilidad emocional ya no estaba enmascarada por el alcohol. Comenzaron las verdaderas intrigas emocionales. Ya no buscaba una simple aventura sexual, buscaba una combinación prostituta/virgen, una mujer que me diera sexo despreocupado y a la vez fuera capaz de llegar a mi alma. Después de solamente cinco meses de matrimonio, me enamoré perdidamente de Felicia, quien combinaba una desesperada sed de sexo con anhelos espirituales. Pasé con inusitada velocidad de un frío control de la situación a un estado en el cual mi apetito por ella era insaciable. La verdadera dimensión de mi esclavitud quedó de manifiesto en cierta oportunidad en que me fui de viaje con mi esposa a Nueva Escocia. Inexplicablemente, al segundo día de viaje, tuve un agudo ataque de ansiedad. Sentí que me enfrentaba a la completa desintegración y muerte. Estaba histérico, acurrucado en posición fetal en el asiento delantero del coche, sollozaba y temblaba descontroladamente. Llamé a esto "fobia a viajar." Hoy sé que fue a causa de haberme separado de Felicia—sin saber qué hacía ella en mi ausencia o si estaría disponible para darme mi "dosis" cuando volviera–. Esto me causaba tal estado de nervios que reduje un viaje de dos semanas a cinco días de conducción maniática y frenética. Mis pensamientos eran: "Le brindaré suficiente calma a Kate para que ella sepa que estoy haciendo todo lo posible, pero, por favor, ¡dejadme ir a casa a por mi dosis!"

Finalmente, temiendo que se destruyera mi vida compartimentada, puse fin a mi relación con Felicia. Pude hacerlo con un margen muy estrecho, y en parte con la ayuda de una nueva aventura, otra repetición de un patrón ya familiar. Después de la tempestuosa historia donde perdí el control, me preocupé, cada vez más, en tratar de manejar mi tendencia a involucrarme emocionalmente. Por lo tanto me dediqué a algunos "refugios seguros", fuera del pueblo, donde sexo, intrigas emocionales e ilusiones románticas, podían ocurrir en forma relativamente segura, al menos eso creía yo. También logré manejar algunas situaciones locales donde el riesgo de una implicación emocional—que era lo que me hacía perder el control—parecía mínimo. En una de esas relaciones, con una mujer mayor, casada, las orgías sexuales se complementaron con una relación de negocios. Aparte de algunos esporádicos e intensos disgustos por mi parte, debido a la no disimulada calidad de nuestras relaciones sexuales—"carne fresca"—nuestros encuentros duraron varios años. A veces, completamente lleno de odio hacia mí mismo, trataba de abstenerme. Pero el enorme deseo físico por aliviar la tensión podía con lo que me había propuesto, y me encontraba nuevamente entre sus brazos, a menudo inventándome alguna fantasía u otra cosa sólo para tener un orgasmo. A decir verdad la utilizaba como una embellecida forma de masturbación. Justificaba esta situación—como lo había hecho con todas las demás—como consecuencia de mi "naturaleza sexual", mi deseo dominante, mis características primarias. Existía un demonio que debía ser calmado y con el cual debía convivir. "Quizá otras personas no lo vivan de esta manera", pensaba, "pero para mí, mi naturaleza sexual es la línea de base, los cimientos de lo que soy verdaderamente." Era algo que yo no quería cambiar. Estaba decidido a ir a la tumba con ello, esperando no dañar demasiado a otras personas en el camino. No veía otra alternativa posible, y mucho menos deseable. A pesar de las acuciantes pesadillas, aún no había experimentado esa cantidad de dolor emocional necesario para que pueda producirse un cambio.

En noviembre de 1975 y de común acuerdo, Kate quedó embarazada, si bien yo nunca había querido tener hijos, como tampoco nunca había querido casarme. Ese tipo de situaciones significaban ataduras para mí. El aumento de responsabilidades sólo lograba afectar mi habilidad (¡y mi derecho!) de conseguir aventuras románticas y sexuales. Creía que era la sociedad la que estaba equivocada tratando de crearme ataduras. En realidad yo era un verdadero pionero en modos de vida y de amor alternativos. Sin embargo, mi altamente apreciada filosofía se desmoronó, una vez más, ante la amenaza de perder a Kate si no era capaz de acceder a su deseo de tener hijos. De modo que, a regañadientes, accedí a su voluntad, si bien mis convicciones no habían cambiado un ápice.

El embarazo seguía adelante y mi modelo habitual de comportamiento continuaba como siempre. Tanto en A.A. como en otros aspectos de mi vida, yo seguía coleccionando citas casuales con mujeres atractivas y vulnerables. Una de ellas, Sarah, era especialmente intrigante. Intuyendo el peligro de involucrarme demasiado, traté de mantener el control no acostándome con ella a pesar de ello, me volví cada vez más obsesionado, hasta que la posibilidad de no volverla a ver se convirtió en un tormento.

De repente, en febrero de 1976, Sarah dejó de interesarse por mí y no me prestó atención durante varios días. Caí en un estado cercano a la parálisis; el "enganche" ya era demasiado profundo. Entonces, antes de irme de viaje de negocios por unos días, fui a su apartamento al último momento y le dije que la amaba. El hecho de aceptar finalmente que estaba atrapado, sólo se igualaba con el de saber que yo estaría fuera de la ciudad durante varios días, y por lo tanto podía evitar enfrentarme a las consecuencias de mi pasión recientemente declarada.

Algunas semanas más tarde salí nuevamente de viaje y al perder un vuelo de conexión estuve a punto de no coger el avión de regreso a casa; había quedado con Sarah y la posibilidad de que ese encuentro se malograra me provocó otro ataque agudo de ansiedad y la pérdida total de control emocional.

Cuando Sarah y yo tuvimos relaciones sexuales por primera vez, las necesidades reprimidas, ahora libremente expresadas, me transportaron a otro mundo. Nunca antes me había venido mientras una mujer me proporcionaba sexo oral. Con Sarah esta barrera desapareció. Me sentí introducido a un nuevo nivel de misterio sexual. En el transcurso de tres semanas, los sublimes encuentros semanales con Sarah, pasaron a dosis diarias de mantenimiento. Kate, cuyo embarazo comenzaba a hacerse evidente, se levantaba temprano y se iba al trabajo. Rápidamente yo salía de mi cama y corría a casa de Sarah a acostarme a su lado. Permanecíamos en una especie de trance sin tiempo, saboreándonos el uno al otro. Mirándola a los ojos, yo atraía su atención con una serie de discursos del tipo: "te amo", "te necesito", "eres lo único que quiero", "no puedo vivir sin ti." Se creaba una atmósfera de hipnosis mutua. Representábamos el uno para el otro la vela alrededor de la cual vuela la mariposa encantada por la luz. El mundo y el tiempo eran insignificantes frente al fascinante fenómeno de nuestra fusión.

En casa yo continuaba como si nada especial estuviera por ocurrir; al menos eso intentaba. Sin embargo mis horarios eran extraños, y alguna vez Kate hizo algún comentario sobre el hecho de que yo llegaba siempre tarde por las noches, o que salía a hacer algún recado sin previo aviso. No obstante me las arreglaba para mantener la fachada de mi hogar, aunque ésta fuera endeble o puro cartón pintado.

A mediados de abril, Sarah realizó un viaje al campo para ver a un antiguo novio, aparentemente para poner fin a la relación. Fue en ese momento cuando debí admitir que estaba completamente enganchado a ella—que la "amaba" y que esto podría conducirme a una situación que sería incapaz de controlar—Me sentí aliviado por el hecho de que ella iba a estar ausente por un tiempo.

Había llegado momento de reflexionar. Sentía que no podía vivir sin Sarah. De cierta manera había querido que ella se asustara de mi matrimonio y del embarazo de mi esposa, pero esto no sucedió. Estas circunstancias externas no disminuyeron su interés. Al mismo tiempo—virtualmente, pero no virtuosamente—había logrado terminar otras aventuras mientras crecía la intensidad de la relación con Sarah. Aunque pretendía convencerme a mí mismo de que me merecía unas felicitaciones por haber sido fiel, era evidente que no se trataba de verdadera fidelidad. Sarah consumía cada vez más mis energías, y ya no podía permitirme el lujo de apartarme de ella por mucho tiempo. Después de todo, si bien Sarah en apariencia me adoraba, yo sabía muy bien que ya no podía seguir apoyándome en ello si no hacía algo para reforzarlo. Si descuidaba mis inversiones, otros "competidores silenciosos" podrían aparecer. ¿Y quién era ella para resistirse? (Al fin y al cabo, quizá ella era como yo).

Y además estaba Kate. Yo llegaba a casa muy tarde por las noches—después de haber estado con Sarah y haberle jurado amor infinito y eterno, habiendo sentido cada palabra que decía—me acostaba al lado de Kate y rodeaba con mi brazo su crecido vientre. Me acurrucaba a su lado, sentía su respiración y me inundaban sentimientos de amor y de ternura. Me decía a mí mismo: "Rich, estás loco; estás perdiendo la razón. ¿Cómo puedes encontrarte en este aprieto? ¿Qué piensas hacer?"

Finalmente me decidí a resolver el problema tratando de renovar el romance con mi esposa. Nos fuimos de viaje a varios estados de distancia del nuestro. Planeé comportarme bien y hacer un esfuerzo sobrehumano para volver a sentir amor por esta mujer; a la vez que la forzaría a que me amara. Esperaba que esta experiencia fuera lo suficientemente fuerte para lograr desengancharme de Sarah y poder dejarla. El resultado de este provocado intento de destruir mis sentimientos y manipular a Kate fue una amarga lucha que estuvo a punto de terminar en violencia física. Mirando ahora hacia atrás, veo cuán desesperadamente quería convencerme de que nuestra relación matrimonial valía la pena. Por supuesto nunca había sido capaz de comprometerme emocionalmente con ella. En ese sentido yo estaba—y lo había estado durante años—fuertemente comprometido en otras actividades.

Kate y yo regresamos del viaje en medio de una incómoda tregua, en total incomunicación. Sarah había viajado a la costa oeste y llegaría unos días después. Me preguntaba si los lazos mágicos e intensos que nos unían se mantendrían aún después de su ausencia. Extrañamente, evité contactarla directamente para saber si había vuelto y elegí encontrarla "por casualidad" en una reunión de A.A. Sin saber que sucedería si ella aparecía, me sentía cargado de adrenalina y pedí a un amigo que estuviera cerca de mí ante la eventualidad de que me diera un ataque. Sarah llegó aún muy enamorada de mí, y yo respiré aliviado. Luego esa misma noche, reafirmamos nuestra pasión eterna, en sentido emocional y sexual—otro ladrillo de "secado rápido" en el muro creciente de la locura.

Hacia fines de abril comencé a experimentar impotencia sexual en casa. Esto me causó un estremecimiento; siempre había pensado que mi energía sexual era ilimitada. Sin embargo ahora, había fallado con Kate tres veces seguidas, si bien mantenía un regular ejercicio del sexo con Sarah y me masturbaba dos o tres veces al día. Temí que de continuar la impotencia, ésta fuera una absoluta evidencia para Kate de mis ocupaciones fuera de casa. Ya que la idea de dejar a Sarah era imposible, decidí dejar de masturbarme. Esperaba que si era capaz de hacerlo—primera vez en diecisiete años que lo intentaba—podría evitar ser descubierto. Esta estrategia me llevó otras seis semanas, durante las cuales me volvía cada vez más loco.

Sarah y yo queríamos irnos a la montaña por algún tiempo. Yo lo deseaba pero no veía la manera de hacerlo. Fué entonces que Sarah decidió ir a visitar a unos amigos, en la montaña, inmediatamente después de su graduación. Algunas semanas antes de esto, mientras ella estaba fuera de la ciudad visitando unos parientes, yo pude acomodar mis cosas para acompañarla. La llamé para decírselo, pero ella ya había hecho planes para ir con un antiguo novio, Sentí un tremendo nudo en el estómago, pero no había tiempo para seguir hablando. Ella regresaría el miércoles por la noche y yo iría a verla.

Esta conversación, apresurada y alarmante, sucedió el lunes. Como pude pasé el martes, y esa misma noche mi esposa y yo tuvimos la primera clase para parejas que planean un parto asistido por el marido. Me había comprometido a ello sólo para tranquilizar a Kate, pero en realidad la idea me asustaba mucho. Pude soportar la introducción sin muchos problemas, pero luego vino el vídeo de un parto asistido por un marido. Lo que más me impactó del vídeo fue que la principal "asistencia" que debe brindar el hombre es el apoyo emocional. Entré en pánico. Me di cuenta que yo no tenía ningún tipo de sentimientos por esta mujer, mi esposa. No sabía si la odiaba; no sabía si la amaba. Me sentí descompuesto ante el tremendo vacío de mi reserva emocional. Me sentí horrible, y por supuesto no pude compartir mi sentimiento de soledad. Todo lo que recuerdo es una sensación de creciente estrés.

Como estaba previsto, el miércoles por la noche trabajé hasta tarde, y si bien me sentía muy tenso, igualmente fui a ver a Sarah, tal como habíamos quedado. Eran alrededor de las 12. 30 de la noche. Estaba por comenzar el día en que finalmente me derrumbé. Recuerdo que necesité que ella me repitiera incesantemente que no me dejaría justo ahora que yo me había comprometido internamente en esta "cosa" que habíamos creado, y que había tomado vida propia.

Más tarde, después de haber dormido cuatro horas, me preparé para asistir a la graduación de Sarah. Por casualidad, mi suegro era un devoto ex-alumno de la Universidad a la que asistía Sarah y ese año era supervisor de clases. Sabía que se sorprendería de verme allí, y que yo sería incapaz de explicar mi presencia. Lo ubiqué enseguida y tuve mucho cuidado de que no me viera al mismo tiempo trataba de mostrarme despreocupado y atento con mis amigos.

Después de la ceremonia debía reunirme con Sarah y su familia. Sarah me cogió del brazo y me hizo posar junto a ella para la foto familiar. Yo fluctuaba entre querer mandar a todos al diablo y salir corriendo, y tratar de esconderme y pasar desapercibido. Mi ansiedad aumentaba cuando pensaba en la posibilidad de que mi suegro descubriera a su yerno en una romántica pose con otra mujer, rodeado de una familia que no conocía.

Después de este horrible episodio fui a comer con unos amigos. Llegando al restaurante estaba a punto de llorar. Y no pude resistir mucho. Era incapaz de abrir la boca, y mucho menos de comer un bocado. Después de diez minutos me excusé con mis afligidos amigos y me fui a casa, allí reinaba la calma; estaba solo. Hice una siesta y me recuperé un poco. Un repartidor trajo un sofá que Kate y yo habíamos comprado para el salón.

Cuando ella regresó a casa me sentía incapaz de decir o hacer nada. Kate comenzó a interrogarme, queriendo saber si yo estaba enojado con ella por algo. De repente se me escaparon las palabras: "Quiero la separación." No podía creer que yo hubiera dicho eso. Entonces ella dijo: "¿Hay otra mujer?" "Si", dije. "¿Es Sarah?" "Si", respondí.

Ella estaba furiosa, indignada, y yo reaccioné desde lo más profundo de la agitación en la cual había estado viviendo durante los últimos meses; la fuerza de esta emoción estaba exaltada por la combinación de circunstancias de las cuales había estado tan pendiente. Lloré, en un estado de total colapso emocional.

Esa noche tenía que verme con Sarah, pero en cambio di un largo, larguísimo paseo con Kate—llevando su enorme vientre tembloroso—por nuestro pueblo, y hablamos, y hablamos, y hablamos. De alguna manera sabía que nada en mi vida volvería a ser como antes y una parte de mí aceptaba que esto era lo que debía ocurrir.

Kate habló con su hermana, que vive a pocos kilómetros de distancia, y arregló para irse a vivir con ella cuando nos separáramos. Sentía que ahora mis entrañas estaban al descubierto para ser inspeccionadas, y que por el tiempo que me quedaba, deseaba que mi vida fuera lo más abierta posible a la luz del día.

Decidimos seguir viviendo juntos hasta que naciera el bebé. Le dije que continuaría viendo a Sarah, porque tenía que hacerlo; no era una condición negociable. Si Kate quería quedarse tenía que aceptarlo.

Pasamos la mayor parte del verano del '76 esperando la llegada de nuestro hijo, sin ocultarnos nada. Compartía todos mis sentimientos con Kate, recordando lo que había sucedido, yendo atrás en el tiempo tanto como me lo permitía la memoria; al mismo tiempo continuaba mi apasionada relación con Sarah.

Uno de los aspectos de mi relación con Sarah había sido que yo me sentía capaz de compartir con ella mis auténticos sentimientos, mi verdadero ser. Conocía a Sarah desde hacía menos de dos meses y sentía que ella me conocía mejor que Kate, con la cual convivía hacía ocho años. Y esto no me extraña. Había llevado una vida emocional tan comprometida, que nunca había logrado estar emocionalmente disponible para Kate. Si hubiera llegado a conocerme me habría abandonado, ya que mi promiscuidad y mis aventuras le habrían resultado intolerables. Por supuesto que interiormente sentía un gran deseo de que ella me conociera. Sin embargo yo sólo había permitido que Kate me "conociera" a través de vagas alusiones a mi conducta (en general relacionadas con el pasado), mientras le ocultaba lo que "realmente" estaba pasando. Tenía dos deseos: ser conocido y amado por lo que realmente era, y a la vez no malograr y tirar por la borda una relación que me proporcionaba seguridad, sí bien con ella nunca me había sentido feliz o satisfecho.

Con esta decisión de sacar a la luz todo mi pasado, la marea comenzó a cambiar. Cada revelación traía consigo humillación para mí y dolor para Kate. Era el resultado de años de una vida dividida. Se había roto completamente la ilusión de que podría evitar para siempre las consecuencias de mis acciones.

Ahora, dichas consecuencias se acumulaban, comprimidas por el peso de los años en que habían sido tan rigurosamente manejadas y alejadas. Kate se dio cuenta de la importancia de sacar a relucir los hechos de mi pasado y nunca eludió su participación en el proceso. Ella también estaba descubriendo quien era la persona con la cual había tratado de construir un matrimonio. Nunca más sería posible ignorar nuestras dificultades.

Así como era de brutal este proceso, eran los momentos pasados con Sarah. Si mi vida debía ser verdaderamente abierta, era lógico que compartiera también con ella la mayor cantidad de cosas acerca de lo que estaba sucediendo conmigo. No me atrevía a hacer una excepción por temor a volver a ocultar conductas obsesivas o compulsivas, ya que esto significaba para mí el suicidio.

Comencé a "vomitar" mi angustiado pasado a mediados de Junio de 1976, y, esencialmente, renuncié a una vida basada en compartimentos estancos. Fue entonces cuando experimenté por primera vez en muchos años, algún sentimiento positivo hacia Kate, sentimiento en el cual estaba decidido a confiar. Esa parte de mí que deseaba aplazar la separación hasta el nacimiento del niño, se basaba en lo que parecía un genuino interés por el papel de Kate en esta desastrosa debacle.

Así, dije a Sarah que quería pasar suficiente tiempo en casa como para aprovechar el último tiempo que me quedaba junto a Kate. Le aclaré que mi separación de Kate no estaba en dudas, pero que ahora la ecuación había cambiado: Kate tenía que ponerse al día con muchas cosas de mi vida. La historia de los dos meses y medio sucesivos representa la historia de lo incapaz que era yo de llevar a cabo mis propósitos. Trataba de mantenerme abierto y de compartir a toda costa mis actos y sentimientos, y aún así era capaz de tomar distancia y comprobar el poder que sentía al manejar mi relación adictiva con Sarah.

Con Kate establecimos ciertas reglas. Desafiante y con tono de superioridad, proclamé a voz en cuello que continuaría viendo a Sarah, manteniendo mi compromiso emocional con ella, y por supuesto las relaciones sexuales. Junto a mi preocupación por Kate había mucha frustración reprimida y una gran necesidad de responsabilizarla de mi incapacidad para evitar sumergirme en una desenfrenada pasión por Sarah. Desde esa perspectiva, yo no podía esperar que Kate se fuera, e incluso tenía fantasías en las cuales la veía muerta, víctima de un accidente. Sólo una parte de mí odiaba esa idea. La otra parte sabía que esa hubiera sido la mejor salida para mí. Y si bien por un "acto de Dios", Kate aún estaba entre nosotros, yo sabía que no podría—y no querría—dejar de ver a Sarah mientras Kate y yo esperábamos nuestro bebé.

Kate estableció sólo dos condiciones: que yo no durmiera en casa de Sarah mientras estuviéramos aún juntos, y que cada noche volvería a casa antes de la una de la madrugada.

Nunca entenderé como Kate pudo soportar el dolor que todo esto debía causarle. Ella era testigo—de una manera imposible para mí, pues estaba demasiado involucrado—de cómo yo estaba completamente dominado por mi necesidad de Sarah, y de cómo racionalizaba la manera de afrontar mis debilidades, justificándolas como "deslumbramiento." Por mi parte, tampoco quería detenerme demasiado a contemplar cómo mis estados de ánimo iban cambiando radicalmente sin que yo me diera cuenta; a pesar de esto, algunas señales se iban haciendo evidentes para mí.

Era posible que pasara unas pocas horas agradables con Kate, disfrutando de un cálido sentimiento hacia ella y deseando que ese momento se prolongara. Pero llegaba el momento de ver a Sarah. Al principio sentía una especie de resentimiento por el hecho de tener que verla, pues quería preservar esos buenos sentimientos que se habían generado en mi hogar. Pero apenas llegaba a casa de Sarah, estas determinaciones internas desaparecían.

Entonces mi perspectiva cambiaba *completamente*. Ahora era ella la persona con quien yo imaginaba compartir mis dorados años por venir. Kate dejaba de existir por completo. Mientras sucumbía al campo de fuerza sensual de Sarah, podía ver lo que ocurría, *pero era incapaz de parar*. Entonces era absorbido completamente por esta fuerza y el reloj se detenía. Un momento fascinante con ella, efímero en tiempo real, se convertía en eterno, y yo perdía absolutamente la conciencia de cuánto se había alterado mi mente; la situación me abrumaba y me superaba.

Al toque de queda de la una de la mañana volvía a casa, lleno de resentimiento por la horrible situación. Entonces Kate reaccionaba ante mí estado alterado: yo no podía estar emocionalmente presente ante ella—y yo lo veía y lo admitía. Me causaba terror no saber determinar el momento en que cruzaba la línea de la inconsciencia; de no saber cómo había sucedido ni cuándo volvería a suceder. Cuando estaba en ese estado de "inconsciencia", eso era todo lo que yo quería, pero ahora estaba comenzando a sentir que era una víctima de dicha inconsciencia. De pronto sentí que estaba siendo perseguido por algún tipo de fuerza diabólica que se servía de mí para sus propios propósitos.

Al principio eran pocos los momentos en que podía ver mi impotencia. La verdad me dejaba con la sensación de que estaba siendo devorado vivo por mi relación adictiva. Me mostraba cuál podría ser el final si yo era incapaz de parar: la locura, la reclusión o el suicidio. Sabía que no podía descartar ninguna posibilidad similar, pues las consecuencias de mi conducta eran progresivas. No podía esperar salir de ellas una y otra vez indefinidamente. Y aún así, la realidad de mi impotencia me decía que yo era incapaz de parar, incluso ante la evidencia de nefastas consecuencias. Aunque con un solo ojo y medio cerrado, podía ver adonde me dirigía; estaba en la cuesta abajo, y era resbaladiza.

Observando mi propia locura comencé a comprender lo que era el auténtico terror; sabiendo además que la parte de mí que observaba podía ser totalmente aplastada por la otra. Estaba atrapado y condenado.

En los primeros momentos en que comencé a tomar conciencia de todo esto, reaccioné de forma refleja, intentando poner fin a mi relación con Sarah. Ocurría a principios de julio. De alguna manera, el tratar de romper con ella era una medida preventiva, pues a pesar de sus vehementes declaraciones de amor eterno, había intuido en Sarah una cierta ambigüedad con respecto a otras opciones sexuales en su vida. Mi inseguridad emocional podía dispararse ante el sólo pensamiento de ella haciendo el amor o teniendo una aventura con otros hombres. Traté de racionalizar este miedo explicándome que se trataba de una proyección de mis propios díscolos comportamientos; esto me dio algún tipo de alivio a corto plazo. Sin embargo la inestabilidad persistía. Se estaba desatando una lucha de poderes.

Cuando a principios de julio intenté acabar la relación, me daba fuerzas con pensamientos positivos, lo mejor que podía. La verdadera decisión de dejarla la tomé impulsivamente un día mientras paseábamos en coche, cuando me encontré, de pronto, hablando de ello con un tono de venganza. Cuando regresé a casa lo anuncié con orgullo, e inmediatamente me dirigí a visitar unos amigos que vivían a 40 millas de distancia para recargar mis baterías. ¡Por Dios, lo estaba logrando!

Habían transcurrido menos de 24 horas cuando un desesperado y tembloroso Rich, en fase aguda de abstinencia, tomó el camino de menor resistencia y arrebatadamente llamó a Sarah. Otra vez bienvenido entre sus brazos y su cuerpo, sólo podía recordar vagamente el impulso que me había llevado a tratar de romper. Mientras sucumbía nuevamente y me quedaba adormecido, pensaba; "¿cómo pude, alguna vez, tratar de dejar esto?"

Hacia el final del verano, entre los vaivenes de esta dependencia básica y la lucha de poderes, por momentos me sentí aún más desesperado. Continué manteniendo esa actitud de apertura, compartiendo a toda costa, todo lo que sentía, pensaba y experimentaba. Una vez, durante uno de mis viajes, estuve a punto de verme enredado sexualmente con una mujer con la cual, varios años antes, había tenido una aventura. Estando ahora solo con ella en su casa sufrí por el recuerdo de lo que había sucedido aquella vez en el bosque. Y aunque lo deseaba, la conciencia de mi condición y las consecuencias que de ella se derivaban, no me abandonaban. Después de un apasionado beso y unas caricias—al borde de la entrega—me forcé a mí mismo a salir de la cabaña y fui a hacer dos llamadas telefónicas de larga distancia—una a Kate, y otra a Sarah— Le expliqué a cada una lo que casi había ocurrido. Sabía que haciendo esas llamadas me garantizaba ciertas consecuencias emocionales, sin embargo, estos límites externos constituían la única manera de contenerme. Seguir adelante con esta aventura significaría darle a Sarah un arma con la cual hubiera podido destruirme. Tremendamente frustrado por la aventura no consumada, me propuse aprender algo acerca de la inutilidad de caer en este tipo de trampas si el enredo romántico y sexual desaparecía como objetivo de fondo. Tenía mucho que aprender.

La madrugada del 16 de agosto llegué a casa como de costumbre a la 1:00. Después de dos meses de dificultosa espera—desde que había sabido de mi relación con Sarah—Kate estaba a punto de dar a luz.

Su trabajo de parto fue largo e intenso. Yo la veía y me angustiaba. Sentía que gran parte del dolor que estaba presenciando, no era solamente del parto, sino una expresión de la agonía causada por la situación en que ella se encontraba, y de la que yo me sentía responsable. Aún así, salí de la sala de parto, busqué un teléfono e hice esa conexión de "fundamental importancia" con Sarah. Cenamos juntos, y aún estando Kate en el hospital, yo pasé la noche con ella.

Era alucinante; esa noche después de la cena, yo recibía, de Sarah y de sus compañeras, cálidas felicitaciones por mi reciente paternidad—era padre de una niña, A Kate ni se la mencionaba.

Cuatro días después Kate dejó el hospital y sabía que sólo quedaban dos semanas para la separación. Yo estaba decididamente a favor de nuestra separación; sin embargo, también sabía que el tiempo que nos quedaba por compartir significaría el final de lo que había sido un largo y tortuoso proceso. Ahora mi vida quedaba al descubierto, no importaba cuán dispares e irregulares podían ser las distintas partes que la componían.

La línea de "apertura" que mantuve desde mediados de junio, había acortado ampliamente la ventaja que, al inicio de la primavera, ostentaba Sarah por el hecho de conocerme y saber mucho más acerca de mí que Kate. Esta "apertura" de mis sentimientos y pensamientos siguió dando sus frutos. Aunque sentía con más fuerza que nunca que el tiempo que nos quedaba por compartir con Kate era precioso, era más que evidente que, a pesar de mis intenciones, yo seguía pasando una desproporcionada cantidad de tiempo con Sarah. No podía engañarme a mí mismo, ni racionalizar lo apropiado de mi actitud. Estaba siendo forzado a ver, con más claridad, la disparidad entre mis intenciones y mi verdadera conducta.

Por supuesto, aún tenía un gran interés creado en no ver esta discrepancia. Reconocerla significaba admitir la impotencia ante mi conducta sexual y emocional, y esto traía aparejado la posibilidad de que yo tuviera que cambiar. Era mucho más fácil seguir buscando culpas en las circunstancias externas.

En septiembre llevé a Kate y a mi pequeña hija a la casa de la hermana de Kate, a cientos de millas de distancia. La noche anterior había ofrecido un concierto en la facultad y Sarah había venido conmigo. Me sentía tan exhausto y corrupto, que antes del concierto me preguntaba cómo sería capaz de salir a escena y enfrentarme a la audiencia. Me repuse, y me dejé llevar por la actuación en sí. Dejé a Sarah muy tarde aquella noche después del concierto y le dije adiós. Ella iba a pasar el fin de semana a una isla, mientras yo llevaba a Kate y a la niña hacia el norte.

Después de unas pocas horas de sueño, de alguna manera me puse en movimiento para afrontar el viaje. Mientras conducía, miraba a Kate y de vez en cuando miraba a la niña que dormía en su moisés en el asiento trasero. Me inundaban las emociones. Comencé a reflexionar sobre cuán atormentada había sido la década de mis veinte años. Estaba por cumplir los treinta, ¿qué quería para entonces? Miré a Kate y a nuestra hijita y sentí que quería la seguridad de pertenecer a mi familia. Deseaba la "madurez." Quería que ésta fuera mi apuesta. Este resplandor de felicidad duró la mayor parte del viaje, pero no pude compartirlo con Kate, pues sabía que al hacerlo me comprometería a algo para lo cual no estaba preparado.

Al día siguiente volví volando a casa, después de haber ayudado a colocar la cuna de la niña y de los correspondientes saludos. Ahora estaba lleno de intenciones. Pensaba, "ahora debo romper con Sarah. Es sábado por la noche y ella estará fuera todo el fin de semana. Tengo dos días para fortalecer mi decisión. Haré todo lo que sea necesario para alejarme de ella."

El primer desafío a mis intenciones sucedió en el camino de regreso. Había quedado con unos amigos de Sarah que irían a recogerme al aeropuerto. Ahora esta posibilidad me horrorizaba. Sabía que quería a mi familia, pero también sabía que mis convicciones emocionales desaparecían ante la influencia del campo magnético de Sarah, y el hecho de ver a sus amigos podía constituir el comienzo de un desmoronamiento. Estaba aterrorizado. Fingiendo entusiasmo, me deshice de ellos lo más rápido posible. Fui a casa, y por primera vez, caminé en un apartamento vacío, sólo para mí. Mi gato estaba allí y yo mantenía el propósito de dejar a Sarah.

El plan original había sido encontrarme con ella, en su largo fin de semana, después que hubiera dejado a Kate. Se suponía que iba a ser una celebración. Pero sabía que no podía hacerlo. Mi conciencia sobre el deseo de terminar con la relación era tan frágil, que entendía que debía nutrirla y protegerla. Sarah me llamó el sábado por la noche y me tomó de sorpresa. Me las arreglé para decirle que no pasaría el resto del fin de semana con ella; que la vería cuando estuviese de regreso. El domingo ratifiqué mi resolución yendo a visitar una familia amiga y con ellos pasé todo el día. Traté de embeberme de su energía comunitaria, y cuando volví a casa, seguía con la firme intención de romper con Sarah.

Era ya avanzada la noche del domingo cuando regresé a casa. Había un mensaje de Sarah en el contestador. Había tomado un barco más temprano, y aparentemente había corrido de vuelta a su casa tan pronto como pudo. Se veía claramente que se sentía insegura y preocupada sobre cuál sería mi estado emocional; y sin duda, sabía lo que debía hacer si yo me volvía contra ella. Nuevamente mi equilibrio se veía amenazado por su mensaje y por el hecho de que en ese momento ella se encontraba a menos de una milla de distancia. Me sentí invadido.

De pronto tomé la decisión de verla esa misma noche, tarde. La llamé y le dije que iba hacia allá. Golpeé a la puerta y me recibió con su delicioso cuerpo desnudo debajo del albornoz desprendido. Me abrazó, me besó y sentí que me ponía rígido—no mi pene, sino mi cuerpo entero. Como si fuera de madera, era incapaz de responder. Me condujo a su habitación y a su cama. De pronto me sentí a mí mismo diciendo: "quiero ver si puede funcionar mi relación con Kate, eso es lo que realmente quiero." Aún estaba rígido, sin poder relajarme. Siguió un largo silencio luego del cual ella dijo: "¿Porqué no vas a tu casa?" Con un gesto de "quemar las naves", saqué la llave de su apartamento de mi llavero y la tiré sobre su escritorio. Quizá dije algo como "hemos terminado", pero no lo recuerdo. Aunque es más probable que me hubiera refugiado en la ambigüedad del silencio. Luego giré y me fui. Llegué a casa traumatizado pero aún firmemente decidido, e íntimamente me felicitaba por haber podido enfrentarme a ella: por haber mirado directamente a sus ojos y haber dicho lo que tenía que decir.

Había manifestado mis intenciones. Interiormente sentía que si podía "crear" seis semanas de distancia entre nosotros, abría una razonable perspectiva de enfrentar una decisión a más largo plazo.

El Día del Trabajador de 1976, fui a visitar otra familia amiga en el intento de fortalecerme aún más. De vuelta a mi casa el lunes por la noche, planeé que al día siguiente me desviaría de mi ruta habitual para asistir a una reunión de A.A. donde intuía que no era probable encontrarme con Sarah. El martes me desperté necesitado y con el síndrome de abstinencia, pero mi intención se mantenía. Me recompuse y salí de casa para asistir a una reunión de mediodía.

Llegué al sitio de la reunión. Una rápida ojeada al salón y la adrenalina me asaltó como una oleada violenta. Fue como si de alguna manera yo la hubiera "visto" antes de haberla visto realmente—sentí el campo de fuerza de su presencia. Sarah estaba allí, y en el momento en que la vi de verdad, yo ya estaba dentro del salón y era perfectamente visible. ¿Qué podía hacer? Me comporté como si no la hubiera visto y fui a buscar un café, planeando una salida furtiva antes de que acabara la reunión. Mientras intentaba llegar a la puerta, tratando de pasar desapercibido y sin mirar hacia atrás, era consciente de que ella comenzaba a levantarse de su asiento. Ya había caminado un trecho por la acera cuando ella me alcanzó. "Rich, detente," dijo. Traté de mirar hacia otro lado, pero fue imposible evitar la mirada desesperada de esos implorantes, vívidos, ojos oscuros. "Hablaremos dentro de seis semanas", dije. Se puso delante de mí de manera de obligarme a mirarla a los ojos. "No puedo continuar así; me estoy volviendo loca," dijo. No respondí, giré en torno a ella y seguí caminando, el estómago hecho un nudo, destrozado, devastado.

Esa noche tarde un Rich tremendamente brusco llamó a Sarah por teléfono; nada en particular, simplemente la necesidad de establecer contacto. Una larga y ambigua pausa y la balanza se inclinó decisivamente. Veinte minutos después estaba nuevamente en su cuerpo, en su cama, aliviado por los dulces sonidos del amor. Me olvidé que alguna vez me había ido, o que alguna vez había deseado irme.

Al estar Kate viviendo lejos, yo no había tenido la oportunidad de llegar a percibir mi propia desesperación. Pero la psicoterapia que había iniciado algún tiempo atrás, comenzó a hacer sus efectos. Durante las tres primeras semanas de septiembre, me encontré obsesionado por la idea de cuánto odiaba sentirme atado a Sarah, y de cuanto deseaba liberarme de esa dependencia. Nunca se usó la palabra adicción, pero era evidente que yo esperaba que, de alguna manera, mi terapeuta me diera alguna clave mágica o conocimiento secreto que me permitiera tomarme un respiro. En realidad lo que quería era que mi terapeuta se tomara un respiro por mí (y se tomara un descanso ella misma). La conciencia de mi impotencia y desesperación sólo persistía durante la hora de terapia y poco tiempo después. Se desvanecía al aparecer esa gelatinosa solubilidad que experimentaba cuando volvía a estar cerca de Sarah. Tres semanas después fui a visitar a Kate. Ella había abrigado la esperanza de que yo hubiera roto con Sarah, ya que había manifestado estar firmemente decidido a hacerlo. Sin embargo, no le dije que había fracasado en el intento. (Por supuesto que una vez de nuevo con Sarah el "fracaso" no parecía tal.) Sólo el último día de mi visita hubo alguna comunicación con Kate; no hubo sexo.

Volví a casa el sábado por la noche tarde, y fui a ver a Sarah el domingo por la tarde. Durante mi ausencia, ella había establecido una relación de "seguridad" con otro amante. En general yo hubiera respondido consumido por los celos, pero ahora me producía rabia y decepción, exactamente lo que yo temía dejar traslucir. Ahora ella parecía impaciente por obtener su dosis de sexo. En general era yo el impaciente en esas circunstancias, pero ahora me sentía enfrentado a mí mismo, con una agresividad que era cualquier cosa menos amor. Además, en medio del acto sexual pude ver sus ojos cerrados con fuerza y sus manos arañando la almohada y las mantas. Normalmente hubiera interpretado esto como signos de sumo éxtasis, y me hubiera estimulado aún más. Más ahora mi reacción era completamente diferente. Me di cuenta de que yo podría haber sido cualquier otro, que mi presunta calidad de "único" como amante, era una ilusión. Estaba tratando de fabricar un sentido de la singularidad de mis cualidades como persona dedicándome a una de las actividades más comunes de la humanidad. En absoluto único, yo era simplemente un jugador más.

El domingo por la tarde, temprano, llamé a Kate. Aún estaba enfadada por mi reciente visita, decía que yo había estado fingiendo. Me dijo que habíamos pasado todo el verano examinando mi vida y nuestra vida juntos. Que habíamos discutido con detenimiento lo que había sucedido en el pasado y aquello factible de ser rescatado para reconstruir en el futuro. Dijo que no podía soportar verme si yo continuaba con Sarah. Según ella, el proceso del verano había terminado en el preciso momento en que nos habíamos separado. No quería continuar con *ese* proceso—no más ese tipo de sufrimiento. "¿Y qué hay de las relaciones con mi hija?", pregunté, aferrándome a una última esperanza. "No a expensas de mi salud", respondió Kate. Comprendí que tenía razón; que no podía discutir nada más, y que no quería hacerlo. No podía criticarla por su decisión; es más, la respetaba por ello. Era la tarde del domingo 26 de septiembre de 1976, después de haber hablado con Kate. Debía pasar a buscar a Sarah, pero me sentía muy indeciso. Un deseo se estaba cristalizando dentro de mí, el de alejarme de ella y de todos. De pronto supe lo que tenía que hacer. Había llegado a un punto en que no podía volverme atrás. Llamé a Sarah y le dije que me recluiría a meditar sobre nuestra relación, y que cuando hubiera completado el inventario me pondría en contacto con ella.

Esa tarde fui solo a una reunión de A.A., y me sentí aliviado ante esa pequeña constatación de libertad, encontrándome con mis propias necesidades, en lugar de estar al servicio de las de ella. También me sentía sobrecogido por la tarea que tenía delante de mí, pues sabía sobradamente que ya había fracasado dos veces en mis intentos de liberación. ¿Cómo podía tener la seguridad de que esta vez sería capaz de lograr mi libertad y hacer que durase? Sabía qué era imposible estar seguro. No existía en el mundo discurso alguno capaz de prepararme y darme ánimos.

De todas maneras, había llegado a un punto en que, sí volvía atrás una vez más, probablemente nunca más saldría de esta situación. El suicidio aparecía como una posibilidad cierta. Si bien podía aceptar el suicidio físico, era consciente que me horrorizaba la perspectiva de volverme loco. Mis sentimientos estaban constituidos por una extraña mezcla: humildad debido a mis profundas flaquezas, combinada con el terror de sucumbir a ellas, y a su vez, con una especie de determinación—cuyo valor me era imposible apreciar en ese momento—para tratar de cambiar una vez más. No me comprometí "a la ligera" a lograr una salida prematura con respecto a Sarah; en cambio me di a mí mismo un tiempo "precioso", tan precioso que se convirtió en algo sagrado para mí.

Cuando llegué a casa esa noche del domingo, después de la reunión, me senté en la mesa de la cocina y comencé a escribir, sacando fuera todos los detalles de la naturaleza de mi crisis. Luego establecí un orden cronológico con todo lo que pude recordar de mi relación con Sarah. Al inicio escribía a ciegas, tal como me iba surgiendo, luego comenzó a tomar una cierta forma. Mi inventario incluyó secciones relacionadas tanto con los aspectos positivos como negativos de mis relaciones con Kate y Sarah. A medida que continuaba escribiendo, me di cuenta de que, en cierto sentido, yo me había comportado de la misma manera en ambas relaciones. Observé la eterna disyuntiva con la cual había combatido durante años: "¿Quiero una vida estable y comprometida o prefiero las aventuras pasajeras? ¿Por qué no soy capaz de decidirme por una u otra?" Surgió de pronto el porqué nunca había podido responder a esa pregunta: porque nunca había logrado una coherencia emocional que me permitiera, siquiera vislumbrar, las cualidades potenciales de una relación comprometida. Había traicionado mis sentimientos por el oro fatuo de la intensidad de una relación adictiva.

Mientras escribía y reflexionaba llegué a comprender que, en el fondo, mi elección no era entre Kate y Sarah. En realidad yo me estaba enfrentando a la elección entre abstenerme de mi patrón obsesivo/compulsivo de obtener sexo y de dependencia emocional. A lo largo del proceso de abstinencia tuve que encontrar y enfrentar toda clase de dolores, y a través de ellos fui capaz de tomar algunas decisiones de cómo quería vivir mi vida. Esto a su vez se basaba en el descubrimiento de quién, y qué, yo era realmente, lo cual saldría a la luz durante el tiempo que estuve solo, con la plena conciencia de mi pasado adictivo. La capacidad de vivir a mi manera, respondiendo a mi propio dilema, sólo podía manifestarse si pasaba voluntariamente por la experiencia de la abstinencia.

Sabía con certeza que si decidía seguir este camino, el dolor de la abstinencia sería inmenso. Comprendí que para mí, el proceso no significaba simplemente el final de mi relación adictiva con Sarah, sino la abstinencia incondicional de un completo patrón de adicción que se había extendido por más de quince años. Se requería, nada más ni nada menos, que enfrentar la muerte de todo lo que yo había sido en el mundo hasta ese momento—es decir, experimentar la disolución de mi antiguo ser-. Sólo me fue posible vislumbrar lo que supondría la "abstinencia" y hasta qué punto desentrañaría mi vida. Sentía que estaba al borde de un compromiso consciente, pero también sabía que no tenía garantías sobre los resultados. Tendría que dejarme llevar dondequiera que fuera.

En este estado de cosas yo no buscaba decididamente un cambio; era más bien como si hubiera sido atrapado por la necesidad de cambiar. Podía aceptar el mandato o morir. En este caso, dicho mandato se presentaba de forma tal que aparecía crudo y claramente definido, a pesar de mi reluctancia para reconocerlo. Sin embargo, esta situación desesperada parecía llevar en sí la oportunidad de una experiencia tipo muerte/renacimiento capaz de producir nuevos frutos. Abracé esta posibilidad con ferviente esperanza, rezando todo el tiempo para que se me concediera la Gracia que me ayudara a discernir mi propia verdad. Tenía esperanza y la intuición de estar en contacto con la verdad, si bien me era imposible saber anticipadamente de qué forma podría producirse el cambio en este Rich reformado, renovado y posiblemente más completo. Mi "dilema"—tan terrorífico en un sentido—comenzó a aparecer como una consecuencia inevitable de la adicción al sexo y al amor: el resultado de una evolución inexorable que sólo podía concluir en este tipo de conflictos. Mi elección no fluctuaba entre dos tipos de amantes, sino entre los viejos patrones de conducta y una identidad completamente nueva que no era capaz ni siquiera de imaginar.

En dos días terminé el borrador de mi inventario, coincidiendo con el día de mi treinta cumpleaños, en 1976. Fue, y seguramente será, el documento más precioso que jamás escribí. Lo abracé. Ahora sabía que poseía la verdad escrita en un papel. Mis sentimientos y pensamientos, que otrora tan fácilmente se disolvían en una avalancha adictiva, estaban ahora congelados en un trozo de papel. Podría rescatarlos cuando quisiera; estarían allí, quietos, para siempre.

Internamente sabía que había dado un giro de noventa grados. Externamente estaba aún demasiado asustado para poder comportarme de acuerdo a las verdades, sobre mí mismo y mi adicción, que habían salido a la superficie a través del proceso de inventario. Mi mensaje para con Sarah había sido totalmente unilateral: "yo debía salir de circulación." No quería que me interrumpiera y al mismo tiempo sabía que no podía contar con su cooperación; hacerlo hubiera significado crear la ilusión de un "compañerismo o sentido de pareja" justamente allí dónde esto era imposible que sucediera.

El día de mi cumpleaños, después de haber concluido con mi inventario, salí un rato. Regresé ya avanzada la tarde y encontré, en la casilla del correo, cuatro rosas blancas con una tarjeta firmada simplemente "S." Mi reacción fue inmediata e intensa; se había reabierto una conexión emocional. Creo que después de llevar las flores a mi casa y que estuvieran allí sólo unos momentos, comencé a sentirme transfigurado por ellas. Las contemplé detenidamente; su forma no era perfecta y se veían algo mustias. El blanco de las rosas no era puro, más bien me golpeaba el hecho de que parecían flores anémicas, es decir rosas que un día habían sido rojas, pero que ese color les había sido arrebatado. Esto despertó en mí la conciencia de cómo me había sentido, durante meses, devastado y desangrado por esta relación. Al separarme de Kate se había abierto la esperanza de que la tensión que se creaba al tener que manejar dos relaciones irreconciliables, disminuyera. Sin embargo, desde que Kate se había marchado, la tensión era aún mayor. Sarah continuaba diciendo que, sin Kate de por medio, tendríamos la oportunidad de descubrir, sin estorbos, lo que había entre nosotros. Mientras contemplaba las rosas, imaginaba a Sarah diciendo cosas tales como: "qué pena que hayas querido romper antes de tener la oportunidad de descubrir qué había *verdaderamente* entre nosotros", o "nunca le diste una oportunidad real a lo nuestro."

A medida que me concentraba en las rosas, me daba cuenta de que la tensión y la ansiedad habían sido características constantes de mi relación con Sarah; no se trataba de aspectos secundarios. La idea de que la relación fuera algo más que esa tensión, o que pudiera existir fuera de ella, era una mentira, una peligrosa decepción. Ese concepto sólo podía servir para profundizar el "enganche", del mismo modo que la liberación y la salvación aparecían detrás de la siguiente curva... siempre tan esquivas y lejos de nuestro alcance... quizá si me esforzara un poco más...

Llevé las cuatro rosas afuera, frente al portal, y las observé durante un tiempo que me pareció interminable. Sentía que ellas me pedían algo a gritos— me querían a mí. Advertí que la furia crecía en mi vientre, y de pronto las llevé a la calle y las rompí en mil pedazos; destrocé con mis manos todas las flores y sus tallos; para finalizar las aplasté con los pies. Fue un momento de júbilo. Después recogí los despojos y, desapasionadamente, los tiré en un cubo de basura que encontré en una calle sin salida a la vuelta de la esquina. Me alejé caminando; la muerte se había consumado. Sabía que, después de mi decisión de romper con Sarah, no podía esperar una vida cautivante. Revisaba todas las llamadas de mi contestador y trataba de estar fuera de casa la mayor parte del tiempo. Sentí que debía hacer algo para que ella supiera de mi decisión; pero también sabía que si daba demasiada importancia a mi explicación, y me perdía en sus ojos mientras le hablaba de mi situación, probablemente fracasaría. No podía confiar en los héroes de Hollywood. Si de verdad quería hacerlo, tendría que adoptar una actitud cobarde; por lo tanto decidí escribir una carta.

La carta decía simplemente:

Sarah:

He decido poner fin a nuestra relación. Me he dado cuenta que además de todo el amor que hubo entre nosotros, y hubo mucho, también estuvo presente, al menos en la misma proporción, una parte de enfermedad, obsesión y neurosis. Mis necesidades a largo plazo se agotaron a expensas de la búsqueda de satisfacciones a corto plazo, y tú eres una maestra en satisfacer estas últimas. Mi propio centro ha sido desviado y torcido por la constante demanda de satisfacer tus necesidades, que también son excesivas.

Mi inventario ha sido exhaustivo y me ha llevado a la conclusión de que tú no representas algo bueno para mí. Por esto me voy.

Hemos terminado.

Si en algún momento te sientes tentada de llamarme, te pido por favor que vuelvas a leer esta carta.

Rich

Terminé el borrador de esta carta el miércoles por la noche y el jueves, 30 de septiembre de 1976, la envié.

El momento en que eché la carta en el buzón fue el acto, la división continental de las aguas, y constituyó para mí un gesto de enorme importancia, tanto simbólica como práctica. Todo lo que había sucedido hasta ese momento pertenecía a una etapa de mi vida—una etapa centrada en la conducta adictiva. Todo lo que ha sucedido a partir de ese momento ha constituido la aventura de volverme disponible a descubrir y vivir un nuevo tipo de vida.

Capítulo 2

El Inicio de la Recuperación y de Los Adictos Anónimos al Sexo y al Amor.

Entré en abstinencia el 30 de septiembre de 1976. Estaba viviendo solo por primera vez en mi vida. Debido a mi amante adictiva, Sarah, quien participaba activamente en A.A. de mi localidad, tuve que hacer un cambio radical en el patrón de reuniones a las cuales asistía. Me había convertido en alguien relativamente importante en el círculo local de A.A. y me dolió mucho tener que hacer esto, pero lo hice. Me convertí en otro extraño anónimo en las reuniones periféricas. Fue uno de los encogimientos más saludables para un ego inflado que alguna vez sufrí. Este sentimiento de que lo que estaba haciendo estaba bien para una parte más profunda de mi, la cual yo antes había ignorado, era realmente muy satisfactorio para mi alma. El placer que esto me trajo era simple, pero real.

Antes de mi abstinencia usualmente pensaba que yo tenía una cierta cantidad de energía sexual para la cual tenía que encontrar una salida o explotar. Imaginen mi sorpresa cuando, libre de toda actividad sexual adictiva (incluyendo, para mí, la masturbación), encontré que mi estado natural era la NO LUJURIA. Mi cuerpo empezó a "bajar su ciclo." La estridencia producida por sus necesidades sexuales disminuyó; esto ocurrió temprano en mi abstinencia.

Este continuo cambio de satisfacción sexual y de despertar sexual se extendió a mi vida onírica. Normalmente, los sueños mojados eran un canal a través del cual la libido cargada buscaba alivio. Aún, en mis siete meses solo, únicamente experimenté dos de éstos sueños.

¡Qué descubrimiento, después de años paseándome entre diez y veinte orgasmos por semana! No significaba que mi cuerpo nunca estuviera tenso; sino que las tensiones no eran sexuales por naturaleza alguna corriente subterránea empezaba a revelarse. La existencia de este estrato más profundo, decididamente de carácter no-sexual, era algo que no había sospechado.

Un despertar aún mayor surgió como si un hermoso paisaje emocional completamente nuevo acabara de aparecer. Debido a que ya no apartaba mis sentimientos a través de acostarme o romancear con ellos, empezaron a salir a la conciencia donde yo tenía la posibilidad de reconocerlos y etiquetarlos. Estos tempranos descubrimientos venían cargados de gran significado para mí.

Ahora que el comportamiento básico adictivo, de practicar mis conductas adictivas o de comprometerme en la intriga romántica, dejaron de ocurrir; me quedé sin las recompensas hacia las cuales había encaminado toda mi vida. Sin embargo, esto no significó que no fuera confrontado con tentaciones ahora que estaba en abstinencia. De hecho, lo contrario era cierto. Me encontraba literalmente acosado por este tipo de situaciones. Por primera vez pude ver como automática e inconscientemente yo creaba continuamente una galería completa de posibilidades para eventos cargados sexual y emocionalmente.

Por ejemplo, siempre daba apretones de mano de forma impulsiva y era un "besador-abrazador." Este poco nivel de contacto físico representaba un enganche diario para mí. Esta conducta recurrente servía a las funciones inmediatas de ubicar mis situaciones de "prueba." A cierto nivel yo tamizaba constantemente a las personas a través de esta especie de "selección", buscando candidatos para la intriga aunque ahora sabía que las recompensas de estas intrigas eran venenosas para mí, todavía me encontraba iniciándolas como parte de una segunda naturaleza. Esto tuvo como consecuencia empujarme velozmente hacia la posibilidad de practicar mis conductas adictivas, y enfrentado con esto, tuve que retroceder amargamente y retirarme. Ya que éste tipo de experiencia se repetía una y otra vez, finalmente me di cuenta de las acciones específicas que llevaba a cabo para alentar dichas intrigas, y me concienticé de la futilidad de seguir realizándolas.

Agudamente empecé a entender que tan enmarañado y sin sentido me paseaba dentro de esta adicción. Cuando todavía estaba activo en la adicción, esta red de intrigas potenciales se había convertido en una especie de red de protección, o de seguridad para mí. Ahora, sin embargo, un largo proceso de duelo había empezado. Cada pequeña victoria de conciencia iba acompañada de sentimientos de aguda perdida y duelo, debido a que mis pequeños actos para alimentar la adicción también eran partes importantes del conjunto de mi imagen personal. Estos gestos de besar y abrazar y tocar eran la característica distintiva de mi personalidad externa, de la forma en la que me había relacionado con otros.

A medida que acepté el mandato de la abstinencia, parecía que toda mi identidad era cercenada cada vez más. Maldecía a Dios por haberme dado un cuerpo atractivo que ahora parecía inútil para mí, porque ya no podía abusar de él. La sugerencia de un amigo de que quizás Dios me había dado un cuerpo bonito para yo ser "atractivo para que otras personas me miraran" no me servía de consuelo.

Algunas veces fantaseaba con que me convertía en feo, o que mi pene se caía y que me saldrían pechos, o que simplemente envejecería o se arrugaría. Experimenté largos periodos de angustia durante mi crisis de identidad y significado. Mi vida agonizaba—¡una agonía sin lujuria!

Algunos días llegaba a casa tarde por la noche, lleno de exasperación por mis promesas. Me acostaba en el sofá del salón y leía un libro. Mi gato saltaba encima de mi pecho y empezaba a ronronear, mirándome serenamente. En estos momentos sentía que, aunque yo no estaba seguro de si había algo por lo que valiera la pena vivir, mi gato aparentemente me encontraba digno... me amaba allí había otra criatura que sentía que yo estaba bien, yo no podía negarme completamente. El significado de esta experiencia era relevante porque Sarah era alérgica a los gatos, y después que Kate se fue yo iba a sacrificar a mi gato. Ahora su ronroneo y su mirada serena parecían una declaración de gratitud hacia mí por no haberle matado. En los momentos más difíciles y desesperanzados de mi abstinencia, esta experiencia se convirtió en la única afirmación de mi valor que era capaz de sentir.

Parte de cambiar mi patrón de reuniones de A.A. no era sólo para evitar precipitarme hacia Sarah, también consistió en evitar conocidos mutuos. Estaba muy vulnerable, y estos encuentros "casuales", con Sarah o con conocidos mutuos, podrían causarme un desmoronamiento emocional, y lo sabía. Era muy importante no negar mis sentimientos de pérdida y necesidad relativos a Sarah. Conocía suficiente de sicología para entender el peligro de intentar forzarme a creer que no tenía ninguna necesidad o deseo. Sabía que si hacía esto, el deseo no se iría; todo lo contrario, recopilaría fuerzas y me emboscaría en algún momento particularmente inoportuno. Engañarme acerca de "lo mucho que no deseo a Sarah" era peligroso. Parecía mucho más sabio admitir que tenía esos sentimientos de añoranza por ella al menos en esa situación yo podría mantener el ojo puesto sobre esos sentimientos.

Una estrategia empezó a emerger. La pregunta que surgió fue: "¿estoy sobre una buena base espiritual o una mala base espiritual?" Estaba sobre una buena base espiritual si no buscaba travesuras o caminos de vuelta a la adicción, de cualquier forma sutil. Podía estar sintiendo un gran deseo, pero me daba cuenta y no actuaba sobre ese deseo para iniciar una especie de conexión "psíquica" con Sarah, entonces mi condición espiritual era buena. Yo estaba sobre una mala base espiritual si hacía cualquier cosa que intencionalmente abriera la puerta para contactos futuros con ella. Sabía que si mi condición espiritual era buena, entonces a pesar de lo mucho que lamentaría precipitarme hacia Sarah, si esto ocurría, yo probablemente podría atravesarlo sin sentirme arrastrado nuevamente a la adicción. Si me encontraba con ella y estaba sobre una mala base espiritual, entonces el encuentro mismo parecería haber ocurrido como resultado de mi estado mental y parecería que yo había puesto toda mi vida en juego.

En el interés de mantener una buena base espiritual, empecé a mantener una lista actualizada de los pensamientos y sentimientos que me iba encontrando en la abstinencia. Esta lista consistía básicamente en pequeñas frases sencillas, tales como, "Sigo sintiendo dolor agudo y pérdida hoy, pero no me siento disgustado conmigo." La lista se hizo realmente larga, y la llevaba a todas partes. Sentía que siempre llevaba conmigo un ancla portátil y estabilizante. Siete meses después de iniciar esta lista, en ese entonces garabateada por ambos lados de tres páginas dobladas apretadamente, la lista pasó por la lavadora y ese fue su fin... pero había servido a su propósito.

También sabía que para tener una buena base espiritual yo tenía que frenar cualquier intento de preguntar acerca de "como le estaba yendo." Ninguna respuesta a esa pregunta podría ayudarme. Si a ella le iba "bien" esto sería un golpe a mi ego, y si a ella le iba "no tan bien" yo podría entenderlo como una irresistible invitación a involucrarme nuevamente, con todas la consecuencias resultantes. Esta forma de mirar las cosas me trajo cierto alivio. Me di cuenta de que si no preguntaba acerca de ella, un día a la vez, entonces yo podría salvarme del odio y los celos que seguramente sentiría si intentara mantener contacto con su situación.

Este concepto de la "base espiritual" fue probado muchas veces en las primeras semanas. Una vez estaba caminando por una zona muy concurrida del pueblo como a un kilómetro y medio de mi casa. De repente tuve una especie de reacción de "alerta roja" antes de siquiera haberla visto. ¡Allí se encontraba ella, cruzando mi camino a unos seis metros delante de mí! El choque de adrenalina fue tan fuerte que visiblemente retrocedí, me lancé hacia atrás como si me hubiera golpeado la cabeza con una viga de madera. Si ella me vio o no, nunca lo supe. Me sentí despreciable durante todo el día después de esto, pero sabía que a pesar de lo difícil de esta situación y de mi reacción hacia ella, yo me encontraba sobre una buena base espiritual porque no había iniciado contacto, ni siquiera sutilmente.

Unas semanas después recibí en mi buzón de correos un sobre que contenía hojas de otoño y que tenía la dirección del trabajo de Sarah escrita por afuera. De nuevo consciente de no haber solicitado esta invasión de mi espacio, llevé las hojas hacia un parque a una calle de distancia, las esparcí, y tiré el sobre. Esto no significó que como resultado no me sintiera necesitado o fuera de centro. Esto significó que continuaba actuando de manera consistente al no retroceder hacia la adicción. Estaba afirmando mi compromiso a continuar en abstinencia.

Viajaba hacia el norte a visitar a mi esposa e hija cada dos semanas y media o tres, Kate y yo teníamos sexo en estas visitas, aunque yo me sentía extremadamente perplejo acerca de las expectativas sexuales que ella tenía. Parecía, por un lado, que ahora que era un "buen chico", debería tener derecho a exigir una especie de sexualidad de alta intensidad por parte de Kate; la cual, cuando me encontraba en mis citas adictivas, había valorado muy alto; aunque esto usualmente hacía falta en el sexo con Kate. Por otro lado, ¿cómo podía estar seguro de que mi enfermedad solamente consistía de cantidades de dosis y juegos románticos con "otras mujeres"? ¿No podría extenderse, igualmente, a lo que constituía mi concepto del "buen" sexo con cualquiera, sobre todo con mi mujer? A la par de este sentimiento de ser merecedor de recompensas dentro de mi relación con Kate existía la pregunta que me corroía acerca de que si ahora los valores que sacaba de mirar a dichas recompensas podrían ser por ellos mismos una parte de mi enfermedad.

Un rayo de luz en el camino fue un evento que ocurrió alrededor de tres semanas después de haber terminado con Sarah. Mientras hacía el amor con Kate, empecé a sollozar y pude expresar mi profunda angustia acerca del dolor que tan descontroladamente le había causado. Nunca antes, con ninguna persona, me había ocurrido esto durante el sexo.

Cuando pensaba en Kate, aún enfrentaba los sentimientos enigmáticos y sin resolver acerca de si quería regresar con ella. Sólo me dije que estaba bien no saber la respuesta y enfoqué mi atención en mi propio proceso de abstinencia y recuperación. Diabólicamente, una grave tentación ocurría el día antes del que me tocaba visitar a Kate. Todavía estaba en gira de conciertos y usualmente en el estado de Pensilvania. En dos ocasiones cuando conducía directamente desde una gira de conciertos para visitar a Kate, se me daba la tentación de quitar obstáculos de mi mente con una adorable y necesitada admiradora. En un concierto durante el otoño de 1976, una mujer que visitaba a su familia por el fin de semana vino a ver mi concierto. Resultó que ella también se encontraba de "permiso" de una tortuosa aventura amorosa. Esto ocurrió en las etapas tempranas de mí abstinencia, y yo no manejaba bien este tipo de tentaciones; ¡ya que gran parte de mi todavía quería permitírselo! Fui duramente consciente del conflicto interno. Aún mientras tocaba en el concierto, la vi entre la audiencia. Después que terminó el concierto, allí estaba ella esperándome, sin siquiera haber cruzado palabras. Ella fue a mi habitación y me cambié frente a ella, actuando despreocupadamente mientras llegaba a mi ropa interior. Hacía esto aunque me gritaba interiormente, "¡Rich, que diablos crees que estás haciendo!." Entonces, sintiéndome extremadamente incómodo, salí de allí, y fuimos a dar un paseo nocturno alrededor del pueblo.

Recuerdo haberle mencionado algo acerca de esta adicción que yo tenía acerca del "amor" y el sexo. Sé que intentaba crear una barrera externa para no acostarme con ella. Después de pasear por un rato y comer algo, regresamos. Hubo un largo silencio a medida que nos acercábamos a la casa de huéspedes en la que yo me alojaba. Estábamos solos, nadie más alrededor. La tomé y la besé rápidamente en los labios, la abracé, la aparté y dije, "simplemente no puedo", todo en el mismo momento. Sentí mi cuerpo deseándola y empezando a congelarse al mismo tiempo. Vi su cara de desconcierto. Entonces se dio la vuelta y caminó hacia su automóvil. Me quedé ahí parado viendo como se iba... miré su auto cuanto tiempo pude. Simplemente suspiré y suspiré y me sentí dolorido y entumecido y luego sentí un poco más de dolor, y subí a mi habitación y me dormí.

A la mañana siguiente me desperté para conducir todo el día para ir a visitar a Kate. Gracioso, pero en este momento no tuve remordimientos. Sabía que le mencionaría a Kate lo que había pasado, pero también sabía que no había comprometido mi recuperación, y que estaba viviendo una vida abierta y sin compartimientos. Muchas horas después, giré por el camino que conduce a la casa donde Kate se estaba quedando. No puedo describir el alivio que sentí, no solo por verla, sino también de saber lo agradecido que me sentía de no haber continuado con el encuentro sexual/romántico de la noche anterior. Lo que antes parecían unas tentadoras veinticuatro horas "en el paraíso", ahora parecían diabólicamente planeadas para introducirme o involucrarme nuevamente en mi adicción.

En otra gira de conciertos ocurrió una situación similar. Esta vez, ingenuamente había enviado una tarjeta postal a una mujer en Filadelfia la cual siempre se salía de su camino para verme tocar y que estaba cerca. Pensé que ella era solamente una leal y devota admiradora. Nunca tuvimos ningún tipo de compromiso sexual. Cuando llegué a la Universidad para Mujeres, donde debía tocar; ¿quien aparece, frágil y como animalito extraviado?: mi "admiradora" melenuda. Ya había sentido alguna presión sexual por parte de algunas estudiantes de la universidad y me puse más en guardia. Me hospedaron en un bonito alojamiento para mí solo, así que cuando mi amiga vagabunda, Sharon, me dijo que no tenía donde quedarse, sabía que tenía un problema entre manos. La situación fue realmente extraña, pero estaba determinado a dormir solo, y ni siquiera quería que ella estuviera en mi habitación bajo el ambiguo edicto de "dormir en otra cama." Decidí mostrarme sincero respecto a esta situación. Me dirigí hacia la estudiante de enlace con la escuela, y le expliqué que esta "amiga" había llegado, y le pregunté si podríamos encontrar un lugar donde pudiera pasar la noche. Esta avispada estudiante devolvió la pelota directamente a mi campo. "Oh", dijo, "tu amiga puede dormir contigo. A nosotros no nos importa" repliqué brusca y enfáticamente, "bueno, a mi sí." La cuestión no era negociable para mí. Yo podía ver su perplejidad, y me la imaginaba juzgándome como al más "conservador" que había conocido en muchos años, o por lo menos como un tontito de primaria a pesar de todo, a mi "admiradora" se le encontró un lugar para dormir y yo, dormí solo.

Tenía que conducir a la ciudad de Nueva York al día siguiente, de camino hacia Vermont. Sharon necesitaba que la llevaran, y la obligué a venir conmigo. Bajo la luz desmitificadora de la mañana traje a colación el tema de las expectativas que existían en viajar toda esa distancia para verme tocar. Mi tono no era amenazante, solo inquisitivo. Ella admitió de buena gana que había planeado una intriga romántica. Compartí con ella la situación de mi vida, explicando mi conciencia de la adicción al sexo y al "amor", y ella me reveló sus propias circunstancias con respecto a sus relaciones con amantes y parientes. Toda la intriga y el misterio, tan densos la noche anterior, habían desaparecido en la realidad del candor matutino. La dejé en el centro de Manhattan y me despedí de ella con un gesto de la mano. Ella parecía conmovida por nuestro compartir, y me sentí agradecido de seguir sin faltas, y de ser más sabio. Me di cuenta de que esta clase de situaciones ocurrían regularmente, casi siempre antes de que me tocara visitar a Kate. De estos eventos surgió un principio importante, que "cuando sea y en cualquier lugar soy vulnerable y seré puesto a prueba." La integridad de mi abstinencia, y el sentido de dignidad personal que tenía empezaban a surgir desde ese punto, era como un sistema de inmunidad. La naturaleza de los sistemas de inmunidad es que trabajan únicamente cuando se ataca al cuerpo, de manera que la invasión misma fuerza al sistema de inmunidad a fortalecerse. Esto ocurrió con la abstinencia de la adicción al sexo y al "amor." La abstinencia me garantizaba cualquier cosa menos una vida encantadora. La arremetida de otras tentaciones y "campos de fuerza", especialmente en las ocasiones en las que me sentía menos apto para manejarlos, me forzaba a enfrentarme en mayor profundidad a la rígida naturaleza de mi adicción al sexo y al "amor", a la vez que afirmaba mi resolución de continuar recuperándome de la misma. ¿Un proceso tortuoso? Sí, pero ningún otro podría haber sido tan profundo. Aprendía y empezaba a mejorar.

El "éxito" en manejar la tentación se medía sólo por el resultado. El no sucumbir era la paga, en vez de la gratitud (o la falta de ella) con la cual resistía la tentación. Más aún, la energía disponible para responder a la tentación, cuando no la canalizaba hacia el comportamiento adictivo, podía ser utilizada para aumentar mí conciencia.

La mayoría de mis lecturas durante la cuesta abajo fueron sacadas de los escritos de Carl Jung, ya que en su trabajo encontraba una lúcida comprensión llena de compasión que comprendía mucho lo que yo experimentaba. Flotaba en mí el concepto de que el inconsciente humano pudiera simplemente no estar enterrando los conflictos reprimidos, pero que pudiera retener, de igual manera, las semillas creativas de la totalidad individual y del bien estar. Mi vida onírica se convirtió en una "función trascendental", que sentía me obligaba a dialogar con mí "Poder Superior." Así fue como a principios de diciembre de 1976, recibí un regalo de un importante sueño. En esa misma tarde, había sido objeto de los rutinarios ataques de ansiedad y deseo, que incluso estaban estimulados por otra tentación compuesta por la agonía de ver a alguien más aproximarse a lo que antes había sido ¡"mi" territorio.!

En este sueño luchaba contra un gorila, mi adicción, por la posesión de una bonita y valiosa navaja de bolsillo. El gorila era tremendamente fuerte y empuñaba con fuerza esta navaja. Nunca había estado sin esta navaja y no tenía sentido que este bruto me la hubiese quitado. Tomé su mano con la mía y comencé, con todas mis fuerzas, a separar sus dedos. El sueño terminó antes de que volviese a tener mi navaja (¿vida?), pero tenía la impresión de que mi esfuerzo tendría éxito, debido a que yo ansiaba abrir su mano de ser necesario.

Salí de este sueño con una fuerte sensación de incredulidad acerca de la tenacidad y el poder de mi lucha con esta adicción. De hecho, ahora siento que he llegado a un punto en el que mi abstinencia me ha sido dada por la Gracia de la elección en mi vida sexual y romántica. Este nuevo estado de cosas nació de la larga lucha entre la tentación adictiva y la autonomía personal. Al fin la balanza se inclinaba a mi favor, aunque fuera sólo un poco.

En este momento me di cuenta de que me había sido dada una orden. Ahora que se me había dado una elección acerca de mi adicción al sexo y al "amor", yo iba a tener que encontrar otras personas con las cuales trabajar si quería aumentar mi margen de recuperación. Estuve solo durante algo más de tres meses. Tuve que encontrar a otras personas que sufrían de esta aflicción, alguien con quien hablar. Sentía que mi estado de liberación era irreversible. Tuve que avanzar despacio.

Con esta nueva sensación de encontrarme en un estado de Gracia, sentí que se me enseñaría cómo encontrar a otros que pudieran ayudarme. No tenía mucho tiempo para esperar. A través de la caída estuve asistiendo a las reuniones de A.A. en muchas áreas diferentes, un patrón de reuniones que era necesario para minimizar las posibilidades de encontrarme con Sarah. Siendo que algunas de estas reuniones estaban a buena distancia de mi casa, en una buena cantidad de ocasiones era muy cándido al revelar la naturaleza básica de lo que estaba atravesando. Esto no era particularmente difícil porque el dolor psicológico que estaba experimentando era tan grande que realmente no tenía ninguna otra opción más que expresarlo, y di la bienvenida al alivio que el compartir me brindaba.

Los comentarios que recibía eran variados. Algunas personas respondían al hecho de que sentía dolor, aunque ellas no pudieran entender el "por qué." Otros no podían entender mi sufrimiento porque se encontraban muy llenos de envidia por las condiciones a través de las cuales yo había llegado a ese punto. Más aún, mientras describía el dolor acarreado por estos patrones compulsivos de actividad sexual e intriga emocional, estas personas se quejaban de que sus vidas no contenían "suficiente" de esto. Ellos no parecían entender que un apetito adictivo jamás obtiene "suficiente", y que ¡la insanidad es insanidad sin importar si se encuentra en la bebida, o en el romance! Sin embargo, otro grupo de personas parecían amenazados y sumergidos en la hostilidad cuando compartía mis experiencias, y me lapidaron bastante. Aun así esta era mi verdad. Era todo lo que tenía y ahora no podía darle la espalda. Había pasado por mucho para lograr esto.

Compartir estas cosas, sin importar si me recibían con simpatía, envidia u odio, me ayudó enormemente. Fue gracias a tomar estos riesgos que puede desarrollar una perspectiva de gran parte de lo que me estaba pasando. Recibir poca o ninguna empatía por parte de los demás no me acobardó, ya que esto también me hacía consciente de que otros parecían tener patrones similares desarrollándose en su vida. Usualmente ellos no se daban cuenta de estas señales de adicción y en estos asuntos, en mi propia vida, yo sólo llegué unos meses más temprano.

Así fue como aproximadamente cinco días después de mi sueño simbólico tuve la oportunidad de hablar en una reunión bastante grande de A.A. Conté mi historia de sobriedad en A.A. y, mencioné que mi naturaleza adictiva no se había detenido simplemente por dejar de beber. Tristemente, la obsesión y la compulsión habían continuado su recorrido en mí, aunque en otras áreas. De hecho, la sobriedad del alcohol me trajo muchas bendiciones, pero ella por sí misma era incompleta. Conté, con algún grado de detalle, mis experiencias con la obsesión, la compulsión, la pérdida de control y la progresión (como ahora las identificaba) en el área de la adicción al sexo y al "amor." Me referí a esta condición abiertamente como la "adicción al sexo y al "amor", porque ahora la conexión entre estas experiencias y las del alcoholismo eran claras para mí. Hable de la agonía de la abstinencia y mencioné la esperanza de encontrar un nuevo significado para mi vida y una nueva identidad personal, los cuales me ayudaron durante este periodo.

La respuesta generalizada que recibí en esta reunión fue primariamente de hostilidad y de actitud defensiva. Los comentarios iban desde afirmaciones en las que se decía que no había lugar para mencionar estos temas durante una reunión de A.A., hasta bromas subidas de tono e incluso preguntas desconcertantes de personas que no eran hostiles, pero que no tenían la menor idea de lo que yo hablaba.

De cualquier manera, el valor de mi apertura se hizo presente después de la reunión. Dos personas, una mujer y un hombre, me buscaron para decirme que ellos se habían identificado con lo que acababa de decir. Considerando que en una reunión de más de cien personas existía una minoría habladora y hostil y, una mayoría de personas calladas, reservadas o indiferentes, me sentí realmente recompensado por haber conocido a estas dos almas gemelas.

También había allí una mujer con la cual yo había compartido durante el otoño. Ella me había visto llorar en una reunión el verano anterior, y aunque a manera de recurso yo le había advertido mucho; ocasionalmente discutíamos nuestra vida sexual y emocional. Así que ahí estaba, a mitad de diciembre, una red muy informal de cuatro de nosotros. Por aquellos días comencé a ver con bastante frecuencia a Jim, el otro hombre y, una mañana desperté con la idea de iniciar un grupo, basado en los principios de Alcohólicos Anónimos, pero dirigido enteramente a este problema de la "adicción al sexo y al "amor." Vi a Jim para almorzar ese día y estaba a punto de preguntarle que pensaba de esta idea cuando de repente me dijo, "Hey, Rich, ¿qué tal si empezamos un grupo para nosotros?."

Contacté a las dos mujeres, y ellas estuvieron de acuerdo. Los cuatro nos reunimos en mi apartamento en Cambridge, Massachusetts, para realizar nuestra primera reunión de S.L.A.A. el 30 de diciembre de 1976.

Lo echamos a suerte para decidir quién contaría su historia primero. Cada uno de nosotros intentaría contarla únicamente en términos de las identidades personales que se habían formado alrededor de la adicción al sexo y al "amor." Un maravilloso precedente fue establecido con estas primeras historias: no nos guardábamos nada. Cada uno reveló lo más posible acerca de nuestras adicciones al sexo y al "amor" en la medida en que la podíamos reconocer y recordar, sin importar ninguna aprensión que tuviéramos acerca de lo que los otros entendieran de lo que teníamos que decir. Jim contó de las satisfacciones sexuales "rapiditas" proporcionadas por su entrenador deportivo de secundaria y de intentar tener relaciones con una mujer la cual le importaba mucho, pero se encontraba llevado por una necesidad imperiosa de sumergirse en la pornografía y en el distrito rojo de su localidad.

Jill contó una cadena de embarazos no deseados y abortos auto inducidos o en lugares dudosos. Habló de una serie de relaciones en las cuales los hombres jugaban el papel de salvadores. A los 30 años terminó casada con un chico casi adolescente, el cual le dio cupones para la comida, un hijo y, después de la luna de miel, la indiferencia emocional. Todavía intentaba convencerse de que ellos eran compatibles.

Sandy, una mujer de mediana edad, habló de extorsionar a sus amantes con coches mediante reunimos de revelar sus actividades juntos a sus esposas y, además, con un apetito por los chicos más jóvenes. Ella casi llegó a suicidarse unos cinco años antes y finalmente pudo desengancharse de la fase activa de la adicción.

A medida que cada uno contaba su historia (nosotros cuatro), finalmente llegó mi turno. Intente contar mi historia con el mismo grado de detalle de Jim y les informé del aumento y la progresividad de las consecuencias que había experimentado mientras practicaba ésta adicción. Mencione lo sorprendente que había sido mi abstinencia hasta este punto, en términos de dolor y esperanza.

Esa primera reunión de S.L.A.A. duró aproximadamente tres horas y cuando terminó todos nos sentíamos bastante desgastados. Resolvimos volver a reunirnos en un mes. Después de que los demás se fueron, me di cuenta de lo exhausto que estaba y de un sentimiento maravilloso y expansivo en mi pecho. Sacudí la cabeza con un sentido de incredulidad. Esto era la forma de compartir que jamás hubiera imaginado durante la mayor parte de mi vida. Sin embargo, aquí estaba yo, sin practicar mi adicción, y activamente buscando a otras personas con las cuales compartir la conciencia adquirida acerca de mi adicción. Allí existía un gran sentimiento de calor al descubrir, experimentar y compartir un lazo común con estas otras tres personas.

Movido por una inmensa gratitud y una sensación de profundo compromiso hacia lo que acababa de ocurrir esa tarde, cuya historia demostró ser el inicio de la Asociación de Adictos Anónimos al Sexo y al Amor, me arrodillé y dije: "Querido Dios, nunca hubiera pensado... escogido" (seguido de un muy profundo suspiro). "Bueno, querido Dios, si esto es realmente lo que quieres que haga, entonces estoy dispuesto..." Mi cabeza todavía se sacudía con el sentimiento de incredulidad que venía de que, justamente yo, me encontrara en esta posición. Parecía tan ridículo considerando mi anterior premisa de vida, y tan extraño en términos de la presente.

Las reuniones de Adictos Anónimos al Sexo y al Amor continuaron mensualmente. De cualquier forma, pronto me di cuenta de que parecía que yo las necesitaba más que los demás. Me pareció que debía reunir y encontrar nuevas personas para que asistieran. Entre una reunión y otra, me mantuve ocupado en el teléfono con Jill, Sandy y Jim, intentando alimentar el nivel de compromiso hacia este grupo que yo sentía que era necesario para mantener la sobriedad sexual.

Mientras tanto, otras áreas de mí vida seguían revelándose. Por un lado, continuaba la experiencia de atraer situaciones que podrían llevarme de vuelta a las arenas movedizas de la adicción. A la par existía un proceso mucho más serio relacionado con Sarah. La coordinación de este proceso era tan misteriosa como particularmente llena de significado.

Kate debía venir a visitarme por unos días, un proyecto que esperaba con ansias. Había tenido cuidado en evitar cualquier situación ambigua que pudieran re-abrir una conexión con Sarah. Sin embargo el hecho de ver a Kate después de una larga ausencia me dejaba particularmente vulnerable a un encuentro inesperado, una "coincidencia" que había experimentado repetidamente.

La misma mañana en la que Kate vendría, el teléfono sonó y me encontré al otro extremo de la línea con la compañera de piso de Sarah, Nancy. En ese instante me sentí conmocionado. Ella me dijo que estaba organizando una presentación teatral y que quería que la ayudara con la música. ¡El demonio mismo no habría podido crear una situación más horrorosa que esta! No solamente me ofrecía la oportunidad de reconocimiento musical, además de apelar a mi ego profesional, sino que Nancy era increíblemente atractiva. Pude racionalizar lo que significaba para mi carrera, mientras que "demostraba" a Sarah lo "bien" que me estaba yendo sin ella mediante coquetear con su compañera de piso.

Estos eran motivos poderosos y esta tentación en particular apareció como un espejismo muy atractivo.

Todo esto pasó por mi cabeza en un segundo. Me encontré contestando: "Voy a declinar tu propuesta, suena como el camino de vuelta a descarrilarme. Espero que estés bien. Adiós." Colgué el teléfono. Lo había manejado, no con mucho tacto, ¡pero qué dolor!

Esto no fue el fin. Esa tarde, antes de ir a recoger a Kate, fui a una reunión de A.A. a la cual no había asistido en años. Esto fue por deferencia al hecho de haber cambiado mi horario. Cuando entré en el amplio salón de la reunión, era consciente del sentimiento de tensión, como si estuviera entrando en un "campo de fuerza." Una onda expansiva me atravesó, Sarah estaba ahí. Esperaba que ella no se diera cuenta de que yo había entrado. Sabía que si se ponía muy difícil para mí, tendría que irme. De alguna manera pude soportar mi incomodidad.

Cuando terminó la reunión, me giré hacia Jack, un hombre que estaba cerca aunque no me agradaba mucho (él había estado por allí haciendo comentarios insensibles durante la dolorosa separación de Sarah), me acerqué para hablar con él. No recuerdo una sola palabra de lo que hablamos, pero estaba feliz de que estuviera allí para concentrarme en él. Mientras hablábamos, pude escuchar a las personas saliendo del salón detrás de mí. Esperaba que Sarah se hubiera ido también. Cuando, cinco minutos más tarde (¿o fueron cinco años?), finalmente terminé mi conversación y me volteé, me sentí realmente aliviado al darme cuenta de que Sarah se había ido. Con el "doble golpe" que tuve que enfrentar (la llamada de Nancy y el encuentro con Sarah) me sentía en un cuadro mental encapsulado y áspero mientras conducía para ver a Kate. Le conté lo que había pasado durante el día. Los sentimientos de añoranza, pérdida y ansiedad eran tan intensos como cualquiera que hubiera tenido los cuatro meses anteriores. Aún así se habían disipado más rápido. Todavía estaba abierto y disponible para Kate y conmigo mismo y, mi nueva vida estaba viva e intacta. A principios de febrero, me sentía listo para preguntarle a Kate si ella volvería conmigo. Había varias razones por las cuales me sentía preparado para esto.

Primero, había podido refrenar mi adicción al sexo y al "amor" por poco más de cuatro meses. Esto no era mucho tiempo considerándolo en términos absolutos. Sin embargo era el tiempo más largo, en quince años, durante el cual yo había estado inactivo y, ¡la primera vez en mi vida en la que había estado voluntariamente inactivo!

Segundo, estos cuatro meses no habían sido un paseo en el parque. Las pruebas de mi integridad y resolución mientras estaba en abstinencia habían sido incesantes. Había atravesado todo esto con una creciente apreciación de la tenacidad y la profundidad de la enfermedad. También tenía un sentimiento más amplio de las cualidades positivas y redentoras de la abstinencia, y una introspección real que se relacionaba con la naturaleza y las manifestaciones de la adicción en mi vida.

Tercero, había pasado del punto en el cual el aislamiento sólo equivalía privación y me sentía relativamente bien. Había aprendido como cocinarme una buena comida, hacer la lavandería y mantener mi apartamento. Había hecho muchas cosas para las cuales siempre había dependido de que otros lo hicieran por mí. Había aprendido a sentir placer por mi habilidad de cuidarme.

Cuarto, mi aislamiento se había convertido en algo valioso para mí. Con la ayuda de la psicoterapia había logrado un alto nivel de introspección acerca de mí mismo como individuo, y no sólo en el contexto de una relación. Lo más importante: había desarrollado una visión de totalidad personal hacia la cual me sentía capacitado para crecer.

Quinto, no estaba buscando una nueva relación con Kate por pura desesperación. Fue realmente sorprendente darme cuenta de esto. Pero se había hecho evidente en mi reacción cuando Kate se involucró en una relación con alguien más mientras estábamos separados. Cuando ella me lo contó por primera vez, experimenté celos, angustia y ansiedad. Sin embargo, para mí sorpresa, estos sentimientos desaparecieron rápidamente. También estaba tan embargado con mi propio proceso de recuperación que sentí completa aceptación de la posibilidad de que ella se involucrara con ésta persona. Sabía que me sentía digno y que valía la pena. Si Kate iba a pasar su vida en otra parte, esto no sería mi final. Podía tener mi propia vida y sería una buena vida. Estas convicciones aparentemente viajaron tan profundo dentro de mí ser que ni siquiera pregunté sobre su status con este hombre. Simplemente no se me ocurrió preguntar.

Sexto, al intentar una reconciliación con Kate, sentía que estaba dejando la extraordinaria experiencia de vivir solo, con su riqueza interior que ahora recordaba como mi compañera diaria. Mi experiencia solitaria había sido un oasis contemplativo en mi vida. Sabía que lo extrañaría cuando terminara.

Finalmente, sentía que no había "terminado" con Kate. Me di cuenta de que siendo que nunca había estado emocionalmente disponible para nuestra relación de manera consistente, yo realmente no sabía si podía funcionar o no. Esto también significaba que el "hecho" de volver juntos no estaba medido por el tiempo que habíamos pasado juntos o no. La única medida para el "éxito", considerando mi historia pasada, sería que ahora yo estaba realmente presente en la relación, restando las distracciones adictivas. Si íbamos a regresar juntos, ahora podía descubrir que cosas estaban y que cosas no estaban allí. Si éramos incompatibles, sabía que podría dejar la relación sin lamentarlo y, sin la agonía de la falta de resolución y la culpa acerca de "que tan diferentes habrían podido ser las cosas si sólo me hubiera esforzado más." Si había algo entre Kate y yo, sentía que ahora podía estar disponible para trabajar en ello. Para mí, el "éxito" en esto, dependería de mi habilidad para estar, a base diaria, emocionalmente "disponible" para ella y para mí mismo. Estos siete puntos pueden resumirse simplemente: en el proceso de estar solo y pasar por el periodo de abstinencia, había descubierto, por primera vez en mi vida, un sentimiento de dignidad propia. Me había sido dado divinamente tal como yo era en ese momento. Yo ya no necesitaba responsabilizar a otra persona por dármelo, o por fallar en dármelo a mí mismo.

Kate estuvo de acuerdo con mi petición de volver. Ella también pasó por un proceso de re-aseguramiento y quería darse cuenta por ella misma, si podíamos hacerlo funcionar. Acordamos que lo haríamos a principios de mayo considerando que este sería el mejor momento para hacer el traslado.

Quedando aproximadamente dos meses y medio para terminar con el periodo de nuestra separación, yo tenía mucho trabajo que hacer: buscar un nuevo piso, manejar los problemas de dinero y otras cuestiones prácticas. De cualquier forma, mi mayor preocupación era: ¿Podría continuar "sobrio" y no practicar mi adicción al implicarme en intrigas sexuales o emocionales? ¿Y podría mantener la totalidad de mi ser? Me preguntaba y me preocupaba. ¿Había mi recuperación avanzado lo suficiente? Continué intentando reforzar mi sobriedad con los esfuerzos persistentes de encontrar gente nueva para el grupo de adicción al sexo y al "amor", S.L.A.A. Me había puesto más ansioso con este tema porque dos de las personas que asistieron inicialmente a la reunión se estaban apartando. La tercera persona asistía inconstantemente, finalmente separándose más tarde de la asociación. Me las arreglé para animar a participar a algunas otras personas, cuyos patrones adictivos me parecían obvios. Pero, o yo me estaba equivocando, o la conciencia de su condición real los estaba eludiendo, porque sólo asistían a un total de una o dos reuniones.

Hasta donde yo sabía, la "recuperación" no se había replicado en nadie más que asistiera en ese momento a las reuniones de S.L.A.A. El hecho de que yo hubiera tocado fondo, me hubiera rendido, pasado por la abstinencia y hecho un cambio en ésta adicción, aunque fuera importante a un nivel personal, realmente importaba poco si la experiencia no podía ser replicada por otros. Aunque el compartir en nuestras reuniones de S.L.A.A. había sido catártico para un gran número de personas, el enfoque de observar el comportamiento compulsivo sexual y emocional como una adicción todavía era una teoría bastante abstracta a menos que otros la pudieran usar como un mapa para recuperarse ellos mismos. Aún así, sentía que me hacía más fuerte tanto en la introspección como en mantener mi comportamiento a medida que continuaba compartiendo mis experiencias con otros, tanto antes, como después de la recuperación, aunque ellos no fueran receptivos.

Típicamente, alguna nueva persona llegaba a la reunión en la mitad de una intensa crisis, así como el final de un "romance." Esta persona parecía altamente receptiva a escuchar acerca de la dinámica de la adicción siempre y cuando él o ella sintieran el dolor circundante de la experiencia que tenía a mano. Un recién llegado en esta fase usualmente reconocía otras situaciones en su vida en las cuales encajaba en el patrón obsesivo/compulsivo del presente. Inevitablemente la persona experimentaba cierto alivio del sufrimiento experimentado a través de este compartir inicial.

Sin embargo, una vez que el dolor empezaba a disminuir, los recién llegados olvidaban cualquier cosa relacionada con algún patrón anterior que consistiera en circunstancias muy similares a las recientes. Una vez más ellos empezaban a echarle la culpa de su apuro actual a la mala suerte o a una "elección" desafortunada, o culpaban a la "otra" persona por haber sido la manzana podrida del montón. Era como si ellos jamás hubieran vivido estos eventos de ninguna otra forma. Usualmente un patrón de vida que para mí parecía tan terrible, como cualquier cosa que yo hubiera experimentado, simplemente desaparecía de la conciencia de la persona apenas la crisis actual había pasado. Esto ocurría a pesar de que la toma de conciencia y el enfoque de la reunión de S.L.A.A. era fuerte y consistente. Entonces para la nueva persona, la perspectiva del grupo parecía desagradablemente inapelable y solemne. Él o ella nos abandonaría, listo para irse y repetir el patrón de autodestrucción una vez más.

A medida que se aproximaba el momento de la vuelta a casa de Kate, me sentía más y más estresado.

Desarrollé hipertensión, pero estaba agradecido de aprender que podía controlarme con la meditación.

Kate y mi hija volvieron el 3 de mayo. Me sentía muy aprensivo. Estuve buscando otro piso durante poco más de dos meses y no había encontrado nada. Sabía que el regreso de Kate era "real". Me sentí inestable e inseguro— exactamente la clase de sensación que siempre me condujo a la indulgencia sexual y a la intriga emocional. Pasados aproximadamente dos meses desde el momento en que regresó Kate, estuve trabajando con un hombre llamado Dave. El todavía estaba casado y parecía que le importaba mucho su esposa, pero tenía un patrón de promiscuidad que lo había llevado a establecimientos de pornografía y a intrigas sexuales con otros hombres, los cuales, según él comentaba, le ayudaban a evitar las trampas emocionales que encontraba con las mujeres. Su idea era la de llegar a un acuerdo sexual sin complicaciones emocionales.

La preferencia sexual de Dave no me importaba, pero su patrón compulsivo sí. Recuerdo cuando caminábamos a través de un parque de la cuidad y le conté mi historia. Dave pasó de estar tranquilo a llorar. Él realmente se había identificado con lo que yo estaba tratando de compartir con él. Yo estaba realmente emocionado. Quizás porque aquí había alguien que era capaz de rendirse. Empezamos a reunimos cada dos semanas y durante aproximadamente un mes Dave parecía progresar. Entonces vino la recaída de la cual, hasta ahora, yo ya había sido testigo de la misma situación una cantidad de veces en otras personas. Dave venía a las reuniones de S.L.A.A. entre una cita y otra. En vez de construir una conciencia, parecía que usaba las reuniones únicamente como un lugar para alardear y ostentar. Al escuchar sus maquinaciones sexuales, yo deseaba no haberme hecho consciente en esas áreas de manera que también pudiera "disfrutar" de los pinchazos a corto plazo que eran su principal enganche en la vida. Finalmente le cuestioné porqué continuaba asistiendo a las reuniones de S.L.A.A. Le expliqué que el propósito de estas reuniones era avanzar en la conciencia de la adicción en la medida que pudiera aplicarse a los componentes emocionales y sexuales en su vida. Le recordé sus propias lágrimas de identificación, y el obvio dolor emocional en el que se encontraba, cuando nos conocimos por primera vez. El Dave que ahora observaba era muy diferente de la persona desesperada que había conocido aproximadamente ocho semanas antes.

Al escuchar mis observaciones y la declaración del propósito del "grupo", él se sintió irritado y se fue ofendido, para no regresar jamás. Me sentí culpable.

Aparentemente yo lo había alejado y ahora no tenía nadie más con quien trabajar. Estaba de vuelta en el principio con el grupo de adicción al sexo y al "amor." Me sentí muy triste y solo. Sabía que tenía que tomar una posición con Dave, pero extrañaba la compañía de nuestra antigua asociación.

A principios de julio estaba en una reunión de A.A. en el centro de la ciudad. Al terminar la reunión, empecé a caminar hacia la entrada del metro que quedaba como a un kilómetro y medio de distancia. Inesperadamente me encontré acompañado por Jack, la persona que no me había agradado mucho durante mis días con Sarah y la persona a la cual yo me había acercado esa tarde de domingo meses antes cuando me encontré con Sarah en una reunión de A.A. Continué caminando y Jack claramente se estaba saliendo de su camino para mantenerse cerca de mí.

Mientras caminábamos le pregunté que quería. Le dije que no confiaba en él y que mucho menos me agradaba—que siempre me había parecido que él se salía de su camino para asestarme un golpe de cualquier forma-. Dijo que siempre me había respetado por parecerle una persona que no se apartaba simplemente por la adversidad y que sus "golpes", posiblemente reales, no habían sido malintencionados. El observó que, excepto por aquella reunión del domingo, no había sabido de mí en mucho tiempo. Quería saber que me había pasado; su tono era amigable.

Decidí dejarle saber lo más completamente que pude. Aunque yo todavía organizaba y continuaba las reuniones de S.L.A.A., había semanas en las que nadie iba. Dave se había ido y yo me sentía bastante solo y desanimado. ¿Quién era yo para discriminar acerca de con quien compartir mi historia?

Nos paramos afuera de la entrada del metro, apoyándonos contra una pared de hormigón en un pasillo angosto de aproximadamente sesenta centímetros de ancho y le conté a Jack mi historia. Él había visto bastante de mi recaída con Sarah, aunque nunca supo cómo darle sentido al mismo. Le hable de esto en el contexto de mi patrón de vida, explicándolo en otras relaciones para demostrar cómo había trabajado la adicción. Terminé con una cuidadosa explicación acerca del proceso de abstinencia: porqué había sido necesario perderme de vista, lo que se sentía atravesar el proceso y que sentía ahora que estaba cediendo. Hablé de la escogencia entre mi vida sexual y emocional, libre de la corrosiva dependencia y de la desesperante sacudida de la abstinencia. Mencioné que ahora estaba viviendo de nuevo con Kate y que estábamos tratando de que nuestra relación funcionara ahora que yo estaba libre de la necesidad de practicar esta adicción. También mencioné Adictos al Sexo y al "Amor" Anónimos y le dije dónde y cuándo eran las reuniones.

Cuando terminé, no tenía idea de cuánto había recibido él de todo esto. Su rostro era bastante inexpresivo. Él había mencionado algo acerca de recientemente haber pasado unos momentos difíciles con su novia, con la cual había estado mucho tiempo, pero yo no podía decir si lo que dije era relevante o si él me estaba engañando. Principalmente le conté mi historia porque parecía que me ayudaba y mantenía mi conciencia viva. Partimos cordialmente.

La siguiente noche de reunión, muchos días después, sonó el timbre de la puerta. Era Jack. Allí estábamos los dos en la reunión esa noche.

Resultó ser que Jack había terminado, o había estado intentado terminar, una relación adictiva. Su amante había empezado a acostarse con otros. Al darse cuenta de lo desesperadamente dependiente que había sido de ella durante cuatro años, él buscaba un refugio para salir de su aprieto, a través de la turbulencia sexual. Él no podía dormir solo y no había podido mantenerse lejos de su amante. Él se sentía impotente. Jack estaba en estado de conmoción debido a las implicaciones de la abstinencia; las cuales, según yo le decía, significaban un periodo de abstinencia sexual completo de manera que le permitiera a su cuerpo disminuir su ciclo (algo que nunca pensó que pudiera pasar). Jack no quería tener nada que ver con estas cosas. El estaba afincado en que no podría "dejar el sexo." El sabia porque lo necesitaba; era un sedante para acolchonar la flamante caída emocional de la horrenda situación en la que se encontraba. Él simplemente no podía concebir detenerse. Dejamos las cosas prácticamente sobre esa base. De cualquier forma, yo ciertamente no estaba tratando de forzar el tema. Sólo intentaba que él continuara mirando sus propias experiencias y que midiera sus opciones.

Mis esfuerzos iniciales con Jack no fueron realmente diferentes de aquellos en los que me había embarcado con otros. Sin embargo, ahí había una diferencia: Jack continuaba teniendo miedo de ser arrastrado de nuevo a su pesadilla pero continuaba acostándose con personas, usualmente entre una visita a su amante de hace muchos años y otra intriga sexual, lo que le permitía aislarse emocionalmente de su pareja. Él progresivamente sacaba menos partido de sexualizar sus sentimientos por ella hacia los demás. A finales de agosto estableció una "moratoria" con respecto a acostarse con mujeres en Massachusetts. Esto seguía siendo una restricción externa, pero constituía un paso en la dirección adecuada. Queda claro que Jack viajaba como vendedor y estaba fuera del estado mucho más tiempo de lo que estaba dentro de él. El humor de sus valientes intentos de abstenerse no se nos escapó.

A mediados de septiembre algunos acontecimientos importantes ocurrieron en mi vida. Primero, Kate y yo habíamos encontrado severos obstáculos emocionales en nuestra relación de reconciliación. Peleábamos bastante. Las cosas entre nosotros eran tortuosas. Considerando la rabia que estaba experimentando, yo no sentía que quería estar en la relación y sin embargo no confiaba en la parte de mi que quería terminar con ella.

¿Cómo podía estar seguro de que mis sentimientos de querer correr no eran la adicción misma hablando? Si mis sentimientos de querer dejar la relación eran sospechosos, mi sentimiento acerca de la alternativa de quedarme no era mucho menos sospechoso. ¿Cómo podía estar seguro de que mis sentimientos de querer quedarme no eran meramente otro capítulo enfermante para perpetuar una estable y a la vez miserable dependencia, que estos sentimientos no eran más que los desesperados deseos de poseer seguridad emocional a cualquier precio) Dentro de un estado mental de culpa, usualmente naufragaba con preguntas como ésta.

Lleno de expectativas y sin pruebas acerca de lo que traería una "relación de pareja" con Kate, yo anhelaba ocupar un papel heroico en casa, con un nivel de desapego sexual instantáneamente disponible al solicitarlo. Desafortunadamente para el adicto dentro de mí, una verdadera relación de pareja no se construye sobre la fantasía o las expectativas heroicas, tampoco sobre la disponibilidad sexual, de inmediato y al pedirlo. Claramente, al acercarme con Kate una relación de pareja por primera vez, me di cuenta que no sabía nada al respecto. Yo estaba aprendiendo que este estrés de la reconciliación era igual al estrés de separarnos.

De este modo, en septiembre, decidimos buscar un consejero matrimonial. Una vez más yo buscaba una forma de responder a la molesta pregunta: "¿Quiero o no quiero estar aquí?" Cuando las peleas eran terribles, sentía que Kate y toda la relación, extendiéndose desde mi alcoholismo activo hasta mi adicción al sexo y al "amor" activa, debía estar demasiado enraizada en la enfermedad, y que estaba inexorablemente lisiada. Me preguntaba si alguna cosa podía ser saludable dentro de esta relación. El pasado parecía condenarnos. En ese entonces yo no tenía idea de que las cosas que importan en relación a la confianza, la intimidad, el compromiso, las expectativas, el cuidado de los niños, otro embarazo y las actitudes hacia la sexualidad podrían encubrirse, con un alto grado de detalle, en nuestra relación de reconciliación mientras avanzábamos por el camino hacia una mejor comunicación, entendimiento y cooperación: en otras palabras hacia una relación de pareja.

Simultáneamente, empecé un programa en la Universidad que implicaba una residencia de dos semanas en el campus cada seis meses, sumado a un riguroso estudio por mi cuenta. Habiendo dejado la Universidad en un arranque alcohólico algunos años antes, predicando que jamás regresaría, esto representaba para mí un verdadero riesgo. Así que estos cambios, las severas dificultades emocionales tanto mías como de Kate y el inicio de la Universidad, vinieron todos aproximadamente al mismo tiempo.

Mi experiencia en la Universidad resultó ser extraordinaria. Esta escuela se dedicaba a ayudar a los estudiantes a organizar proyectos independientes de estudio y a llevarlos a cabo. Las tentaciones sexuales y de intrigas románticas en esta escuela eran tan severas que creí que era necesario organizar mis estudios alrededor del concepto de adicción al sexo y al "amor", para profundizar en el tema, consulté numerosas áreas relacionadas y escribí lo que logré averiguar al respecto. ¿Hasta qué punto los modelos de abuso de sustancias podían ser aplicados a las áreas de no-sustancia? Para el sexo y el "amor" (dependencia emocional) yo ya sabía la respuesta, pero la oportunidad de estudiar toda esta área formalmente parecía como un regalo para mí. El resultado más práctico de iniciar este estudio fue mi compromiso con este tema inusual que se hizo del dominio público en la universidad. Esta publicidad (o notoriedad) tenía el efecto de proveerme con una potente restricción externa para no practicar la adicción mientras estaba en la Universidad. Si me encontraba describiendo la adicción al sexo y al "amor" en términos de las horribles consecuencias que resultaban de ella, utilizando mis propias experiencias como ejemplos, no tendría mucho sentido para mi lanzarme a la cama o conducir hasta el atardecer con cualquiera. Muy bien podría colgarme. Sin embargo, diseñar estudios en el área de la adicción al sexo y al "amor" me ayudó a mantenerme sobrio mientras estaba en la universidad, y profundizó mi compromiso hacia esta oportunidad en mi vida. Volví a casa dedicado y revitalizado.

Durante mi ausencia de dos semanas, no se había realizado ninguna reunión de S.L.A.A. Obviamente en ésta época las reuniones no estaban siquiera cerca de ser autosuficientes. Al volver contacté a Jack y a algunos de los otros y retomamos las reuniones, que aún se realizaban cada dos semanas. Por esos días parecía que Jack finalmente había hecho un cambio. Algunos encuentros recientes fuera del estado le habían resaltado lo inmanejable que era su vida sexual. Se dio cuenta de que era incapaz de definir como sería una relación saludable con cualquier persona. Él alquiló una habitación en una ciudad cercana, contrató un número telefónico que no aparecía en el directorio y que no quedaba cerca de ninguna línea de autobús. El había tocado fondo y estaba dispuesto a realizar la abstinencia, de la cual ya no vacilaba.

Este cambio en el panorama era alentador. Aumentó mi apreciación de lo que había pasado. Al ver a Jack simplemente no podía creer que alguien más había pasado por esto. Y por supuesto, de alguna manera yo no podía creer que yo mismo hubiera pasado por ello y me hubiera sobrepuesto.

La abstinencia de Jack y su recuperación, que empezaron en octubre de 1977, significaron otro gran hito en el desarrollo de S.L.A.A., el cual había avanzado de reunión en reunión desde el pasado diciembre de 1976. Ahora estaba claro que el concepto de adicción podía ser utilizado por otros para manejar el comportamiento sexual y emocional obsesivo y compulsivo. Mi propia recuperación dejó de ser un hecho aislado e idiosincrásico. Otros podrían venir y tener sus propias experiencias transformadoras, de igual significado que las mías.

Al resumir el relato de mi historia adictiva y de la historia de los inicios constitutivos de Adictos al Sexo y al Amor Anónimos, incluyendo la formación del primer Grupo regular de S.L.A.A. (30 de diciembre de 1976), puedo reportar que el crecimiento y desarrollo subsiguientes de S.L.A.A. han sido una aventura maravillosa y emotiva.

La lección de esta temprana historia es que la conciencia en estas áreas es terriblemente difícil de lograr y mantener para nosotros los adictos al sexo y al "amor." Cuestionar nuestras actitudes y comportamientos concernientes a nuestra dependencia sexual y emocional es equivalente a cuestionar la base misma sobre la cual nos hemos estado parando—toda nuestra identidad como seres humanos. Nuestro paquete de suposiciones acerca del mundo y de nuestro papel dentro del mismo debe revertirse en este proceso. Sin embargo ninguna de estas cosas fueron necesarias para hacernos disponibles a este nuevo proceso de vida.

Debido a la amplia dificultad de lograr y sostener esta conciencia de la adicción al sexo y al "amor", la Asociación de Adictos al Sexo y a al Amor Anónimos ha crecido lentamente. Nuestra asistencia se ha duplicado cada año.

Al finalizar el primer año de reuniones de S.L.A.A. había esencialmente dos miembros, a pesar de tener una asistencia de aproximadamente quince personas que habían asistido en algún momento durante el año. Hacia el final del segundo año, éramos cuatro incondicionales, con una asistencia de treinta y cinco a cuarenta personas. Al final del tercer año esta cifra se había doblado a siete u ocho personas, de alrededor de ochenta personas que asistían. En algún punto del cuarto año pudimos contar aproximadamente quince personas que estaban en diversas fases de la recuperación, de alrededor de ciento treinta personas que asistían.

Otra forma de ver el crecimiento es que, por cuanto que al principio sólo existía una reunión mensual, al cumplir ocho años llegamos al punto de crecer hasta tener nueve reuniones por semana en el área de Boston, así como muchos grupos en las regiones de la Bahía de San Diego y San Francisco y en un número de otras ciudades de E.E.U.U. Además las reuniones de S.L.A.A. habían comenzado en Europa.[1]

Nuestro crecimiento había sido básicamente a través de la palabra de aquellos individuos con quienes teníamos contacto personal y quienes parecían tener problemas con ésta adicción. Aunque a medida que se pasaba la voz acerca de la existencia de S.L.A.A., en varias ocasiones habíamos buscado eventos mediáticos y profesionales, que podrían haber traído gran cantidad de publicidad a la Asociación. Consistentemente evaluamos con sumo cuidado dichas oportunidades de poner nuestro mensaje ante un público más amplio y generalmente evitamos hacerlo ya que dicha publicidad podría constituirse en una predisposición editorial por parte de otros, que pudiera conducirnos a un asedio de preguntas por parte de aquellos cuyas intenciones podrían ser diferentes de las de buscar la recuperación de la adicción. Nuestros miembros son un grupo diverso de individuos, que varía ampliamente en su trasfondo social, económico y étnico. También cubrimos el espectro en términos de mantener preferencias personales considerando el género y las prácticas sexuales de nuestras parejas. Maravillosamente habíamos descubierto que esta aflicción de la adicción al sexo y al "amor", en nuestras experiencias individuales de vida, es un lazo común que borra el significado de esas diferencias de preferencias de género y metas sexuales que usualmente sirven para dividir a las personas fuera de S.L.A.A.

En términos de qué es la recuperación, al menos todo lo que se había escrito hasta ese momento podía haber sido escrito durante cualquier recuperación en S.L.A.A.

He aquí algunos aspectos de la recuperación, mía y de los demás. Primero, no me había comportado adictivamente desde que inicié la recuperación algunos

---

[1] El estimado de S.L.A.A. para enero de 1986 alcanzó aproximadamente 1500 miembros comprometidos, noventa por ciento de los cuales viven en las Costas Este u Oeste de los Estados Unidos, con los demás miembros restantes repartidos a través de aproximadamente doce estados interiores de E. E. U. U. y cinco países europeos (Alemania Occidental, Gran Bretaña, Francia, Noruega y Suiza). Existen actualmente cerca de cien grupos de S.L.A.A. en todo el mundo, con nuevos grupos que aparecen semanalmente.

años atrás. Esto significa que estuve libre del comportamiento sexual y/o de intriga emocional básicamente obsesivo/compulsivo durante este periodo. Esta sobriedad fue lograda a través de muchas pruebas y de un dolor creciente, así como también a través de épocas relativamente fáciles de atravesar. Considerando mi historia adictiva, yo solo podía usar la palabra "milagro" para expresar el significado de éste hecho singular. Describir los atributos de una relación de pareja a alguien que todavía está atrapado en la adicción es como intentar describir el color a una persona ciega. Sin embargo a pesar de que en algún momento no podía imaginarme como sería, hoy es una parte vital de mi experiencia. Todavía estoy casado. De hecho, mi relación con Kate está por encima de los ocho años desde que decidimos volver juntos y ver que había allí. Ahora tiene un grado de compromiso, confianza, participación, cooperación y (me atrevo a decir) amor que excede cualquier esperanza que haya tenido. Ahora tenemos la capacidad de vivir, trabajar, jugar y crecer juntos. Nunca hubiera pensado, a través de todos esos años de agonía adictiva, que yo alguna vez pudiera estar felizmente casado; y que todavía hoy lo estoy. Esa antigua pregunta: "¿Realmente quiero estar aquí?" había sido resuelta.

Trabajar nuestros asuntos sexuales y emocionales ha sido largo, difícil y usualmente desalentador para ambas partes. Aunque los esfuerzos a lo largo de estas líneas han cedido con el tiempo a un tremendo entendimiento, han aumentado la confianza y la capacidad para experimentar una genuina intimidad juntos. Hemos buscado consejo en dos ocasiones para poner los temas sobre la mesa delante de nosotros de manera que pudieran ser constructivos, en vez de destructivos. Aunque en los momentos difíciles sentía que el proceso de nuestra relación había sido positivo.

Desde que volvimos juntos hemos tenido otro hijo y esto ha sido un verdadero reto para nosotros, irónicamente, a pesar de todas las intenciones en el mundo de nunca casarme o tener hijos, encontré en mi sobriedad que soy un marido y un padre (compañero y padre) bastante adecuado. Ya no estoy tiranizado por los viejos modelos de esposo y de paternidad. He descubierto y apreciado mis capacidades.

Mis hijos me quieren y no me temen.

Los juicios y tribulaciones de establecer y mantener una relación de pareja es algo que se experimenta con mayor frecuencia en nuestra Asociación de S.L.A.A. Como pioneros de SLAA, para muchos de nosotros, esta es la primera vez que actuamos con sobriedad. Los que nos hemos casado hemos conseguido seguir libres de la adicción. No hemos necesitado huir de las presiones muy reales de las relaciones que maduran "enamorándonos" con otras personas, o buscando la evasión sexual. Para algunos de nosotros, la elección fue permanecer solos por extensos lapsos; esto, que trascendía la abstinencia, se presentaba casi como una vocación, dado que la vivencia de nuestro aislamiento personal había desenterrado una profunda riqueza interior.

En todos los casos el proceso de abstinencia trajo consigo un conocimiento profundo y estable de nuestra propia dignidad como seres humanos. Descubrir esto desde el interior nos ha liberado de la presión de extraerlo de otros, lo cual, por supuesto, nunca podría funcionar.

En mi propia vida la base de las relaciones con otras personas ha cambiado completamente. Antes mis interacciones con otros hombres se marcaban por la competitividad y la desconfianza. En la adicción activa, la creencia era que los objetos de la adicción al sexo y al "amor" representaban una búsqueda frecuente. Por lo tanto, aquellos del mismo género eran potenciales adversarios. Además, los objetos de mi pasión eran vistos enteramente en términos de su habilidad para llenar mis NECESIDADES. Ellos estaban definidos porque también funcionaban de esta manera. Eran funciones, no seres humanos.

Ahora que estoy sobrio en S.L.A.A., disfruto de un profundo compartir humano con otras personas sin importar el género o la preferencia sexual. Las experiencias de la adicción que nos ata, al compartir el uno con el otro en S.L.A.A, son mucho más apremiantes que las diferencias de género o preferencia sexual que ayudan a dividir a personas más "normales." Las experiencias de la adicción en sí mismas, enfrentadas y comprendidas, se convirtieron en la base común para una nueva y emocionante aventura, una búsqueda por el significado del espíritu humano. Encontrábamos un nuevo significado en la vida algunos de nosotros iniciamos nuevas carreras las cuales eran radicalmente diferentes a cualquier cosa que hubiéramos concebido antes. El descubrimiento de la dignidad e integridad personal se convirtió en un nuevo estándar que aplicábamos a nuestros riesgos. Apreciábamos nuestra vida. Encontrábamos que nada menos que esto nos resultaba gratificante.

Este recuento de los aspectos de la recuperación es necesariamente bastante limitado y de alguna manera arbitrario. Puede ser suficiente decir que esperamos que otros que han estados atrapados en patrones adictivos similares a aquellos que nos apresaron a nosotros, encuentren en estas palabras la esperanza de un cambio y se inspiren para contactarnos y comenzar sus propios caminos. Si eres como nosotros, puede que estés al borde de un inmenso descubrimiento personal y sanación. Si es así, puedes unirte a nosotros en nuestra experiencia en la gracia de Dios y la redención en la medida que la encontramos en S.L.A.A. Nosotros te queremos y te necesitamos.

Capítulo 3

Viviendo con un Adicto al Sexo y al Amor

Las experiencias compartidas hasta este punto habían sido aquellas pertenecientes a los adictos. Pero existían otras personas atrapadas en el ciclo adictivo, aquellas que tenían relaciones con el adicto al sexo y al amor. Aunque a menudo era cierto que "los iguales se atraen" y que ambas personas en una relación eran adictas al sexo y al amor, no siempre era así. Nosotros, que también éramos víctimas de esta enfermedad sin "contraerla", tenemos nuestras propias historias y luchas, antes y durante la recuperación del adicto. Nos gustaría compartir nuestras experiencias contigo. Quizás no tengas que sufrir por tanto tiempo lo que nosotros hemos sufrido, y puedas encontrar esperanza en una vida redimida, con o sin tu pareja adicta.

Probablemente la primera pregunta que aparece en tu cabeza es: "¿Cómo podían estar tan seguros de que ustedes mismos no eran adictos al sexo y al amor? " Esta pregunta representaba un gran problema para algunos de nosotros. No es sólo el adicto el que se excita a través de las fantasías de sexo ilícito, y nuestro descubrimiento o sospechas acerca de las actividades de nuestros compañeros adictivos parecían justificar nuestras propias aventuras, ya fuera por venganza o por el cuestionable razonamiento que dice, "si no puedes luchar contra ellos, úneteles."

Para nosotros la diferencia era que el precio que pagábamos era interno; el precio que pagaba el adicto era sacado de aquellos que lo rodeaban. El adicto parecía estar contento siempre y cuando los amantes estuvieran disponibles y no se enteraran de que estaban compartiendo sus favores. Para nosotros, las mismas situaciones nos dejaban insatisfechos y avergonzados. Nosotros los podíamos haber perdido de vista por algún tiempo, pero nosotros SI teníamos valores y metas conscientes en la vida, como los comentarios seleccionados indican a continuación.

"Antes de encontrarme con R. había tenido algunas 'aventuras' románticas intensas y de corta vida. Quizás 'aventuras' sea una palabra muy ligera, porque tomé estas relaciones muy en serio en ese momento, y en cada una de ellas había mantenido esperanzas de casarme. Desde que tengo memoria, siempre he deseado la seguridad que brindan el matrimonio y la familia. Puedo recordar que realmente no era parte de mi naturaleza tontear con ligereza. Tener una relación con más de un hombre a la vez era intolerable e imposible para mí.

"Mi religión me había conducido a asumir que me casaría y sería fiel. Sabía que había muchos tonteos por ahí en la mayoría de los matrimonios, pero yo simplemente asumía que si nos amábamos y no peleábamos mucho, eso no nos pasaría."

"Después de la infeliz experiencia con J., por un tiempo, no me sentía con ánimos para tomar el riesgo de salir con alguien y volver a 'enamorarme'. Durante dos años no salí con nadie. Mi vida estaba bastante llena con mi trabajo, haciendo cosas con los chicos y la familia de mi hermano, y ayudando a mis padres, cuya salud no estaba muy bien."

"G. no podía mantener su promesa de ser fiel, así que me mudé. Todavía espero que podamos volver juntos, pero yo simplemente no podía vivir sin poder confiar en mí pareja."

Teníamos algún sentido de los valores, y estos no eran los que le importaban al adicto. Sin embargo, encontramos muchas formas de racionalizar el comportamiento de nuestras parejas adictivas y experimentamos una progresión similar en la enfermedad que amenazaba con destruirnos. El relato a continuación es la historia de Kate. Esperamos que puedas encontrar entendimiento y esperanza en su experiencia: una moneda de oro, primero destrozada y después vuelta a enmendar.

* * *

Vengo de una familia numerosa con padres que nos amaban y cuidaban de la mejor manera que podían. Vivíamos en una casa bonita e íbamos a buenos colegios. A pesar de todo esto, recuerdo sentirme inadecuada, insegura y un poco extraña. Una parte de mí se sentía bastante incapaz de ser amada, así que intenté ganarme el amor a través de ser generosa, clemente, compresiva, pedir poco y ser aparentemente poco egoísta; aunque me había ganado muchos amigos en el colegio, más adelante esta estrategia se convirtió en mi perdición. Pensaba que era una persona que podía juzgar bien a los demás, y que si me esforzaba lo suficiente para sobresalir y llenar las necesidades no expresadas de los demás, yo sería indispensable. Paradójicamente, a la par de esta habilidad de leer a las personas, desarrollé la habilidad de apagar sentimientos desagradables. Siempre y cuando la persona con la que estuviera se sintiera feliz, yo era feliz por definición, y de igual manera para la tristeza. El escenario estaba perfectamente preparado para que yo me enamorara de alguien que me necesitaba mucho, pero que debido a sus propios problemas no me daría mucho de vuelta de ninguna forma consistente.

En el momento en que conocí a Rich yo todavía estaba sufriendo las consecuencias de dos relaciones previas y había dejado la Universidad. Compartía un apartamento y me mantenía con un empleo temporal en el restaurante-bar local. Rich frecuentaba ese restaurante-bar de manera regular con algunos compañeros de bebida, a pesar de una apariencia externa de confianza, yo era tímida y jamás me hubiera permitido que un cliente ligara conmigo. Pero había algo con respecto a Rich. Su acercamiento suave ganó mi confianza una tarde cuando vino solo a tomar unas cervezas.

Al principio empezamos a vernos de manera casual, y no pasó mucho tiempo antes de que me diera cuenta de que Rich estaba viendo a otra chica con la cual había estado involucrado por un largo periodo de tiempo. También tenía una "antigua amiga de la universidad" fuera de la ciudad a la que visitaba de cuando en cuando, pero mi relación con Rich no parecía generar conflicto con eso. Ahora que reflexiono sobre esto, había señales tempranas de la naturaleza adictiva de Rich pero yo escogí ignorar las señales intuitivas de advertencia que había dentro de mí. Al cabo de unos meses empezamos a dormir juntos y nuestras "otras' relaciones terminaron. Recuerdo pensar que atractivo y experimentado era Rich con las mujeres. Quería ser la perfecta contraparte sexual para su naturaleza lujuriosa. La conciencia de mi propia naturaleza sexual era limitada como para satisfacer a mi hombre y, a la vez, convencerlo de que él me estaba complaciendo aunque esto significara "fingir."

Esos primeros años de nuestra relación no fueron fáciles para ninguno de los dos, aunque sí teníamos nuestros momentos románticos llenos de vino y música. Yo había decidido continuar con la Universidad al tiempo que Rich asistía, así que fuimos a esquiar, a navegar y nos saltamos clases juntos. Y teníamos nuestras peleas. Los temas invariablemente terminaban en una cosa: Yo quería más tiempo y compromiso de parte de Rich. Poco sabía acerca de que estaba pidiendo la única cosa que él era incapaz de dar. Entonces teníamos los momentos más íntimos y cercanos juntos, y luego de repente él parecía totalmente distante, como si no me conociera del todo. Siempre fallaba en llegar cuando decía que lo haría, y ni siquiera llamaba para explicar. Las promesas rotas eran parchadas con toda clase de excusas, algunas más honestas que otras. Siempre lo aceptaba de vuelta porque lo amaba y desesperadamente quería creer en sus intenciones, aunque no fueran consistentes con sus acciones. Sabía que algo no estaba bien con nosotros, pero lo racionalicé diciendo que todas las parejas pasaban por este tipo de cosas, lo que es cierto hasta cierto punto. Me dije que Rich era un espíritu independiente, y que yo necesitaba ser menos posesiva y "mantener el amor con una mano abierta."

En aquella época Rich intentaba ganarse la vida como músico, y yo me encargaba de mantenernos a ambos la mayor parte del tiempo. Viví con varios compañeros de piso y Rich pasaba más y más noches conmigo y menos en su propio apartamento. Me daba cuenta de que como músico él tendría acceso a una amplia provisión de alcohol y mujeres, pero yo escogí enfocarme en la idea romántica de "mantener al artista" tanto financieramente como emocionalmente. "Además", pensé, "¿qué otra mujer en una situación similar podría ser tan comprensiva y generosa como yo?" Amaba ser necesitada, y pensé que al llenar esa necesidad nosotros estaríamos unidos de por vida.

Mientras más ponía en la relación, a veces a costa de mi propio estado emocional, más quería sacar de ello, y menos estaba dispuesta a romper la relación a pesar de las flagrantes inconsistencias. En una ocasión en la que nuestra relación pasaba por un momento particularmente difícil hice que confesara que recientemente se había acostado con otras dos mujeres. Confrontada con el hecho real en vez de con mis habituales sospechas, recobré fuerzas de acción y me mudé a un estado vecino para buscar solaz con un antiguo novio. Me fui a propósito sin decir nada acerca de mí paradero con la esperanza de que Rich se sintiera arrepentido y temeroso de perderme. Pasé tres días con el antiguo novio, durmiendo con él por despecho y por necesidad. Regresé a casa y me encontré notas de Rich, llenas de disculpas y que decían que desesperadamente quería que volviera con él. Estaba eufórica—¡había funcionado!

Guardé una de las notas por largo tiempo para recordar que yo tenía algún poder en la relación, pero pronto recaímos en nuestros propios patrones. La única diferencia era que Rich no tomaría el riesgo de ser tan abierto conmigo nuevamente. A través de los años repetidamente hubo otras escenas que replantearon los mismos sentimientos. Nunca recurrí nuevamente a la táctica de dormir con otro, pero podía flirtear de vez en cuando y deseaba con todo mi corazón tener la fortaleza para terminar mi relación con Rich. Algunas veces decidíamos que terminara y no nos veíamos por pocos días, sólo para ser arrastrados juntos de nuevo por nuestra necesidad mutua. En algún nivel aterrorizante, ambos éramos terriblemente débiles. Un día a mitad del invierno, Rich recogió el libro de Alcohólicos Anónimos y decidió hacer algo con respecto a su problema con la bebida aunque a nadie con ojos entrenados se le escapara que su beber era claramente alcohólico, me sentía bastante amenazada por esta admisión. De alguna manera era una admisión pública de un demonio privado:

¿qué pensarían mi familia y las demás personas? Finalmente el sentimiento de alivio triunfó sobre el miedo, pero pronto fue reemplazado por mis celos hacia todo el tiempo que pasaba en las reuniones de A.A.—Entonces empecé a ir a las reuniones con él y empecé a sentirme abrumada por la honestidad, el poder del ejemplo y el sorprendente coraje de estas personas. Me di cuenta de que la influencia sobre Rich era buena, y de que nuestras vidas en común serían salvadas. Si su alcoholismo era la raíz de tantos de sus/nuestros problemas, entonces permanecer sobrio a través de A.A. sólo podía presagiar un buen futuro.

Ciertamente la sobriedad de Rich tuvo una profunda y positiva influencia en él, pero también se llevó la excusa que yo había estado usando para gran parte de nuestra discordia. Las peleas y el distanciamiento emocional no se detuvieron con la sobriedad, y empecé a darme que cuenta de que por sí solo, dejar de beber no iba a proveer todas las respuestas.

Ese verano viajamos juntos a Colorado y pasamos unas maravillosas aventuras juntos. Estos momentos se dañaban únicamente por los periodos de la "ansiedad de viajar" de Rich, la cual más adelante me di cuenta que era la el resultado de tener acceso denegado a algunas de sus amigas mujeres que habían sido dejadas atrás. Cuando regresamos, tomamos por casa un pequeño apartamento, y las cosas fueron de mal en peor. Empecé a trabajar para un hombre atractivo que era quince años menor que yo. Rápidamente desarrollé una atracción de niña de colegio por él, y me sorprendí al darme cuenta de que los sentimiento eran mutuos. Cuando estaba con él, me sentía respetada, atractiva, ingeniosa, inteligente y totalmente apreciada. Era como que me ofrecieran agua después de haber atravesado el desierto. Estaba en un tremendo conflicto y le conté a Rich mis sentimientos con respecto a éste hombre. Rich se enfadó y prometió intentar con más fuerza darme amor y cuidados en vez de críticas y hostilidad, que se habían convertido en la dieta diaria. Estuve tan conmovida por su oferta que decidí enfriar mis fuertes sentimientos y dar a Rich y a mí misma otra oportunidad.

De cualquier forma, mi decisión fue a corto plazo cuando Jim no quiso dejarme ir fácilmente, y cuando me di cuenta de que no podía dejarlo de lado. Él me dijo que me necesitaba, y que yo era la "única luz en su vida" (él se había divorciado recientemente), y que él esperaría a acostarse conmigo hasta que yo estuviera libre de Rich. Mi trabajo con él era de tal forma que podíamos estructurar nuestro tiempo entre reuniones relacionadas con el trabajo, así que nuestros días eran usados crecientemente en más tonteos y menos trabajo. Dos semanas de esto culminaron en una tarde juntos que me convenció de que tenía que tomar una decisión. Yo empezaba a sentirme esquizofrénica con mis dos vidas/amores y sabía que no era capaz de mantenerlas por más tiempo. Esa tarde llegué a casa llorando y le dije a Rich que me estaba enamorando de Jim y que ya no podía seguir aferrándome a los pedazos de nuestra relación, que no iba a ninguna parte.

Pensé que Rich se sentiría aliviado finalmente de tener la libertad que tanto había ansiado. Por el contrario, parecía estar sorprendido y se fue aturdido a una reunión de A.A. Cuando regresó, hablamos un poco más y me pidió que nos casáramos. Esto era lo que yo había deseado desde hacía tanto tiempo. Sin embargo tenía dudas acerca de la sinceridad de su oferta considerando las circunstancias. Pero, después de cuatro años de una relación tempestuosa, ocho meses de sobriedad y de mucho derramamiento de sangre a nivel emocional, finalmente tenía a "mi hombre" así que dije que "Sí."

Habiendo tomado la decisión, no vimos ninguna razón por la cual tener un largo compromiso e hicimos planes para casarnos el mes siguiente. Suficientemente extraño, durante ese mes antes de nuestro matrimonio Rich parecía estar en paz consigo mismo y comprometido de una manera que nunca había conocido. Por otro lado, al haberle contado a Jim de nuestros planes, tenía días con sentimientos mezclados y aprensión que me forzaban a pensar si este matrimonio era lo que yo realmente quería. Pero el sobrecogedor deseo de casarme y mi eterno optimismo ganaron por encima de las molestas dudas.

Tuvimos una boda pequeña y simple, seguida de una cálida recepción y un largo fin de semana en una pequeña cabaña en un lugar de vacaciones cercano. Rich me presentó a todos como su esposa y finalmente yo era feliz. Por un corto periodo de tiempo pude apagar la vocecita en mi cabeza que seguía preguntando, "¿cuánto puede durar esto?" Recibí mi respuesta a esta pregunta tres meses después cuando el tema de una enfermedad venérea asomó su horrible cabeza. Rich se encontró en la desagradable posición de confesar que había tenido una aventura de una noche un mes antes y que esa enfermedad venérea era una posibilidad. Los exámenes resultaron negativos, pero jamás olvidaré la sensación de humillación que sentí al esperar en la clínica, teniendo que responder a las preguntas acerca de nuestra vida sexual marital.

No recuerdo todas las racionalizaciones que use para mantener mi nuevo matrimonio intacto, pero me las arreglé para convencerme de que era un incidente aislado y de que por lo menos Rich no estaba involucrado románticamente con nadie más. Pero mi descontento interior era muy profundo, y cuando Rich me preguntó, unos meses después, que si era realmente feliz, él vio a través de mis protestas de que "por supuesto éramos felices porque nos amábamos." Me sugirió que viera a un terapeuta y que fuera a las reuniones de Al-Anon para ayudarme con mi complejo de mártir sufriente. Fui a una clínica ambulatoria que demostró no ser de mucha ayuda, pero por una parte me beneficié de la experiencia. Tuve que pasar por tres sesiones de admisión iniciales sobre una base personal donde tuve la oportunidad de contar la historia de mi vida. Durante una de esas sesiones, me puse a llorar cuando me di cuenta de que la persona de la cual estaba hablando era yo. Hasta ese momento, había sido muy amenazador enfrentar mi infelicidad. Si lo hacía, podría tener que cambiar una estrategia básica de combate en mi vida, y yo todavía no estaba lista para eso.

Mi experiencia en Al-Anon fue mucho menos confrontadora y más fácil de asimilar que el grupo de terapia en la clínica. Era tremendamente útil ya que me quitaba la carga de culpa que sentía acerca de la bebida de Rich, y era maravilloso estar con personas que entendían el alcoholismo sin adjuntarle el estigma social. Finalmente, esto se constituyó en el comienzo de un proceso gradual de auto conciencia que no se resolvía alrededor de un alcohólico en mi vida aunque puse mucho esfuerzo en intentar rescatar a otras personas en el programa cuyo sufrimiento parecía peor que el mío, me las arreglé para canalizar parte de mi energía para entenderme. Asistí a las reuniones una vez por semana e hice algunos amigos, uno de los cuales todavía es muy cercano. Me esforcé por amontonar los problemas de Rich y su promiscuidad bajo la etiqueta del alcoholismo, una enfermedad sobre la cual yo no tenía control. Por un largo periodo viví un día a la vez e intenté creer en un poder superior que trabajaba por lo que mejor me conviniera. Mi única definición de "comportamiento inaceptable" era el abuso físico. Como yo no había tenido esa experiencia, me sentí bendecida aunque ahora no asisto a las reuniones, los principios de Al-Anon permearon mi vida por casi diez años y tuvieron el efecto más curativo. Esto ciertamente me inició en el camino de convertirme en una persona honesta conmigo misma y me dio la fuerza para resistir la tormenta que aún estaba por venir.

Los primeros cuatro años de nuestro matrimonio no fueron distintos a nuestro noviazgo excepto porque Rich estaba sobrio y trabajando su programa de A.A. Todavía teníamos nuestros momentos íntimos de compartir nuestras almas seguidos por peleas dolorosas y regidas por la lucha de poder, las cuales me dejaban sacudida y preguntándome si este patrón cambiaría alguna vez. Me esforcé por aceptar el estado de nuestro matrimonio y, con la ayuda de Rich, negué mi intuición de que lo estaba compartiendo con otra mujer. "Después de todo", racionalicé, "estamos casados, y eso seguramente tendrá algún efecto sobre las actividades foráneas de Rich." Una vez, durante ese periodo, Rich me contó de una relación que había tenido con una mujer de A.A. que duró hasta pocos meses después de habernos casado. Pero me lo contó dos años después del hecho, de modo que yo tomé su confesión como una señal de acercamiento y como una indicación de que él no lo volvería a hacer. Sobretodo quería apartar cualquier sospecha que tuviera acerca de las llegadas tarde por la noche de Rich, y él estaba simplemente muy ansioso en ayudarme a hacer esto. Algún tiempo antes de mi trigésimo cumpleaños había decidido que quería tener un hijo con tanta intensidad como para plantearlo como un ultimátum. La pregunta acerca de los hijos parecía una decisión que Rich quería posponer indefinidamente. En la parte más profunda de mí ser, sabía que no estaba dispuesta a dejar de lado la idea de tener una familia para mantener mi matrimonio. Sabía que aunque yo pudiera convencerme de no tener un hijo ese año, eventualmente mi amargura hacia Rich, por privarme de algo tan esencial, corroería y destruiría nuestro matrimonio. Rich debió saber que mi resolución no era una amenaza vacía. En vez de perderme, cedió. Rich disfrutó completamente al intentar hacer un bebé porque lo hacíamos con frecuencia. Tuvimos éxito después del segundo mes, y yo me sentía en el séptimo cielo. Rich también parecía complacido, y pensé que este embarazo, este bebé, nos uniría más.

En cualquier pelea que tuviéramos después de ese punto, yo era muy rápida racionalizando en la medida que el efecto de la pelea aumentara la presión sobre la inminente paternidad de Rich. Pero a medida que pasaba el tiempo yo empecé a crecer con el niño. Empecé a desear seguridad de que Rich realmente me amaba y que quería participar en esta experiencia. En vez de esto, él se alejó más y se convirtió en una persona protectora de sí mismo. El permanecía fuera de casa hasta tarde por la noche y me dijo lo mucho que necesitaba de A.A. Nuevamente, sabía que algo estaba mal y que esta vez mi inconsciencia no me iba salvar. Una noche tuve un sueño muy aterrador en el cual Rich estaba completamente involucrado con otra mujer y me dejaba. Era tan real y molesto que lloré y lloré y le conté el sueño al día siguiente. Me parecía incomprensible que él alguna vez pudiera amar a otra mujer lo suficiente como para dejarme, especialmente después de todo lo que habíamos pasado juntos. Por supuesto, consistente con su papel, él negó que hubiera algo de verdad en mi sueño. Por mi parte, intenté inscribirlo en mis inseguridades y en una naturaleza "desconfiada." En realidad, yo no soy una persona desconfiada por naturaleza, y pronto me convencí de que mis sospechas no tenían argumentos reales. Empezamos a asistir a las clases de parto. La primera tarde, ellos mostraron una película de una pareja que pasaron juntos por la labor del parto. El contraste de esta pareja amorosa y su apoyo mutuo con nuestra relación estresada y crecientemente dolorosa fue demasiado para Rich. El me dijo que no estaba seguro de que pudiera asistir al resto de las clases conmigo. La noche siguiente, se desbordó la copa. Rich me dijo que quería la separación, y a mí me dolió pero lo acepté, no sin que antes supiera si había alguien más en su vida. Me dijo que había una mujer con la que había estado completamente involucrado en los últimos cinco meses. Me dijo que no podía soportar seguir dividiendo su vida, que su sanidad estaba en juego, y que él era incapaz de romper con esta persona. Estaba aturdida, realmente aliviada y extremadamente furiosa; todo al mismo tiempo. El alivio de saber que existía una explicación para su comportamiento pasado y que yo no estaba loca era sobrecogedor. Por lo menos, si él se separaba de mí, no era porque no me soportara a mí o a nuestro futuro hijo. Era porque había una seductora secreta en las alas que lo había hechizado. Entonces me llené de ira y de una sensación de ultraje, y le chillé y le grité, esperando que eso mitigara el intenso dolor que sentía por la traición. Sentí que si podía concentrarme en la rabia y en la creencia de que él realmente era una persona despreocupada y malvada, podría salvarme del inmenso sufrimiento de perder a alguien a quien realmente había amado.

Un escritor expresó claramente lo que yo sentía:

> Los celos no son necesariamente un deseo meramente egoísta de poseer para uno mismo, no son simplemente una indisposición egoísta de compartir. Es la angustia de la desesperación; la totalidad de un pensamiento de que uno ha encontrado que el ser amado está destrozado. La moneda dorada del amor descansa aplastada en pedazos delante de los propios pies. Uno está abrumado por el miedo; está ardiendo con la intensidad de los propios deseos de totalidad y la propia desolación en su engaño.[2]

En la medida en que el sistema de engaño de Rich se derrumbaba, apareció un fuerte deseo por parte de ambos de saber todo. La enorme pared entre nosotros finalmente se había rajado, era tiempo de que se derrumbara. Caminamos y hablamos muy tarde por la noche hasta el día siguiente. Rich me contó todas sus aventuras y me puso al corriente con los detalles de su actual amor. Me sentí entumecida. Era como si, después del impulso inicial, ya no me pudieran lastimar. Por el contrario, una enorme curiosidad se apoderó de mí y escuché como si estuviera escuchando la confesión de un hombre en la calle.

Una parte de mí estaba fascinada por la intriga, mientras que luchaba por encajar las nuevas piezas de nuestra relación en una especie de totalidad coherente. Encontré que me la pasaba separando quien era "él" y quiénes éramos "nosotros" ya que los dos parecíamos mezclar tan bien como el agua y el aceite. Me preguntaba si alguna vez lo había conocido realmente. Cuestionaba cada momento íntimo que alguna vez habíamos tenido juntos, me preguntaba si realmente alguna vez me había hecho el amor, o si estaba pensando en alguna mujer. Rich ayudó al decirme cuales fueron los momentos en los que se había sentido cercano a mí, y cuando había estado realmente distraído. Esto trajo consigo una nueva luz a la mayoría de nuestras amargas discusiones: casi siempre ocurrían cuando Rich estaba molesto por una nueva relación. Dos de nuestras peores y casi violentas peleas habían ocurrido durante viajes. Con mi recién encontrada información, era obvio que yo había sido una víctima inocente de la tremenda tensión de Rich acerca de otra aventura.

Mi vida sexual siempre había sido bastante sosa y simple. Así que cuando Rich empezó a hablar de "circulación sexual" y empezó a enviar mensajes de "estoy disponible", estaba sorprendida y casi sin comprender. Había pensado inocentemente que sólo las prostitutas y los gigolós se comprometían en dichas prácticas. ¿Quiénes eran todas estas personas allá afuera vestidas con ropas normales y llevando vidas "normales" que enviaban y recibían todos estos mensajes sexuales? Estaba aterrorizada por la cantidad de mujeres disponibles y necesitadas que pudieran existir, y de cuan pocos escrúpulos tenían acerca de

---

[2]   Irene Claremont de Castillejo, *La mujer sapiente*. (Nueva York: Harper Colophon Books, 1973), p. 128. Reimpreso con permiso de la Fundación C. G. Jung.

las escapadas de una noche o de relaciones con hombres casados. De hecho, dos de las personas que estaban en la lista de Rich habían sido amigas cercanas mías que ya no vivían en el área aquello significaba que yo tendría la desagradable tarea de re asesorar a mis amistades con respecto a ellas. En algunos momentos la necesidad de Rich de confesar estaba moderada por mi bienestar emocional. Había perdido toda perspectiva con respecto a mi tolerancia al dolor y, por tanto, no siempre podía saber si lo que estaba escuchando de Rich excedía lo que yo podía soportar. Algunas veces cuando esto ocurría más o menos automáticamente me desconectaba y me disociaba de lo que me decía. No sabía en qué se podría convertir nuestra relación, si quedaba algo, después de una catarsis tan larga. Pero sabía que pasara lo que pasara, estábamos en un camino inalterable de honestidad con cada uno sin importar el costo.

Decidí quedarme con Rich hasta después de que naciera el bebé y entonces me iría a vivir con mi hermana y su familia. Rich estaba de acuerdo con esto. Al fin parecía que él se sentía libre de compartir la "hipoteca emocional" de su pasión actual. Me dijo que sería imposible dejar de ver a Sarah, y que él continuaría viéndola durante el tiempo que continuáramos viviendo juntos. Supe, por su descripción, cuan enganchado estaba, que eso que me decía era cierto, y que si él alguna vez resolvía su relación con Sarah, yo tendría que seguir su curso. Marqué algunas pautas que saqué de los pedazos de mi auto estima, y él estuvo de acuerdo con ellas.

Así empezamos dos meses horribles de esperar a que naciera el bebé. En ese momento habíamos estado de acuerdo con este arreglo, mi barriga de embarazo era tan grande debido al bebe que podía aguantarme cualquier cosa por cuatro semanas. Mis padres estaban conmocionados, enojados y llenos de esperanza de que empezara los trámites para el divorcio. Mi hermana, mi hermano y algunos amigos cercanos estaban también furiosos, pero detuvieron sus juicios para dejarme resolver mis problemas. Puse mucha energía para explicar el comportamiento de Rich como compulsivo y neurótico de manera que esto lo sacara de la arena del juicio moral. Esos meses fueron como una montaña rusa diaria. Desesperadamente quería hacer el papel de la "parte afectada" o el de la "esposa comprensiva" o el de la "bruja vengativa." Aunque mis emociones me trituraban, dejándome confundida y casi loca en ocasiones. Algunas veces me sentí terriblemente deprimida y pensaba en el suicidio. Parecía como si todo mi mundo hubiese estado dando vueltas y que yo no pudiera dar un paso firme en ningún lugar. La responsabilidad de un bebé creciendo dentro de mí me ayudó de alguna manera a aterrizar, pero a veces también me sentía terriblemente culpable acerca de los trastornos y el estrés que podría causarle al bebé en mi útero. Algunas veces me sentía como una mujer liberada y en posesión de la verdad la cual habría tenido cualquier excusa para dejar su matrimonio para siempre y tomar a cualquier nuevo hombre que la convirtiera en una mujer caprichosa. Pero sobretodo me sentía celosa, insegura y llena de odio hacía Sarah. Sabía que no podía competir con ella en la cama considerando que ella parecía haberle estado ofreciendo a Rich nada menos que la completa ambrosía sexual. Ni siquiera quería competir en ésta área en la medida en que no estuve de humor para acostarme con él la mayor parte del verano. Me sentía tremendamente resentida por la disponibilidad sexual que es una parte integral de ser una amante. Después de todo, cuando uno no tiene que vivir con alguien todos los días, es relativamente fácil (y poderoso) estar en la posición de conceder favores sexuales. Sabía que de muchas maneras Sarah y Rich eran totalmente dispares debido a sus actitudes y estilos de vida conflictivos, pero que ellos tenían un lazo completo de mutua adicción el cual parecía pasar por alto todas las demás consideraciones. En lo máximo de mi necesidad de estar cerca de Rich a cualquier costo, incluso tuve cortos momentos en los que le aconsejé acerca de su relación con Sarah.

Por supuesto, en ese momento el problema no había sido etiquetado como adicción, y S.L.A.A. no aparecía en las perspectivas a través de las cuales mirar todo esto. Sentía que la mayor parte del tiempo me paseaba con un gran letrero sobre mi frente que decía, "me duele", Mi concepto de un Dios amoroso también sufrió durante este periodo. Me sentía traicionada y furiosa de que mi Poder Superior dejara que esto me pasara. ¿Por qué a mí entre todas las personas? Yo no merecía esto.

De cualquier forma ¿qué clase de castigo era este, y por qué pecado? Yo había sido una esposa amante y fiel y ciertamente no merecía esta clase de dolor por todos mis esfuerzos. ¿Cómo era posible que mi amor por Richard no hubiera tenido éxito en completarlo a él? ¿Cómo era posible que no fuera lo suficientemente fuerte para hacer de contrapeso a su propia infancia infeliz? Sabía que había mucho en su historia que podía ser una causa de su adicción, pero aún así yo pensaba que de alguna manera mi amor podría llenar todos esos vacíos y que él podría entonces florecer para convertirse en el hombre que yo estaba esperando. Como la canción popular que cantaba, "amo la luz, amo la estación cambiante, amo sin muchos pensamientos de razón. Dejaría todo si pudiera hacerte ver, amo el hombre que espera a tu lado, amo al hombre que se esconde detrás de ti." Entonces me ponía a llorar por todas las promesas perdidas. Y si había algún sentimiento del todo optimista, me aferraba a la esperanza de que algo bueno y duradero saldría de todo este dolor, de que mi príncipe finalmente saldría de su cloaca de oscuridad y aparecería a la luz.

Finalmente vino el momento del nacimiento de mi bebé. Como era habitual, Rich estaba con Sarah esa tarde, y vino a casa tarde contándome una pesadilla que Sarah había tenido. Pero yo estaba entrando en labor de parto y, por primera vez, simplemente no me importaba nadie más que yo y mi hijo sin nacer. Sabía que pronto iba a liberarme, literal y figurativamente, de todo este dolor. El nacimiento de nuestro bebe fue mi billete hacia la libertad. Mi labor de parto fue larga y bastante dolorosa y el concepto de nacimiento "natural" empezó a parecer una broma cruel. Siempre me había imaginado como una persona con un alto umbral de dolor, pero las largas horas de parto me desgastaron y el estrés emocional bajo el cual había estado cobró su peaje. Finalmente cedí a la anestesia y, una hora después, una hermosa niña me fue entregada para darle alimento del pecho. Estaba extasiada. ¡Ella era perfecta! Yo la amaba con cada onza de energía que me quedaba. Rich se fue para anunciar las nuevas y vigilar a Sarah, yo me quedé dentro de una burbuja de bendición maternal durante los siguientes tres días. En este momento Rich estaba demasiado hipotecado emocionalmente como para realmente participar de la dicha, pero a mí no me importaba. Pronto estaría de camino a Vermont, y tenía una pequeña que me necesitaba completamente.

El día de mi partida amaneció claro y brillante. Rich y yo empacamos la cuna del bebé y otras cosas esenciales, y conducimos hasta Vermont. Compartimos el alivio acerca de que este periodo tan doloroso se hubiera terminado, y la incertidumbre acerca del significado de esta situación para nuestro futuro. Rich parecía encontrar algunas pistas al intentar terminar su relación con Sarah y pasando algún tiempo solo, pero yo estaba escéptica, con sólo un resplandor de esperanza. Mi hermana y su hijo nos recibieron con los brazos abiertos y sentí que finalmente estaba en casa. Rich voló de vuelta a Boston al día siguiente, y oficialmente habíamos empezado nuestra separación.

Viví con mi hermana y su familia por ocho meses. Era justo lo que el doctor ordenó. Estaba en una casa preciosa en el campo rodeada por una familia a la que le importaba y con un bebé que ocupaba mi tiempo y mi energía. La marea realmente había empezado a cambiar para mí y me sentí bendecida. De cualquier forma, sabía que quería reconstruir mi vida y que podría utilizar la ayuda de un terapeuta afortunadamente mi hermana conocía a uno muy bueno. En las primeras sesiones puse toda mi energía en explicar a mi terapeuta la naturaleza del problema de Rich. El terapeuta se volvió hacia mí y dijo, "pero no me has contado nada acerca de tí misma—¿dónde estás tú en todo esto?" ¿Por cierto, dónde estaba yo? ¿Estaba todavía definiéndome primariamente a través del éxito o el fracaso de mi matrimonio? Habiendo establecido que yo me había perdido a mí misma, no perdimos más tiempo en Rich y empezamos a excavar en mi niñez para ver si podíamos encontrar algo con respecto a Kate antes de que se le ocurriera conocer a Rich.

Rich y yo acordamos que vendría a hacer una visita corta tres semanas después de iniciada nuestra separación, y me encontré a mí misma esperando este evento con emociones mezcladas. De alguna manera creía que Rich no veía mucho a Sarah. Sus cartas no la mencionaban y yo esperaba que el impacto de nuestra separación lo hubiera tomado prisionero. La visita resultó ser bastante difícil. Hicimos el amor y hablamos y caminamos, pero algo no estaba bien. No fue sino hasta el final de su estancia que me di cuenta de cuánto tiempo pasaba aún con Sarah, y me di cuenta de que yo no podría soportar esto por más tiempo. Lo llamé al día siguiente de irse y le dije que no quería verlo si iba a continuar su relación con Sarah. Para mí era muy doloroso tomar esa decisión, ya que no tenía ninguna seguridad de que él fuera capaz de terminar su relación con ella aunque quisiera hacerlo. Pero yo había compartido suficiente con Rich durante el verano como para que durara toda una vida.

Fiel a sus creencias, Rich tomó mí ultimátum con aparente calma y dijo que me hablaría después para comunicarme su decisión. Pasaron largos días. Finalmente, lo llamé. Me dijo que había una carta en el correo para mí que debía recibir al día siguiente. La carta era una confirmación escrita de su decisión de terminar su relación con Sarah. De hecho, él ya le había dicho que la relación había terminado. Su voz sonaba lejana y plana en el teléfono. Me dijo que "terminar" con Sarah no necesariamente significaba "seguir" conmigo. Más que nada, él quería pasar algún tiempo sólo. Me sentí aliviada con su decisión y también sabía que no había nada que pudiera hacer con respecto a sus sentimientos de pérdida. Recuerdo preguntarme si yo realmente quería esta relación con esta media-persona. ¿Estaba yo ahora dispuesta a llenar el vacío que Sarah había excavado de manera que él se sintiera menos vacío? Y me preguntaba si una chispa entre nosotros podría ser alguna vez reiniciada después de tal quiebra emocional— quizás nosotros estaríamos mejor como amigos en vez de cómo marido y mujer.

Unas semanas después vino a visitarme y empezó, muy suavemente y tentativamente, a explorar la posibilidad de reconstruir nuestra relación. Como seis semanas después de esa visita me llamo una tarde para contarme su idea acerca de que la promiscuidad era una adicción. Estaba escéptica al principio en la medida en que me sonaba como una simplificación exagerada de un problema muy complicado. Me dijo que intentaba iniciar un grupo y pensé que era dudoso que él pudiera encontrar a otros que compartieran su experiencia afortunadamente, mi falta de entusiasmo no lo acobardó, y S.L.A.A. atravesó el dolor de su alumbramiento sin mí.

Durante la estancia con mi hermana, tuve un flirteo muy breve y leve, pero por mucho que quería vengarme y demostrarle a Rich que no iba a estar para siempre disponible para él, mi corazón no estaba en eso. Rich y yo estábamos empezando a comprometernos el uno con el otro nuevamente y no quería enlodar ese proceso con otro hombre. Tampoco me sentía tan atraída hacia él. Pero no quería que Rich se pusiera celoso y quería ser cortejada de nuevo. Desafortunadamente, me sentí tan insegura y tímida como siempre había sido. Tenía fantasías de que tan divertido sería realmente ir por ahí acostándome con otros y disfrutando sin las restricciones del matrimonio. Seguía diciéndome, "Ahora es tu oportunidad para encontrar a alguien más y nadie te culpará por hacerlo." Pero la realidad era que a otro nivel yo estaba absolutamente aterrorizada acerca de no estar casada y de conocer a hombres disponibles. Así que mientras mis fantasías se mantuvieron activas, yo permanecí fiel, más por defecto que por elección.

Después de meses de separación y visitas ocasionales, decidimos que debíamos intentar vivir juntos de nuevo. Regresé a Cambridge con una bebé de nueve meses y la misma cantidad de esperanza y recelo. Dejé a mi amada hermana y a su familia, mi terapeuta, mi existencia en la tranquilidad y la belleza del campo, para regresar a un futuro incierto con un hombre que se había identificado como un adicto al sexo y al amor. Esos pocos primeros meses de volver juntos resultaron ser un gran ajuste para ambos, más grande de lo que cualquiera de nosotros hubiera anticipado. No era precisamente el apartamento que ninguno de los dos había querido, o el regreso de Rich a la Universidad mientras intentaba imaginarse una manera de mantenernos. Era nuestra nueva relación, construida sobre visitas esporádicas de fin de semana, ahora tenía que trabajar dentro de la realidad de cada día de llevarnos el uno con el otro.

El auto-descubrimiento y el crecimiento que Rich y yo conseguimos durante nuestras vidas separadas tenían que sobrevivir los terrenos de prueba de una relación comprometida. Yo quería mucho que las cosas funcionaran entre nosotros para demostrar que mi elección inicial de pareja había estado bien desde el principio. Pero los fantasmas de nuestras vidas pasadas juntos emergían inesperadamente, y yo dudaba de todos los cambios que habíamos estado atravesando y me preguntaba porque todavía seguíamos juntos. En nuestra vida sexual, yo estaba determinada a no comprometerme en ninguna práctica sexual que Rich hubiera experimentado con otra mujer—especialmente Sarah. Esto no dejaba muchas opciones, y parecía que no importaba lo que yo hiciera, siempre creía que Rich me estaba comparando con sus amantes pasadas. Aunque él no lo hiciera, yo siempre me comparaba con mis fantasías de cómo había sido su vida sexual con otras mujeres. También, dado que Rich ahora dependía únicamente de mí para sus gratificaciones sexuales, la suerte estaba en contra de nosotros.

Después de un verano no muy fácil durante el cual nuestros sueños de una maravillosa reconciliación habían sido bastante atropellados, decidimos consultar un consejero matrimonial. Habíamos llegado a un punto en el cual ambos nos preguntábamos si el único lazo que nos mantenía unidos era nuestro pasado neurótico. Ambos éramos muy cautelosos acerca de continuar de manera inconsciente y adictiva. Yo sabía que algo había cambiado en lo más profundo de mí ser. Sabía que nunca podría volver a amar a Rich con el mismo grado de abandono de aquellos primeros años. Algo había muerto dentro de mí. Quizás era la inconsciencia de no saber el lado oscuro de su naturaleza, o el sueño al cual me había aferrado por tanto tiempo de que el "amor se sobrepondrá a todo." Aunque lamentaba el final de esa inocencia, me di cuenta de que este podría ser mi billete para una relación más libre y más feliz—una que ya no estuviera basada en "estar allí sin importar que pasara".

Acudir a un consejero matrimonial fue una declaración mutua de que nuestro matrimonio estaba nuevamente en problemas. Esta vez el enemigo no era otra mujer o una botella de alcohol. El enemigo estaba dentro, con un potencial de destrucción mayor que todos aquellos enemigos externos. Afortunadamente, teníamos dos consejeros muy competentes, un hombre y una mujer. Juntos Rich y yo dispusimos nuestra historia como pareja e identificamos algunos temas sobre los cuales queríamos trabajar. Pero antes de que ni siquiera tuviéramos la oportunidad de trabajar sobre estos temas, otro tema levantó cabeza: yo estaba embarazada nuevamente, de manera bastante accidental. Ninguno de los dos se sentía emocionalmente preparado para manejar otro niño, con nuestra relación temblorosa, y mientras todavía nos estábamos acostumbrando a un bebé. Pero listos o no, yo quería tener el bebé y no estaba realmente abierta a ninguna alternativa. Rich se sintió atrapado y enojado, gastamos un gran número de útiles sesiones explorando nuestros sentimientos alrededor de tener un segundo hijo. Ambos estuvimos de acuerdo en que queríamos un segundo hijo si íbamos a permanecer juntos. Existía el problema relacionado con el estrés adicional sobre nuestra relación, en un momento en el que ninguno de los dos tenía ninguna garantía acerca de nuestro futuro juntos, y esta situación lo hacía todo más difícil.

En esas sesiones se hizo obvio que sin importar que decisiones hubiera que tomar, estas tendrían que ser el resultado de ser realmente capaces de escuchar los puntos de vista del otro—no simplemente escuchar, tolerar y pasar del otro. Este descubrimiento fue el inicio de un largo proceso de acabar con el hábito de pasar mutuamente de nuestros sentimientos al etiquetarlos como neuróticos o inmaduros. Como uno de los consejeros dijo, "Ustedes parecen comunicar bien—ambos son muy claros—pero no hay contacto real entre ustedes." Me tomó un tiempo entender completamente la distinción, pero esto resultó ser muy valioso. Así se hizo claro que ambos realmente necesitábamos ser escuchados y comprendidos por el otro, y en cualquier momento que esto ocurría el proceso mismo se convertía en la victoria, y la decisión (de cualquier tema) parecía un valor agregado.

También pasamos mucho tiempo intentando trabajar los conflictos circundantes a nuestra vida sexual. Encontramos que nuestras frustraciones y amargura salían a la superficie con mayor facilidad en el ambiente seguro del consejero matrimonial. Había esperado que uno de los consejeros de alguna manera entrara en el tema y le dijera a Rich que sus demandas eran excesivas. Quería un árbitro para mantener un resultado y para anunciar al ganador. Por supuesto, ninguna cosa de este tipo ocurrió, y fuimos dejados cara a cara, intentando respetar las necesidades del otro y por lo tanto salimos con un compromiso que nos haría sentir a los dos como ganadores en vez de perdedores. Para nosotros, la arena sexual estaba cargada con infidelidad y muchas maniobras defensivas. Esto nos provocó mucho dolor y un sentimiento de futilidad.

Había ocasiones en que dejábamos las sesiones sintiéndonos más separados y cercanos al divorcio que cuando habíamos entrado. Pero al final nuestro fuerte compromiso con el consejero matrimonial, sumado a una fuerte determinación por ambos lados de ver si había algún lazo real que nos mantuviera juntos, ganó. Llegamos a punto muerto después de siete meses. El bebé nacería pronto y de nuevo sentimos como si quisiéramos intentarlo por nosotros mismos. Nuestros problemas no estaban de ninguna manera resueltos definitivamente, pero por lo menos habíamos obtenido una nueva perspectiva acerca de nuestros conflictos, una perspectiva que incluía seguridad en el conocimiento de que nos importábamos el uno al otro.

Nació nuestro segundo hijo y fue una experiencia llena de gozo para ambos. Cuando recordábamos el estrés bajo el cual ambos habíamos estado cuando nació nuestra primera hija, nos dimos cuenta del largo camino que habíamos avanzado en dos años. Sabía que si podíamos manejar la confianza y la fe suficientes para continuar, ese momento y las experiencias compartidas serían muy sanadoras.

La continúa implicación de Rich en S.L.A.A. era una gran fuente de consuelo para mí en la medida en que continuaba apaciguando mis miedos con respecto a sus descarríos. Al mismo tiempo, era muy difícil al principio tener que compartir su letanía de tentaciones conmigo. Me dijo que la razón para hacer esto no era lastimarme, sino la de proveerse de una restricción externa para sus fantasías. En parte entendía esto, pero todavía había momentos en los que me sentía muy vulnerable para escucharlas. Fue particularmente difícil cuando se encontró con Sarah. Nuestra relación sentía las reverberaciones de aquellos días. Sabía que me amaba, pero me tomó mucho tiempo creer que yo era más que sólo una madre o amiga para él. Yo había querido generar la misma clase de pasión en él que Sarah había generado. No quería ser relegada a la posición se ser su esposa amable, comprensiva y tolerante.

En retrospectiva, pienso que esperaba mucho en muy poco tiempo. Adicionalmente a S.L.A.A., Rich todavía veía a su terapeuta, y yo casi siempre estaba a la defensiva a medida que él trabajaba sus problemas internos. Siempre había un granito de verdad en cada crítica y yo peleaba con uñas y dientes para defenderme, especialmente cuando ese "granito" tomaba proporciones enormes. Volví a la terapia individual por un tiempo para ayudarme a entender que mis imperfecciones no eran abominaciones, y no tenía que estar tan a la defensiva.

Pasó otro año, y empezamos a cosechar las recompensas de trabajar tan duro sobre nuestra relación. Fuimos aumentando nuestro compromiso el uno hacia el otro en la medida en que los efectos de nuestro pasado mutuo tenían menos y menos impacto sobre nuestras vidas diarias. Habíamos acordado un arreglo bastante cómodo en la medida en que nuestra vida sexual era correspondida y nos las habíamos arreglado para sacar un fin de semana separados de nuestros hijos y responsabilidades para simplemente disfrutar nuevamente el uno del otro. Estábamos llenos de preocupaciones externas con respecto al dinero y el trabajo, pero eso también parecía posible arreglarlo.

Paradójicamente, la recién encontrada seguridad en nuestra relación ayudó a darme el valor para enfrentar otro descontento mayor en nuestra vida juntos. Una vez más todo dentro de mí conducía a alterar la paz, pero no podía evitarlo. Por un largo periodo, había sentido que yo estaba haciendo el 90% de la paternidad de nuestros dos pequeños y empecé a resentirme por ese hecho tremendamente. Rich me dijo que los amaba mucho y que disfrutaba al pasar tiempo con ellos cuando él se sentía cariñoso, pero desafortunadamente esas ocasiones nunca parecían coincidir con las veces en que yo realmente necesitaba ayuda. Empecé a sentirme frustrada en aumento por su lista sin fin de cosas que siempre estaban antes de cuidar a niños pequeños. Descubrí que esto no era compañerismo en la paternidad. Esta era Kate pretendiendo que era una madre soltera y sintiendo envidia acerca de la paternidad compartida que otros amigos tenían. Así que una vez más le di a Rich un ultimátum. Aunque parecía centrarse en el cuidado de los niños, el tema realmente se centró en nosotros nuevamente. Y nuevamente iba a necesitar que ambos trabajáramos lo que queríamos y lo que esperábamos el uno del otro. Para mí, esto significaba renunciar al mito de ser una persona auto-suficiente que no necesitaba a nadie y que por lo tanto nunca podía sentirse defraudada. Rich empezó a darse cuenta de que él podía responder a mi necesidad por sí mismo sin sentirse manipulado o abrumado. Fuimos una vez más al consejero matrimonial, pero esta vez no estuvimos satisfechos con la ayuda que recibimos. Nuestras decisión conjunta de terminar la terapia prematuramente (según la definición del terapeuta) resultó ser unificadora y fortificante para nosotros. Rich realmente empezaba a ayudarme, y el cambio me llevaba a confiar en nuestra habilidad de resolver nuestros propios problemas de una manera en la que antes no había sido posible. La transición fue perfectamente suave, pero en realidad, las transiciones nunca lo son. El punto era que nos habíamos enfrascado en resolver nuestras diferencias y esto nos había demostrado nuestro deseo y capacidad para la tarea.

Casi dos años después, me sentía sobrecogida por el proceso de transformación. No había dudas en mi cabeza de que no estaríamos juntos hoy si Rich no hubiera sido capaz de cambiar. Esta bendición es una cosa que jamás hubiera podido anticipar en nuestra relación. También sabía que mi propio crecimiento como persona era el resultado de sufrir tremendamente en una relación amorosa que había servido como crisol para mi desarrollo.

Si los celos se pudieran ver, y si uno pudiera entender su propio dolor justo en el momento en que los celos lo rompen por dentro, entonces esa desesperación podría cambiar. Podría volverse algo más puro y volver a juntar las partes rotas de nuestro corazón.

Puede hacer posible el regreso del amor a través de la aceptación de la propia desolación y la humildad del perdón. La totalidad es restaurada, pero esta vez la totalidad esta en el interior del sufrimiento mismo.[3]

Algunas veces Rich y yo nos mirábamos y nos preguntábamos como podíamos ser las mismas personas que se habían conocido catorce años antes y que se había separado hacía seis años. Un dato interesante es que cuando volvimos juntos después de nuestra separación, compramos nuevos anillos de matrimonio como si nunca nos hubieran gustado los antiguos. Ese gesto nos parecía un signo externo de un cambio interior que sólo empezaba a ponerse al día. La imagen de nuestra relación que me viene a la cabeza es aquella de una planta que se marchitó en algún punto y luego brotó en una dirección más nueva y fuerte. Las raíces de la planta todavía están allí, sólo que el crecimiento de la planta que alimentan es saludable y vibrante. El momento, desde el punto de marchitarse, a pesar de parecer tan drástico y potencialmente amenazador para la vida de la planta, solo sirve para darse cuenta de la vitalidad de un nuevo retoño, y no puede ser condensado en la fotografía del momento. No había atajos para nosotros y ahora estoy agradecida por ese hecho, ya que el tiempo tiene una cualidad curadora que es una experiencia por sí misma. Si alguien me hubiera preguntado hace cinco años acerca de las posibilidades de tener un compañero realmente amoroso en una persona recuperándose de S.L.A.A., yo simplemente hubiera contestado que no sabía. Hoy, como resultado de mi propia experiencia, puedo afirmar honestamente esa posibilidad.

Así que, querido lector, solo por hoy mi historia termina con una "y fueron felices para siempre" a través de mi propia definición. No pretendo delimitar tu definición o tu proceso, ya sea compartido o individual. Mi historia ha sido

---

[3] de Castillejo, *La mujer sapiente*, p. 128.

compartida no por el puro final sino por el proceso. Escribirla es para que sepas que no estás solo y que hay esperanza.

* * *

La experiencia de otros miembros nuestros ha sido similar al patrón que Kate encontró en su vida. Muchos de nosotros hemos tenido sentimientos de "necesitar ser necesitados" que nos han enganchado al adicto, seguros de que si nos hacíamos necesarios, o "indispensables" para el adicto, estaríamos "a salvo." Nosotros también hemos sacrificado nuestra dignidad personal y nos hemos ocultado detrás de la auto-decepción para hacer que la relación funcione, sin importar el costo. Nos hemos vuelto hábiles en racionalizar para olvidar cualquier infidelidad, esperando creer en las negaciones o en el aparente remordimiento de nuestra pareja adicta. Hemos querido culpar al seductor o la seductora, o inclusive preferimos culparnos ("No debería haberlo/la hecho enojar." "Debería ser un mejor amante, si sólo fuera un poco más sexy"), en vez de responsabilizar al adicto por su propio comportamiento y confiar en nuestros propios recelos. Estábamos demasiado asustados de perder al ser amado, ¡por el cual habíamos sacrificado tanto!

La recuperación y la reconciliación, también, pueden parecer tan difíciles como vivir con la adicción. Las exigencias del adicto para obtener satisfacción sexual pueden parecer sin sentido, sin embargo estamos llenos de miedo de que este rechazo sea usado como una excusa para buscar en otra parte un amante más cooperativo. Envidiamos aquellas relaciones que no tienen que soportar una intimidad tan dolorosa al saber todo acerca de los antiguos amantes, o de las tentaciones diarias. (Si él/ella estaban tentados por la adicción tan seguido, ¿qué tan real podía ser el compromiso de mi compañero en nuestra relación?") La necesidad de ser honestos acerca de cómo nos sentimos realmente—y estar dispuestos a aceptar el mismo grado de honestidad por parte de nuestros compañero—requiere confianza y auto-confianza que usualmente son, sobre todo, difíciles de afirmar; y mucho más de dar constantemente.

Incluso, la necesaria implicación del adicto con S.L.A.A., había sido una fuente de descontento real para nosotros en algunas ocasiones. Mucha de nuestra seguridad se había basado en ser necesitados. Ahora parecía que el adicto podía y lo haría solo, y que si él/la necesitaba a alguien, era a la Sociedad, no a nosotros. Era dolorosamente evidente que si exigíamos que nuestro compañero eligiera entre nosotros y S.L.A.A., entonces NOSOTROS seríamos los perdedores. Sin embargo las necesidades de cada miembro de S.L.A.A. en algunas ocasiones parecían tomar prioridad sobre las nuestras. Los recién llegados a S.L.A.A. usualmente son atractivos y necesitados, y nos preguntamos si nuestras parejas no podrían ser vulnerables a esta tentación dentro de la misma Sociedad.

Además parecía que también nuestra privacidad siempre estaba en el punto de mira. Nos rebajábamos internamente en la medida en que imaginábamos a estos extraños escuchando los detalles más íntimos de nuestras vidas, nuestra vida sexual siendo discutida en las reuniones. Entonces había un miedo con respecto a qué pensarían nuestras familias y amigos si supieran esto. ¿Qué podrían imaginarse ellos, escuchando aunque fuera el simple hecho de que la persona con la cual estábamos casados o comprometidos era "un miembro de Adictos al Sexo y al Amor Anónimos"? Incluso el solo pensamiento era humillante.

Aprendimos a través de la dolorosa experiencia que la vida con un adicto al sexo y al amor no puede existir y no existirá sin crecientes dolores y usualmente con un conflicto severo. Esto es cierto en la recuperación, aunque quizás especialmente. Si intentamos mantener suave la superficie de la relación, empezamos a comprometernos con nuestros propios sentimientos. Estos sacrificios silenciosos, primero voluntarios y después crecientemente necesarios, al final nos dejaban con sentimientos cada vez más grandes de que nosotros lo estuviéramos "haciendo todo" a cambio de poco. Nuestro poco éxito en una relación de compañerismo descansa primero, como lo hace la recuperación del adicto, en mantener un sentido de dignidad personal. Si mantenemos la integridad de nuestro ser y nuestros valores, el "costo" de la intimidad y de la relación de compañerismo con un adicto al sexo y al amor en recuperación no sería muy alto. Por el contrario, podría traer maravillosas recompensas. Aunque se hiciera evidente que tú y tu adicto no pueden construir una relación de compañerismo, ya sea porque la sobriedad es muy evasiva o porque la comunicación de alguna manera falla, tú todavía podrás seguir con tu vida teniendo auto respeto y confianza en tí mismo y en tu futuro.

Para aquellos de nosotros que todavía sufren el dolor de la sospecha y la agonía del descubrimiento, queremos llegar a vosotros con amor y compasión. Todavía somos sólo unos pocos, un testimonio del poder de esta adicción para destruir relaciones con aquellos que no comparten la enfermedad. Esperamos que puedas encontrar consuelo en estas experiencias que hemos compartido. Como el adicto, eres impotente ante esta adicción. Los únicos esfuerzos que tendrán fruto son aquellos que diriges a entenderte a tí mismo y para preservar tu propia dignidad. Confrontaran tremendos obstáculos aquellos que intenten construir relaciones de compañerismo con los adictos al sexo y al amor, aunque se encuentren en las mejores circunstancias. No sabemos si tu situación personal puede ser transformada en reconciliación o no. Pero nuestras oraciones están contigo, y te ofrecernos la esperanza y la visión de la moneda dorada y la totalidad que ha sobrevenido en nuestras vidas. Tú no estás solo. Hay esperanza.

Capítulo 4

El Programa de Doce Pasos: un Camino Hacia la Sobriedad Sexual y Emocional

Los doce pasos fueron originalmente formulados por Bill W., uno de los co-fundadores de Alcohólicos Anónimos en 1938. Cultivaron los principios expuestos en ese entonces por los Grupos Oxford (una asociación religiosa que patrocinó los principios de A.A. en Akron, Ohio), atenuado por las experiencias prácticas que eran el común denominador en la recuperación del alcoholismo de los miembros de A.A. en ese momento. Estos pasos fueron publicados por primera vez en Alcohólicos Anónimos (1939) y recibieron un tratamiento más detallado en Doce Pasos y Doce Tradiciones (1953), ambos libros escritos por Bill W.

Al presentar aquí la versión de S.L.A.A. de los doce pasos, deseamos hacer lo que A.A. tenía en mente cuando presentó inicialmente el libro en Alcohólicos Anónimos. Muchos de nosotros trabajamos estos doce pasos de manera que surgió una experiencia común de recuperación de la adicción al sexo y al amor. Sin embargo la asociación todavía es pequeña, pero parece haber muchas personas que desesperadamente necesitan de la esperanza que un programa de Doce Pasos ofrece. Honestamente esperamos que las familias y otras personas que se encuentran sufriendo la destrucción causada por un adicto activo al sexo y al amor, dejen de culparse después de leer nuestra experiencia en este libro. Sin embargo, nuestro propósito primordial es que el adicto al sexo y al amor que aún sufre pueda encontrar el camino, a través de un programa de Doce Pasos, para salir de la autodestrucción de esta enfermedad, y que construya las bases para la recuperación espiritual y emocional.

Nuestra presentación no pretende ser un tratamiento completo de los Doce Pasos desde la perspectiva de S.L.A.A. Sin embargo, hacemos lo posible para presentarlos con suficiente detalle para indicar las posibilidades de recuperación de la adicción al sexo y al amor que hemos experimentado. Si a medida que lees este libro, estás pensando que S.L.A.A. es una asociación que merece una seria consideración para resolver tus propios problemas, también recomendamos que leas los libros Alcohólicos Anónimos (especialmente los capítulos 5-7) y Doce Pasos y Doce Tradiciones. Hemos encontrado que estos libros, a pesar de sus ocasionales ideas de la época y del lenguaje, son increíblemente apropiados y útiles para nosotros al aplicar los Doce Pasos a la adicción al sexo y al amor. Sustituimos palabras incluidas en estos libros con referencia directa al alcoholismo por otras palabras tales como "nuestra adicción" o "adicción al sexo y al amor."

Sus referencias temporales después de medio siglo, y su aplicabilidad a una adicción específica diferente de la nuestra, son tributos a su perspicacia psicológica y espiritual y a la alta calidad de su escritura.

Una cosa queda clara, los Doce Pasos, como originalmente fueron expuestos en Alcohólicos Anónimos, nos proveen de una aproximación comprensiva y extensa en relación al problema de lidiar con la adicción, incluyendo la adicción al sexo y al amor. Nuestra gratitud es muy grande por los esfuerzos de los primeros pioneros de A.A.

Nuestra expresión de dicha gratitud necesariamente caerá muy por debajo para siquiera llegar a honrar su tremendo esfuerzo.

Aquí exponemos los doce pasos de los Adictos al Sexo y al Amor Anónimos.[4]

1. Admitimos que éramos impotentes ante la adicción al sexo y al amor, y que nuestras vidas se habían vuelto ingobernables.

2. Llegamos al convencimiento de que sólo un Poder Superior a nosotros mismos podría devolvernos el sano juicio.

3. Decidimos poner nuestra voluntad y nuestras vidas al cuidado de Dios tal como nosotros lo concebimos.

4. Sin ningún temor hicimos un minucioso inventario moral de nosotros mismos.

---

[4] Los Doce Pasos originales de Alcohólicos Anónimos difieren de esta versión adaptada, que se usa aquí con el permiso de Alcoholic Anonymous World Services Inc. De las siguientes maneras: hemos substituido en los pasos 4 y 12 las palabras "alcohol" y "alcohólicos" por "adicción al sexo y al amor" y "adictos al sexo y al amor", respectivamente. También hemos evitado el uso del pronombre "el" en los pasos 3, 7 y 11, y hemos cambiado en el paso 12 "en todas las áreas de nuestras vidas" por "en todos nuestros actos." Esta versión adaptada de los doce pasos (con la excepción del cambio de vocabulario en el Paso 12) fue adoptada por la asociación S.L.A.A. después de un extenso debate el 8 de julio de 1981. El cambio de vocabulario en el Paso 12 fue aprobado a través de un referéndum de un Grupo Fellowship–Wide de S.L.A.A. el 15 de mayo de 1984.
Los doce pasos de Alcohólicos Anónimos, como a continuación se exponen: (1) Admitimos que éramos impotentes ante la adicción al sexo y al amor, y que nuestras vidas se habían vuelto ingobernables. (2) Llegamos al convencimiento de que sólo un Poder Superior a nosotros mismos podría devolvernos el sano juicio. (3) Decidimos poner nuestra voluntad y nuestras vidas al cuidado de Dios tal como nosotros lo concebimos. (4) Sin ningún temor hicimos un minucioso inventario moral de nosotros misinos. (5) Admitimos ante Dios, ante nosotros mismos y ante otro ser humano la naturaleza exacta de nuestros defectos. (6) Estuvimos enteramente dispuestos a que Dios eliminase todos estos defectos de carácter. (7) Le pedimos humildemente que nos liberase de nuestros defectos. (8) Hicimos una lista de todas las personas que habíamos ofendido y estuvimos dispuestos a reparar el daño que les habíamos causado. (9) Reparamos directamente a cuantos nos fue posible el daño causado, salvo en aquellos casos en que el hacerlos les perjudicaría a ellos o a otros. (10) Continuamos haciendo nuestro inventario personal y cuando nos equivocábamos lo admitíamos inmediatamente. (11) Buscamos a través de la oración y la meditación mejorar nuestro contacto consciente con Dios, tal como nosotros lo concebimos, pidiéndole solamente que nos permitiese conocer su voluntad para con nosotros y nos diese la fortaleza para cumplirla. (12) Habiendo obtenido un despertar espiritual de estos pasos, tratamos de transmitir este mensaje a los adictos al sexo y al amor y de practicar estos principios en todos nuestros actos. Doce Pasos, Copyright © 1976 por A.A. World Services, Inc

5. Admitimos ante Dios, ante nosotros mismos y ante otro ser humano la naturaleza exacta de nuestros defectos.

6. Estuvimos enteramente dispuestos a que Dios eliminase todos estos defectos de carácter.

7. Le pedimos humildemente que nos liberase de nuestros defectos.

8. Hicimos una lista de todas las personas que habíamos ofendido y estuvimos dispuestos a reparar el daño que les habíamos causado.

9. Reparamos directamente a cuantos nos fue posible el daño causado, salvo en aquellos casos en el que hacerlo les perjudicaría a ellos o a otros.

10. Continuamos haciendo nuestro inventarío personal y cuando nos equivocábamos lo admitíamos inmediatamente.

11. Buscamos a través de la oración y la meditación mejorar nuestro contacto consciente con Dios, tal como nosotros lo concebimos, pidiéndole solamente que nos permitiese conocer su voluntad para con nosotros y nos diese la fortaleza para cumplirla.

12. Habiendo obtenido un despertar espiritual de estos pasos, tratamos de transmitir este mensaje a los adictos al sexo y al amor y de practicar estos principios en todos nuestros actos.

El Primer Paso

Primer Paso: Admitimos que éramos impotentes ante la adicción al sexo y al amor, y que nuestras vidas se habían vuelto ingobernables.

La palabra "impotencia" evoca en nuestra mente diferentes ideas que, sin embargo, guardan relación entre sí. En primer lugar, significa que carecemos del poder necesario para tomar decisiones sensatas en el terreno sexual y emocional. Éramos esclavos del sexo y del amor (que experimentábamos como dependencia emocional o juegos románticos de intriga). El hecho de que éstos nos llegaran a esclavizar, indicaba que existía algo extremadamente importante y poderoso en nuestros patrones sexuales y emocionales que producía una satisfacción que nosotros considerábamos necesaria.

A veces, al intentar tomarnos unas vacaciones románticas y sexuales, lo que en realidad estábamos tratando de hacer era aliviar la pesada carga de nuestras culpas y frustraciones. A veces pretendíamos llenar el vacío de nuestro interior con una persona. O quizás ocultábamos el miedo al compromiso tras la idea de que estábamos viviendo nuevos modelos de moralidad basados en el sexo sin culpa, en el amor libre o en el sexo lúdico. Pero todos nosotros estábamos utilizando nuestro poder sexual y nuestra capacidad de acoso sentimental bien para disminuir el dolor o bien para aumentar el placer. Estos eran los motivos profundos que dominaban nuestras intenciones y nuestras acciones sexuales y románticas.

En un momento determinado, nuestro comportamiento comenzó a adoptar las características compulsivas de la adicción. Las aventuras, antes raras, comenzaron a ocurrir mensual y más tarde semanalmente. Sucedían cuando eran menos convenientes, cuando perturbaban el trabajo o las obligaciones familiares. El ensueño del placer ocasional se transformó en una obsesión constante que destruyó nuestra capacidad para concentrarnos en cosas más cotidianas e importantes. Una tras otra, disminuían las satisfacciones derivadas del trabajo, la amistad y las actividades sociales; mientras que veíamos como una sola persona absorbía, cada vez más, nuestro tiempo y nuestros pensamientos. El alivio ocasional de la tensión sexual que la masturbación proporcionaba se convirtió en una necesidad para la que había que buscar la ocasión. Habíamos perdido el control sobre el grado y la frecuencia (o ambos) con la que buscábamos una "solución" sexual o romántica a los problemas de la vida.

La intensidad hipnótica de los encuentros o relaciones sexuales o románticas se apoderó de algunos de nosotros, haciendo que nos fusionáramos con nuestros amantes o cónyuges. Estas experiencias se volvieron increíblemente compulsivas, dominándonos, eufóricamente en un principio, y menos de nuestro grado más tarde. Implacablemente, la fuerza con la cual nuestras escapadas sexuales y románticas, o la preocupación por nuestra pareja, se apoderaban de nosotros, nos condujo a una dependencia continua de nuestras necesidades sexuales y románticas: un auténtico anhelo que no podíamos negar.

La búsqueda originaria de escape de las tensiones y responsabilidades de la vida, de alivio de las culpas del pasado y de la frustración del presente, ahora nos conducía a querer perder la conciencia. Los "mundos felices" en los que reinaba la moralidad de "todo vale" porque "¿qué más da?", se volvieron contra nosotros y nos dejaron sumidos en la búsqueda de algún sentido residual de significado o de realidad en la vida al que poder aferramos. La obsesión y la compulsión, convertidos en nuestros verdaderos amos, indicaban que el dominio sobre nuestra vida sexual y emocional no residía en nosotros o en nuestro interior. Habíamos perdido el control, lo admitiéramos o no.

Desde el punto de vista de "todo vale" y "¿qué más da?" la pérdida de control no era tan negativa. De hecho, a veces la misma adicción nos engatusaba, convenciéndonos de que eso era lo que queríamos. Muchos estábamos tan aletargados que sólo una ráfaga de intensidad física y emocional proporcionada por un "éxito" sexual y romántico podía penetrar en nuestros seres, cada vez más embotados y depravados, e infundirles ánimo. Con un efecto semejante al que un pinchazo de aguja causa a alguien que está agotado y aturdido, un éxito adictivo nos sacudía y nos proporcionaba la ilusión pasajera de que estábamos vivos y viviendo de verdad. Era como si tuviéramos una voz dentro de nuestra cabeza que nos dijera que si conseguíamos más, todo iría bien.

Y si la adicción adoptaba la forma de dependencia de una persona, la pérdida de control nos parecía tan perjudicial. Nos decíamos a nosotros mismos que nuestra esclavitud era en realidad la prueba de que la nuestra, era la pareja ideal; que ya que estábamos dispuestos a sacrificar cualquier cosa por ese amor, nuestra generosidad tendría su recompensa. En solitario, la vida era tediosa y vacía; pero la felicidad sería completa cuando participáramos aún más del ser de nuestro amado, cuando fuéramos uno con él.

A pesar de todo, un remordimiento de conciencia continuo aunque vago, procedente de nuestro más profundo interior, siguió advirtiéndonos que no todo marchaba tan bien. A pesar del camuflaje cultural y racional tras el cual se podía esconder la adicción, era imposible, a menos que optáramos por el suicidio, eliminar esa voz interior que nos señalaba, en forma de susurros al oído, cuántas oportunidades de crecimiento personal estábamos dejando pasar por alto. La culpa causada por los actos y pasiones previos o por el desperdicio de oportunidades, cedió ante otra culpa a su vez más profunda y convincente: la de no haber vivido la vida, la de habernos cerrado a la posibilidad de cumplir un destino con sentido.

Tratábamos de impedir que estos dolores existenciales penetraran en nuestra conciencia. Pero pese a nuestros esfuerzos, nunca fuimos capaces de conseguirlo. La vehemencia de la pasión adictiva se mostraba cada vez menos capaz de erradicarlos. La misma adicción no podía proporcionarnos esa satisfacción sexual y emocional que en un comienzo dábamos por segura y era tan absorbente. Comenzábamos a ver con claridad lo absurdo que era continuar bajo la tiranía de la adicción al sexo y al amor. Poco importaba si nuestros patrones eran los de promiscuidad desenfrenada o de excesiva dependencia emocional de una persona, o una mezcla de ambos. Cada uno, en su debido momento, sentimos finalmente lo que era la verdadera desesperación. Ante la perspectiva de continuar viviendo de acuerdo con nuestros patrones adictivos, o de seguir esclavizados por los mismos, nos planteamos que corríamos el peligro de perder el sano juicio de forma irrevocable, de dar un salto al borde de un abismo más allá del cual la estabilidad y el sentido de la vida estarían ya para siempre fuera de nuestro alcance. Vimos que esta posibilidad era aún más terrible que la muerte física.

La pérdida de nuestra alma era todavía más dolorosa, ya que el cuerpo en el que vivía seguía existiendo, paralizado espiritualmente en su interior, y violentamente arrastrado por los impulsos sexuales tiránicos que se habían convertido ahora en sus amos. Así, a unos cuantos de nosotros, el temor de que la adicción al sexo y al amor causara aún más estragos, nos llevó al punto de rendición incondicional. Nos convencimos de que TENIAMOS que parar. Y fue entonces cuando comenzamos a enfrentarnos al otro aspecto de la falta de poder: la idea paradójica de que aceptar la imposibilidad de controlar la adicción es el comienzo de la recuperación.

Todos habíamos intentado en diferentes ocasiones una amplia gama de estrategias para controlar nuestra conducta de modo que nuestra vida como adictos fuera compatible de alguna forma con las otras actividades que ejercíamos como miembros de la sociedad. Dejábamos a un amante concreto o encontrábamos otros, a menudo en rápida sucesión. Parábamos de masturbarnos o comenzábamos a hacerlo, en lugar de mantener relaciones sexuales con otros. Cambiábamos de preferencia sexual, buscábamos relaciones con los que sexualmente nos atraían menos, nos mudábamos a otra ciudad, hacíamos todo tipo de propósitos, jurábamos ante amigos y seres queridos. Nos casábamos con amantes celosos o suspicaces, o nos divorciábamos para así disponer de la libertad necesaria para buscar otra pareja más satisfactoria. Experimentábamos conversiones religiosas, a veces optando por una vida monástica en la que el sexo estuviera fuera de nuestro alcance. Buscábamos un compromiso emocional profundo, y para tratar de compensar la intensidad de una relación, buscábamos otra en otro lugar. Y así sucesivamente.

Estas estrategias, por muy fuerte que fuera la convicción con la que las adoptábamos, siempre resultaron ser como las "resoluciones de no beber." Si en un principio el éxito nos acompañaba en la lucha contra la conducta adictiva, rápidamente adoptábamos un aire de confianza y autosuficiencia, totalmente injustificada, y llegábamos a la conclusión de que ahora sí seríamos capaces de conseguir que todo nos saliera bien. Esta actitud hizo que bajásemos la guardia y en consecuencia volvimos a hundirnos en esas arenas movedizas que son nuestros patrones, unas veces en cuestión de meses o semanas, otras a los pocos días u horas.

La falta de éxito en nuestros intentos de gobernar la adicción y la pérdida de control, eran evidentes. Habíamos sentido una y otra vez esa sensación que, por alterar la mente, había minado nuestra resolución de liberarnos de la adicción al sexo y al amor. En consecuencia, consideramos la posibilidad de rendirnos a la adicción al sexo y al amor con un espíritu de humildad total, ya que no había forma de saber si tal rendición era posible.

La misma adicción hizo que nuestra propia buena voluntad de intentar liberarnos de la enfermedad fuera muy cuestionable. Pero al menos estábamos alcanzando un suficiente grado de desesperación, una vez más, como para intentar liberarnos. Comenzamos a reconocer que éramos impotentes, y no sólo para transformar alguna pareja sexual concreta, amante o situación. Éramos impotentes contra un modelo adictivo, y cualquier circunstancia actual, no era sino la más reciente manifestación del mismo.

El problema en nuestros intentos previos de dominar la adicción radicaba en que habíamos subestimado la seriedad de nuestra condición. Al tratar de huir de la situación particularmente dolorosa, no habíamos sido capaces de ver la dimensión total del patrón hacia el que nuestro desastre actual apuntaba y del cual no era sino el resultado. La verdadera rendición de la adicción al sexo y al amor significaba que no sólo debíamos estar dispuestos a salir de la dolorosa situación inmediata en la que nos encontrábamos. Ante todo, significaba estar dispuestos a renunciar a nuestra estrategia vital de obsesión y de búsqueda de sexo y amor. La resolución de superar una situación dolorosa concreta, sin la voluntad de interrumpir la totalidad del patrón adictivo, equivalía a las "resoluciones de dejar de beber." Cuando nos planteábamos cuáles eran nuestros patrones adictivos individuales, es posible que, en un principio, nos hayamos dejado llevar por el entusiasmo al enterarnos de que en S.L.A.A. cada persona define cómo se manifiesta en ella la adicción al sexo y al amor. Esto nos llevó a muchos a la conclusión errónea de que podíamos "definir" nuestros patrones de modo tal que nos permitieran seguir disfrutando de la adicción, aunque bajo otro aspecto distinto. Pensábamos que sería suficiente, calificar de adictivas tan sólo las conductas obsesivamente problemáticas, siendo innecesario añadir más platos al menú.

Por ejemplo, si afirmábamos que nuestra conducta adictiva consistía en el exhibicionismo; al definir nuestro patrón limitándolo sólo a esta práctica concreta, podíamos engañarnos a nosotros mismos auto convenciéndonos de que los actos sexuales pagados no formaban parte del mismo. Podíamos sostener incluso que este cambio era un paso positivo, ya que no nos dedicábamos como antes a la práctica de actos exclusivamente solitarios. El caso opuesto también era verdad para aquellos que calificábamos de adictivas tan sólo a las conductas manifiestamente promiscuas. Pasábamos a practicar actividades solitarias tales como la masturbación, el "voyerismo" y el exhibicionismo; y sosteníamos que representaban una mejora ya que no implicábamos a nadie directamente en nuestra enfermedad.

Esos intentos eran tan inútiles como los de los alcohólicos que tratan de cambiar la cerveza por el vino, o el vino por la cerveza, calificándolo al uno de mejora al respecto del otro. Los que tratamos de auto engañarnos en la forma de definir la adicción al sexo y al amor nos encontramos volviendo a recaer en nuestras conductas pasadas o vimos como nuestras supuestas mejoras nos causaban problemas. A fuerza de golpes, aprendimos que la rendición a medias no es posible. La libertad de la que disfrutamos a la hora de definir nuestros propios patrones adictivos no la podíamos utilizar a nuestro antojo. Nuestras adicciones son una realidad que persiste al margen de cualquier definición fácil y miope. Si no incluíamos en nuestra definición personal alguna conducta adictiva, ésta acabaría arrastrándonos de nuevo hacia todo el patrón. El dolor que inevitablemente acompañaba a la adicción al sexo y al amor nos llevó a confesar "que éramos impotentes ante la misma" y que no podríamos gobernar nuestras propias vidas a menos que nos liberásemos de dicha esclavitud. Finalmente, llegamos al punto de rendición incondicional. La prueba de que nuestra rendición era sin condiciones la constituía el hecho de que tratábamos de abstenernos, día a día, de cualquier forma de conducta adictiva que formara parte de nuestro patrón. Si nuestro problema adictivo primordial lo constituía la dependencia amorosa obsesiva, entonces nos separábamos o rompíamos los lazos que nos unían a nuestra pareja. No lo hacíamos para castigarnos a nosotros mismos o para hacer sufrir a los demás, sino porque sabíamos que esas situaciones eran verdaderos callejones sin salida. Muchos de nosotros abrigábamos la sospecha o caímos en cuenta de que necesitaríamos un periodo de soledad indefinido en el cual aprenderíamos a comprender nuestra enfermedad y a enfrentarnos con ella. Cualquier tipo de distracción, a través de alguna forma de relación sexual y amorosa, lo único que podría hacer era abortar el proceso de recuperación. Si alguien a quien considerábamos "indispensable" nos acababa de rechazar, la rendición exigía que aceptáramos este revés sin venganzas ni reproches. También significaba que, por primera vez en nuestra vida, no íbamos a buscar consuelo en los brazos de nadie. Cada uno de nosotros, con independencia de sus circunstancias personales, estaba ahora dispuesto a hacer todo lo que fuera necesario, día a día, para permanecer libre. Esta decisión era unilateral. No dependía de la cooperación o falta de cooperación de nuestros cónyuges, amantes u objetos sexuales. En lugar de estar a la disposición del próximo amante o de la última fantasía sexual, queríamos estar al tanto de lo que acontecía en nuestro interior. Paradójicamente, este deseo no procedía de nuestra propia fuerza, sino del convencimiento absoluto de que en caso de seguir bajo las garras de la adicción, las consecuencias serían terribles. A medida que renunciábamos a los viejos moldes, las emociones dolorosas de las que siempre habíamos intentado huir nos proporcionaron una serie de conocimientos que constituyen el don del segundo paso.

El Segundo Paso

Segundo Paso: Llegamos al convencimiento de que sólo un Poder Superior a nosotros mismos podría devolvernos el sano juicio.

Fuimos capaces de sobrellevar la fase inicial del síndrome de abstinencia, a veces pasando con inmenso dolor de un periodo de veinticuatro horas al siguiente. Al cabo de cierto tiempo tuvimos que enfrentarnos a un importante dilema en lo que se refiere a nuestra identidad personal. Mientras nos dedicábamos de lleno a la adicción al sexo y al amor, nos había resultado imposible, en el dudoso caso de que nos lo hubiéramos planteado alguna vez, calcular todo lo que habíamos invertido en la misma. Nos dimos cuenta de que esta enfermedad, además de ser un intento de detener el paso del tiempo con placer y sensaciones intensas, había modelado nuestras personalidades con el fin de obtener el máximo rendimiento posible de nuestra conducta adictiva. Nuestra apariencia física, nuestros modales, la forma en la que nos comportábamos en nuestro trabajo y en otras actividades, muchos do los rasgos que considerábamos característicos y determinantes de nuestra personalidad, los habíamos creado inconscientemente para utilizarlos al servicio de nuestra adicción. Incluso los atributos positivos que veíamos que teníamos, por ejemplo la preocupación sincera por los demás, pudimos comprobar cómo nuestra adicción los había deformado, y esto nos había dejado llenos de angustia y confusión. Nunca fuimos capaces de diferenciar claramente la pasión de la compasión.

La adicción al sexo y al amor, al dictarnos quiénes y lo que habíamos tratado de ser en el mundo, había constituido nuestra principal fuente de identidad y de auto imagen. ¡Nos habíamos sentido tan seguros de nosotros mismos, mientras echábamos un vistazo a una habitación o a un salón lleno de gente, insinuándosenos! Sabíamos que otros nos responderían con ese mismo tipo de energía, fuente interminable de futuros encuentros. ¡Qué sensación de confianza habíamos experimentado, sabiendo que podíamos provocar inseguridad en los demás, haciéndoles más dependientes de nosotros y garantizando de esta manera nuestra satisfacción personal! Disfrutábamos del poder que nuestra capacidad de atracción sexual nos proporcionaba, afianzando el dominio que ejercíamos sobre otros con sólo recordarles que los podíamos reemplazar fácilmente. Nos sentíamos seguros al saber que física, emocional y mentalmente podíamos continuar atrayendo nuevas caras o sometiendo aún más a los que ya habían caído en nuestra red.

Si nos diéramos cuenta o no, nuestro ser estaba modelado por nuestro fracaso o por la negativa a resolver en nuestro interior los problemas de la vida real: la inseguridad, la soledad interior y la falta de cualquier sentimiento coherente de valor y dignidad personal. A través del sexo, del encanto, de la atracción emocional o de nuestra persuasión intelectual, habíamos utilizado a otras personas. Como "drogas", para así no tener que enfrentarnos a nuestro sentimiento de inferioridad. Una vez que nos dimos cuenta de esto, comprendimos que al rendir y entregar nuestro comportamiento adictivo no tendríamos más remedio que cuestionar de arriba abajo las bases de la imagen que teníamos de nosotros mismos y la de nuestra identidad personal.

Esta era una tarea espantosa, ya que implicaba que nuestro viejo ser había de morir, o al menos estar dispuesto a morir, para que un nuevo ser, libre de la adicción, pudiera vivir. Por mucho que lo intentamos, la mera y continua mención de los valores que deseábamos que gobernaran de AHORA en adelante nuestra vida, no nos llevó muy lejos. Comprendimos que esta enfermedad de la adicción al sexo y al amor había penetrado con tanta sutilidad y tan profundamente en nuestros planes de cambio mejor intencionados y más fervientes, que incluso nuestra capacidad de pensar con claridad había desaparecido. La posibilidad de curarnos a base del uso de la fuerza de voluntad había desaparecido. Muchos ya lo habíamos intentado y repetidamente habíamos fracasado. Y no se trataba de que nuestra lógica, motivos o intenciones no fueran los correctos. La adicción tergiversaba una y otra vez tanto nuestra capacidad de ver el problema con claridad, como nuestros deseos de cambio. Aquella parte de nuestra mente, que al menos periódicamente identificaba nuestra enfermedad, ella misma no era inmune, y no podíamos fiarnos exclusivamente de ella como guía hacia la salud.

A medida que íbamos valorando la magnitud y el grado en el que la adicción al sexo y al amor anulaba nuestra capacidad de razonamiento y a medida que íbamos comprobando hasta qué extremo había llegado a corromper todo nuestro sistema de valores, no tuvimos más remedio que admitir que no podíamos remodelar nuestra personalidad sin ayuda a la vez que reconocíamos lo frágiles que éramos, sentimos la necesidad de encontrar un poder superior a nosotros mismos, algo que se encontrara al menos a un paso de distancia de nuestras intenciones enfermizas y que fuera capaz de guiarnos con la coherencia de la que nosotros carecíamos. La posibilidad de encontrar alguna forma de fe basada más que en una concepción concreta de Dios en la necesidad de encontrar dicha fe, constituía el comienzo de la curación espiritual.

Sin embargo, el hecho de que necesitáramos adquirir la fe en algún Poder, ya que no podríamos fiarnos de nuestra coherencia en nuestro comportamiento o motivos, nos dejó todavía más perplejos. ¿Dónde íbamos a poder encontrar los rudimentos de una fe capaz de ayudarnos a disolver y reconstruir nuestra personalidad de arriba abajo? Si no EXISTIERA un Poder Superior a nosotros eso sería imposible.

La solución más elemental a este problema de la fe la encontramos al tratar a miembros sobrios que ya lo habían resuelto. Al oírles relatar sus vidas, repletas éstas de ejemplos de la enfermedad y de la recuperación, tuvimos la oportunidad de identificarnos a fondo tanto con sus patrones de adicción como con sus valores trastocados. Y comprobamos lo sanas y positivas que ahora eran sus vidas. Como ejemplos vivos, nos transmitieron la esperanza de que las mismas fuentes de ayuda espiritual que a ellos les habían resultado tan útiles, pudieran servirnos a nosotros también. Estaba claro que las historias que nos habían contado eran terriblemente enfermizas. Eso era evidente. Cuando comparamos la calidad de las vidas de esta gente con nuestras luchas y dilemas radicados en la adicción, ya no podíamos dudar que alguna forma de redención los había liberado.

El contacto con aquellos que ya se estaban recuperando de la adicción al sexo y al amor constituyó también una fuente de ayuda muy práctica para el mantenimiento de la sobriedad día tras día. Nos ofrecieron todo tipo de sugerencias sobre cómo evitar situaciones adictivas, y el simple hecho de explicarle alguna tentación o circunstancia a alguien que nos comprendiera, nos ayudaba a ser sinceros con nosotros mismos. A medida que nos dábamos cuenta de lo útil que nos resultaba esta red de apoyo, llegamos a pensar que era innecesario creer en ningún Dios o divinidad concreta. La respuesta que dábamos a nuestra necesidad de fe era la de una esperanza rotunda, una convicción en la posibilidad de guía espiritual que era tan patente en la experiencia de los miembros de S.L.A.A. que nos habían precedido.

El Tercer Paso

Este cambio en nuestra actitud de la necesidad a la esperanza nos condujo a otro momento decisivo de nuestra recuperación. Habíamos puesto la primera piedra del edificio de la adquisición de la fe. Habíamos visto como era posible sobrevivir al dolor del síndrome de abstinencia sin volver a los patrones adictivos y comprendimos que el Poder para hacer esto venía de fuera de nosotros. Ahora ya estábamos en condiciones de pensar en cómo podríamos convertir esta fe en algo práctico y útil. Comenzamos a examinar las implicaciones que el tercer paso tendría en nuestras vidas.

Tercer Paso: Decidimos poner nuestra voluntad y nuestras vidas al cuidado de Dios tal como nosotros lo concebimos.

La situación era más o menos la siguiente: si la adicción al sexo y al amor constituía una parte tan importante de nuestra personalidad—si había surgido hacía ya tanto tiempo y había modelado o deformado los otros rasgos de nuestra personalidad, de nuestras relaciones y de nuestro sistema de valores—entonces teníamos que preguntarnos a nosotros mismos si nuestras ideas previas sobre quiénes y lo que éramos, eran erróneas o estaban mal fundamentadas. No queremos decir que, a nivel práctico, todo lo que creíamos conocer acerca de nosotros mismos fuera falso. Pero si de verdad queríamos cambiar y llevar una vida diferente y más sana, por lo menos tendríamos que plantearnos la cuestión, al menos a nivel abstracto. Teníamos que admitir la posibilidad de que algunas de las cosas en las que creíamos, sino todas ellas, podían ser falsas.

Usando la expresión bíblica "la copa que se derramaba", éramos como copas que se habían desbordado con la obsesión, (con la necesidad afectiva, la lujuria y la intriga). Como ejercicio espiritual, el tercer paso nos sugiere la idea de que podemos vaciar nuestras copas y así erradicar nuestra enfermedad. Pero también sabíamos que una vez que lo hubiéramos hecho, no podíamos volver a llenarlas usando exclusivamente nuestra voluntad y actuando por nuestra cuenta, porque habíamos llegado al convencimiento de que cualquier intento de actuar así, en solitario, lo pervertiría el carácter obsesivo-compulsivo de nuestra personalidad. No podíamos vencer nuestra propia naturaleza adictiva. NOSOTROS éramos nuestro propio enemigo Si alguna vez íbamos a ser copas rebosantes de vida redimida y libres de adicción; entonces un poder superior a nosotros, cuya necesidad ya habíamos asumido, tendría que llenarlas de nuevo. Ese poder (El, Ella, Ello, Ellos) lo haría en el momento que El lo considerara necesario, de acuerdo con sus propios planes, no con los nuestros.

A menudo nos preguntábamos cómo serían nuestras vidas si eliminábamos la enfermedad de nuestra copa y resistíamos la tentación de ser nosotros los que la llenáramos, permitiendo que fuera por el contrario la gracia divina la que lo hiciera. La verdad es que carecíamos de respuesta. No teníamos ninguna garantía. De lo único que estábamos seguros era que no queríamos volver bajo las garras de la adicción al sexo y al amor. La desesperación que con toda seguridad nos esperaba, en caso de volver allí, nos obligó a continuar avanzando hacia lo desconocido. Sin ninguna garantía y con mucha ansiedad, pero al menos con los rudimentos de la fe, pudimos comprender que si no éramos capaces de recetarnos un tratamiento para la adicción al sexo y al amor, lo mejor que podíamos hacer era entregar "nuestra voluntad y nuestras vidas" al cuidado de Dios tal como nosotros lo concebíamos, incluso si no sabíamos lo que iba a suceder como consecuencia de ello. Tomamos esta decisión, por muy abstracta que nos pareciese.

Una vez tomada esa decisión, ¿cómo íbamos a comenzar a relacionarnos con Dios? La respuesta, como cualquier otra gran respuesta, era sencilla. Habíamos sido capaces de abstenernos de enredos y episodios adictivos, día a día, durante cierto tiempo. Lo que añadimos a este cambio externo en nuestra conducta fue la oración. Ahora comenzábamos el día en comunión con Dios, tal como nosotros lo concebimos, pidiéndole ayuda para poder abstenernos de conductas adictivas durante el día. Le pedíamos también que nos ayudara en la inmensa tarea en la que nos habíamos embarcado, la de sobrellevar la muerte de nuestro antiguo ser, totalmente infiltrado por la adicción, y asistir al nuevo nacimiento de una persona sana y redimida. Y si durante ese día habíamos sido capaces de resistir a las tentaciones, al final del mismo le dábamos las gracias a Dios, fuese cual fuese nuestra idea de Él, por habernos ayudado a abstenernos de conductas adictivas otras veinticuatro horas.

La oración de la serenidad pasó a formar parte de nuestro repertorio diario, y la utilizábamos para enfrentarnos a situaciones potencialmente peligrosas y difíciles:

> Dios, concédeme la serenidad
> Para aceptar las cosas que no puedo cambiar,
> Valor para cambiar las que puedo,
> Y sabiduría para distinguir la diferencia.

Mientras contemplábamos los pasos que venían a continuación, nos dimos cuenta que se basaban en el tercero. Teníamos que erradicar de nuestra copa los comportamientos enfermizos, limpiarla lo mejor que pudiéramos y prepararla para que Dios la llenara con su gracia, y de acuerdo con sus planes, no con los nuestros.

El Cuarto Paso

Ya habíamos tomado la "decisión" y ahora intentábamos, con la ayuda de la oración, permitir que la influencia de Dios operara en nuestras vidas. A pesar de ello, gran parte de lo que estaba por venir nos parecía tan ilusorio como un espejismo, y desde luego, muy poco probable. Todavía atravesábamos periodos, a veces largos, en los que se apoderaban de nosotros pensamientos obsesivos, ansias de flirtear, y deseos de perder la conciencia con el sexo. Podían estar provocados por encuentros con nuestros amantes previos, que parecían producto de una intuición casi diabólica, ya que curiosamente sucedían justo cuando nosotros nos encontrábamos más débiles. En otras ocasiones pensábamos en toda la gente en el mundo que, imaginábamos, tenía la dicha de ignorar algo llamado adicción al sexo y al amor y, que creíamos que estaban, entregándose a ella con gran entusiasmo. O podíamos recordar con nostalgia los dorados tiempos pasados de matrimonio o pareja, mientras que nos olvidábamos de todas las experiencias negativas.

Estos pensamiento nos producían amargura: ¡Qué desprotegidos e inválidos nos sentíamos! Cuando estos nubarrones descendían sobre nosotros se oscurecía la visión del proceso en el que nos encontrábamos. Al no ser capaces de observar nuestra mejora, echábamos de menos nuestra antigua ignorancia a pesar de ello, pudimos comprobar cómo la puerta de la conciencia, una vez abierta, no se podía cerrar tan fácilmente. Habíamos tenido, incluso sentido, indicios ocasionales de lo que podría ser una existencia sana. Sabíamos que ésta era ilimitada: el bienestar espiritual, emocional y mental hacia el que nos dirigíamos no tenía límites, aunque a veces camináramos a regañadientes.

Lo que a menudo nos servía para superar una época mala era aprender algo nuevo sobre nosotros, fuera al hablar en una reunión de S.L.A.A., en un momento de reflexión en la soledad, o quizás a través de un sueño. Nos venían estas ideas gracias a que, pese a las tremendas tentaciones que nos invadían, no malgastábamos nuestras energías en actividades adictivas. Poco a poco nos fuimos poniendo en contacto con niveles más profundos de nuestra naturaleza interna a veces nos daba la impresión de que estas ideas repentinas eran una recompensa por haber mantenido la sobriedad, y desde la perspectiva de este oasis, nos sentíamos agradecidos por no habernos dejado arrastrar.

En esta fase de la recuperación encontramos que gran parte de la energía emocional que habíamos malgastado en nuestra adicción, aparecía en forma de sentimientos y de recuerdos cargados de significado. Nuestro patrón de adicción al sexo y al amor se nos manifestaba cada vez más claramente y lo íbamos comprendiendo mejor. Algunos escribíamos diarios y anotábamos nuestros sueños, o recurríamos a la ayuda de profesionales y a la psicoterapia. Vimos que, diríamos que aún a pesar nuestro, íbamos viviendo el espíritu del paso cuarto.

Cuarto Paso: Sin ningún temor hicimos un minucioso inventario moral de nosotros mismos.

La primera vez que vimos la palabra "inventario moral", retrocedimos asustados. Estábamos convencidos de que esa tarea sería demasiado pesada y desalentadora. Sin embargo, nos sorprendió ver cómo, llegado el momento, la abordábamos sin miedo, ya que habíamos dado el paso tercero. A medida que nos rendíamos a Dios, tal como nosotros lo concebíamos, recibíamos intuiciones tales como: mantente alejado de este lugar, llama a este amigo, ven aquí en vez de ir allá, etcétera. Llegamos a confiar en la guía de quien nos ayudaba a navegar lejos de los patrones adictivos. Si Dios nos estaba ayudando en nuestras acciones externas, nos resultaba más fácil limpiar la suciedad interna, y confiar en la autoridad divina en lo que se refiere al viaje interior. Pero, ¿cómo íbamos a realizar este inventarío? Nuestra experiencia común nos muestra que no existen dos personas que lo hagan de manera idéntica; no existe un modo único y exacto de proceder. Lo que necesitábamos era entendernos a nosotros mismos, y en la medida en la que fuera posible, sin miedo, orgullo y reservas. Necesitábamos una base desde la que examinar, sin engaños, quiénes y qué habíamos sido en el mundo, y cómo nos habíamos mostrado ante nuestros ojos y ante los del prójimo. Además, necesitábamos identificar las motivaciones que existían detrás de los papeles que habíamos representado y la imagen que presentábamos, para poder entender la satisfacción que la adicción nos había proporcionado.

La mayoría encontramos que escribir el inventario resultaba sumamente útil. Contemplar por escrito lo que habíamos hecho, nos ayudaba a ser honrados y objetivos. Los mismos rasgos que contribuyeron a alimentar la adicción: la soberbia, el resentimiento y la auto justificación (entre otros) eran los que podían impedirnos verla tal cual es. A medida que leíamos nuestra propia versión de lo sucedido, podíamos identificar nuestras excusas y la necesidad que teníamos de culpar a otros; vimos claramente la evolución de nuestra enfermedad espiritual y de qué forma tan "convincente" nuestra memoria trataba de disminuir el papel que habíamos tenido en nuestros fracasos más dolorosos. Leer nuestro inventario "entre líneas" era a veces más importante que leer los mismos renglones.

Al mirar nuestra vida actual y la pasada, vimos que explotamos prácticamente cuanto hicimos y a cuantas personas conocimos para poder satisfacer nuestras necesidades adictivas. Quizás hubiéramos podido comenzar nuestro inventario con las relaciones particularmente problemáticas. Pero pronto fuimos capaces de ver los patrones: Nos entregábamos sin pensarlo a las rubias, o a la gente de éxito; buscábamos personas a las que salvar, o por el contrario que nos salvaran; nos vestíamos para atraer a la clase de personas que dijimos que no nos gustaba, seducíamos a quienes ejercían cierto poder sobre nosotros, fuera a través de la amistad o del trabajo; ahuyentábamos a nuestras familias maltratándolas verbal o emocionalmente, justo en el momento en el que más las necesitábamos, y así sucesivamente.

Este proceso era como pelar cebollas. Solo podíamos proceder capa tras capa; y a menudo, mientras arrancábamos una, veíamos muchas lágrimas. Al profundizar, vimos que muchos aspectos de nuestras relaciones que habíamos calificado de "sanos" o de "inofensivos" de hecho eran también manifestaciones menos obvias de la adicción. De este modo, a medida que examinábamos nuestras relaciones no sexuales con nuestros amigos, con la familia, con los compañeros de trabajo, etc., a menudo descubríamos allí también la presencia de los mismos motivos y defectos.

Al principio veíamos sólo los hechos y las constantes que se repetían. Comenzamos a identificar las emociones y los motivos que, en forma de corriente apestosa, fluían bajo la superficie. Veíamos como la falta de honradez nos había impedido seguir la evolución de nuestra enfermedad. Habíamos tratado de no pensar en el dinero desperdiciado en el sexo, en el peligro de contraer enfermedades o de contagiárselas a los demás, en los indicios que mostraban que éramos impotentes contra los impulsos sexuales, en las muchas mentiras que nos habíamos inventado y creído para encubrir nuestras actividades. El egocentrismo y la soberbia estaban en la raíz de nuestras dificultades. Nos habíamos vestido y nos habíamos comportado de forma seductora, reclamando más atención de la que nos correspondía. Gastábamos dinero para impresionar a la gente, y maltratábamos verbalmente a los que no nos prestaban la atención que creíamos que merecíamos, o tratábamos de herir a los que no nos permitían salirnos con la nuestra. Probábamos nuestro poder seduciendo a los amantes de nuestros amigos, y respondíamos con ira cuando la satisfacción de nuestras necesidades se frustraba.

A medida que avanzaba el inventario exhaustivo de nosotros mismos, llegamos a entender por qué éramos adictos al sexo y al amor. No se trataba de teorías psicológicas abstractas acerca de las influencias que pudieran habernos "hecho" así. Era un examen honrado de las satisfacciones que la adicción nos proveía: el consuelo de la compasión por nosotros mismos, el lujo del resentimiento auto justificado, el aislamiento con el que aparentemente evitábamos tener que correr riesgos emocionales auténticos y asumir responsabilidades verdaderas para con los demás. Los actos reprensibles de nuestra vida pasada, fueran conscientes o producto de la "casualidad", se revelaban como manifestaciones de nuestra enfermedad. No éramos simplemente gente que había hecho cosas "malas", éramos lo que habíamos hecho. Pero a medida que nos percatábamos de lo egocéntricos y poco honrados que éramos, y habíamos sido, también vimos que nosotros habíamos sido víctimas. No habíamos decidido voluntariamente convertirnos en adictos al sexo y al amor. A menudo nuestras necesidades humanas básicas y normales nunca habían sido satisfechas durante el periodo formativo de nuestras vidas. Nos dimos cuenta que había una soledad radical que hacía que tuviéramos miedo a la soledad. Por consiguiente habíamos provocado sentimientos de culpa en nuestros amantes para que no nos abandonaran, o nos habíamos acostado con extraños. El miedo a no ser merecedores de amor verdadero nos empujó a hacer sacrificios excesivos por nuestros padres o nuestros amantes, a coquetear con todo el mundo para así demostrarnos que éramos atractivos, y a mentir para producir una determinada impresión a los demás. El miedo al dolor o al compromiso hizo que nos relacionáramos con gente que no nos gustaba, o a permanecer en relaciones destructivas o vacías. A través del proceso del cuarto paso, nos percatamos que la soberbia y la cabezonería habían servido para ocultar los anhelos de un niño miedoso y solitario, un vacío que pedía a gritos que alguien lo llenara. No lo habíamos provocado y no lo podíamos controlar. Caer en cuenta de esto fue el comienzo de la compasión, nuestra primera visión de lo que sería el perdonarnos a nosotros mismos.

El Quinto Paso

Comenzamos a sentir en nuestro interior la necesidad de comunicar lo que habíamos aprendido acerca de nosotros, en vez de transformarlo en energía sexual. Estábamos ya preparados para el quinto paso.

Quinto Paso: Admitimos ante Dios, ante nosotros mismos y ante otro ser humano la naturaleza exacta de nuestros defectos.

Muchos de nosotros reconocíamos que una de las características de nuestra adicción al sexo y al amor era la división de nuestras vidas en compartimentos estancos, mantenidos a base de secretos y confidencias. Así era, con independencia de si habíamos sido promiscuos o si habíamos mantenido vínculos romántico-emocionales con más de una persona al mismo tiempo, o de que nuestro problema fuera la dependencia de una sola persona. La verdad era que incluso nos enorgullecíamos de nuestra habilidad para guardar secretos, relatar historias que nos habíamos inventado sin contradecirnos, ocultar nuestros sentimientos, y hacer las cosas sin contar con nadie. Esta peligrosa y solitaria estrategia producía un importante resultado. Si éramos capaces de caminar por ese laberinto de intriga sin que nos descubrieran, o podíamos conseguir que la persona de la que dependíamos nunca conociera nuestros verdaderos sentimientos, creíamos que nunca tendríamos que enfrentarnos a las consecuencias de nuestros actos. Podíamos incluso negarnos a aceptar que tuvieran "consecuencias." ¡Qué incentivo tan grande para seguir mostrándonos inaccesibles y no revelar a nadie nuestro verdadero ser!

Pero por continuar "haciendo las cosas por nuestra cuenta" seguíamos padeciendo un bloqueo emocional y espiritual, y éramos incapaces de usar nuestras experiencias y emociones de forma constructiva. Nuestra condición interior recordaba más a un triturador de basura que a una recicladora. Estábamos atrapados en nuestro propio lodo.

El paso quinto fue el procedimiento que utilizamos para comenzar a descorrer ese velo que cubría nuestra vida. Ya nos había resultado bastante difícil, a través del largo proceso del cuarto paso, observarnos y conocernos con sinceridad. Sin embargo, si no dábamos un paso más y no revelábamos a otra persona lo que habíamos descubierto acerca de nosotros, nuestra sobriedad peligraba. Poco servía reconocer que éramos impotentes en lo que se refiere al gobierno de nuestras propias vidas aún sin necesidad de volver a los patrones adictivos, sí nuestra intención era la reconstrucción solitaria. La soledad y el aislamiento, raíz y consecuencia de la enfermedad, no se reducirían hasta que nos reconciliáramos con Dios y con otros seres humanos.

Aquí, como en cualquier otro punto del camino de nuestra realización personal, teníamos que estar dispuestos a asumir riesgos. En los pasos que ya se habían convertido en parte de nuestras vidas habíamos aprendido a confiar en Dios, al menos un poco. Éramos conscientes que Dios, tal como lo concebíamos, desde el principio sabía lo que estábamos haciendo, y parecía que mostraba interés por nosotros pese a todo. Ahora teníamos que arriesgarnos a revelar estas verdades terribles sobre nosotros a otro ser humano, y reconocer la naturaleza exacta de esas dificultades que ahora nos llenaban de vergüenza, culpa y remordimiento. Esta perspectiva parecía terrible, pero teníamos que hacer esto si nos comprometíamos sinceramente a apartarnos, de forma radical, de nuestro patrón de conducta adictiva y de los motivos subyacentes que nos llevaron al mismo.

¿Cómo podíamos elegir a la persona con la que dar este paso? Mientras algunos pensábamos que nos resultaría más cómodo revelar diferentes partes a diferentes personas, la mayoría pensábamos que teníamos que decidirnos por una, y ser absolutamente sinceros con ella en todo lo que se refiere a este primer inventario. Los patrones adictivos de demasiados de nosotros incluían las medias verdades con diferentes personas. Un paso importante en el camino hacia la humildad era el de forjar un eslabón de sinceridad completa con otro ser humano. Lo que era más importante, al contar por fin todo podíamos superar ese aislamiento terrible que nos impedía conseguir lo que desde un principio anhelábamos: que nos amaran y aceptaran incondicionalmente tal como éramos, con lo bueno y lo malo.

Este confidente era a veces un veterano de S.L.A.A. Otras veces optamos por hablar con un psicoterapeuta o con un miembro del clero. Era muy importante que aquel que resultara elegido comprendiera que no buscábamos la penitencia ni juicios de tipo moral. Convenía que esta persona comprendiera bien la naturaleza humana, y fuera equilibrada y comedida en su vida sexual y romántica.

Dos advertencias vienen al caso. Las confesiones crean intimidad, y la intimidad sana es un paso importante en el camino hacia nuestra realización personal. Necesitamos, sin embargo, estar siempre en guardia con respecto al coqueteo emocional. Hemos de elegir a alguien por quien no sintamos ningún tipo de atracción sexual problemática, lo que implica que no se puede tratar de un amante, antigua pareja o una pareja potencial. También es tentador tratar de conseguir el perdón de aquellos a los que habíamos causado daño, convirtiéndolos en receptores de nuestro quinto paso; pero reparar los daños no es el objetivo inmediato de este paso, y tampoco puede ser su objetivo oculto.

La segunda advertencia era no confundir el quinto paso ni con un relato pornográfico de cada episodio sucio de nuestra vida, ni con esas terapias cuyo objeto es la identificación de la "causa" de nuestros desequilibrios. Mientras no cabía la menor duda de que teníamos que mostrar cualquier detalle que fuera relevante, eran los motivos ocultos dentro de nosotros, las satisfacciones que nos proporcionaban, los que teníamos que revelar. Mientras que no era del todo adecuado culpar a nuestras primeras experiencias o a nosotros mismos de nuestra conducta como adictos al sexo y al amor, era necesario que aceptáramos alguna responsabilidad personal. Necesitábamos dejar de esconder nuestros verdaderos motivos detrás de aparentes justificaciones o de echarles la culpa a los demás.

Nuestras vidas habían permanecido herméticamente cerradas durante años, y esta primera experiencia de mostrarnos tal como éramos, sinceramente, a otro ser humano, a veces producía malestares físicos. Los que éramos propensos a la jaqueca sufríamos dolores de cabeza. Otros, a causa del esfuerzo, sufríamos un verdadero agotamiento físico o nauseas. Todo este ejercicio de mostrarnos tal como éramos era algo nuevo a lo que no estábamos habituados. Para unos pocos, los efectos positivos, que todos acabamos por experimentar, se dejaron sentir casi inmediatamente. Para esta minoría, esta primera experiencia de liberarse de las camisas de fuerza por ellos creadas, produjo un sentimiento no solo de alivio, sino también de liberación emocional. Pero con independencia de cuales fueran las reacciones producidas por esta acción, con el paso del tiempo todos descubríamos que habíamos recorrido una etapa fundamental de nuestra recuperación. Habíamos vuelto a formar parte del género humano, y las debilidades reveladas eran precisamente la puerta de acceso a nuestra aceptación incondicional por otros. Ya no era necesario que nuestras vidas permanecieran cerradas o divididas.

El Sexto Paso

Habíamos recorrido un largo trecho de nuestro nuevo camino. La interrupción de la conducta adictiva nos había conducido, llenos de vacilaciones, a la adquisición de la fe. Bajo la protección de nuestra nueva fe, nos habíamos examinado sin blandenguerías, desenterrando en ese proceso algunos patrones fundamentales que habíamos vivido sin darnos cuenta. Nos habíamos dejado arrastrar por el entusiasmo experimentado al descubrirnos a nosotros mismos, y habíamos llegado al extremo de comunicarle a otra persona lo que habíamos descubierto; otro riesgo más que habíamos corrido y al que habíamos sobrevivido.

Pero otro problema se iba manifestando paulatinamente. Descubrimos que pese a que éramos más objetivos a la hora de mirarnos a nosotros mismos y que pese a que habíamos aceptado la dirección divina, continuábamos viviendo de forma auto-destructiva en muchos aspectos de nuestras vidas, a menudo en aquellos en los que el inventario había revelado problemas. No existía el menor asomo de duda: existía una gran discrepancia entre aquello que considerábamos beneficioso para nuestras vidas y la forma en la que de hecho todavía continuábamos viviendo.

Por supuesto, esperábamos que todos nuestros problemas y defectos se disiparan como producto del trabajo invertido en la redacción del inventario y en el examen del mismo junto con otra persona. Pero a medida que se acumulaban las evidencias de que, a pesar de nuestros increíbles esfuerzos realizados a la hora de evaluarlos, algunos de nuestros "viejos amigos" todavía nos acompañaban, el desánimo aumentó. Era frustrante tener que reconocer que una cosa era el reconocimiento de nuestros defectos y otra muy distinta su desaparición. Este dilema nos condujo al sexto paso.

Sexto Paso: Estuvimos completamente dispuestos a dejar que Dios nos eliminase todos estos defectos de carácter.

En los paso segundo y tercero, la idea de poner en manos del Poder Superior toda nuestra identidad en el contexto del proceso de cambio que fuera necesario, era sólo un concepto abstracto. Ahora nos enfrentábamos a la realidad de su significado. Adquirir la disposición necesaria para renunciar a cada defecto que habíamos descubierto en el paso cuarto era mucho más fácil de decir que de hacer. ¿Qué era lo que lo impedía?

Un problema era la facilidad con la que nos sentíamos desvalidos y necesitados. ¿Acaso no habíamos renunciado ya bastante al interrumpir todas las formas de conducta adictiva? ¿No era nuestro verdadero problema la adicción activa en sí, y ahora, ya sobrios, no teníamos derecho a descansar y a "ser humanos", a caminar por la vida libres de culpa? ¿No éramos cuanto menos, mucho mejores que la mayoría de la gente de nuestro entorno? ¿Acaso teníamos que ser perfectos para que la gente nos aceptara? Además, alcanzar la santidad no era nuestro objetivo.

Esta actitud era muy fácil de justificar ante nuestros ojos; sin embargo, nos encontrábamos en un momento crítico de nuestra sobriedad. Durante los cinco primero pasos nos habíamos ido alejando de la adicción activa; ahora nos veíamos obligados a dar los primeros pasos hacia la reconstrucción. Mientras que podía ser cierto que no era la totalidad de nuestro ser la que necesitaba una completa remodelación, la verdad era que no podíamos confiar en nosotros mismos para dirigir el proyecto basándonos exclusivamente en nuestra sola voluntad, sin ayuda exterior. Nuestros motivos perversos, a menudo escondidos, podían, con una facilidad increíble, transformar cualidades que en otras personas eran inofensivas, en una fuente de satisfacciones adictivas para nosotros.

Otra vez nos veíamos obligados a plantearnos el tema de la humildad. Atribuir exclusivamente a la adicción todos nuestros problemas hubiera sido un error muy grave, ya que nuestros defectos se manifestaban también en las demás áreas de nuestra vida. No era el momento de dormirnos en los laureles, ya que necesitábamos continuar alerta frente a las constantes tentaciones sexuales y románticas y frente a la ilusión del "idilio perfecto."

Al adquirir la disposición necesaria para renunciar a nuestros defectos, lo que en realidad estábamos haciendo era renunciar a nuestros defectos, lo que en realidad estábamos haciendo era renunciar a ese farsante que existía en nosotros y a los trucos a los que recurríamos para conseguir amantes y engañar. Renunciar a estos defectos implicaba no solo desprendernos de nuestros ganchos adictivos, sino que además, de ahora en adelante, dispondríamos exclusivamente de nuestra sola persona para presentarle a nuestros amigos y parejas potenciales. Como adictos que éramos, la mayoría estábamos llenos de inseguridades y sentimientos de inferioridad. Nos daba miedo que si prescindíamos de nuestras máscaras, y renunciábamos a los defectos que las creaban y sustentaban, la gente nos despreciaría y nunca encontraríamos a nadie que nos amara.

Otro problema era que como adictos estábamos acostumbrados al dolor. La mayoría de las veces, el dolor era una parte esencial de nuestras relaciones románticas e incluso de muchas de nuestras actividades sexuales. Algunos incluso identificábamos el dolor con el amor; para así, con la presencia del dolor consolarnos de la falta de amor. Pero ya sobrios, después de haber admitido nuestra derrota, de haber sobrellevado el síndrome de abstinencia y de haber redactado el inventario, ¿qué era lo que quedaba de nosotros? ¿No podíamos al menos conservar nuestro dolor? Si nuestros defectos desaparecían (la fuente del dolor), ¿qué era lo que iba a quedar de nosotros? ¿No teníamos ninguna capacidad de decisión sobre nuestro futuro? Así de enfermiza era nuestra forma de razonar.

Los viejos hábitos emocionales, todavía tan arraigados en nosotros, producían gratificaciones muy sutiles que hacían que nos resultara difícil renunciar a ellos. Muchos de nosotros, que habíamos padecido carencias afectivas en nuestros primeros años, aprendimos a sobrevivir a través del cultivo del odio, la ira y los resentimientos como fuerzas motrices, para tratar así de protegernos del daño y del miedo. Ahora descubríamos que, por haber utilizado esta monótona estrategia de desconfianza y de aislamiento en todas nuestras relaciones, fueran intrínsecamente hostiles o no, nos habíamos mutilado a nosotros mismos. Al final, nos habíamos convertido en seres desconfiados incapaces de mantener relaciones de confianza e intimidad con nadie, incluso con la gente que ahora, durante la recuperación, estaba más dispuesta a confiar y a relacionarse con nosotros.

Pero éramos incapaces de corresponder, y a menudo tropezábamos con nuestras barreras interiores, las cuales nos impedían experimentar la confianza y el cariño auténtico. Reconocer la existencia de estas barreras era muy doloroso, especialmente porque éramos conscientes de nuestro deseo de confiar y de correr riesgos a la hora de comunicarnos con los demás. Era todavía mucho más doloroso porque nos dábamos cuenta de que dichas barreras estaban en nuestro interior, y no sabíamos cómo eliminarlas. Estos bloqueos que nos oprimían eran los que nos producían ese miedo a que las personas con las que llegábamos a tener ese trato profundo nos arrollaran emocionalmente, o eran los que nos empujaban a un aislamiento ineludible.

Al tener que seguir viviendo con nosotros mismos, sin embargo, encontramos que las consecuencias de recurrir a nuestros defectos nos resultaban cada vez más difíciles de soportar. La cólera se podía apoderar de nosotros de forma inesperada y nos llenaba de furia moral, o las borracheras emocionales nos dejaban desesperanzados y suicidas, o la depresión minaba nuestra voluntad de proseguir, nuestra esperanza en el futuro. Comenzamos a ver la falacia de esa lógica que afirmaba que nos podíamos considerar libres de toda culpa ya que cuanto hacíamos era consecuencia de nuestra adicción al sexo y al amor. Observamos la bancarrota espiritual que se escondía tras la falsa humildad de no querer ser perfectos. Vimos claramente que dictarle a Dios lo que podía y no podía hacer por nosotros no daría resultado.

Nuestra actitud hacia nuestros defectos y problemas subyacentes comenzó a cambiar. Podíamos ver con ojos nuevos las serias consecuencias que tenían en las vidas de aquellos que no querían superar voluntariamente estas dificultades. Con madurez creciente nos dimos cuenta que las relaciones sanas sólo podían existir, si en vez de sobrehumanos éramos humanos. Llegamos a comprender que la adicción al sexo y al amor es una enfermedad de acciones si la contemplamos desde fuera, pero que en realidad es una perversión de los valores éticos y morales observada desde dentro. Las dimensiones espirituales de nuestra enfermedad eran ya evidentes.

Ahora avanzábamos desde lo que era la renuncia a un aspecto específico y parcial de la adicción hacia la renuncia al proceso de toda una vida, lo que contribuía a enriquecer esas cualidades interiores que engrandecían la vida. Tras este cambio total de actitud había una confianza creciente en Dios tal como lo concebíamos. De hecho, se nos invitaba de nuevo a profundizar nuestra relación con Dios. Bastaba con que estuviéramos dispuestos a realizar el trabajo que nos correspondía, y a aceptar el resultado, fuera cual fuera. La gracia divina nos liberaría del lastre de nuestro antiguo ser. Humildemente, comprendimos que todo lo que se nos pedía era que no dificultásemos la acción divina, para que así, con nuestra cooperación, la obra de Dios se materializara en nuestras vidas.

El Séptimo Paso

Séptimo Paso: Le pedimos humildemente que nos liberase de nuestros defectos.

La naturaleza de la humildad, como virtud que en el pasado nos parecía tan difícil de adquirir, complicada, o poco apetecible, ahora era evidente. Por habernos visto forzados a digerir verdades desagradables, ya no la confundíamos con la humillación. Nos habíamos dado cuenta de que la lucha con nuestros defectos y conflictos subyacentes era el crisol en el cual se seguía forjando nuestra relación con Dios. Mucho de lo que nos creíamos que éramos, y de lo que considerábamos imprescindible para vivir, iba desapareciendo. A medida que veíamos esto con mayor claridad, nuestras actitudes experimentaban un profundo cambio. Sentíamos un deseo profundo de experimentar la voluntad divina por sí misma en todas las áreas de nuestra vida, en vez de los pobres objetivos que nosotros definíamos. Nos convertíamos en instrumentos más idóneos para llevar a cabo el propósito divino. La plenitud de nuestras vidas era directamente proporcional a nuestra disposición a seguir la voluntad de Dios para con nosotros.

Aunque habíamos recorrido un largo camino en nuestra recuperación, todavía éramos incapaces, a base de nuestra fuerza de voluntad, de remodelar nuestras vidas de un modo positivo y coherente. El resultado de esta auto evaluación eran las verdades que ahora aceptábamos, si no de buena gana, al menos sin resistencia. Esta aceptación de la realidad, y el deseo de permitir que un Poder exterior a nosotros mismos continuara haciendo lo que nosotros no podíamos hacer, ERA humildad.

Al continuar pidiéndole a Dios diariamente que eliminara los defectos que eran demasiado evidentes en cada área de nuestra vida, comenzamos a ejercitar músculos espirituales que estaban muy flojos. Era más fácil aceptar la ayuda divina en los defectos que ya nos habían ocasionado disgustos graves. Era mucho más difícil superar los patrones que todavía nos proporcionaban satisfacciones inmediatas, aunque a la larga fuera a costa de nuestra paz de espíritu.

A medida que íbamos percibiendo mejor estas realidades, a veces llegamos a resentimos con Dios. Después de todo, habíamos conseguido lo que anteriormente nos parecía imposible—la liberación de las conductas que constituían la base de nuestra adicción al sexo y al amor—pero a pesar de nuestros éxitos, los conflictos que persistían en nosotros, y nuestras debilidades nos seguían creando dificultades. Sin embargo, aún en el caso de que guardáramos rencor hacia Dios, nos dimos cuenta de que este Poder era la única fuerza con la que podíamos contar. Incluso sumidos en un desánimo, en una desilusión y en un pesimismo profundo, sabíamos que no existía otra alternativa a nuestro alcance que nos ofreciera mejores posibilidades de triunfo. No importa cuántas veces fracasáramos cada día en nuestra intención de NO ceder ante un defecto particular, no teníamos otra opción sino la de avanzar. Nos gustara o no, pertenecíamos a Dios por eliminación.

Con el tiempo, comenzamos a comprender mejor nuestras dificultades. Habíamos esperado a que Dios "eliminara" nuestros defectos como por arte de magia, para así no tener que enfrentarnos a ellos. Habíamos pensado que se trataba de defectos superficiales, fácil y cómodamente corregibles. Ahora comenzamos a darnos cuenta de que Dios se inhibía intencionalmente. En vez de solucionar nuestras dificultades con un mínimo de esfuerzo por nuestra parte, nuestro Poder Superior nos exigía una participación activa.

Al parecer, Dios no tenía interés en relacionarse con nosotros como lo hace un padre con un niño indefenso que no para de meterse en líos. Dios quiere que trabajemos en equipo. Quizá necesitáramos desarrollar nuestras capacidades humanas al máximo, incluyendo la comunicación y la cooperación, en vez de refugiarnos pasivamente en Dios como si se tratase de un guardián-protector o de un dictador omnipotente y castigador. Esta comunicación, nueva y abierta, que manteníamos con Dios sobre nuestros defectos no era, ni la clase de regateo hipócrita, ni las súplicas y exigencias desesperadas a las que éramos tan proclives durante la fase activa de la adicción. Dios no nos debía nada, y no iba a recibir instrucciones nuestras sobre lo que necesitábamos.

Esta nueva colaboración con Dios, en la que recibíamos sus instrucciones sobre que parte de nuestro ser espiritual necesitábamos ejercitar, produjo resultados asombrosos. Quizás le hubiéramos pedido que nos eliminara el defecto de la impaciencia, y resultaba que en realidad no era la paciencia en lo que nos teníamos que adiestrar, sino en reconocer lo obstinados y egocéntricos que éramos. A medida que éramos más considerados con los demás, y dábamos sin esperar nada a cambio, la impaciencia desaparecía. El mal genio que le habíamos pedido a Dios que nos eliminara había desaparecido momentáneamente; podíamos percibir de repente el miedo defensivo que se ocultaba detrás de la ira y encontrábamos el valor necesario para actuar bajo los dictados de la fe en vez de bajo los del miedo. Le pedimos que hiciera que desapareciera nuestra ansia vehemente por una persona o por un lugar de "cacería", y descubrimos que teníamos otras opciones. Cuando decidimos libremente evitar esos lugares y esas personas, la ansiedad disminuyó. Los sentimientos de inferioridad e inseguridad, que le habíamos pedido a Dios que reemplazara por los de confianza, los reconocíamos abiertamente, y a medida que pedíamos ayuda o que escuchábamos confesiones de inseguridad semejantes de otros nos sentimos aliviados. Incluso los fracasos en nuestros intentos evidentes por modificar algunos defectos problemáticos nos podían beneficiar espiritualmente. Por ejemplo, dos defectos dominantes en muchos de nosotros eran el perfeccionismo y el orgullo. Incluso mientras fracasábamos en los intentos de corregir nuestro egoísmo miope y de nuestra dilación crónica—éramos imperfectos—¡vimos que estábamos aprendiendo a aceptar el progreso en lugar de luchar por conseguir la perfección! Si no podíamos enorgullecemos siempre de los resultados de nuestros esfuerzos de cambio, al menos habíamos aprendido a respetarnos y a valorarnos a nosotros mismos por dichos esfuerzos.

El Octavo Paso

A medida que continuamos experimentando y desarrollando esta relación cada vez más estrecha con Dios, nos dimos cuenta que necesitábamos limpiar aún más nuestro interior. Gracias a la aceptación de nuestra derrota a manos de la adicción al sexo y al amor y más tarde a la admisión de que éramos impotentes frente a nosotros mismos, habíamos llegado a conocernos tal como éramos, y habíamos iniciado una relación de colaboración con un Poder que podía liberarnos de la adicción y proporcionarnos una vida nueva. Habíamos comenzado a cultivar cualidades espirituales que nunca habíamos tenido, o que nunca habíamos practicado durante la fase activa de la adicción. Mientras trabajábamos hombro con hombro con nuestro nuevo socio, Dios, llegó el momento de hacer las paces con los demás seres humanos.

Octavo Paso: Hicimos una lista de todas las personas a las que habíamos ofendido y estuvimos dispuestos a reparar el daño que les habíamos causado.

En el paso octavo nos encontramos de nuevo en un proceso de examen de nosotros mismos y de limpieza interior semejante al del cuarto. En esta ocasión se trataba de los problemas, más difíciles y de índole más emocional, de nuestras relaciones con los demás. A menudo, la lista que hicimos era muy larga, ya que ahora éramos conscientes de cómo nuestros defectos habían afectado de hecho a todas y cada una de las relaciones que habíamos mantenido. Las examinamos con sumo cuidado, incluso aquellas que se remontaban a la infancia. Al igual que otras personas, en muchos aspectos habíamos sido víctimas de la vida. Muchos conservábamos memorias de carencias afectivas, o de malos tratos de tipo físico e incluso sexual. Poco importaba si los detalles de este abuso eran verdaderos desde un punto de vista objetivo o si meramente los percibíamos como tales. El caso es que estos acontecimientos habían producido en nosotros un inmenso sentimiento de amargura hacia la gente que nos había maltratado. También habíamos desviado ese odio hacia dentro, dirigiéndolo contra nosotros, y habíamos utilizado nuestro aborrecimiento por nosotros mismos para explicar y justificar nuestra creencia de que no éramos dignos de recibir el amor de los demás; mientras que exonerábamos al prójimo de toda culpa al examinar esas relaciones nos resultaba imposible comprender por qué debíamos pedirles perdón.

Éramos nosotros los que en realidad habíamos resultado dañados. En muchos otros casos también nos resultaba difícil reconocernos como causantes de daños. Gran parte de nuestra experiencia parecía indicar que el poder real en nuestras relaciones adictivas no lo tenían los demás: "me daban caza en los bares, me perseguían... traté de dejarle pero me pidió que siguiéramos... se aprovechaba de mí, le daba dinero, me hizo mucho daño."

Pero los pasos que ya habíamos dado habían producido un importante cambio de actitud en nosotros. El inventario nos había ayudado a ver que la raíz de nuestros problemas se encontraba en nuestras motivaciones egocéntricas y en nuestras pasiones incontroladas. Fuéramos víctimas o agresores (y la mayoría éramos ambas cosas), habíamos utilizado las relaciones problemáticas para nuestros propios fines, para obtener satisfacciones adictivas. Con independencia de lo que otros hubieran hecho o dejado de hacer, nuestro papel en estas relaciones se caracterizaba por la falta de honradez y la manipulación de los demás, por la obstinación y por la soberbia. Nos dimos cuenta de que necesitábamos perdonar a los demás, ya que nosotros estábamos buscando el perdón por características y acciones que en esencia eran semejantes. Teniendo en cuenta nuestro propio interés, teníamos que ofrecer a los que creíamos que odiábamos la comprensión y la compasión que necesitábamos para poder experimentar el perdón nosotros mismos. No podíamos condicionar el perdón de los demás a que hubieran expiado sus culpas, o rectificado sus errores. Teníamos que perdonarlos porque, como nosotros, estaban enfermos y afligidos, y probablemente no había sido esa su intención al comenzar su camino en la vida.

El problema que se nos planteaba ahora era que teníamos que examinar la naturaleza del daño que nosotros habíamos causado a otros, y ver si existía algún modo de repararlo. Estar dispuestos a pedir disculpas no bastaba, teníamos que evaluar con precisión las formas en las que les habíamos perjudicado y cómo podríamos corregirlo. La perspectiva de acudir a los que nos habían humillado, o admitir que nuestros propios errores hacia las víctimas de los mismos era, cuanto menos, estremecedora. Pero incluso si ignorábamos de dónde íbamos a sacar el valor y la voluntad de hacerlos era vital para nuestra propia mejora. Si el miedo y la soberbia nos impedían dar este paso tan importante para nuestro desarrollo espiritual, estábamos condenados a pasar la vida tratando de evitar la multitud de personas con las que habíamos mantenido relaciones mutuamente destructivas. En el fondo sabíamos que si no estábamos dispuestos a asumir la responsabilidad de la parte que nos correspondía, nuestra libertad de elección en las relaciones futuras sería siempre muy reducida.

Dejamos de ceñirnos sólo al daño que nos habían hecho. Mientras que era humano desear justicia y equidad—mantener una relación equilibrada con el mundo, no ser ni verdugo ni víctima—en la práctica nos habíamos concentrado generalmente en las deudas que creíamos que los demás tenían con nosotros, y no en las nuestras. Ahora teníamos que olvidarnos de la contabilidad emocional, dejar de tratar de saldar o equilibrar las cuentas. Con independencia del daño que nos hubieran ocasionado, no podíamos cambiar a los demás; lo único que podíamos hacer era aportar nuestra contribución a la resolución de los problemas. La oración de la serenidad adquiría una gran importancia a medida que pedíamos una y otra vez la serenidad de aceptar a esas personas y acontecimientos que no podíamos cambiar, y el valor de cambiar lo que pudiéramos—que con Gracia y con suerte, éramos nosotros mismos.

A medida que examinábamos nuestro mal comportamiento con los demás, eliminábamos de los libros de contabilidad la columna de "haber", y veíamos que debíamos muchísimo a otros en el apartado de reparaciones. Incluso como víctimas habíamos ocasionado muchísimo daño, proyectando nuestra enfermedad en la vida de los que nos rodeaban, impidiéndoles a veces que buscaran otras parejas más apropiadas. Vimos como habíamos reducido el amor a algo trivial, con las largas listas de gente que incluso no conocíamos, y como les habíamos privado a ellos y nos habíamos privado a nosotros mismos de algo auténtico y verdadero. Vimos especialmente como nuestra falta de honradez y nuestros engaños habían hecho creer a cuantos conocíamos que podían recibir de nosotros aquello que éramos incapaces de dar. Habíamos sido unos maestros consumados en el arte de crear y proyectar una imagen falsa.

Ahora nos resultaba más fácil perdonar a los que nos habían causado daño ya que nosotros mismos veíamos que necesitábamos que nos perdonaran por el daño causado a esas mismas personas y a otros. Al ver el perjuicio ocasionado, y la parte que no se podría ya nunca reparar, adquirimos una profunda humildad. Al centrarnos en nuestra parte, comprendimos mejor nuestras motivaciones, a menudo una lastimosa mezcla de la normal necesidad humana de amor y de una vida con sentido, transformada por la adicción en algo desagradable y dañino para nosotros y para otros.

Nos dirigimos a Dios humildemente: "No soy responsable de las condiciones que me crearon, pero estoy dispuesto a asumir las responsabilidades que me corresponden", le dijimos en la oración. "Ayúdame a adquirir la disposición necesaria para enmendar el mal causado a todas y cada una de las personas de mi vida." Habíamos cerrado su parte del libro y revisado la nuestra minuciosamente. En ese estado de conciencia de Dios que se llama amor, sentimos compasión por nosotros mismos y reconocimos, como personas sobrias, cuáles eran nuestras responsabilidades para con los demás.

Durante la fase activa de nuestra adicción habíamos sido la personificación misma de la enfermedad, habíamos deformado la realidad de cuantos estaban en contacto con nosotros. Nuestra enfermedad espiritual, emocional, mental y a veces física, había contaminado incluso esas relaciones que hubieran podido ser sanas en otras circunstancias.

El Noveno Paso

Nuestro compromiso con la recuperación nos había llevado más allá del interés personal por sobrevivir. Queríamos ser consecuentes con el humilde conocimiento del sufrimiento que otros habían experimentado en nuestras manos, y reparar el daño que les habíamos causado.

> **Noveno Paso: Reparamos directamente a cuantos nos fue posible el daño que les habíamos causado, salvo en aquellos casos en que el hacerlo les perjudicara a ellos mismos o a otros.**

La materialización práctica de nuestra disposición a reparar los daños causados, como en otros pasos de nuestra recuperación en los que la acción era necesaria, encerraba algunos peligros intrínsecos. En lo que se refiere a la enmienda de los daños, nuestra experiencia nos dice que hemos de actuar con mucha precaución. Cuando éramos nuevos en S.L.A.A. y oíamos por primera vez hablar de los pasos, algunos, dominados por la ansiedad, sentíamos deseos de lanzarnos a reparar los daños inmediatamente, especialmente hacia nuestros amantes adictivos previos. Nos imaginábamos a nosotros mismos golpeándonos el pecho, haciendo confesiones dramáticas y expresando nuestro profundo remordimiento, en busca tanto del alivio del dolor causado por nuestras culpas, como de la posibilidad de un borrón y cuenta nueva. Estos deseos de erradicar ese confuso sentimiento de que nos faltaba algo, tan común en nuestras relaciones adictivas, sin embargo, de nuevo, sólo podían desembocar en el sometimiento al poder de nuestra adicción. Desde luego, al comienzo de nuestra sobriedad, a menudo era necesario dar algunas relaciones por concluidas, o clarificar otras situaciones en las que otros estaban implicados. En casos como éste lo más prudente era enviar una simple carta a esas personas. Sin embargo a esas confusas sensaciones de que "nos faltaba algo", que formaban tan a menudo parte de las secuelas de una relación adictiva, nos teníamos que enfrentar en el nuevo contexto de la abstinencia, y no eludirlas a través de un uso inapropiado de este paso. La enmienda de los daños ocasionados por nosotros, tal como lo experimentamos en el paso noveno, era muy diferente al deseo que habíamos tenido al llegar a S.L.A.A., de salvar las relaciones deterioradas. La base adquirida en los ocho pasos previos era vital para garantizar la posibilidad, siempre que nuestra actitud espiritual fuera la adecuada, de reparar los daños que habíamos causado. Si todavía no habíamos puesto nuestras vidas y nuestra voluntad en manos de un Poder Superior y distinto a nosotros, trabajado diligentemente nuestros inventarios personales y permitido a Dios que colaborara con nosotros en la eliminación de nuestros defectos, entonces no estábamos en condiciones de distinguir la compasión de la pasión. Si ese era el caso, lo mejor que podíamos hacer era mantenernos alejados de aquellos que formaban parte de nuestro pasado adictivo.

En el paso octavo habíamos examinado todas nuestras relaciones y, sin tener en cuenta los daños que nos hubieran causado, nos habíamos concentrado en los que nosotros habíamos ocasionado a los demás. En algunos casos no era difícil ver cómo deberíamos proceder para reparar los daños. Podíamos quemar las cartas de nuestros ex-amantes que pudieran ser usadas como chantaje, devolverles sus objetos familiares y sus posesiones. Podíamos escribir cartas a los que habíamos dejado "cautivos", con la incertidumbre de sí la relación sentimental se iba a reanudar y de cuándo. A veces, antes de enviarlas, las revisábamos con otro miembro. Esto nos ayudaba a eliminar tanto las insinuaciones, fueran sutiles o evidentes, como los reproches. Sin la dirección del remitente, estas cartas podían servir para liberar a otros, de una vez por todas, de la incertidumbre de las expectativas.

Sin embargo, las enmiendas más importantes eran las que necesitábamos hacer en persona, y que exigían una dosis considerable de valor y de humildad, y una preparación adecuada. Era importante tener en cuenta tanto el efecto que pudieran producir, como los daños que las habían hecho necesarias. Especialmente en estos casos descubrimos que era conveniente consultar a otros miembros sobrios de S.L.A.A. para determinar el momento y el tipo de enmiendas que debíamos hacer y en qué condiciones. Más de uno acudió con la mejor de las intenciones, para encontrarse en situaciones de seductora soledad, de nuevo bajo las insinuaciones de una persona que parecía decidida a malentender nuestro propósito. Nació en nosotros la esperanza de que en la reparación de los daños, así como en todas las áreas de nuestra vida, Dios nos concedería la disposición de ánimo y la intuición necesaria para saber qué lugares y qué palabras serían los más adecuados para nuestro propósito. Pero también era cierto que, en estos asuntos, Dios a menudo se dirigía a nosotros con más claridad a través de los miembros veteranos de S.L.A.A. Ahora comprendíamos que los dictados de nuestra conciencia y la experiencia de otros nos ayudarían a encontrar las circunstancias apropiadas para dar este paso. Pero estaba claro que se precisaba algo más que buenas palabras o elocuentes disculpas. Al mirar a lo que habíamos hecho, estaba claro que muchas de estas personas que figuraban en nuestra lista habían continuado viviendo una realidad permanentemente tergiversada como consecuencia de sus contactos con nosotros cuando éramos personas enfermas en acción. El paso noveno debía proporcionarles la información necesaria para clarificar las cosas. La admisión total de nuestra responsabilidad en estas relaciones destructivas, y la sinceridad en lo que se refiere a la vida que habíamos llevado como adictos al sexo y al amor, podía absolverlos de muchas de las culpas que habían asumido como propias. Quizás también pudiéramos proporcionarles la información suficiente para que, con una visión más objetiva, se liberaran de la pesada carga de los sentimientos que arrastraban como consecuencia de las relaciones que en el pasado habían mantenido con nosotros. Nos dimos cuenta de que eran ellos los que tenían que sacar sus propias conclusiones con la información que les proporcionáramos. Todo lo que podíamos hacer era ayudarles clarificando las cosas, admitiendo nuestras faltas y errores a la luz de la enfermedad de nuestra adicción.

Obviamente, teníamos que reflexionar muy cuidadosamente en qué medida estaba justificada nuestra reaparición en las vidas de otras personas tras lo que había sido a veces una prolongada ausencia. Con la misma precaución teníamos que sopesar lo que revelaríamos. Tampoco podíamos poner a otros en peligro, suministrándoles información que pudiera comprometer su paz de espíritu o su situación actual. Nuestra mejoría no se podía fundar en nuevos daños causados a otros. Teníamos que tener presente que una cosa es ser sincero con alguien y otra muy distinta es machacarlo.

Si la culpa todavía nos atormentaba, o nos quedaba algún asunto pendiente y no podíamos hacer nada por solucionarlo, ya que existía la posibilidad de herir a otra persona, teníamos que aprender a aceptarlo. Lo único que podíamos hacer para aliviarnos era hablar de este problema con otros miembros. A veces estas situaciones en las que no se podían reparar los daños tenían sus aspectos beneficiosos, ya que contribuían a mantenernos humildes. Nos resultaría más difícil mantener actitudes condescendientes hacia otros, dentro y fuera de S.L.A.A., basándonos en lo intachable que era nuestra vida y en lo tranquila que teníamos la conciencia, si sabíamos que en la parte más oscura de nuestro pasado existían daños que nunca podríamos reparar. En ciertos aspectos tendríamos que resignarnos a permanecer "puros como la nieve" para siempre.

El temor que teníamos de que ciertas personas nos pudieran herir subsistió durante cierto tiempo. Aunque nos sentíamos dispuestos a liberarnos del dolor que nuestras relaciones pasadas nos habían ocasionado, en la práctica tuvimos que volver a menudo a los pasos anteriores una y otra vez. No íbamos a conseguir la libertad o la dignidad si tratábamos de reparar el daño causado a una persona concreta sin estar de verdad preparados para ello. Descubrimos que la oración era una parte vital del proceso, especialmente al abordar las relaciones que habían sido parte de nuestras vidas durante la adicción y que continuaban en la etapa de sobriedad. Diariamente pedimos ayuda a Dios para que nos iluminara y nos mostrara que podíamos aportar a cada relación de acuerdo con Su voluntad. Rezamos pidiendo que nos liberara de la esclavitud del ego, para que pudiéramos con sinceridad y sin reservas hacer lo que estuviera en nuestras manos para liberar a cada persona que había pasado por nuestras vidas del dolor que les hubiéramos causado y del efecto de nuestros engaños. Ante todo intentamos ser escrupulosos a la hora de examinarnos a nosotros mismos y, a la vez, evitábamos infligir nuevos daños a los demás.

Al trabajar el paso noveno lo mejor que podíamos, terminamos la limpieza de nuestro pasado de acuerdo con el nivel de comprensión que poseíamos en ese momento. Nuestro trabajo no podía ser perfecto y nadie podía esperar eso de nosotros. A medida que se prolongara nuestra sobriedad y que nuestra conciencia se profundizara, periódicamente descubrimos más cosas, y dimos con nuevas o mejores formas de realizar las enmiendas. Al recorrer los primeros nueve pasos, renunciamos a la ilusión de que teníamos poder sobre nuestra adicción al sexo y al amor, adquirimos al menos los rudimentos de la fe, decidimos vivir día a día en jornadas de veinticuatro horas, apoyándonos en la fe, nos exploramos a nosotros mismos y le contamos a otra persona todo lo que habíamos descubierto. Fuimos lo más sinceros que pudimos en el reconocimiento de nuestros defectos, permitimos a Dios que los eliminara y reparamos los daños que habíamos causado a nuestras víctimas.

No podíamos precipitar el proceso, porque descubrimos que en ningún momento podíamos ser más sinceros que lo que nuestro desarrollo espiritual nos permitiera. Nuestros deseos superaban nuestra capacidad. A la hora de curarnos a nosotros mismos, el esfuerzo de nuestra voluntad por acelerar nuestra recuperación a veces nos ponía en un doloroso contacto con nuestras limitaciones, y esto en sí mismo era parte de nuestra recuperación y desarrollo. Por mucho que zigzagueáramos, si no nos dejábamos arrastrar por las conductas adictivas, todavía nos encontrábamos en la senda de nuestra recuperación.

El Décimo Paso

Ahora experimentábamos de verdad una profunda sensación de alivio respecto a la carga de nuestro pasado. Nos sentíamos libres de gran parte de la culpa producida por nuestras acciones, de la vergüenza de no haber sido consecuentes con nuestros valores. En muchos casos resultó que los valores que habíamos considerado propios eran en realidad los valores de otras personas, y tuvimos que renunciar a los mismos o transformarlos para así permitir que las semillas de nuestro desarrollo personal echaran raíz y crecieran.

Estábamos viviendo vidas verdaderamente nuevas, positivas y enriquecedoras. Bien en compañía de otros, bien en soledad, Dios nos había concedido la liberación de la adicción al sexo y al amor. Mientras que la vigilancia todavía era importante, las opciones que se nos presentaban y las decisiones que teníamos que tomar nos resultaban mucho más fáciles. La confianza en nuestra cada vez más estrecha relación con Dios iba en aumento, y participábamos en alma y cuerpo en la Asociación de S.L.A.A. Disfrutábamos de la soledad y no nos daba miedo el ser sinceros y transparentes con los demás. Éramos capaces de comprender lo que significaba la dignidad.

Décimo Paso: Continuamos haciendo nuestro inventario personal y cuando nos equivocábamos lo admitíamos inmediatamente.

Habíamos alcanzado una libertad increíble del peso de las culpas y de las ansias de volver al pasado. Sin embargo, para continuar el proceso vital de reconciliación e intimidad con nosotros mismos y con los demás, necesitábamos aprender a procesar la vida a medida que la íbamos viviendo, día tras día. Se había despejado el bloqueo que había mantenido el veneno de nuestro pasado encerrado en nuestro interior, pero necesitábamos estar al tanto de nuestras emociones y de nuestras necesidades, o volverían a estancarse allí y a envenenarnos.

Muchos sentimientos y formas nuestras de reaccionar hacia los demás o en determinadas circunstancias de la vida nos seguían ocasionando problemas. Un enfado podía apoderarse de nosotros de repente, provocado por algo que alguien había dicho o hecho, y con frecuencia llegábamos incluso a pensar que eran los demás los que trataban de provocar esta respuesta. O nos parecía que la gente con la que teníamos contactos ocasionales daba señales, sutiles o evidentes, de interés romántico que podía llegar al extremo de dejarnos muy aturdidos y agitados. En grupos de gente, o en las reuniones de S.L.A.A., se nos podía trabar repentinamente la lengua, imposibilitando nuestra comunicación incluso al nivel más elemental.

Cuando nos molestaban los comentarios o las actuaciones de los demás, o lo que temíamos que habían dicho o hecho, necesitábamos realizar un análisis inmediato de nuestra propia condición espiritual para lograr tener una visión ecuánime de nosotros mismos o de la otra persona implicada. Descubrimos un método fácil de hacerlo que consistía en preguntarnos: "si yo hiciera a otra persona lo que me hacen a mí, ¿se trataría de un síntoma de mi propia enfermedad?" y "si yo veo a otro reaccionar ante esta situación de la misma forma que yo, ¿lo consideraría una manifestación de su propia enfermedad?

Fuera sí o no la respuesta a cualquiera de estas preguntas (y a menudo era sí a ambas), descubrimos que lo que veíamos en los demás no era sino un reflejo de nuestra propia susceptibilidad y fragilidad. Sus exigencias emocionales, su aparente interés en provocar nuestra caída y la falta de tacto y consideración que mostraban para con nosotros con respecto a nuestras necesidades, eran ecos de nuestras propias exigencias y carencias. Para colmo de males, nos creíamos con derecho a que los demás nos tratasen de una forma determinada, y tratábamos de obligarles a satisfacer nuestros elevados niveles de exigencia. O nos irritaban lo que parecían ser las maquinaciones de los otros y nos considerábamos sus víctimas.

La pura verdad era que cuando nuestra condición espiritual tambaleaba, nos daba la impresión de que los que nos rodeaban estaban "enfermos", afligidos por una enfermedad que, si reflexionábamos bien, era increíblemente parecida a la nuestra. A pesar de todo, nos vimos obligados a llegar a la conclusión de que era estúpido e inútil enfadarnos por los comportamientos de los demás que nosotros considerábamos enfermos, especialmente si esperábamos que el prójimo continuara mostrando tolerancia ante nuestros frecuentes lapsos en conductas poco honradas o manipulativas. Cuando nos dábamos cuenta de que nos estábamos excitando, tratábamos por todos los medios de identificar nuestras debilidades, llamarlas por su nombre, comprenderlas, y perdonarnos por tenerlas. Convenía que nos sacáramos de la cabeza la idea de que quedaríamos bien con los demás si manteníamos en secreto esas luchas interiores que se producían diariamente en nuestro interior.

Una tarea que a menudo nos resultaba difícil era la del mostrarnos transparentes y sinceros en lo que se refiere a nuestros sentimientos y motivaciones, y a lo que esperábamos de los demás. Escondíamos los desencantos, nuestras heridas, el miedo o los enfados tras la fachada de la aceptación. No decíamos nada de las dulces fantasías que venían a nuestra mente sobre alguna persona con la que teníamos contacto frecuente, prometiéndonos a nosotros mismos en nuestro fuero interno que no haríamos nada. Nos dimos cuenta de que tener la intención de evitar errores no era suficiente. Teníamos que poner en práctica una y otra vez los principios que habíamos utilizado en nuestros inventarios y en la enmienda de los daños causados. Teníamos que concentrarnos en la realización de frecuentes exámenes de nuestras intenciones y defectos a lo largo del día, y hacer todo lo posible para corregirlos sobre la marcha.

Más tarde, también, continuamos aprendiendo que los defectos que ya habíamos identificado podían surgir de forma más suave, aunque no por ello menos molesta os veces descubríamos un nuevo defecto en nuestra personalidad, tal como el egoísmo que se había ocultado detrás de la dependencia, o el miedo a la intimidad que se había escondido tras la fachada de la absorción en actividades en solitario o el desasosiego geográfico.

Muchos descubrimos que tanto a diario como periódicamente necesitábamos dedicar un tiempo a la soledad y a la reflexión. Estos momentos de examen nos ofrecían la oportunidad de entrar en contacto con nosotros y con nuestro progreso, y de evaluar objetivamente nuestro desarrollo espiritual. A menudo buscábamos gente que pudiera ayudarnos en esta labor: amigos de S.L.A.A., algún director espiritual o un psicoterapeuta. La parte de las reuniones dedicada a la exposición de nuestros problemas actuales era otro lugar en el que podíamos procesar el aspecto emocional de nuestras reacciones a ciertas situaciones, a medida que éstas se producían en nuestras vidas y en nuestras relaciones. También necesitábamos establecer un tiempo para exponer nuestros problemas a esos individuos con los que manteníamos relaciones serias, fueran nuestras cónyuges, amigos íntimos u otros. No podíamos establecer una relación con nadie a base de esfuerzos solitarios. Requería práctica y cooperación aprender a responder a las necesidades de otros sin que nos invadiera el temor a tener que sacrificar nuestra propia dignidad, y a ser abiertos y honrados sin tener que estar a la defensiva y obrar destructivamente.

En todo esto nos concentrábamos en nuestras propias faltas y fracasos. Comenzábamos a comprender que nuestras propias actitudes y acciones eran los únicos aspectos de nuestras vidas sobre los que podíamos ejercer alguna influencia.

El Undécimo Paso

Mientras proseguíamos nuestro caminar por este nuevo modo de vida, y nos íbamos acostumbrando a vivir en el presente con una verdadera coherencia desde el punto de vista emocional, reexaminamos nuestra relación con Dios. Nuestro camino en el terreno de la curación espiritual había comenzado mucho antes. Había empezado al aceptar provisionalmente el concepto de confianza en Dios como un Poder más grande que nosotros y al carecer de la más mínima seguridad de que quedaría algo de nosotros, o por lo que mereciera la pena vivir, si nos liberábamos de las garras de la adicción al sexo y al amor y renunciábamos a la identidad personal que dicha adicción nos proporcionaba. A pesar de todo, incluso habiendo renunciado a nuestra adicción y habiendo experimentado el síndrome de abstinencia, descubrimos que el deseo de poder y prestigio podía dominarnos hasta el extremo de obligarnos a perseguir objetivos que eran poco convenientes para nosotros. Un miedo profundamente enraizado todavía nos acechaba desde las sombras, invitándonos a exigir cosas poco razonables y a intentar obtener la seguridad absoluta en nuestras relaciones personales con los demás y en nuestros empeños. Sólo muy despacio y a regañadientes, nuestro recurso provisional a un Poder más grande que nosotros se transformó en una confianza más estable en la capacidad de dicho Poder para guiarnos.

A medida que nuestra recuperación progresaba, comenzamos a dudar más de nuestros antiguos valores, incluso de que algunos de los objetivos que habíamos elejido anteriormente para nuestra vida y que parecían no tener ninguna relación con nuestras actividades como adictos al sexo y al amor, merecieran la pena. Algunos pudimos incorporar un nuevo espíritu y una energía fresca en otra parte satisfactoria, carrera o relación de pareja, que nuestro comportamiento adictivo había echado a perder o interrumpido temporalmente.

Pero para otros, las ventajas que muchas carreras concretas o estrategias vitales parecían prometer, estaban resultando ilusorias, o bien no nos compensaba el precio que teníamos que pagar por ellas. Como nuestro plan de acción continuaba sin proporcionarnos seguridad en el mundo o paz de espíritu, terminamos por preguntarnos si había algo por lo que mereciera la pena vivir. En ausencia de un sistema de valores o estrategia de vida determinado por nosotros o factible, descubrimos que teníamos que examinar nuestras vidas continuamente a la luz del pían divino. ¿Cuáles eran las implicaciones de nuestra relación con Dios? Esta cuestión nos sirvió para el paso decimoprimero.

Undécimo Paso: Buscamos a través de la oración y la meditación mejorar nuestro contacto consciente con Dios, tal como nosotros lo concebimos, pidiéndole solamente que nos permitiese conocer su voluntad para con nosotros y nos diese la fortaleza para cumplirla.

Nuestras concepciones personales de Dios se habían transformado por completo. Ya no era alguien o algo que nos sacaba de apuros o al que rezábamos sólo durante las crisis. Habíamos superado la imagen de un Dios que ejercía un papel de guardián protector o de figura paterna y teníamos la sensación de haber establecido una relación consciente de cooperación con ese Poder. Esto nos había llenado de inquietud en su momento. Algunos sospechábamos que Dios había sido el arquitecto de muchas situaciones dolorosas pero enriquecedoras que habíamos encontrado en el curso de nuestra sobriedad, o al menos había consentido que estas ocurrieran. Sólo paulatinamente vimos que estas dificultades habían sido permitidas en el plan divino para que aumentara nuestra conciencia de la finitud de nuestra naturaleza, y de este modo obligarnos a intensificar aún más nuestra relación con El. La estructura de esta relación se parecía más a un acuerdo consciente entre adultos basado en la comunicación y cooperación mutua al parecer, a través de nuestras experiencias de dolor y de nuestro desarrollo personal, podíamos llegar a ser artífices de la construcción de nuestra vida como socios conscientes de Dios, socios conscientes en la creación divina.

No podíamos seguir separando la seguridad personal de nuestros sentimientos interiores. Sabíamos que el sentirnos satisfechos de nosotros mismos era el resultado directo de nuestra relación activa con Dios y de la aceptación de la gracia y la iluminación de este Poder. Esta "seguridad" no se basaba necesariamente en disponer de objetivos específicos en el mundo, ni tampoco significaba tener que renunciar a todas nuestras aspiraciones. Se trataba más bien de establecer prioridades. La confianza en Dios, que era un requisito previo para relacionarnos con otros individuos, y para comprometernos en carreras y otras empresas mundanas, tenía que ser la base de los intentos de realización de nuestros objetivos personales, sociales o profesionales.

Rezábamos cada vez más pidiéndole a Dios que nos iluminara en todos los asuntos, fueran importantes o intrascendentes, espirituales o mundanos. A medida que se convertía en una práctica diaria, descubrimos varias cosas. La primera era que la gracia de Dios estaba a nuestro alcance en todos los asuntos, fueran críticamente importantes o triviales y ordinarios. Podíamos experimentar la conexión con Dios incluso en asuntos tan pormenorizados y rutinarios como la planificación del día, el cumplimiento de nuestras tareas y responsabilidades diarias o en el trato cotidiano con los demás.

Este descubrimiento de la presencia de Dios en estos niveles de nuestra existencia, aparentemente tan insignificantes, nos llevó a un segundo descubrimiento. A medida que seguíamos nuestro camino en la vida, día tras día, descubríamos que nuestros esfuerzos en la meditación y en la oración se veían recompensados con un mayor equilibrio emocional. Poco importaba que nuestras oraciones fueran muy informales o que se inspiraran en las palabras de grandes escritores. La meditación podía ser un tiempo determinado destinado a este propósito, o simplemente un momento cualquiera en el que escuchábamos en silencio, en el que deteníamos nuestros propios pensamientos para permitir que las ideas divinas penetraran en nuestra conciencia. El estilo de la misma o la cantidad de tiempo que le dedicábamos no era lo importante, siempre que su frecuencia permitiera que pasara a formar parte regular del día.

Nuestra relación cada vez más estrecha con Dios ejercía una labor estabilizadora semejante a la de la quilla de un barco. Aunque los vientos que soplaban sobre la superficie de las olas de la vida fueran muy impetuosos, o aunque soltáramos mucha vela en medio de la tempestad en forma de tareas que excedían nuestras limitadas fuerzas y energías, encontramos que la quilla de la meditación y de la oración nos impedía zozobrar, evitaba que el barco se hundiera. Seguíamos a flote en el océano de la vida. Podíamos sobrevivir con independencia de lo que la vida nos deparase. Otro descubrimiento fue la conciencia gradual de que nuestra relación con Dios era una relación muy personal. No era necesario que coincidiera con la definición de ninguna institución religiosa ni que se identificara con la experiencia de otras personas. De nuestro concepto del Poder Superior. La adquisición de la conciencia de la omnipresencia de Dios nos indujo a muchos a explorar otras posibilidades espirituales tales como la práctica o el estudio de la meditación o de la teología, fuera de modo formal o informal. Comenzamos a ver que nuestra relación con Dios era una relación muy flexible, un rico tapiz que apenas habíamos comenzado a tejer. Nos ofrecía esa magnífica posibilidad de trascender más allá de nosotros mismos que tanto habíamos buscado a través de las experiencias adictivas del pasado. Y, milagro de milagros, henos aquí ahora a nosotros, experimentando el misterio de la realidad espiritual como fruto de nuestra participación en la realidad diaria y cotidiana, y no como un precio que teníamos que pagar para poder evadirnos de la misma.

Otro descubrimiento producto de nuestro uso regular de la meditación y de la oración era la cada vez mayor convicción de que una necesidad fundamental de nuestras vidas estaba siendo satisfecha. Especialmente a nosotros, los adictos al sexo y al amor, nuestra necesidad de amor nos parecía insaciable. La adicción activa estaba muy lejos de haberla hecho desaparecer y la red de apoyo que habíamos tejido en la sobriedad, aunque esencial para nuestra supervivencia, también estaba muy lejos de poder llegar a satisfacer esa necesidad intensa. Podríamos decir que, durante el periodo adictivo, era como si hubiéramos estado intentando saciar una sed terrible a fuerza de beber agua salada. Cuanto más bebíamos, más nos deshidratábamos, hasta el punto que nuestras propias vidas llegaban a peligrar. En nuestra recién adquirida sobriedad tratamos de aliviar nuestra sed a través de actividades relacionadas con S.L.A.A. y de recibir y dar sustento emocional, comparable a lo que para la sed supone el comer naranjas. Pero si queríamos saciar nuestra sed definitivamente, tendríamos, más tarde o más temprano, que beber agua pura.

Descubrimos que esta sed —nuestra necesidad de amor— era una sed espiritual, y que el agua era Dios tal como lo concebíamos. Aunque al llegar a S.L.A.A. algunos no creíamos en Dios o nos habíamos alejado de Él, encontramos una forma de vida que implicaba una relación de amor con ase Poder. Cuanta más estrecha era dicha relación, más misteriosamente satisfecha llegaba a estar nuestra necesidad de amor. Era amor lo que habíamos necesitado desde un principio. Y el amor procede de Dios. Y lo más maravilloso de todo era que cuando caminábamos cada día con la sensación de ir de la mano de Dios, un manantial de amor fluía de nuestro interior, y en él podíamos saciar esa sed de amor por nosotros mismos y por los demás que teníamos. Fue así como llegamos a conocer la intimidad con nosotros mismos, la intimidad con Dios, y más tarde la intimidad con nuestros semejantes.

El Duodécimo Paso

Habíamos buscado una relación profunda con Dios, y habíamos tratado de conocer el propósito de Dios para con nosotros. Al tratar de vivir de forma sincera y con integridad, y al tratar de servir a los demás, habíamos descubierto que la fuente del amor, que era Dios, había comenzado a fluir en nuestro interior.

Nuestras experiencias nos habían conducido al duodécimo paso.

Duodécimo Paso: Habiendo experimentado un despertar espiritual como resultado de estos pasos, tratamos de transmitir este mensaje a los adictos al sexo y al amor y de practicar estos principios en todos nuestros actos.

Mientras leíamos de nuevo este paso, nos percatábamos de la sabiduría que encerraba, una sabiduría que procedía de la experiencia: la efectividad en nuestros esfuerzos por ayudar a otros, sería directamente proporcional al nivel de "despertar espiritual" que precedía a dichos esfuerzos. El despertar espiritual era en sí mismo el resultado de haber tocado fondo y admitido la derrota, de haber adquirido la fe, de haber realizado un examen de nuestro pasado y de nuestro carácter, de haber establecido una relación con Dios cada vez más profunda, de haber aceptado responsabilidades por el efecto que nuestra adicción al sexo y al amor había tenido en otros, de habernos dado cuenta de los problemas que teníamos y de habernos decidido a solucionarlos de forma constructiva, de haber enmendado los daños ocasionados, y de haber penetrado en el mundo de lo espiritual a través de la oración y de la meditación regulares para así comulgar, cada vez más estrechamente, con la fuente de nuestra iluminación y de nuestra gracia.

Descubrimos que podíamos consolidar nuestra recuperación trabajando con otros adictos al sexo y al amor. Ya libres de culpabilidad, nuestras experiencias adictivas se habían transformado en lecciones duraderas de cómo vivir y de una gran profundidad. Transmitimos nuestras experiencias a otros abiertamente y sin reparos, estableciendo un vínculo curativo a través de ese lenguaje del corazón que podía ayudarles a reconocer sus propios problemas y a vislumbrar la fuente de su propia curación. No existía experiencia vital que tuviera más significado que la de convertirnos en canales a través de los cuales la gracia redentora y la curación pudieran fluir. La paradoja era que nuestra utilidad como instrumentos de curación era resultado directo tanto de nuestras experiencias durante la enfermedad, como de aquellas que habíamos tenido durante la recuperación.

Descubrimos que teníamos que continuar poniendo en práctica los principios que habíamos adquirido durante nuestra recuperación en S.L.A.A.

en todas las áreas de nuestras vidas. Habíamos aprendido a esforzarnos por adquirir un elevado grado de sinceridad, transparencia, comunicación y responsabilidad y a valorar los objetivos vitales y la identidad que estos principios nos proporcionaban. Descubrimos que podíamos prescindir de las situaciones personales o profesionales en las que no pudiéramos desarrollar estos valores. Estos valores no eran meros "adornos" de cara. Las carreras explotadas fundamentalmente en búsqueda de seguridad material a costa de nuestra realización personal habían dejado de atraernos: o cambiábamos de actitud o renunciábamos a las mismas.

En nuestras relaciones con los demás renunciamos a la consecución egoísta de poder y de prestigio como motivaciones en nuestro obrar. Esto nos llevó a descubrir qué es lo que hace que las relaciones entre la gente, sean profesionales, personales o sociales, valiosas. Descubrimos que en nuestras relaciones con los demás sólo podíamos ganar en la medida en la que dábamos.

En las relaciones domésticas descubrimos una dimensión no adictiva de la sexualidad. Descubrimos que la sexualidad no tenía valor por sí misma, sino como producto de la comunicación y de la colaboración. Durante el tiempo en el que practicábamos nuestra adicción, nuestras estrategias sexuales, románticas o de dependencia emocional nos habían obligado a renunciar a casi todo lo que considerábamos parte integrante de nuestra identidad. Ahora, sin embargo, en plena posesión de nuestro concepto de la dignidad personal, y viviendo la experiencia del aprendizaje de una relación de intimidad con otro, descubrimos que no necesitamos apoyarnos sólo en la vertiente sexual para adquirir seguridad e identidad. Nuestra creciente capacidad de confiar, comunicarnos y vivir de forma transparente en una relación de pareja nos estaba ayudando a adquirirlas. Liberados de esta servidumbre, nuestra sexualidad se transformaba en un barómetro—uno expresión de lo que ya existía en el seno de la pareja. No podía ser ni más ni menos que esto. El descubrimiento de una nueva libertad y gozo al experimentar la sexualidad, sin embargo, era un potencial que se convertía en realidad de forma muy gradual. Habíamos mantenido tantas ilusiones sobre la relación que existía entre sexo y "amor", que tuvo que transcurrir mucho tiempo de sobriedad antes de que dichas ilusiones cedieran ante la realidad y se ajustaran a ella. Era difícil adquirir nuevas perspectivas en lo que se refiere a la confianza, el sexo y la intimidad. Descubrimos que la verdadera intimidad no puede existir si no hay un compromiso de por medio.

A medida que se prolonga la experiencia de nuestra recuperación en S.L.A.A., que nos hallamos inmersos en la gran aventura del descubrimiento de la auténtica libertad del espíritu humano, hemos recibido, y continuamos recibiendo, muchas bendiciones que ni siquiera hubiéramos sido capaces de imaginar. La vida no tiene límites y es maravillosa. Nuevos episodios de bienestar nos esperan.

Capitulo 5

El Síndrome de Abstinencia

Si has leído hasta aquí, y has llegado a la conclusión, aunque sea de mala gana, que la adicción al sexo y al amor es el problema al que te enfrentas, es probable que estés asustado y receloso. Quizás hasta trates de negar todavía que seas un adicto al sexo y al amor, incluso mientras te relatamos nuestras experiencias. Quizás te dices a ti mismo que somos unos extremistas o por lo menos unos aguafiestas.

A pesar de todo, a pesar de tus esfuerzos por negar la realidad de lo que hemos intentado decirte, oyes las campanas tocar y sabes que tocan para ti. Recordamos perfectamente lo terrible que nos resultaba lo desconocido, que se presentaba ante nosotros mientras nos escapábamos de las garras de la adicción y nos dirigíamos hacia el aparente vacío de la abstinencia. ¡Con qué fuerza rechazábamos la idea de que nuestras vidas sexuales y emocionales estuvieran bajo el poder de la adicción!

¿Y ahora qué? Si por ejemplo, tu patrón de adicción al sexo y al amor incluye la masturbación, ¿cómo puedes estar seguro de que si la dejas, la lujuria no va a ser tan fuerte que te va a hacer escalar las paredes? ¿Cómo puedes saber que parar no te va a producir senilidad prematura, con atrofia de tu potencia sexual (o de los órganos), junto con la muerte? Si dejas de iniciar, de responder o de alimentar de cualquier otra forma la energía magnética procedente de otros (esa comunicación casi telepática que advierte que uno está a disposición del receptor), ¿cómo puedes estar seguro de que no te vas a convertir en un eunuco emocional y sexual, sin vitalidad? ¿Cómo puedes estar seguro, si tratas de liberarte de una dependencia prolongada y enfermiza con respecto a otra persona, una a la que desde hace mucho tiempo has entregado el gobierno de tu vida, que puedes encontrar los recursos internos necesarios para hallar la estabilidad por tu cuenta?

Son dos las respuestas que podemos dar a estas dolorosas preguntas. Primero, en cuanto a lo que es probable que te digan tus sentimientos, la respuesta es que no puedes estar seguro de nada de lo anterior. Segundo, sin embargo, es posible que nuestra experiencia, tal como te la comunicamos a través de las páginas de este libro, pueda servir para darte la esperanza de que seas capaz de atravesar y de sobrevivir el síndrome de abstinencia. Quizá llegues a comprender que el síndrome de abstinencia nos ha dejado mucho mejor de cómo nos encontrábamos al momento de comenzarlo. Convéncete de que es verdad y de que conjuntamente te transmitimos la experiencia de transformación que ha producido en cada uno de nosotros.

No podemos sufrir el síndrome de abstinencia por ti, ni lo haríamos aunque pudiéramos. ¿Acaso alguien se iba a ofrecer a sufrirlo de nuevo? Desde luego ninguno de nosotros. A pesar de todo, el dolor de cada síndrome de abstinencia es único y especial, incluso precioso (aunque lo más seguro es que ahora no lo veas así). De algún modo, esta experiencia eres tú, una parte de tí que ha estado intentando salir a la superficie durante mucho tiempo. Has estado evitando o retrasando este dolor durante mucho tiempo, pero nunca has sido capaz de eludirlo de forma permanente. Necesitas experimentar el síndrome de abstinencia para transformarte en una persona realizada. Necesitas encontrarte a ti mismo. Detrás del terror de aquello a lo que temes, el síndrome de abstinencia encierra las semillas de tu realización personal. Debes vivirlo para poder darte cuenta y convertir en realidad ese potencial que ha estado a la espera de aflorar en ti y en tu vida durante tanto tiempo. Los adictos al sexo y al amor han comenzado este proceso de diferentes maneras. El resultado final es el mismo: el comportamiento adictivo sexual y emocional se puede interrumpir día a día.

Tampoco importan cuales hayan sido las características específicas de tu patrón de adicción al sexo y al amor, aunque es muy importante que las identifiques. Algunos de nuestros patrones han incluido las "aventuras" nocturnas, las relaciones sexuales frenéticas sin lazos emocionales, la masturbación insaciable, el exhibicionismo y el voyerismo. Otros incluían la intriga obsesiva o la dependencia obsesiva de una o muchas personas (una tras Otra, en serie, o varías al mismo tiempo) con la convicción de que sin "otra persona" estaríamos a las mismas puertas de la muerte. Independientemente de cuál sea tu patrón, tienes que interrumpirlo. Por muy grande que sea el poder y la fuerza con la que tus pensamientos y sentimientos te obliguen a continuar, deja de ceder ante ellos. El momento en el que paras de verdad es el que señala el comienzo de tu recuperación en S.L.A.A. y la fecha de tu sobriedad personal es la del día en el que empiezas.

Llegamos a este momento de cese completo de actividades adictivas por diferentes vías y merece la pena que las tengamos en cuenta.

En primer lugar, algunos de nosotros mantuvimos al máximo la adicción de aquello que fuera lo que nos "drogara", hasta el día en el que tocamos fondo y nos rendimos. Después tiramos la toalla e interrumpimos el patrón adictivo por completo y de golpe. Esta era la forma más brutal de hacerlo, la más radical. Parar de golpe proporcionó la sacudida más inmediata y violenta a nuestro sistema emocional y mental; y la arremetida del síndrome de abstinencia fue dura e inmediata. El síndrome de abstinencia iniciado de esta manera no era necesariamente de menor duración o de mayor calidad que aquel que se comenzaba de forma más paulatina. Nuestra experiencia colectiva nos enseña que el síndrome de abstinencia es, dentro de ciertos límites, el mismo para cada uno de nosotros. Aludimos aquí a las diferentes estrategias que utilizamos para comenzar el proceso.

Algunos nos aproximamos al síndrome de abstinencia gradualmente, comenzando por los puntos problemáticos más evidentes. Al hacerlo así, incluso el éxito parcial hizo que advirtiéramos mejor otros aspectos del modelo adictivo cuya existencia ignorábamos. Este proceso de darnos cuenta paulatinamente, ineludiblemente nos condujo al acto final de rendición y de renuncia a todo el modelo adictivo, y así nos vimos inmersos en el síndrome de abstinencia y en la sobriedad sexual y emocional.

A los que conocen el concepto de adicción, este enfoque gradual a la rendición les podría parecer un espejismo. Ninguna mujer está "medio embarazada" y "un trago provoca una borrachera" como es de todos conocido en A.A. Además, la experiencia adictiva transforma en tal grado el estado mental de la mayoría de nosotros que, una vez sumidos en ella, perdemos la noción de que en algún momento quisimos salimos.

Hay una gran verdad en ello. Normalmente, sin embargo, en la época en la que estábamos considerando la posibilidad del síndrome de abstinencia, la adicción ya no nos proporcionaba muy fielmente el olvido o el placer que buscábamos con tanta pasión. Teníamos que invertir cada vez más energía en nuestras actividades sexuales y emocionales para mantener, a duras penas, las satisfacciones que nos proporcionaban, dando por descontado que no conseguiríamos "llegar al séptimo cielo". Era como si cada vez que nos embarcábamos en un nuevo episodio sexual y romántico, una voz interior nos dijera: "Vaya al sitio que vaya con esta nueva cara, con este nuevo cuerpo, con esta nueva mente, ¡ya he estado allí miles de veces anteriormente!"

La novedad de cada nuevo episodio romántico o reconciliación ya no podía ocultar esta realidad: cada nueva situación era otro episodio desesperado, que proporcionaba tanta posibilidad de satisfacción como el intercambio de sellos. En la medida que se abría camino este sentimiento de hastío, el estado de trance nos resultaba cada vez más difícil de conseguir y de mantener. A medida que nos acercábamos al periodo de abstinencia, comenzamos a ver con claridad lo absurdo que era continuar. Aunque muchos de nosotros tratamos de experimentar para ver con cuanto podíamos todavía, nos vimos obligados a abstenernos, del mismo modo que un automóvil que va directo al borde de un acantilado tiene que pararse.

Además, otros intentamos usar restricciones externas para comenzar la abstinencia. Ya que la energía necesaria para gobernar la adicción era superior a la energía de la que disponíamos, mientras revelábamos a esposas y amantes exactamente lo que nos ocurría, la presa cedió y la verdad se desbordó. El acto de vomitar las verdades inaceptables era un acto reflejo. Alguna fuerza existente en nuestro interior se estaba jugando todo a una carta y nos forzaba a expulsar el veneno al exterior de nuestro organismo. Al "soltar" lo que nos atormentaba, es posible que todavía no supiéramos bien en qué consistían el síndrome de abstinencia o la adicción. Pero al ser testigos del impacto que estas revelaciones enteramente pospuestas producían en la gente que para nosotros era importante, sufrimos por primera vez las consecuencias de nuestras acciones, tanto presentes como pasadas. Ni tampoco cuando nuestras entrañas se habían abierto a la mitad, nos atrevimos a coserlas de nuevo o a dejar que se curaran superficialmente. No sólo estábamos demasiado agotados emocionalmente, teníamos además un miedo terrible al daño que nos pudiera causar la infección que permanecía en la herida.

Por tanto, por no tener otra opción, a base de valor, mantuvimos un grado de comunicación y transparencia que era casi total. Es probable que todavía no estuviéramos propiamente sobrios, ni era necesario que fuéramos conscientes de que estábamos en manos de la adicción. Esto significaba que las experiencias y episodios adictivos probablemente continuaban ocurriendo. A pesar de ello, cuando una de estas experiencias adictivas ocurrían o parecía que iban a ocurrir, presentíamos que revelar a todas las partes implicadas lo que acontecía, constituía una salvaguardia contra una pérdida mayor de control. Por ejemplo, podíamos tener llamadas telefónicas para decirle a un cónyuge o pareja que estábamos a punto de ceder ante una situación tentadora. La consternación o la decepción que se apoderó de ellos, era una consecuencia de nuestra conducta, y al ser sinceros y enfrentarnos a sus consecuencias, imposibilitábamos que la adicción nos arrastrara hacia la tentación aún más.

Al revelar la verdad sobre nuestras actividades a aquellos a los que habíamos engañado sistemáticamente, no pretendíamos castigarlos. Contábamos con ellos y con sus reacciones a las revelaciones de nuestras bajezas para asegurarnos de que nos íbamos a dar cuenta inmediatamente de las consecuencias de nuestras acciones. Optábamos por renunciar a nuestras inclinaciones de ocultar, compartimentar o de seguir con nuestras intrigas y aventuras. A menudo era el efecto acumulativo de estas consecuencias en nuestras relaciones con esas personas que tanto nos importaban, el que hizo que finalmente nos diéramos cuenta de la falta de control que existía en nuestro comportamiento y de la necesidad de calificarlo de adictivo. Este compromiso con nosotros mismos en mantener un nivel de sinceridad riguroso con los demás, en sí mismo, parecía suficiente para iniciar el proceso interno de sinceridad con nostros mismos que finalmente provocó la rendición incondicional y el síndrome de abstinencia.

Por supuesto, hablar de "formas" de comenzar el periodo de abstención de la adicción al sexo y al amor es un poco engañoso, ya que nosotros no somos los arquitectos conscientes de cómo hemos llegado a esta situación. La mayoría de nosotros nos podemos identificar con algunas partes de cada una de estas vías a la abstinencia. Finalmente, es necesario enfatizar, de nuevo, que por muy sinceros que hubiéramos llegado a ser en nuestros últimos intentos de "control", nuestra sobriedad no comenzó hasta que vencimos nuestras últimas reservas y renunciamos a la opción de tener "un contacto más" con la adicción, día a día.

Esta es tu situación y estás en pleno síndrome de abstinencia. ¿Qué peligros implica el atravesarlo? ¿Qué te puede proporcionar esta experiencia? ¿Cómo puedes resistir las tentaciones que inevitablemente tendrás de volver a los viejos moldes? Podemos describir dos tipos de peligros. La primera clase se refiere a los peligros inherentes al mismo proceso interior. El segundo se refiere a peligros que pueden hacer que te parezca imposible sobrellevar el síndrome de abstinencia y que pueden hacer que lo interrumpas.

Quizás el peligro interno más grande proceda del enfrentamiento cara a cara con lo desconocido. Una cosa es decidir interrumpir las conductas adictivas cuando el estímulo doloroso de un episodio adictivo reciente todavía está fresco. Otra muy distinta es estar dispuesto a hacerlo, no como respuesta a una situación adictiva específica, sino como respuesta a un patrón adictivo vital identificable. Sin embargo, esta perspectiva más amplia de la experiencia del síndrome de abstinencia es crucial si pretendemos que dure. Lo que hemos encontrado es que una vez que reconocemos ciertas conductas que sabemos que son adictivas para nosotros, y nos abstenemos de las mismas día a día, entonces descubrimos numerosos hábitos y rasgos de conducta y personalidad relacionados con la adicción.

El descubrimiento del alcance total de la conducta subyacente relacionada con la adicción al sexo y al amor puede ser muy desalentador. Una persona que tiene la costumbre de dar la mano puede darse cuenta de que este rasgo servía a un propósito al servicio de la adicción. Una persona que viste de una cierta forma puede descubrir que su intención es atraer ciertos tipos de atención. La persona a la que le encanta abrazar, puede que esté tratando de medir las respuestas para preparar acciones ulteriores. El aficionado a frotar mucho la espalda o a dar grandes masajes puede estar tratando de seducir sutilmente, o no tan sutilmente, a los objetos de su atención. Estos son ejemplos muy claros de una amplia gama de comportamientos.

En el pasado nunca habíamos sido capaces de identificar estos comportamientos auxiliares más discretos, ya que se presentaban al lado de otros comportamientos mucho más poderosos que, evidentemente, eran adictivos. Sin embargo, si prescindíamos de las satisfacciones más obvias, podíamos ver con claridad que estas otras manifestaciones de nuestra conducta eran en realidad estrategias de caza. Durante el síndrome de abstinencia, nos dimos cuenta de que cuandoquiera que nos entregábamos a estas conductas auxiliares, sin importar lo inocente o inconsciente que fuera nuestra intención, sin darnos cuenta, estábamos creando la posibilidad de juegos de intriga sexual y emocional, justamente lo que con tanta desesperación tratábamos de evitar.

Necesitábamos también modificar nuestros hábitos de pensamiento. No estábamos acostumbrados a ver restringidas nuestras vidas. Nos encontrábamos jugando alegre y peligrosamente con fuego.

Nuestras justificaciones nos parecían muy convincentes. "No puedo dejar de verlo, trabaja en el mismo edificio que yo." "Si mi pareja manifestara más interés sexual por mí, no me vería obligado a buscar relaciones sexuales fuera." "Me parece de locos no hablarle a esta persona por la que siento tanto cariño." "Tengo tanto derecho como ella a estar en cierto sitio. ¿Por qué soy yo el que tiene que huir?"

Algunas de nuestras excusas no eran tan convincentes, pero nos aferrábamos a ellas de todos modos: "No he visto a esta persona durante días/semanas/ meses; quizá eso quiera decir que no soy adicto y que puedo volverla a ver." "Yo sólo quiero recurrir a esta conducta sexual algunas veces. Reconozco que tengo problemas, pero creo que nunca he tenido el más mínimo problema con eso." "Si no le digo a nadie lo que hago, entonces no tiene importancia."

El dilema era que no nos dábamos cuenta de que lo que hacíamos al comportarnos así era crear intriga y, cuando por fin nos percatamos, descubrimos que no sabíamos hacer otra cosa. Nuestras personalidades no se podían separar de estas formas características de justificar nuestras acciones, de mirar a los ojos de alguien, de abrazar y de dar la mano, etc. Sin embargo, a medida que se nos hicieron más claros los motivos al servicio de la adicción de estas conductas y características personales, advertimos que luchar con artimañas contra nuestras ansias adictivas se estaba convirtiendo en algo agotador. Era necesario que sintiéramos el dolor de preguntarnos quiénes éramos de verdad, sin nuestros adornos adictivos.

Este desenredo era desgarrador. Descubrimos que era necesario sobrellevar el síndrome de abstinencia día a día, en periodos de veinticuatro horas. Nos despertábamos por la mañana, a veces muy temprano, y nos decíamos a nosotros mismos: ¡Otro día más así! A menudo deseábamos haber muerto mientras dormíamos. Independientemente de cómo nos sintiéramos, sin embargo, al orar pedíamos la ayuda divina para poder hacer frente al día en cuestión. Si teníamos quejas de Dios, también las incluíamos. Nadie pretendía que fingiéramos gratitud. Estábamos intentando ser sinceros, no buenos.

Comenzábamos nuestra jornada al vivir solos, como era el caso de muchos de nosotros en ese momento, incluso los ritos diarios de bañarnos, vestirnos, y alimentarnos adquirieron una gran importancia. La ejecución de estas tareas ordinarias era una muestra de nuestro cariño por nosotros mismos.

Después echábamos un vistazo al día. Probablemente teníamos que ocuparnos de algunas cosas como pagar el alquiler, lavar la ropa, ir de compras, o trabajar. La actividad física, incluso la más sencilla como dar un paseo, contribuía a que nos centráramos en el día un poquito. Algunos optaron por el "jogging" u otros ejercicios que exigían un gran esfuerzo físico. Nos proporcionaban una sensación de cansancio que podía llenar, o incluso reemplazar, el vacío que dejaba la ausencia de alivio sexual. El contacto con otros miembros de S.L.A.A. o con amigos de confianza, quizás miembros de otros programas de doce pasos, era útil. Era posible que pudiéramos asistir a reuniones abiertas de A.A. o de Al-Anon, o quizá tuviéramos la suerte de tener reuniones de S.L.A.A. donde vivíamos. A lo mejor estábamos intentando organizar reuniones y teníamos que ocuparnos de las tareas correspondientes.

El propósito de todo esto no era el de atiborrar el día con actividades. La mayoría de nosotros, al igual que necesitábamos descanso y soledad, también necesitábamos otras tareas, contactos personales y responsabilidades. Estábamos empleando, en nuestro interior, tanta energía como la mayoría de la gente que tiene trabajos de jornada completa y que disfruta de una vida familiar activa. De hecho, la mayoría estábamos trabajando mucho más que nunca ante todo, estábamos tratando de "contenernos", de liberarnos a nosotros mismos de los tentáculos de una adicción horrible que nos había llevado a un punto increíble de actividad autodestructiva. El mero "contenernos" exigía un esfuerzo inmenso. Al dedicarnos a las tareas más a mano e inmediatas, estábamos suprimiendo temporalmente nuestros miedos reales concernientes al resultado de todo esto. Vivíamos en el presente inmediato y encontrábamos que podíamos tener éxito durante una hora, o una mañana, o un día. Descubríamos la felicidad que proporcionaba salir indemne de cada periodo de veinticuatro horas.

Descubrimos que el antídoto más eficaz para los dolores corrosivos producto de nuestras luchas y dudas era poner las dudas referentes al resultado del síndrome de abstinencia en manos de Dios, o del Poder que creyéramos que nos estaba ayudando a abstenernos de nuestros viejos patrones.

A través de todo esto llegamos, día a día, a estar atentos a lo que nos ocurría. Por el simple hecho de "contenernos", inauguramos una relación con nosotros mismos basada en la sinceridad creciente, la confianza y la intimidad. Ahora sabíamos que nuestro objetivo, durante el síndrome de abstinencia, era poner los fundamentos de nuestra realización personal. Desconocíamos la fórmula por la que esto se traduciría en relaciones personales o carreras. Pero lo que sí sabíamos era que las circunstancias externas se materializarían alrededor de este fundamento interior de realización personal, y acabarían reflejando nuestro estado interior. Éramos capaces de abrazar el sentimiento de nuestra creciente capacidad de realización personal y dejar los resultados específicos en manos de Dios. Este cambio de actitud alivió nuestro sentido de crisis existencial.

Otro tipo de peligro al que nos enfrentábamos durante el síndrome de abstinencia consistía en las amenazas externas. Aquí el riesgo radicaba no tanto en el enfrentamiento al yo desconocido, un "yo" al que hay que restar la imagen de mí mismo creada por la adicción. La "amenaza" aparecía más bien en forma de situaciones que contribuían a abortar el mismo proceso del síndrome de abstinencia y nos forzaban a volver de nuevo al patrón adictivo. Prisioneros de nuevo, corríamos el riesgo de no poder nunca plantearnos esas preguntas existenciales tal como lo hubiéramos tenido que hacer para que nuestra recuperación avanzara.

El alcance y la naturaleza de las amenazas externas variaba mucho, pero muchas de ellas eran increíblemente "casuales." Con una precisión aparentemente diabólica, tendían a sucedernos justo cuando éramos más susceptibles a ellas. Por ejemplo, si habíamos roto con una pareja adictiva (fuera a iniciativa nuestra o de la otra parte), y todavía nos veíamos abrumados por las dudas (como suele ser el caso) podíamos dar por descontado que nos encontraríamos con esta persona justo donde menos nos lo esperábamos. Más sutil, pero igual de peligroso, era el hecho de encontrar amigos y conocidos mutuos que se encargaban de informarnos acerca de la condición emocional de nuestro antiguo amante adictivo. Nos dominaban las obsesiones al oír que nuestros antiguos amantes se encontraban deprimidos, que albergaban pensamientos de suicidio, que estaban cortejando a otros, o que eran otros los que los cortejaban.

Para poder entender algunas de estas situaciones que nos parecían tan extrañas, muchos hemos aprendido en S.L.A.A. que necesitábamos aceptar la posibilidad de que pudieran producirse circunstancias de índole telepática. Incluso cuando creíamos que ya estábamos libres de todo contacto con nuestro antiguo amante adictivo, sucedían cosas tales como cartas inesperadas, o nos encontrábamos de repente en escenarios cargados de significado para la pasada relación. Esto podía servir para catalizar, o reavivar, un sentimiento de conexión psíquica con nuestro amante adictivo. Al final llegábamos a resignarnos a sufrir en el futuro más bombardeos de experiencias semejantes. Lo mismo sucedía en los casos en los que un antiguo amante adictivo nos había abandonado y la ambigüedad continuaba. Comprobábamos que dondequiera que estuviera presente la ambigüedad, también lo estaba la posibilidad de que se reactivara la adicción al sexo y al amor.

Todos nosotros, sin excepción, atravesamos periodos de extremada susceptibilidad a las conmociones mentales y emocionales. A menudo parecía que eran consecuencia de encuentros o contactos casuales, directos o indirectos, con antiguas situaciones adictivas. Con la misma frecuencia descubrimos que nuestra susceptibilidad ya se había reavivado con anterioridad a cualquiera de estas pruebas externas. En esos casos parecía como si nuestra propia susceptibilidad a experiencias adictivas sexuales y emocionales—o juegos de intriga sexual o romántica, o dependencia emocional producida por las carencias personales—eran suficientes por sí mismas para poner en marcha los elementos que integran y producen una coincidencia.

Cuando los desafíos externos, especialmente los que tenían notas psíquicas, sucedían, otra vez nos veíamos obligados a dedicar toda nuestra energía para abstenernos de conductas adictivas; y pudimos comprobar hasta qué grado las raíces de nuestra adicción al sexo y al amor se habían infiltrado en nuestra misma alma a veces parecía como si las fuerzas que nos encadenaban fueran más profundas que nuestra capacidad de contrarrestarlas.

Era y es verdaderamente humillante tener que considerar la posibilidad de estar subyugados hasta tal extremo. Incluso para aquellos de nosotros que tenemos largos periodos de sobriedad en S.L.A.A., esta posesión profunda puede mostrar su poder con una fuerza increíble y aferrarse a nosotros con una tenacidad diabólica a pesar de todo, hemos de decirte que por muy tenaz que pueda mostrarse el poder de lo psíquico, este también es una consecuencia del proceso del síndrome de abstinencia. En estos asuntos, el tiempo y la firmeza diaria en la acción son los instrumentos con los que forjamos nuestra liberación, bajo la guía divina, de la tiranía del dominio psíquico. Esta puede ser la última esfera de la adicción en ceder a su poder, pero termina por hacerlo.

¿Cuáles son algunos de los instrumentos que vemos que nos pueden ayudar a resistir y a actuar con firmeza pese a los desafíos y dificultades exteriores? Obviamente, necesitábamos encontrar formas de contrarrestar la erosión de nuestra conciencia y de nuestra resolución, que estas coincidencias psíquicas producían.

Quizás el principio más importante en este caso era reconocer que se nos estaba sometiendo a una prueba muy dura a la luz del hecho de lo inevitable de las invasiones externas, nos enfrentábamos mejor a ellas si las identificábamos inmediatamente tal como eran.

Otra defensa contra estas arremetidas exasperantes era mantenernos alerta redactando y conservando una lista de observaciones breves acerca de cómo nos sentíamos exactamente durante el síndrome de abstinencia. Muchos no esperamos a que nos llegaran las tentaciones para redactar dicha lista: hubiera podido ser muy tarde entonces. No excluimos de nuestra lista los pensamientos negativos. A pesar del dolor de las incomodidades del síndrome de abstinencia, los resultados positivos de la primera fase de la sobriedad eran muy evidentes para aquellos entre nosotros que habíamos padecido terror en la fase activa de la enfermedad. Incluso los sentimientos incómodos de la primera etapa del síndrome de abstinencia, aunque difíciles de soportar, eran mejores que la alternativa. Por lo tanto los anotábamos. No existían sentimientos u observaciones que no fueran relevantes.

He aquí una pequeña muestra de las observaciones que hicimos. Quizá algunas de ellas se te pueden aplicar:

El síndrome de abstinencia y la sensación de vacío me producen hoy un dolor agudo, pero no me doy asco.

La ansiedad y los sentimientos de carencia, arañando mis entrañas...

La adicción al sexo y al amor no tengo eso, soy eso.

Veo una ardilla comer una nuez, devorarla tan sistemáticamente capa tras capa, de la misma manera que me siento devorado por X.

Tres horas hoy sin pensar en X. No puedo creerlo.

Encuentro casual... esa hambre tan profunda pidiéndome que vuelva. ¡Como lo deseo!

Quizás X es sano y yo soy el enfermo. Sin embargo, si nos juntamos, los dos estamos enfermos.

Además de la oración diaria y de las actividades relacionadas con S.L.A.A., la redacción de esta lista era un baluarte contra la posibilidad de caer en la adicción cuando se presentaran situaciones desconcertantes. Cada frase era un pensamiento o sentimiento que habíamos tenido sobre la adicción al sexo y al amor o sobre el síndrome de abstinencia, y al anotarlos los materializábamos, los fijábamos. Cuando surgía una situación problemática con toda su turbulencia emocional, consultábamos la lista. Casi a nuestro pesar nos ayudaba a permanecer centrados. Incluso mientras nos sentíamos bajo su influjo, la lectura de esta lista nos ayudaba a convencernos de que "era realmente horrible" y que la posibilidad que se nos presentaba, en caso de aprovecharla, sería una manifestación del patrón adictivo y no una excepción al mismo. Por muy dañinos que parecieran los enfrentamientos entre las fuerzas adictivas que nos seducían y aquellas otras que mantienen la firmeza emocional, mental y de comportamiento, sabíamos lo que teníamos que hacer y lo que teníamos que evitar.

Desde luego el contacto regular con otros miembros de S.L.A.A., o con otras personas dignas de confianza que estaban al tanto de lo que intentábamos llevar a cabo, constituía un factor de equilibrio. De hecho, cada procedimiento que descubríamos que contribuía a mantenernos alerta era importante; nos permitía levar anclas y avanzar con el viento. Sin embargo, recursos tales como la redacción de la lista de frases eran especialmente útiles ya que se podía utilizar en todo lugar y en todo momento, con independencia de la posibilidad o imposibilidad de conseguir la ayuda de otros miembros de S.L.A.A...

¿Cómo sabemos que nos aproximamos al fin de este periodo de recuperación? Ante todo, el síndrome de abstinencia no dura eternamente (aunque pueda parecer interminable). ¿Qué señales nos indican que estamos a punto de inaugurar un nuevo periodo de nuestras vidas en sobriedad? Vamos a mostrarte algunas de estas señales, tal como las hemos experimentado nosotros.

El primer indicio era que cada vez éramos más conscientes de nuestra capacidad de resistir a las tentaciones de forma regular. Estas situaciones que nos paralizaban en las primeras fases de la abstinencia, ahora las resolvíamos fácilmente o al menos cómodamente. Habíamos adquirido la capacidad de calibrar las diferentes amenazas, y de enfrentarnos a ellas con firmeza. Durante el síndrome de abstinencia habíamos aprendido a mantener el equilibrio en medio de las tempestades y a funcionar en la vida al fin éramos libres para vincularnos o no a alguien.

El segundo indicio de que estábamos a punto de terminar el periodo de síndrome de abstinencia era que ya no estábamos obsesionados con la idea de durante cuánto tiempo todavía tendríamos que abstenernos de enredos sexuales o sentimentales. Al comienzo, muchos exclamábamos: "¿Cuánto tiempo tengo que esperar antes de iniciar una relación de pareja o de tener relaciones sexuales?." "Quiero terminarlo, atravesarlo y emparejarme cuanto antes." Pero ahora estas preocupaciones no nos atormentaban de la misma forma, o con la misma intensidad. De hecho, podíamos reírnos, retrospectivamente, de estas inquietudes. Podíamos ver lo que inconscientemente estábamos pensando era: "¿Cuánto tiempo debo abstenerme de conductas adictivas para poder volver a practicarlas?" ¡Vaya...!

Esta conciencia creciente de nuestro cambio interior nos alentaba. Mientras estuviéramos en el camino del desarrollo personal, poco importaba el factor tiempo. La paradoja era que una vez que habíamos aceptado que era imposible saber cuánto tiempo iba a durar el síndrome de abstinencia, y que estábamos dispuestos a continuar el proceso con independencia de cuanto quedara, ¡nos dimos cuenta de que habíamos triunfado! El miedo a encontrarnos sin la adicción era el auténtico miedo que se ocultaba tras nuestras preocupaciones por el tiempo. Era muy posible que la superación de este miedo indicara que la fase del síndrome de abstinencia estaba a punto de finalizar.

Una tercera señal que indicaba que habíamos finalizado el síndrome de abstinencia era que apreciábamos mucho más las relaciones con los niños, los cónyuges (o amantes o parejas), los amigos, los hermanos y los padres. El periodo de contemplación durante el mismo hizo que nos diéramos cuenta de cómo los patrones de la adicción al sexo y al amor se habían infiltrado en nuestras relaciones con las personas más importantes de nuestra vida ahora estábamos preparados para aplicar parte de la energía recuperada a la tarea de reexaminar estas relaciones, corrigiéndolas si fuera necesario.

A menudo el síndrome de abstinencia llevaba implícito la necesidad de tomar algunas decisiones difíciles. Algunas relaciones estaban basadas en ilusiones o premisas falsas. En otras habíamos usado el término "amistad" con mucha generosidad. Al no tener ningún concepto de la dignidad personal, nos habíamos resignado a conformarnos con lo que se nos presentara, por muy poco que nos gustara. "Un poquito de algo malo" era preferible a "nada de nada." Nunca nos habíamos detenido a plantearnos cuales eran nuestras necesidades en estas relaciones. Empezamos a tener presentes esas llamadas telefónicas diarias y otros intentos de acercamiento por nuestra parte hacia esos que nunca nos habían correspondido del mismo modo. Llegamos a la conclusión que mantener esas exiguas relaciones exigía un gasto de energía inaceptable.

Había otras relaciones en las que una persona que nos había parecido indispensable (y conveniente) en el pasado, le resultó imposible aceptar nuestra postura ante la adicción al sexo y al amor y nuestra necesidad de mejorar vía S.L.A.A. A veces parecía como si estas personas se sintieran amenazadas por nuestra actitud. Nos preferían como éramos antes. Teníamos que aceptar la dolorosa realidad de que este tipo de relaciones nos quedaban estrechas. Comenzábamos a sentirnos más dignos de reciprocidad.

Los que estábamos separados de nuestros cónyuges o parejas anteriores (individuos que habían formado parte de nuestras vidas y con los que habíamos estado vinculados, pero que no tenían por qué ser adictos al sexo y al amor) comenzábamos a cuestionar los aspectos sanos y enfermizos de estas relaciones. En la primera etapa del síndrome de abstinencia, habíamos estado bastante dispuestos a desechar todas las relaciones previas en las que el sexo y el compromiso hubieran podido jugar algún papel, calificándolas de enfermizas. Ahora mostrábamos una postura más perspicaz y comprensiva. Nos dimos cuenta de que nunca había existido una comunicación emocional con estas personas de forma habitual. Hasta que no dimos a estas relaciones una oportunidad en la sobriedad, nunca llegamos a conocer el potencial que nos ofrecían. Con la ayuda de los puntos de vista de otros miembros de S.L.A.A. para mantener la claridad de ideas, comenzamos a explorar la posibilidad de una reconciliación.

La cuarta señal que indicaba que estábamos a punto de salir del síndrome de abstinencia se relacionaba estrechamente con la tercera. Disponíamos de nueva energía que podíamos emplear en actividades nuevas o que habíamos abandonado. La posibilidad de desarrollo personal nos llevó a explorar nuevas carreras, estudios, aficiones y nuevos círculos de amigos. Quizás una nueva pareja comenzaba a perfilarse. En muchas áreas vimos que estábamos preparados y capacitados para aceptar estas nuevas oportunidades.

Y esta energía no era aquella que nos había arrastrado tan obsesiva y compulsivamente. Era como si en el proceso de haber encontrado, y atravesado, nuestro propio torbellino y sufrimiento interno, el rito de la travesía hubiera transformado el mismo carácter obsesivo/compulsivo de nuestra energía pasada en algo que ahora era mucho más suave y uniforme. En el espíritu de este cambio básico, creíamos que cualesquiera que fueran las nuevas posibilidades reales que ahora nos esperaban, eran un producto directo de nuestro crecimiento interno; no diversiones o huidas de él.

Comenzábamos a ser capaces de ver que el camino en el que nos encontrábamos apuntaba más allá del proceso del síndrome de abstinencia, hacia el aspecto que nuestras vidas podrían llegar a adquirir, mientras que nuestras experiencias internas se traducían en colaboración con otros, actividades en una comunidad y carreras. La energía anteriormente consumida en las experiencias internas del síndrome de abstinencia estaba ahora libre, incrementando aún más la posibilidad de aceptar aquello que nos ofrecía la vida. Esto representaba otra importante señal de que la fase del síndrome de abstinencia estaba llegando a su término. Para sorpresa nuestra, a menudo descubrimos que los hechos o las circunstancias que originaran o nos proporcionaran oportunidades para vivir más nuestro potencial de gente sobria se producirían. Estas situaciones o hechos ocurrían providencialmente casi en el momento en el que sentíamos que estábamos preparados para explorar y responder a estas oportunidades. Donde parecía que nadábamos río arriba contra la corriente del destino, nos descubrimos nadando a favor de la corriente. El destino se volvía a nuestro favor, y comenzábamos a tener la sensación de que poseíamos un destino personal.

¿Y qué podemos decir del último indicio de que el síndrome de abstinencia está terminando? Bien, esta señal era algo dado a posteriori. Se presentaba en el momento en el que nos percatábamos de que nuestras vidas durante la sobriedad y durante el síndrome de abstinencia iban, de hecho, a cambiar. Quizás habíamos llegado a un acuerdo sobre el inicio de una reconciliación matrimonial, o estábamos explorando una nueva pareja, o un cambio en el status de nuestra carrera era inminente, lo que implicaba una variación importante en la esfera de las responsabilidades personales. Ya era hora de reanudar las tareas vitales, fueran personales, de relaciones, ocupacionales o académicas. Ya no se trataba de una mera posibilidad, el tiempo se había concretado: la fecha estaba decidida.

A medida que se aproximaba el momento de experimentar este cambio en nuestras circunstancias vitales, normalmente percibíamos una gama de sentimientos inesperados. Nos dimos cuenta que el tiempo invertido en el síndrome de abstinencia—y la experiencia del mismo en su conjunto—había sido un periodo precioso e irrepetible de nuestras vidas. A pesar de las penas y dolores de los momentos iniciales, pese a todas las dificultades y desafíos peligrosos a los que se había enfrentado nuestra recién estrenada y débil sobriedad, y a través de todo el desgarramiento interior que habíamos atravesado provocado por nuestra crisis de identidad y significado personal, sabíamos que echaríamos de menos este periodo una vez que lo hubiéramos atravesado.

En medio de todas las dificultades e incertidumbres, había nacido una intimidad sencilla: nos habíamos encontrado con nosotros mismos y nos habíamos hallado dignos. Habíamos llagado a tomarnos cariño. Habíamos descubierto toda una nueva relación con Dios y con la vida a medida que contemplábamos nuestra vida en proceso de transformación, anhelábamos un tiempo en el futuro en el cual pudiéramos una vez más llegar a experimentar la magnificencia de nuestra propia soledad, y volver a conocer de nuevo directamente esa fuente continua de dignidad interior y realización personal que nos estaba llenando, y que iba a fluir ahora, a través de nosotros; a través de nuestras vidas, hacia el mundo exterior.

Sabíamos que habíamos experimentado la gracia.

Capitulo 6

El Encuentro con Otros Adictos al Sexo y al Amor. El Comienzo del Trabajo en Grupo

Una de las ironías que resultaba de estar en abstinencia era la diferencia que se producía en nuestras propias reacciones al momento de encontrarnos con alguien que sólo algunas semanas atrás hubiera sido el blanco perfecto de nuestra conducta compulsiva ahora, en lugar de ir en busca de una cita, nos encontrábamos evaluando a esas personas de acuerdo a las señales de adicción que ellas mismas emitían. Incluso, a veces, hasta intentábamos transmitirles el mensaje. ¡Menudo cambio respecto a nuestros viejos comportamientos!

Sin embargo, con mucha frecuencia, la revelación de nuestra identidad como adictos al sexo y al amor también era impulsiva, y nacía de una necesidad de autodefensa. Esa incomodidad que nos producían aquellas personas ante las cuales nos sentíamos susceptibles, nos empujaba a hablar de ellos abiertamente, con la esperanza de que al hacerlo se alejara la posibilidad de caer en una conducta adictiva. De hecho era lo que pretendíamos lograr.

Ya desde los primeros tiempos de S.L.A.A. se había gestado las expresión "con tal de mantener la sobriedad, tenemos el derecho a comportarnos como pelmazos." Estas abiertas manifestaciones de adicción destruían las ilusiones románticas y sexuales, a la vez que constituían una continua afirmación del nuevo sentido que le estábamos dando a nuestra vida así, estas aseveraciones se iban convirtiendo en sentimientos más positivos hacia nosotros mismos.

En algunas ocasiones encontrábamos que figurar en la lista de adictos parecía atraer a otros adictos que buscaban la posibilidad de "ligar." Sin embargo, estas situaciones, si bien nos resultaban tentadoras, gradualmente se volvían menos difíciles de manejar y nos permitían ver claramente cómo la ineptitud de los demás en dar fe a nuestras palabras era una evidencia de cuán distorsionada resultaba nuestra propia percepción. En verdad éramos capaces de reconocer en sus reacciones las mismas lecturas erróneas que antes hacíamos nosotros de los demás.

Este firme propósito de estropear una posible aventura adictiva conllevaba una sensación de aislamiento muy dolorosa, pero poco a poco y con perseverancia, nos íbamos acostumbrando a manejar esas situaciones. El deslumbrante atractivo que antes tenían estas propuestas de aventuras sexuales y románticas y que, en otro momento, nos hubieran conducido a meses o años de esclavitud emocional, se convertía en una circunstancia casual con la que aprendíamos a convivir cotidianamente.

No obstante, llegaba un momento en el cual, esa manifestación abierta de la adicción que había comenzado como un mecanismo compulsivo, comenzaba a coger un tono completamente diferente. Necesitábamos reafirmar el significado de aquellas acciones que nos habían hecho caer en un pozo tan profundo y que ahora nos ponían en confrontación con nuestros propios valores. En el acto de ver a otras personas aún encerradas en la adicción, quizás luchando en la primera fase del reconocimiento y la aceptación, nos veíamos claramente a nosotros mismos y, al observar su sufrimiento, originado por las mismas experiencias que nosotros habíamos vivido, se hacían mucho más evidentes nuestros propios patrones adictivos. De modo que al iniciar el trabajo grupal estábamos respondiendo a la necesidad de encontrar un ambiente donde no existiera el peligro de involucrarnos sexual y físicamente, donde nos sintiéramos seguros, protegidos y que, por lo tanto, nos permitiera seguir creciendo. Esta necesidad imperiosa de encontrar otros adictos con quienes trabajar nacía en lo más profundo de nuestro ser y negarla hubiera significado un riesgo muy elevado.

La experiencia de un antiguo miembro ilustra gráficamente este peligro. Después de un corto periodo de sobriedad de seis meses, una compañera se trasladó a vivir a otro sitio y le pareció que sería más fácil para ella no hacer mención alguna de su adicción al sexo y al amor. Anteriormente ya había experimentado cómo los relatos de sus pasadas conductas de dependencia y adicción eran recibidos con asombro, disgusto, algunas veces con risas, burlas o proposiciones, incluso en reuniones de otros grupos de Doce Pasos a los cuales concurría. Por lo tanto resultaba demasiado fácil dejarse llevar por el deseo natural de ser aceptada y respetada en este nuevo círculo de amigos y esto la convenció de que era mejor no hablar. En los meses sucesivos sólo hacía referencia a su adicción en la intimidad de sus meditaciones y plegarias.

Casi sin darse cuenta, esa capacidad de alterar la mente que caracteriza a la adicción comenzó a ejercer su influencia sutil en los valores que fundamentaban su vida. Pasados seis meses, una tentación repentina desencadenó un episodio que no pudo controlar. Afortunadamente para ella, la otra persona decidió poner fin al encuentro cuando su sobriedad sexual estaba aún intacta—hecho basado solamente en la suerte y no en su propia conciencia y vigilancia. Una carta, desbordante de miedos, a su padrino de S.L.A.A. demostró que la calidad de su sobriedad había sufrido un retroceso que la reconducía prácticamente al punto de partida. Conclusión, tanto para ella como para cualquiera de nosotros, la importancia de encontrar otras personas con quienes compartir nuestro trabajo no sólo era una cuestión de teoría. Pero, ¿dónde encontrábamos estos miembros potenciales con quienes trabajar? En los inicios de S.L.A.A. muchos de nosotros ya habíamos establecido contacto con otros grupos de Doce Pasos, A.A., Al-Anon, Comedores Compulsivos o Jugadores Anónimos y, si bien S.L.A.A. como tal, nunca había tenido (y de acuerdo a nuestras tradiciones nunca podrá tener) ningún tipo de afiliación a otras organizaciones, como individuos seguíamos manteniendo un Contacto personal con ellas. Muchos de nosotros habíamos descubierto la adicción al sexo y al amor como un fenómeno adicional de patrones adictivos que ya se habían manifestado en otras áreas, del alcohol, el comer o jugar compulsivamente. Por lo tanto resultaba natural buscar posibles miembros de S.L.A.A. entre la gente que concurría a estos otros grupos a los que pertenecíamos.

Sin embargo nos dimos cuenta de que era muy difícil encontrar personas verdaderamente dispuestas a ser miembros de S.L.A.A. Esto se evidenciaba tanto cuando hacíamos alguna referencia a nuestros patrones de adicción al sexo y al amor mientras relatábamos nuestras historias personales en una reunión de las otras asociaciones, como cuando nos acercábamos de forma individual a alguien con la intención de compartir nuestros descubrimientos. Lo que era tan claro para nosotros—que cuando se deja una adicción es muy probable abusar de otras sustancias o actividades—resultaba "en chino" para los demás. ¡Estábamos absolutamente seguros de que era así! Éramos capaces de ver claramente cómo otras personas estaban siendo devoradas vivas por aquellos patrones destructivos que tanto se parecían a los que habíamos vivido nosotros, y sin embargo, la chispa de la conciencia no aparecía en ellos. Estábamos convencidos de que esas personas, en las que nosotros descubríamos problemas relacionados con el sexo y el amor, podían unirse a nosotros en S.L.A.A. ; pero esto no ocurría, incluso con quienes considerábamos que tenían graves problemas.

¿Qué podíamos hacer? Primero debíamos recordar que aunque nuestras historias de adicción al sexo y al amor cayeran en oídos sordos, el hecho de continuar contándolas contribuía a ponernos en contacto con nuestras propias experiencias y a su vez lograba que nuestra resolución se hiciera cada vez más profunda. En segundo término comprobábamos que la negación que veíamos en los demás no era diferente de la ignorancia sobre estos temas que nosotros mismos habíamos conservado celosamente durante años. Tercero, nos servía para recordar que nosotros mismos estábamos en los primerísimos estadios de la recuperación y que nuestros miedos a la abstinencia eran evidentes para aquellas personas con las cuales compartíamos, que difícilmente servían como incentivo para animarles a seguir nuestros pasos. En cuarto lugar descubríamos que nuestra recuperación dependía, no ya del éxito en encontrar otros posibles miembros de S.L.A.A., sino de nuestro esfuerzo por encontrarlos. Por lo tanto no era importante promover nuestra toma de conciencia sobre estos temas, ni tampoco tratar de reclutar futuros miembros, sino que la importancia residía en observar la 11a tradición: "atraer en lugar de promover" y, con más razón, a nivel de un contacto persona–persona. Todo lo que podíamos hacer era compartir nuestras experiencias. Finalmente era necesario que confiáramos en la guía de un Poder Superior que nos mostraría la manera de encontrar otros compañeros o la forma en que otras personas necesitadas de recuperación y receptivas a lo que podíamos ofrecerles se sintieran atraídas hacia nosotros.

La continua reafirmación de nuestras propias actitudes relativas al trabajo en grupo nos proveía un ámbito mental saludable donde continuar el trabajo de recuperación. Ya aparecería, en algún momento, un miembro potencial, en general en circunstancias que difícilmente podíamos calificar como meramente accidentales. Quizá un amigo de un amigo nos hizo una llamada telefónica, o tal vez una persona desconocida que desde hacía tempo nos venía observando, trataba de establecer contacto con nosotros; es decir, en su mayoría circunstancias muy diferentes de aquellas a través de las cuales nos habíamos empeñado en promover nuestro programa de recuperación. En estos casos nosotros habíamos sido los buscados.

¿Cuál era la mejor manera de manejar esta situación?

La primera preocupación era evitar hacer un "diagnóstico" sobre los demás. Debíamos concentrarnos en aquello que conocíamos mejor, es decir en nuestros propios patrones adictivos, ya que de todas formas, en ellos era posible encontrar el sello universal de la experiencia adictiva: motivos para evitar el dolor y/o aumentar el placer, combinados con la pérdida de control sobre la elección o el rechazo de indulgencia (lo que implica ceder nuestro poder a la adicción) y el carácter progresivo de la situación. Como consecuencia y, a medida que la pérdida de control continuaba, se producía un daño creciente en todas las áreas de nuestra vida.

El trabajo con otras personas nos permitía volver sobre estos conceptos una y otra vez, utilizando nuestras propias historias como casos ilustrativos. Quizá la clave estaba en la "progresión"; al tomar conciencia de que habíamos perdido el control sobre con cuánta frecuencia o por cuánto tiempo nos comprometíamos en aventuras sexuales o amorosas, nos era imposible evitar, a largo plazo, una grave amenaza a nuestra salud o incluso a nuestra vida misma. En definitiva nuestra situación era desesperanzada y carente de toda energía vital. A medida que describíamos nuestras experiencias con entrega y renuncia descubríamos que era acertado no hacer una pintura rosa de la recuperación minimizando el dolor que este proceso conlleva. Sabíamos que si la persona estaba realmente atrapada en las redes de la enfermedad, cualquier experiencia de abstinencia que relatáramos no sería peor que el dolor que él/ella estaban experimentado. Pensar en la abstinencia como el menor de los males era, para el potencial miembro de S.L.A.A., un incentivo lo suficientemente efectivo para desear parar la adicción, como podía serlo la promesa: "la Abstinencia: el Camino hacia la Verdadera Felicidad."

Y además era mucho más honesto.

Otro de los aspectos importantes que surgían del trabajo grupal era el hecho de admitir que había muchas cusas que no conocíamos. Por ejemplo no sabíamos a dónde nos conduciría nuestra recuperación o por qué habíamos sido elegidos para vivir esta experiencia. Tampoco conocíamos los patrones de otras personas o el alcance del dolor que ellas podían encontrar en el camino de la abstinencia. No sabíamos si era posible que hubiera gente promiscua o capaz de flirtear sanamente sin convertirse en adicto, ni por qué, si otros podían nosotros no. En conclusión no sabíamos cantidad de cosas.

Si en verdad nuestra recuperación había progresado hasta un punto en que éramos capaces de sentir el designio de un Poder Superior sobre nuestras vidas, ciertamente podíamos mencionar estas nuevas vivencias, esta nueva manera de "experimentarnos" a nosotros mismos. No obstante era sumamente importante recordar que este nuevo panorama mental, probablemente, no estaba al alcance de la persona que recién se acercaba al grupo. Mucho más probable era que ante la perspectiva de verse privados de sus aventuras sexuales y románticas, el panorama de una totalidad (realización) personal y espiritual aparecía como un pálido sustituto o incluso una burda desilusión de sí mismos.

Poco a poco fuimos aprendiendo a no preocuparnos de que un ciego fuera incapaz de comprender el concepto del color. Más adelante, una vez que el nuevo miembro hubiese afrontado/experimentado por sí mismo los rigores de la abstinencia y de la aparente privación, nuestras experiencias reafirmantes acerca de la sobriedad llegarían a oídos más abiertos y receptivos.

Una cosa más: nunca pudimos (y aún no podemos) predecir quién lograría la sobriedad y quién no. Desde el momento que toda persona que se acerca a S.L.A.A. estaba (y está) sufriendo enormemente, es tentador concluir que todos están suficientemente dolidos como para lograr la sobriedad. Sin embargo, en general, aquellas personas que parecían sufrir los dolores más desesperados y las mayores confusiones, y que expresaban un alivio enorme e inmediato al venir al grupo de S.L.A.A., eran aquellas que olvidaban el dolor con mayor facilidad una vez pasada la crisis, y seguidamente perdían interés en el grupo. Frecuentemente esas personas encontraban algún motivo de queja que les servía como justificación aparente para dejar el grupo. Algunas de las excusas que utilizaban para decidir que no tenían nada que ver con la asociación podían relacionarse con determinados rasgos de carácter de alguno de los miembros de S.L.A.A. o con la línea de pensamiento sobre determinados tópicos, como por ejemplo la sobriedad. (De hecho, nuestras experiencias como grupo parecen indicar que nuestra dificultad para relacionarnos abierta y honestamente con otro ser humano nos hace especialmente vulnerables a este tipo de excusas para apartarnos del grupo).

Hemos sido testigos de estas situaciones en numerosas oportunidades, y como respuesta a ellas no nos hemos resistido a ellas ni las hemos alentado. Después de todo, este tipo de reacciones individuales responden, no a la Asociación en sí, sino a un patrón de conducta adictivo. Muchas veces dejar ir un compañero sin rencor e incluso con verdadera cordialidad, preparaba el camino para que él/ella volvieran a S.L.A.A. en un futuro, cuando se sintieran mejor preparados para llegar al fondo de la cuestión y enfrentar la adicción con entrega y resignación. Hemos visto muchas veces como una actitud benévola ante un adiós sentaba buenas bases para un posterior regreso al grupo y consecución de la sobriedad. En realidad hemos podido comprobar que aquellas personas que más se resistían en un principio, se revelaban como los miembros más perseverantes a largo plazo.

Capítulo 7

El Comienzo de un Grupo de S.L.A.A.

De acuerdo con la tercera tradición de S.L.A.A. : "Puede llamarse un grupo de S.L.A.A. a la reunión de dos o más personas con el fin de brindarse ayuda mutua en la recuperación de la adicción al sexo y al amor; y con la única condición de que, como grupo, no tenga ninguna otra afiliación." Considerando el espíritu de esta tradición, una vez que hayas encontrado un miembro potencial que este iniciando su período de abstinencia y con el cual te reúnas informalmente, ya habréis formado un grupo de S.L.A.A.

Sin embargo, es muy probable que llegue un momento en el que sea necesario establecer un tiempo regular y un lugar donde continuar las reuniones. Tener un programa preestablecido, aunque sean sólo dos personas, puede llevar a profundizar el sentido del compromiso y a fomentar el reconocimiento de la adicción por parte de otras personas que necesitan ayuda además, un grupo también sirve como una referencia y como un espacio donde compartir experiencias y fortalecer la esperanza de la recuperación, un lugar donde puede recurrir la gente nueva.

Desde los inicios de la historia de S.L.A.A. nos hemos encontrado con numerosos escollos que amenazaron la integridad del grupo y que fuimos capaces de afrontar y superar de forma constructiva. Si pensáis en formar o participar en un grupo de S.L.A.A., quizá nuestra experiencia os resulte útil.

Al comienzo, la concepción de un grupo resultaba sumamente excitante. Un grupo organizado parecía surgir como la consecuencia lógica de ese período en el cual, esporádica e informalmente, durante algunos meses, unos pocos compañeros habíamos compartido tan intensamente nuestras experiencias. Si bien S.L.A.A., como tal, establece como fecha de inicio la de la primera reunión regular, hubieron de transcurrir más de nueve meses antes de que fuéramos testigos de una segunda recuperación. Recién cuando hubo una segunda persona en franco proceso de recuperación que iniciaba su período de sobriedad, fue cuando este primer grupo se convirtió en Asociación, hecho que marcó el nacimiento de una nueva fase.

Casi todos estos primeros miembros de S.L.A.A. sabíamos muy bien que, mientras luchábamos con los primeros estadios de la abstinencia, era de suma importancia encontrar otras personas con quienes trabajar para mantener despierta la conciencia de la adicción. Teníamos la certeza de que el trabajo en grupo era la única manera de contrarrestar la típica alteración de la conciencia que produce esta enfermedad. El compromiso de asistir a reuniones regularmente, sin tener en cuenta la presencia o no de otros miembros, ayudaba a crear una continuidad y a estabilizar los picos de alegría o de desencanto originados por la participación irregular de aquellas personas a quienes ya habíamos dedicado mucho de nuestro tiempo y atención.

Al inicio las reuniones fueron mensuales y luego quincenales. En ningún momento se trató de hacer publicidad de las mismas y teníamos diversos motivos para no hacerlo. En primer lugar, nunca hubo duda alguna de que aquellos principios que habían servido de sólida base para los miembros de A.A. serían los mismos que nos guiarían a nosotros. Estos principios[5] habían protegido la asociación de los A.A. en tiempos en que el alcoholismo era duramente estigmatizado por la sociedad. Por lo tanto estábamos convencidos de que, poniéndolos en práctica, bien tenían que funcionar para nosotros, ya que éramos conscientes de que nuestra condición de adictos al sexo y al amor no era menos mal vista, en estos tiempos, de lo que lo había sido el alcoholismo en las décadas de los '30 y '40, Tampoco éramos nosotros menos dependientes del ego de lo que lo habían sido los pioneros de A.A. necesitábamos protegernos, tanto de las influencias adversas externas, como de ese demonio destructivo interno: la obstinación de servir al ego.

Nuestra asociación sería capaz de sobrevivir si llegábamos a un buen acuerdo con las amenazas internas y externas. Si fracasábamos en reconocer y afrontar esos desafíos, y por ende la asociación se desmoronaba, sabíamos que era muy probable que nosotros, como individuos, no sobreviviéramos. Aunque no estaba en nuestro ánimo implantar nuevas normas, estaba claro que debíamos hacernos responsables de las pautas que estábamos decididos a seguir. De hecho, era nuestra corta experiencia como asociación sumada a la continua referencia de la historia de A.A., lo que nos convencía de que cada uno de dichos principios era necesario. Los hemos discutido uno por uno, incluso a veces acaloradamente, y hemos realizado las modificaciones que consideramos necesarias para satisfacer mejor las necesidades de S.L.A.A.

Aquí están las doce tradiciones de los Adictos al Sexo y al Amor Anónimos:[6]

1. Nuestro bienestar común esta primero; la recuperación personal depende de la unidad de S.L.A.A. como un todo.

2. Para el propósito de nuestro grupo solo existe una autoridad absoluta—un Dios amoroso cuyo poder puede ser expresado a través de la conciencia de nuestro grupo.

3. El único requisito para ser miembro de S.L.A.A. es el deseo de detener los patrones de la adicción al sexo y al amor. Dos o más personas que se reúnan para ayudarse mutuamente en la recuperación de la adicción al sexo y al amor pueden denominarse un grupo de S.L.A.A., teniendo en consideración que como grupo no tienen ninguna otra afiliación.

---

[5] Para tener una perspectiva general de las Doce Tradiciones de A.A. y las experiencias reconstructivas que dieron como resultado su codificación, ver tos Doce Pasos y las Doce Tradiciones

[6] Reimpreso para la adaptación con el permiso de Alcoholics Anonimous World Services Inc. Seguimiento de Las Doce Tradiciones de Alcohólicos Anónimos.

4. Cada grupo debe ser autónomo excepto en cuestiones que afecten a otros grupos o a S.L.A.A. como un todo.

5. Cada grupo tiene un propósito primordial—llevar el mensaje al adicto al sexo y al amor que todavía sufre.

6. Un grupo de S.L.A.A. o S.L.A.A. como un todo nunca debe patrocinar, financiar o prestar el nombre de S.L.A.A. para ningunas instalaciones o empresas externas, a fin de que problemas de dinero, propiedad o prestigio no nos distraigan de nuestro propósito primordial.

7. Cada grupo de S.L.A.A. debe ser completamente auto-sustentable, evitando las contribuciones externas.

8. S.L.A.A. debe mantenerse siempre a nivel no profesional, pero nuestros centros de servicio pueden contratar trabajadores especiales.

9. S.L.A.A. como tal nunca debe ser organizado; pero puede crear comités de servicio que sean directamente responsables ante aquellos a quienes sirven.

10. S.L.A.A. no tiene opinión en asuntos externos; por lo tanto el nombre de S.L.A.A. nunca debe entrar en polémicas públicas.

11. Nuestra política de relaciones públicas se basa más bien en la atracción que en la promoción; siempre necesitamos mantener el anonimato personal en la prensa, la radio, la televisión, las filmaciones o cualquier otro medio público. Necesitamos mantener, con especial cuidado, el anonimato de todos los miembros de S.L.A.A.

12. El anonimato es la base espiritual de todas nuestras tradiciones, siempre recordándonos anteponer los principios sobre las personalidades.

De acuerdo a estas tradiciones se evidencia que a nadie que necesitara de S.L.A.A., podía, o debía, negársele el derecho de admisión. No obstante, sabíamos que, si especialmente al comienzo, no éramos prudentes en cuanto a respetar los principios de una asociación dedicada a la recuperación de la adicción al sexo y al amor, nos veamos en serias dificultades. Es decir, si salíamos a proclamar abiertamente la existencia de nuestra asociación, era posible que nos viéramos invadidos por gente que, aunque indirectamente, iba en búsqueda de emociones fuertes, se tratara de voyeurs contenidos o de personas que, siendo adictas, esperaban sobre todo encontrar algo de acción. Si nos dejábamos invadir por gente que no tenía serias intenciones de recuperación, el propósito original del grupo, que de acuerdo a las tradiciones debe mantenerse a través del ejercicio de la "conciencia de grupo", se vería modificado irremediablemente, con la consecuencia lógica de la destrucción del mismo.

A fin de ser coherentes con el principio de conciencia de grupo, debíamos tratar de "transmitir el mensaje" selectivamente y con prudencia. Si bien no era posible negar el acceso a cualquier adicto al sexo y al amor que buscara la recuperación, no se trataba de proclamar un manifiesto nacional de S.L.A.A. A. costa de descuidar los intereses internos del grupo. No era aconsejable hacer tanto énfasis en atraer un gran número de personas a las reuniones a expensas de disminuir la calidad del mensaje que debíamos transmitir. No existían demasiadas alternativas.

Incluso con estos firmes propósitos establecidos previamente, nos enfrentamos a desafíos inevitables que pusieron en juego las metas oríginales del grupo. Un ejemplo palpable lo tuvimos en la época en que las reuniones se realizaban en la casa de un miembro que no estaba en sobriedad. Esta persona estaba obsesionada con tratar de manifestarse más libremente acerca de sus deseos de establecer contacto físico y durante una de las reuniones le pidió a una compañera que le diera un masaje en la espalda. En ese momento había varios recién llegados, y un miembro más antiguo de S.L.A.A. manifestó su alarma por el incidente, restaurando con firmeza el verdadero propósito del grupo. La persona en cuestión se enfadó muchísimo, vociferando que nosotros no podíamos dar órdenes en su propia casa. Sin ninguna necesidad de declararlo abiertamente, la reunión no se hizo nunca más en casa de ese compañero, quien al poco tiempo, dejó el grupo en busca de un ambiente más permisivo. Habíamos aprendido una lección muy importante. Si era necesario que las reuniones tuvieran lugar en casas particulares—como lo fue en un principio—los dueños de casa debían haber demostrado un tiempo considerable de sobriedad, es decir, debían ser personas creíbles. Si dichas personas no eran creíbles y sobrias, entonces la estructura de seguridad que debía ofrecer cada reunión de S.L.A.A., corría serio peligro. Debíamos vigilar constantemente que lo que sucedía dentro de nuestra asociación estuviera siempre de acuerdo con la Quinta Tradición: "Cada grupo tiene un único objetivo prioritario, transmitir el mensaje al adicto al sexo y al amor que aún sufre."

Sugerencias para el Formato de las Reuniones

A medida que el grupo se consolidaba, comenzamos a reunimos semanalmente y a desarrollar una dinámica estándar.

La función de coordinación iría rotando entre los miembros regulares de una semana a otra. Durante los primeros meses el único requisito para coordinar una reunión de S.L.A.A. era una auto declaración de sobriedad, sin que existiera exigencia alguna de antigüedad. Sin embargo, a medida que transcurría el tiempo la conciencia de grupo que iba creciendo determinó que para coordinar una reunión era necesario un período de seis semanas continuas de auto declarada sobriedad en S.L.A.A. Desde entonces ésta norma se ha observado prácticamente en todos los grupos regulares de S.L.A.A. La experiencia indica que el primer período de abstinencia del sexo y del amor es una tarea tan absorbente y difícil, que al nuevo miembro le lleva un determinado tiempo habituarse a S.L.A.A. y sentirse suficientemente aclimatado como para coordinar una reunión. Generalmente, las personas que entran en el período de abstinencia, experimentan un gran cambio durante las primeras seis semanas y son capaces de percibir en ellas mismas un cambio aún mayor durante los próximos tres a seis meses. En cambio, en cuanto se refiere a compartir experiencias personales, no existe, ni nunca existió, requisito alguno de antigüedad.

He aquí la dinámica que siguió nuestra primer reunión regular, y que ha funcionado satisfactoriamente en otros grupos creados desde entonces.

El/la coordinador/a anuncia: "Esta es una reunión regular del grupo Adictos al Sexo y al Amor Anónimos; comenzaremos la reunión con un momento de silencio seguido del preámbulo de S.L.A.A."

A continuación se lee el preámbulo:

Preámbulo de S.L.A.A.

Adictos al Sexo y al Amor Anónimos es una asociación cuyo fundamento son los doce pasos y las doce tradiciones. Está basada en el modelo iniciado por Alcohólicos Anónimos.

El único requisito para ser miembro de S.L.A.A. es el deseo de parar un patrón de adicción al sexo y al amor.

S.L.A.A. se mantiene a través de las aportaciones voluntarias de los miembros y es gratuita para aquellos que lo necesitan.

Utilizamos cinco recursos básicos para combatir las consecuencias destructivas que la adicción al sexo y al amor produce:

1. **Sobriedad:** El deseo de interrumpir día a día nuestro comportamiento adictivo en lo que respecta al sexo y al amor.

2. **Padrinazgo/Reuniones:** La posibilidad de pedir ayuda a los miembros de la asociación de S.L.A.A.

3. **Los Pasos:** Practicamos los doce pasos de recuperación para conseguir la sobriedad sexual y emocional.

4. **Servicio:** Asumiendo los distintos servicios devolvemos a la comunidad de S.L.A.A. aquello que permanentemente recibimos de forma gratuita.

5. **Espiritualidad:** Desarrollamos una relación con un Poder Superior a nosotros mismos, el cual puede guiarnos y apoyarnos en la recuperación.

Como asociación, S.L.A.A. no tiene opinión sobre temas ajenos y evita la polémica. S.L.A.A. no está afiliada a ninguna otra asociación, movimiento o causa, sean éstas religiosas o seculares.

Nos une, sin embargo, un objetivo común: enfrentarnos a nuestra conducta adictiva sexual y emocional. Encontramos un común denominador en el carácter obsesivo y compulsivo de nuestros patrones, lo que convierte las diferencias de sexo o de orientación sexual en algo irrelevante.

Necesitamos proteger con especial cuidado el anonimato de cada miembro de S.L.A.A. además, tratamos de evitar atraer la atención indebida de los medios de comunicación hacia S.L.A.A. como colectivo.

Después que se ha leído el preámbulo, él/la coordinador/ora se presenta diciendo: "Mi nombre es y soy adicto al sexo y al amor." La presentación seguirá con un relato más bien detallado de su historia personal como adicto al sexo y al amor. La estructura básica de dicho relato consiste en la descripción de los patrones adictivos propios de dicha persona, cómo era cuando llegó a S.L.A.A. y que ha ocurrido desde entonces. La pauta general a seguir en el relato de una historia personal es que debe ser contada de modo tal que refleje la experiencia de ambos períodos, es decir el de la adicción activa y el de la fase de recuperación.

Seguidamente, el/la coordinador/a elegirá un tema a tratar. En los grupos que recién comienzan o en reuniones donde haya nuevos miembros, la selección del tema se hará considerando la presencia de los recién llegados, de manera que la discusión les brinde la oportunidad de identificarse con nuestros patrones de adicción al sexo y al amor. En este caso los argumentos giran alrededor de algunos puntos básicos de la adicción y la recuperación: ¿Qué me trajo a S.L.A.A.? ¿Cómo descubrí mi adicción al sexo y al amor? ¿Qué significa para mí ser impotente ante la adicción al sexo y al amor? ¿Qué es un patrón de conducta?

Existe una gran variedad de temas interesantes, algunos de los cuales incluyen: como se experimenta el período de abstinencia; la obsesión y el adicto al sexo y al amor; la compulsión y el adicto al sexo y al amor; dependencia emocional; pérdida de la capacidad de elegir.

También, en ocasiones, el/la coordinador/a puede preguntar si como alternativa al tema central, los concurrentes prefieren compartir una versión abreviada de sus historias personales como adictos al sexo y al amor. Una vez decidido el tópico a tratar, es importante asegurarse que todas las personas tengan la oportunidad de hablar, por lo que a veces se hace necesario establecer un límite de tiempo para cada una.

Completada esta fase de la reunión, pasamos a otra dedicada al "inventario diario" ("ponerse al día"), donde cada persona tiene la oportunidad de compartir lo que está ocurriendo en su vida en ese momento dado. Aquí se hace un énfasis particular en hablar de las situaciones emocionales o de aventuras amorosa o sexuales que son las que suscitan los mayores riesgos en lo que se refiere a mantener la sobriedad dentro de S.L.A.A.

De acuerdo a nuestra experiencia, este momento de la reunión es indispensable. La adicción al sexo y al amor tiene la capacidad, sutil y constante, de alterar la mente del adicto, y continuamente se presentan circunstancias capaces de desencadenar estos mecanismos que corroen o destruyen nuestra conciencia sobre la adicción. Dichas circunstancias son tan frecuentes y numerosas que necesitamos "descargar a tierra" cualquier incertidumbre emocional o sexual que amenace nuestra estabilidad. En términos prácticos, sólo es posible mantener una vida libre de limitaciones y prejuicios a través del ejercicio de compartir estos desafíos que permanentemente nos ponen a prueba. Para la mayoría de nosotros, incluso para aquellos que llevan un período de sobriedad relativamente largo, se hace indispensable "compartir el inventario" con regularidad. No importa cuánto tiempo llevemos en sobriedad, nunca estaremos fuera del alcance del canto tentador de la sirena.

Esta fase de la reunión sigue adelante de manera que todos los concurrentes tengan la oportunidad de expresarse; tal vez aquí también sea necesario establecer límites de tiempo que deberán ser respetados.

A continuación se procede a recoger "la séptima" (colecta de acuerdo a la Séptima Tradición) y el/la coordinador/a anunciará: "Esta ha sido una reunión regular del Grupo de Adictos al Sexo y al Amor Anónimos.

Finalizaremos la reunión con la oración (en general la Oración de la Serenidad) para todos aquellos que quieran unirse. Durante esta oración de clausura, tomarse de las manos es sólo una opción y no una obligación."

Esta última referencia al hecho de tomarse de las manos podría parecer trivial, sin embargo, muchos de nosotros hemos descubierto, a través de nuestras historias personales, la tremenda contradicción que nos supone establecer un contacto presumiblemente no-sexual y no-erótico. Es más, muchos de nosotros solemos utilizar precisamente ese contacto, aparentemente inocente, para continuar la obstinada búsqueda de una respuesta adictiva.

Como no es nuestro deseo cultivar, dentro de S.L.A.A., intrigas innecesarias y ambigüedades—mensajes que se prestan a confusión—es sumamente Importante respetar a aquellos de nosotros que muestren una susceptibilidad especial en este sentido, vulnerabilidad que se ha ido evidenciando a través de nuestras historias personales. Por lo tanto, S.L.A.A. no obliga a ningún tipo de contacto físico ritualizado.

Con la oración de clausura se da por terminada la reunión.

Este tipo de dinámica para una reunión de S.L.A.A., es sólo una sugerencia, ya que no existe una única estructura aprobada oficialmente. Es posible encontrar modificaciones que resulten útiles, como por ejemplo dividir el grupo en dos cuando el número de miembros que concurren se haga demasiado grande.

Una de las cosas que hemos tratado de evitar, con gran fatiga, y ya dentro de las pautas establecidas, ha sido el exceso de ritualización. Si se imponen unas pautas muy firmes sobre cómo debe llevarse a cabo una reunión, es posible que se desarrollen, dentro del mismo grupo, líneas de pensamiento que traten de establecer lo que es admisible y lo que no. Estos intentos de "achatar" la idiosincrasia de un grupo, podrían tomar la forma de códigos de lenguaje determinados o de una reinterpretación de los comentarios para amoldarlos a un determinado punto de vista. La consecuencia de este tipo de intromisión es que se establece un común denominador en la forma de compartir que conduce a una estructura homogénea, de inferior calidad, sin vuelo. En cambio una estructura vital, personal, siempre implica cierto grado de variación, que en general había sido, implícita o explícitamente, desalentada y, consecuentemente, perdida. Un grupo que caiga en este tipo de trampa descubrirá que ha desarrollado un caso pre-senil de endurecimiento de las arterias.

A medida que pasaba el tiempo, descubrimos que la única reunión semanal que teníamos debía cumplir demasiadas funciones. Primero y primordial, ofrecía al recién llegado un ambiente adecuado en el cual era posible hablar de la adicción al sexo y al amor honestamente y sin engaños; y esto es, y siempre ha sido, de primordial importancia. Sin embargo, y dado que constituimos una Asociación de Doce Pasos, comenzamos a sentir la necesidad de tener un espacio donde poder explorar y desarrollar más profundamente el proceso de recuperación que los Doce Pasos proponen. Esto condujo a la decisión de destinar la primera reunión de cada mes al tratamiento de los Doce Pasos. Durante dicha reunión se leería uno de los pasos del capítulo 4 de este libro o del libro Los Doce Pasos y las Doce Tradiciones de A.A., luego de lo cual se compartirían las experiencias personales relacionadas con ese paso siempre desde la perspectiva de la adicción al sexo y al amor. De todas formas en estas reuniones se continuaba con la práctica del "inventario diario."

A medida que nueva gente llegaba a S.L.A.A. y comenzaba su período de abstinencia, se hizo cada vez más imperiosa la necesidad de reuniones regulares de los Doce Pasos que permitieran un comienzo gradual y ordenado de los Pasos, por lo que al poco tiempo surgió un grupo suplementario dedicado a cubrir exclusivamente esta necesidad.

Este período de nuestra Asociación fue increíblemente armonioso. Fuimos testigo de la recuperación de mucha gente y de la formación de muchos nuevos grupos en distintos estados de EE.UU. Sin embargo, la creación de un nuevo grupo dedicado a los Doce Pasos, el segundo en nuestra zona, quitó un gran peso de encima al primer grupo, que pudo entonces volver a la actividad que mejor desempeñaba, es decir ofrecer al recién llegado la posibilidad de iniciar un camino de recuperación y ser testigos de ejemplos de dicha recuperación. Contábamos entonces con dos grupos firmemente establecidos que cubrían diferentes necesidades; la siguiente división importante, en cuanto a funcionamiento, se produjo cuando la asistencia a ambos grupos se hizo tan grande que la parte dedicada a compartir el inventario debió acortarse debido a cuestiones de tiempo.

Esto condujo a la creación de un grupo especial dedicado exclusivamente a compartir el inventario diario. La necesidad de contar con este espacio era constante, por lo que la creación de un grupo dedicado sólo a "ponernos al día" era la justa alternativa ante la falta de tiempo en las otras reuniones. En las otras reuniones dicho espacio se mantendría sólo para casos de "emergencia." Esta decisión funcionó sumamente bien a través del tiempo.

Aquí se hace necesario mencionar otro aspecto importante en la evolución de los grupos de S.L.A.A., y está referido al hecho de que, con tres grupos funcionando en el área de Boston, surgía la necesidad de realizar un encuentro mensual de la Asociación, que tratara todas las cuestiones relevantes que interesaban a la Asociación como colectivo.

Obviamente cuando sólo existía un grupo y un tipo de reunión, la conciencia individual del grupo y la de la Asociación eran una sola, pero esto dejó de ser así desde el momento en que comenzaron a proliferar otros grupos. Debimos soportar varios desafíos a los propósitos establecidos por nuestra Asociación en cuanto al funcionamiento de los grupos y a otras cuestiones relacionadas, por ejemplo, con el funcionamiento de S.L.A.A. fuera de los Doce Pasos y de las Doce Tradiciones.

Gradualmente fueron apareciendo una serie de problemas, como la edición de folletos—proyecto del que resultó la realización de este libro y la incorporación de un Comité de Servidores sin fines de lucro (Asociación Augustine, Adictos al Sexo y al Amor Anónimos, Fellowship-Wide Services, Inc) que permitió su publicación—la realización de otras actividades de servicios y en general aspectos que cuestionaban la manera en que debían manejarse las ofertas para promover la divulgación a través de los medios de comunicación en una escala más amplia (aspectos que habían sido hasta el momento relegados). La reunión mensual de trabajo del Comité de Servidores (FWS) trataba de resolver estos problemas, así como otros relacionados con el funcionamiento normal de los grupos, como por ejemplo requisitos para la asistencia y votación en las reuniones de trabajo de dicho Comité, cómo aplicar las tradiciones ante problemas específicos con los que se enfrentaba regularmente el grupo a medida que iba creciendo, etc.

Reuniones Especiales

Con el paso del tiempo estas reuniones mensuales del Comité de Servidores fueron reemplazadas por reuniones trimestrales de la Junta de Administración, la convocatoria de reuniones intergrupales regionales, y una Conferencia Anual de Servicios a escala Nacional, donde se trataban especialmente temas relacionados con la expansión de la Asociación. Esta Conferencia, que se realiza a mediados de Enero de cada año, continuará siendo la conciencia de la Asociación, y su objetivo seguirá siendo mantener siempre vivo el interés de los miembros por S.L.A.A.

Quizá S.L.A.A. no logre mantener un funcionamiento siempre tan armonioso como el conseguido hasta ahora, sin embargo, los precedentes establecidos con la formación del primer grupo, llevaron a una división del trabajo con la consecuente creación de grupos con distintos propósitos. Esto, sumado al desarrollo de una Conferencia Nacional que gestiona el funcionamiento de los Servicios, parece ofrecer el marco adecuado dentro del cual S.L.A.A. puede continuar desarrollándose, ya sea en cuanto a la autonomía de cada grupo como a la coherencia de la Asociación como tal.

La búsqueda de un lugar público para las reuniones

El primer grupo de S.L.A.A. se reunió durante varios años en casas privadas, cambiando de sitio aproximadamente una vez por año. No obstante, llegó un momento en que se hizo necesario buscar un lugar público que pudiera acoger a un mayor número de personas. Esta transición de una casa privada a un sitio público, marcó un hito importante para nosotros, y aprendimos algo que quisiéramos compartir con vosotros.

Sabíamos que en nuestra comunidad existía una iglesia con una gran tradición de servicio, incluso de servicios que iban más allá de los límites convencionales de una iglesia. Normalmente cuando un grupo quería reunirse en esta iglesia, el coordinador del grupo simplemente debía contactar la persona encargada de la programación de la iglesia y reservar un horario. Nosotros decidimos no seguir esta rutina, y considerando la naturaleza delicada de nuestra asociación, nos pareció conveniente hablar primero con el pastor.

Tuvimos una reunión con él en privado donde le explicamos quiénes éramos, sin ocultar nada; era inútil tratar de ganar algo con falsas pretensiones. En ese momento aún no teníamos literatura impresa, pero el pastor escuchó atentamente nuestra presentación. Dijo que le agradaba la idea de que nos reuniéramos en su iglesia, pero que quería pensar en ello más detenidamente y que luego se pondría en contacto con nosotros.

Después de unos días nos contactó diciendo que el nombre del grupo, Adictos al Sexo y al Amor, significaba un problema para él; se necesitaba un nombre que no fuera tan provocativo a los ojos del Comité de la iglesia. Después de un cordial saludo y de un forzado "veremos lo que se puede hacer", se instauró entre nosotros un clima de resentimiento. Nos sentíamos ofendidos y desilusionados. ¡Quién era él para decirnos que debíamos cambiar de nombre! Además sentíamos una fuerte afinidad e identificación con esa denominación. Seguramente con un nombre "dulcificado" S.L.A.A. se convertiría en una sociedad de corazones solitarios. De todos modos le habíamos sugerido diversas alternativas, pero el pastor no aceptaba la palabra sexo en el nombre. Llegamos a la conclusión de que no quería que nos reuniéramos en su iglesia y de que había sostenido sus argumentos para sabotear nuestras posibilidades de reunirnos allí.

Al reflexionar sobre esto y concluir que el problema sería el mismo en cualquier lugar que propusiéramos, decidimos hablar nuevamente con el pastor. Le explicamos cuán importante era para nosotros la identificación con el nombre y cómo un nombre diferente podría distorsionar nuestra verdadera identidad y el mismo proceso de recuperación. Entendió, y reiteró que él quería que nos reuniéramos allí, pero quería que encontráramos una alternativa de manera que él pudiera resolver los problemas de política interna de la iglesia. Pero no tendría reservas a que nos llamáramos Adictos al Sexo y al Amor en el seno de las reuniones. Se nos ponía la siguiente cuestión: ¿queríamos ayudarlo en sus consideraciones, o no? La respuesta tenía que ser Sí.

Afloró la conciencia del grupo y surgió un nombre alternativo que actuó de galvanizador: La Asociación Augustine. Aquellos que hayan leído la autobiografía de Agustín de Hipona, Confesiones, sabrán que él, probablemente, era uno de nosotros. El hecho que tiempo después Agustín de Hipona fuera canonizado santo no era algo que nos preocupaba, ya que como asociación no teníamos opinión sobre asuntos ajenos a S.L.A.A. (Décima Tradición). Sin embargo la dinámica de la historia de San Agustín, el trabajo interior y los padecimientos que él sufrió, no nos dejaba muchas dudas de que nos hubiera entendido y de que se hubiera sentido bienvenido entre nosotros.

Volvimos a hablar con el pastor y le preguntamos si el nombre "Asociación Augustine" resolvería el problema; dijo que sí y así fue. Desde entonces hemos tratado de incluirlo como parte del nombre del Comité de Servidores sin fines de lucro de S.L.A.A. (Asociación Augustine, Adictos al Sexo y al Amor Anónimos, FWS Comité de Servidores S. A.).

Después que el primer grupo de S.L.A.A. encontrara un lugar público para las reuniones, un segundo grupo siguió sus pasos y comenzó a funcionar en un hospital. En esta ocasión fue necesario hablar con el administrador del hospital y mostrarle un panfleto que incluía el nombre Adictos al Sexo y al Amor Anónimos. El miembro del grupo que contactó al administrador explicó extensamente quiénes éramos y qué hacíamos, y le ofreció la alternativa de usar el nombre "Asociación Augustine." El administrador llamó al pastor de la iglesia donde por más de un año venía reuniéndose el primer grupo, y éste no dejó ninguna duda acerca de la seriedad con que llevábamos adelante los propósitos del grupo y el cuidado que poníamos en el uso de las instalaciones de la iglesia. Como inmediata consecuencia, el segundo grupo de Doce Pasos estaba cómodamente instalado en su nueva sede de reuniones del hospital.

Una nota final a toda esta historia es que el pastor, un hombre de gran conciencia y sensibilidad con quien habíamos entablado una buena amistad, se convirtió en nuestro mayor sostenedor, y a los pocos meses éramos conocidos, dentro de la comunidad de la iglesia, por ambos nombres, además de que, sin que se lo hayamos pedido, había comenzado a colocar literatura de S.L.A.A. junto al resto de los folletos en el vestíbulo de la iglesia.

Grupos Especiales

Ahora querríamos abordar un tema sobre el que probablemente muchos de vosotros querríais más información. Puede pareceos extraño que, con relación a las experiencias formativas del grupo, nunca se haya hecho mención a grupos con intereses especiales dentro de S.L.A.A., como podrían ser grupos de hombres, de mujeres, de gays o de lesbianas, etc. El caso es que en nueve años de desarrollo de S.L.A.A. no se formó ningún grupo especial. De vez en cuando surgían inquietudes de algunas personas, hombres o mujeres, de formar algún tipo especial de grupo, pero nunca encontraban el apoyo necesario y no llegaban a concretarse.

Pensamos que existen diversos motivos para que esto haya sido así. Primero, aquellas personas que habitan llevado adelante alguna de estas iniciativas, declaraban que lo hacían con el fin de lograr un ambiente más seguro donde admitir sus propias vulnerabilidades. Sin embargo, la idea de un grupo seguro—es decir donde los miembros no se sientan atraídos unos a otros—en realidad no puede existir. Por ejemplo una lesbiana adicta al sexo y al amor puede sentirse tan a riesgo en un grupo de sólo mujeres, cómo se sentiría un miembro de un grupo de sólo mujeres en un grupo mixto. Por supuesto lo mismo vale para un gay en un grupo de hombres solamente.

El hecho simple es el siguiente: ningún grupo de S.L.A.A. puede liberarse de las intrigas amorosas limitando el acceso de sus miembros, respondiendo a la teoría de que todos los miembros son compatibles para el grupo porque son sexualmente incompatibles entre sí.

Segundo, existe otro mito que ha sido fácilmente fomentado en estos intentos de grupos especiales, sin considerar un interés particular, y está relacionado al hecho de que muchas personas con historias difíciles de adicción al sexo y al amor tratan de culpar a otros de sus problemas. Estos "otros" pueden encasillarse bajo distintos estereotipos como ser feministas castradoras, machos chauvinistas, sociedad machista, sociedad feminista, movimientos de liberación de la mujer, machos sexistas opresores, feministas, machistas, etc. Puede tener sentido para los sociólogos generar polémica sobre las distintas formas en que algunos subgrupos (¡el nuestro, por supuesto!) son minorías víctimas de supuestos opresores, pero a los efectos de la recuperación de adictos al sexo y al amor, este tipo de cavilaciones no tiene ningún valor positivo. Pareciera que la verdad reside en que hasta que no aceptemos nuestra condición personal como adictos al sexo y al amor y asumamos la responsabilidad de hacer algo dentro de nosotros mismos, la hostilidad dirigida hacia fuera, hacia algún presunto "perseguidor", resulta una pérdida de tiempo. Por lo tanto pensamos que esos grupos especiales no han proliferado porque, en general, la gente de S.L.A.A. ha estado atenta a este tipo de enemigos externos etiquetados, capaces de distraer la atención del verdadero problema que es asumir la adicción como un conflicto personal.

Una tercera razón se halla en que la gente de S.L.A.A. ha comprendido el enorme valor terapéutico que tiene estar rodeado de un amplio espectro de personas, incluyendo aquellas que en algún momento podrían brindarnos una oportunidad de expresarnos. Dentro del santuario que representa el grupo de S.L.A.A., y al estar rodeado de gente sumamente atractiva, nos vemos obligados a aprender cómo interactuar más humanamente con aquellos que, fuera del grupo, podrían estar catalogados cómo estereotipos. Al igual que nosotros, esas personas, hoy, dentro de S.L.A.A., están dedicadas a lograr la sobriedad y a encontrar una recuperación estable. Hemos descubierto que, en el seno de las reuniones de S.L.A.A. en las cuales participan todo los adictos al sexo y al amor, encontramos las bases comunes para identificar la enfermedad sin necesidad de considerar ningún otro factor. En gran medida las reuniones de S.L.A.A. han sido como un terreno de entrenamiento necesario para adquirir una mayor capacidad para desenvolvernos en el mundo exterior y especialmente en el momento de relacionarnos con personas que podrían constituir una amenaza a nuestra sobriedad. Al reconocer el potencial adictivo de las personas estamos destruyendo las ilusiones para poder así tomar contacto con una dimensión más humana aprendiéndolo primero dentro del grupo, esta capacidad de ver más allá del potencial adictivo se traslada a nuestras relaciones en el mundo exterior con aquellos que aún están disponibles. El desarrollo de estos valores se ha convertido en las pautas que de ahora en más aplicamos al comprobar el verdadero valor de las relaciones fuera de S.L.A.A.

Queda claro que los grupos especiales o unisex, al tratar de evitar las tentaciones, podrían resultar nocivos para aquellos de nosotros (o todos nosotros) que necesitamos aprender a desenvolvernos en la realidad, en lugar de aislarnos aún más de ella. Si no aprovechamos la oportunidad de aprender esto dentro de las reuniones de S.L.A.A., abiertas a todo tipo de adictos al sexo y al amor, nunca seremos capaces de afrontar las situaciones frustrantes del mundo exterior. Nuestra sobriedad sería frágil y probablemente no duraría mucho tiempo.

Para concluir esta sección dedicada a los grupos especiales, querríamos puntualizar que S.L.A.A. no puede prohibir la formación de este tipo de grupos, y si se diera el caso de que se formaran para servir a un propósito constructivo, deberían basarse en alguna razón diferente de aquella ilusión de proporcionar un ambiente "más seguro" supuestamente libre de intrigas románticas y sexuales. Tales grupos deberían originarse respondiendo a propósitos no relacionados con la defensa de "enemigos externos", ni justificar su existencia como paraíso de minorías perseguidas.

La única seguridad verdadera que puede ostentar cualquier grupo de S.L.A.A. (y S.L.A.A. como colectivo) es el deseo de mejorar, compartido por la mayoría de los miembros, y la consecución de esa Gracia, concedida por un Poder Superior a nosotros, que por sí sola hace posible la recuperación.

Los Fieles Servidores y la Conciencia de Grupo

Quisiéramos ahora abordar un tema muy delicado, dirigido a aquellos que desean iniciar, o ya han iniciado, un grupo de S.L.A.A. A. los efectos prácticos, y especialmente al principio, tú eres el punto de referencia de S.L.A.A. en tu zona. Quizá hayas concurrido a otros grupos de S.L.A.A. en otros sitios y hayas visto como funcionan, o tal vez, tomando este libro como base y combinándolo con el hecho de estar en abstinencia de la adicción al sexo y al amor, sientas un llamado interior a iniciarlo en el lugar en que vives.

Seguramente encontrarás, o has ya encontrado, un compañero de S.L.A.A. con quien trabajar. Es muy probable que hayáis comenzado a reuniros regularmente en tu casa y que hayáis contactado algunas personas que pensabais estaban en problemas. Si habías trabajado anteriormente con un grupo, probablemente ya habías vivido la experiencia de ver que la gente, después de un corto período, se marchaba. ¡Qué decepcionante puede resultar esto! Pero a través de tu perseverancia y de tu necesidad de la Asociación, mantienes viva dentro de ti la esperanza de formar un grupo de S.L.A.A., esperando que esta decisión rinda sus frutos. En algún momento lo hará. Y cuando esto ocurra, seguramente descubrirás que tú eres la pieza esencial. Aún cuando haya concurrentes regulares a las reuniones y tengas la dicha de ser testigo de una o más personas que entran en abstinencia y que inician la recuperación, tu experiencia más veterana y madura te convierten en una presencia fundamental dentro de un grupo tan joven. Es posible que esto te lleve a experimentar sentimientos paternalistas, y que llegue a convertirse en una situación bastante compleja. Tú has dado a luz a este grupo, y en cierto sentido lo has hecho crecer a base de dedicación y perseverancia. En recompensa, los miembros del grupo han reafirmado tu propio proceso de recuperación, haciendo ellos exactamente lo mismo.

Si eres muy cuidadoso/a y tienes siempre en mente las Doce Tradiciones, la conciencia del grupo será aquella que hayas introducido en un principio. Quizá hayas exigido que el grupo tomara decisiones acerca de cuestiones rutinarias como ser el lugar, día y hora de reunión, o quién será él/la coordinador/a, y en una etapa tan temprana de la evolución del grupo, esto no sería más que una simple formalidad. La gente que recién llega está tan atrapada y absorbida tratando de llevar adelante su apenas iniciada abstinencia, que tratará de delegar en ti y en tu experiencia la decisión sobre la mayor parte de las cuestiones, sean éstas de carácter personal o grupal.

De todas formas, aunque seas consciente del carácter puramente formal de este ejercicio de conciencia grupal, no lo descuides. El tiempo sigue su curso. Lo sepas o no, tus días como "venerado fundador del grupo" (o cofundador), como aquel que siempre tiene la palabra justa que cristaliza la conciencia del grupo, están contados. Esto es así ya sea que abuses o no del poder que haya recaído en ti al inicio, o que hayas sido la persona más cuidadosa de la tierra en cuanto a imparcialidad y responsabilidad con los intereses del grupo. Consideremos dos ejemplos de las actitudes de dos fundadores de grupos e investiguemos porqué las horas como líderes incuestionables están contadas. Veamos primero el caso del fundador que hizo abuso de poder; alguien que siempre buscó un espacio donde poder ejercer el control. Una persona con estas características trata siempre de tomar posiciones extremas en lo que concierne a las cuestiones de S.L.A.A., abstinencia, sobriedad, la forma de conducir el grupo, etc. Frecuentemente ésta tendencia de controlar queda parcialmente (pero nunca totalmente) enmascarada por la base lógica con que trata de proteger al grupo de las influencias que lo harían desviar de los propósitos prefijados. Esta persona nunca consulta realmente al grupo, ya que considera que su voz no es fiable, o tolerable; y cualquier tema relacionado con las actividades del grupo o con la sobriedad, es abordado con rigidez y absolutismo. Este tipo de "fundador" reacciona de esta manera si lo que pretende es mantener el control. Él o ella interpretarán cualquier intento de cuestionar la manera en que se conducen los asuntos del grupo o sus particulares puntos de vista sobre la adicción al sexo y al amor, como agresiones personales, ya que pondrían en peligro su poder.

La gente con esta enfermedad de ansias de poder nunca puede estimular, de verdad, el crecimiento de algo o alguien. Típicamente tratan de lograr que otras personas se aferren a ellas, ya sea a través de la fuerza de su carisma o bajo un disfraz de escrupulosidad, es decir enmascarando su naturaleza inflexible.

Un grupo que se forma en estas condiciones de rigidez, puede tolerarla por un tiempo, debido sobre todo al carisma del fundador y a su lógica convincente. Sin embargo, en algún momento será inevitable una rebelión, tan pronto como los demás componentes del grupo se den cuenta de la insaciable sed de poder del, en otros tiempos venerado, fundador. Las ovejas se convierten en lobos, y es probable que el grupo se autodestruya en una violenta reacción contra el poder del líder. También podría suceder que alguno de los otros miembros que se sienta fuerte trate de usurpar el poder. O bien que el grupo deba pasar a través de momentos difíciles, dolorosos y al final se oriente nuevamente hacia las tradiciones de S.L.A.A., después de haber alejado al fundador de su liderazgo, quien probablemente se sentirá dejado de lado. Cuando alguien ha hecho abuso de poder de esta manera, es muy probable que tarde o temprano se encuentre con este tipo de recompensa. Si esta persona no es capaz de manejar la situación constructivamente, la adicción al sexo y al amor se le presentará, una vez más, como una opción atractiva.

En el caso de un fundador o cofundador que actúe cuidadosa y concienzudamente, se pueden presentar riesgos similares, pero estos se presentarán de manera diferente. En esta ocasión la persona ha considerado los precedentes establecidos por las Doce Tradiciones y ha recurrido a la conciencia del grupo para resolver los asuntos de normal funcionamiento. Sigue cultivando los aportes del grupo, y la gente, casi naturalmente, es condescendiente con la experiencia del conductor de la manada y no siente rebeldía hacia esas condiciones de liderazgo.

No obstante, las horas están contadas para este líder "iluminado" tanto como lo estaban para el que había abusado del poder. He aquí el porqué. Quizá puedan pasar algunos años y nuestro cuidadoso y concienzudo amigo no se dé cuenta de que está cayendo en una trampa. Por la misma razón de que esta persona nunca hizo abuso de poder, la gente se acostumbró a aceptar que, con su cuidadosa manera de reflexionar, decidiera sobre cuestiones del grupo o la Asociación. En efecto, se trata de la voz de un veterano en sobriedad y con experiencia, expresada con sentida humildad y tratando de no sobresalir. Aún así es fácil para este tipo de fundador darse un respiro cultivando ciertas expectativas, que quizá ni él/ella sepa estar cobijando. En algún punto llegan a convencerse que la posición de "depositarios de la conciencia del grupo" es segura gracias al escrupuloso ejercicio de conciencia personal que efectúan y a las buenas intenciones. Desde esta aparentemente serena influencia, esta persona desarrolla el mismo sentido de seguridad que lograba, en el ejemplo anterior, el traficante de poder. La expectativa creada era pensar que esta situación duraría para siempre; pero que decepción cuando caía en la cuenta de que no era así.

En algún momento llegaba al grupo alguien que estaba en serios problemas de adicción al sexo y al amor, pero que tenía un marcado interés personal en encontrar en el grupo un "enemigo externo" antes que enfrentar su propia enfermedad. Un recién llegado que se niega a reconocer la seriedad de su enfermedad, es capaz de encontrar muchas razones convincentes para justificar la existencia de dicho "enemigo externo." Al igual que sucede cuando pequeños grupos se fusionan a otros, este recién llegado encontrará otros aliados sin considerar las diferencias filosóficas, simplemente culpando de sus respectivos problemas a un enemigo común. Es inevitable que, independientemente de cuán cuidadoso haya sido en su conducta, el fundador de un grupo de S.L.A.A. se encontrará en el papel del "enemigo externo." Esto ocurre por el simple hecho de que ellos ejercen una autoridad o influencia dentro del grupo, ya sea que dicha influencia se haya conseguido a través del abuso o de la honradez, llegados a este punto no existe ninguna diferencia. Es el hecho de ocupar la posición de liderazgo lo que lo convierte en blanco de aquellos que buscan un "enemigo externo", y ante esta situación no hay nada que un fundador pueda hacer. Las palabras más cuidadosas y los llamados de conciencia mejor intencionados que pudieran ocurrírsele sólo lograrían incitar la búsqueda del "enemigo externo." A este punto el fundador ha sido privado de su poder y las buenas intenciones no aportarían nada para resolver la dificultad.

Entonces, ahora ¿qué sucede? Depende, Si el fundador ha sido realmente solícito, la conciencia del grupo que él/ella ha tratado de cultivar continuamente, resolvería el problema. El grupo se dará cuenta de la falta de armonía y tratando de reaccionar consecuentemente, quizá por primera vez, buscará reafirmar su identidad.

Habiendo delegado tanto en el fundador, los miembros del grupo no se habían percatado de la importancia que tenía la opinión de cada uno de los compañeros, en cuanto formadora de la conciencia grupal. Sin embargo ahora tomaban conciencia y como consecuencia se producía un cambio irreversible en cuanto al ejercicio del poder y las influencias. El grupo tomaba las riendas (y el reino) que en su momento llevara el fundador (le gustara o no); de esta manera aquellos que buscaban un "enemigo externo" ya no tenían al fundador como blanco y así se veían enfrentados a la verdadera fuente de poder del grupo, un Dios amoroso más o menos bien representado por la conciencia grupal. Sin alguien en quien descargar sus responsabilidades, es muy probable que esa persona se calme y vuelva a su problema de adicción al sexo y al amor. El fundador sufre una pérdida muy grande pero sumamente saludable. Su hijo ha crecido, ha alcanzado la mayoría de edad. La sensación de pérdida es la misma que cuando un padre "deja ir" a un hijo. Si ha sido un buen padre, el grupo amará y estimará al fundador, quien aún puede desarrollar un importante papel.

Pero de ahora en adelante la relación será de adulto a adulto, no de padre a hijo.

Si de esta breve descripción de nuestra experiencia de la evolución de un grupo es posible extraer alguna enseñanza, la lección que debiéramos aprender sería la siguiente: la perseverancia, dedicación y sencillez en los propósitos, tan necesarios al inicio para una persona que decida fundar un grupo de S.L.A.A., son los mismos rasgos de carácter que más adelante pueden oprimir u obstaculizar el crecimiento de las necesidades del grupo en su camino hacia la madurez, es decir impedir que tome la responsabilidad de su propio bienestar. Las cosas cambian y con el tiempo también cambian las necesidades de un grupo en desarrollo.

Para el fundador de un grupo de S.L.A.A. existe un momento justo para introducir las Doce Tradiciones y los conceptos de poder y servicio en ellas codificados, y ese momento es mientras aún tiene el poder y la influencia para hacerlo. El tiempo pasa.

De esta manera hemos experimentado la verdad que yace detrás de nuestra Segunda Tradición: para los propósitos del grupo existe una única autoridad suprema: un Dios amoroso que expresa su Poder a través de la conciencia del grupo. Nuestros líderes son fieles servidores, *no gobiernan*.

En Septiembre de 1985, la Junta Administrativa de la Asociación Augustine, Adictos al Sexo y al Amor Anónimos, FWS Comité de Servidores, S. A. (es decir la rama de S.L.A.A. dedicada a los servicios sin fines de lucro) formuló una serie de pautas a seguir en relación con los medios de comunicación y las relaciones públicas, las cuales constituyen actualmente la política de S.L.A.A. Estos conceptos se basan en los 9 años de experiencia de la asociación (desde su creación hasta la fecha).

Doce Pautas Recomendadas para Tratar con los Medios de Comunicación

Enunciamos a continuación las Doce Pautas Recomendadas para Tratar con los Medios de Comunicación y las Relaciones Públicas—para ser usadas en todos los niveles de la asociación:

1. Considerando a S.L.A.A. como colectivo, tratamos de evitar atraer la atención indebida de los medios de comunicación.
   - *Del Preámbulo de S.L.A.A.*

2. S.L.A.A. carece de opinión sobre asuntos ajenos a sus actividades, por lo que el nombre de S.L.A.A. no deberá nunca verse involucrado en controversias públicas.
   - *De la Décima Tradición de S.L.A.A.*

3. Nuestra política de Relaciones Públicas se basa en la atracción y no en la promoción (no "cortejamos" a la publicidad).
   - *De la Undécima Tradición de S.L.A.A.*

4. Se recomienda expresamente evitar cualquier acción individual que, llevada a cabo por un miembro de S.L.A.A. que actúa por cuenta propia, ponga en evidencia a S.L.A.A. ante los medios de comunicación.
   - *De la resolución de la reunión de trabajo sobre la conciencia de grupo mantenida el 14 de Octubre de 1981 por el Comité de Servidores.*

5. Las decisiones basadas en la conciencia grupal siempre deberán ser tomadas considerando la conveniencia de aceptar o rechazar alguna o todas las oportunidades de publicidad y relaciones públicas; y si alguna de estas ocasiones es aceptada, la respuesta siempre ha de ser acorde al espíritu de estas normas.
   - *Derivada de la Segunda Tradición de S.L.A.A.*

6. Deberá rechazarse cualquier oferta de publicidad que reciba S.L.A.A. donde exista una condición de aceptación con una fecha límite, si dicha fecha impone una toma de decisión apresurada que burle la reflexión de la conciencia del grupo.
   - *De la resolución de la reunión de trabajo sobre la conciencia de grupo mantenida el 14 de Octubre de 1981 por el Comité de Servidores; examinada por la Intergrupal de S.L.A.A., Bay Area, de Agosto de 1985 con relación a las decisiones a tomar frente a las proposiciones de los medios públicos de comunicación.*

7. Cuando ha habido necesidad de relaciones públicas o cuestiones con los medios de comunicación, el tema ha sido tratado al menos por dos

miembros en sobriedad. De todas formas estas personas deben dejar muy claro que hablan como individuos y no representan a S.L.A.A. como entidad. Ningún miembro de S.L.A.A. deberá crear nunca situación alguna que pudiera interpretarse como que habla en representación de S.L.A.A.

- *Norma desarrollada por el Comité de Servidores de la Asociación en colaboración con la intergrupal de New England para un artículo del Boston Phoenix de julio de 1985.*

8. Al tratar asuntos de relaciones públicas o relacionados con los medios de comunicación, los miembros de S.L.A.A. deberán utilizar seudónimos. También se recomienda el anonimato de imagen en el caso de TV, filmes o videos. Debemos mantener siempre el anonimato en el ámbito de prensa, radio, televisión o cualquier otro medio de comunicación.

— *Primera frase elaborada por Rama de Servicios de la Asociación en colaboración con la intergrupal de New England para una entrevista en el Boston Phoenix de Marzo de 1985; la segunda frase adaptada de la política de A.A. en cuanto a medios de comunicación; y la tercera de la Undécima Tradición de S.L.A.A.*

9. Evitamos participar en seminarios, conferencias o eventos públicos en los cuales exista la posibilidad de que S.L.A.A. pueda ser inducido a controversias con otros puntos de vista o con otras personas que representen otras causa e intereses.

— *Basada en una decisión del grupo S.L.A.A. de San Diego de Agosto de 1985, y consultada con el Comité de Servidores.*

10. El nivel de conciencia de grupo que deberá ser consultado en cada caso relacionado con relaciones públicas o medios de comunicación, es aquel que, geográficamente, corresponda al área que se vería afectada o involucrada con dicha S.L.A.A. se deberá hacer referencia a la conciencia de grupo correspondiente a ese nivel de la Asociación. Cada nivel de la Asociación puede nombrar su propio Comité encargado de resolver las cuestiones inherentes a relaciones públicas y medios de comunicación, el cuál será responsable directo de las resoluciones que se tomen y actuará como cuerpo operativo de la conciencia grupal a ese correspondiente nivel de S.L.A.A. ...

- *Derivada de la Cuarta Tradición de S.L.A.A.*

11. Toda cuestión relacionada con relaciones públicas y medios de comunicación que potencialmente pudieran afectar a la totalidad de S.L.A.A. deberá ser consultada con el cuerpo operativo del máximo nivel de la Asociación, en este caso ejercido por la Junta de Administración.

— *Derivado de la Cuarta Tradición de S.L.A.A.*

12. Se recomienda que cada decisión referente a relaciones públicas o medios de comunicación que se tomara a cualquier nivel de conciencia de grupo, sea precedida por un minuto de silencio del grupo para permitir que la presencia de Dios que respalda a S.L.A.A., pueda manifestarse

claramente y sea posible así ayudar a que la decisión de la conciencia del grupo refleje verdaderamente los designios del Poder Superior.

> — *Derivado del Undécimo Paso de S.L.A.A. y de la Segunda Tradición. (Aprobado por la Junta de Administración, Asociación Augustine, Adictos al Sexo y al Amor Anónimos, FW5).*

Capítulo 8

Construyendo Una Relación de Pareja

A medida que, durante la recuperación, salíamos de la fase del síndrome de abstinencia, muchos encontramos grandes cambios en las circunstancias de nuestra vida. El período de soledad y contemplación se terminaba, a la vez que nuestra atención se enfocaba hacia las responsabilidades y oportunidades fuera de nosotros mismos. Quizás, el mayor desafío y la posibilidad potencialmente más satisfactoria en esta nueva fase de sobriedad, era en el área de construir una relación de pareja. Sabíamos que queríamos convertir nuestras experiencias interiores de dignidad personal, auto-valía e intimidad con nosotros mismos en las nuevas pautas, a través las cuales podríamos explorar una relación de compañerismo con otra persona. Necesitábamos aprender cómo y bajo qué condiciones, nuestras capacidades sexuales y emocionales podrían encontrar una expresión completa y adecuada en dicha relación.

En S.L.A.A., nuestra experiencia al construir relaciones de pareja ha sido una aventura desafiante. La abstinencia de la adicción al sexo y al amor consiste, en gran medida, en aprender cómo desengancharte de tu pareja adictiva y cómo mantenerte desenganchado a pesar de las tentaciones. Durante este periodo, no se presta mucha atención a lo que constituye una relación saludable, o a averiguar cuáles son realmente los atributos positivos de la relación. Es imposible prestar atención a esto. Al principio de la abstinencia, lo que particularmente resalta es descubrir cuales atributos no constituían una relación de pareja. Cualquier definición de una relación saludable, siendo que ésta, de cualquier forma, sólo puede existir en la ausencia de los atributos adictivos; nos dejaba muchas preguntas sin responder. Durante el periodo posterior a la abstinencia es cuando empezamos a aprender un poco acerca de nuestras capacidades emocionales, mentales y sexuales para una relación de compañerismo; las cuales se expresaban como algo más que la "ausencia de adicción." En gran medida, aprendimos a través de ensayo y error, mientras avanzábamos en enfocarnos simplemente en la sobriedad de la adicción al sexo y al amor; y empezamos a reflexionar acerca de las relaciones de compañerismo con otros. Efectivamente, esta es la clase de cosas que realmente nunca llegamos a aprender. Pero antes de compartir contigo nuestras experiencias en el camino para la construcción de una relación de pareja, nos gustaría hablar acerca de otra posibilidad que muchos de nosotros exploramos: vivir solos.

¿Vivir en Pareja? O ¿Vivir Solos?

Si eres como la mayoría de nosotros, la perspectiva de vivir solo no te parece particularmente atrayente. Probablemente empezaste a participar de la Asociación S.L.A.A. para aprender a tener una relación saludable, ¡no para aprender a vivir sin una relación! Esencialmente, has querido limpiar la casa, pero una vez limpia, ¡ciertamente esperas poder tener más visitantes! Nos gustaría sugerir la opción de vivir simplemente en una casa limpia porque es agradable, no porque sea un prerrequisito para tener visitantes. En los términos de S.L.A.A. esto se traduce en vivir solos porque lo hemos escogido como estilo de vida, no porque tengamos un tiempo determinado para volvernos lo suficientemente "saludables" para nuestra próxima relación.

Podrías preguntarte por qué alguien querría vivir solo. La respuesta tiene diversos ángulos. Para muchos de nosotros, especialmente al principio, era simplemente un alivio encontrarnos libres de las obsesiones y compulsiones que nos habían impulsado; nos sentíamos más que felices con el hecho de deleitarnos en este periodo, durante el cual, percibimos que estábamos relativamente a salvo de la batalla diaria con nuestra adicción. Algunos de nosotros sentíamos que tuvimos todo lo que se podía pedir con respecto al sexo y al romance; ya que el monstruo se había dormido, no veíamos ninguna razón para despertarlo. Además, existía una nueva especie de vigor y entusiasmo con respecto a la vida que habíamos encontrado al liberarnos de nuestros patrones adictivos. Especialmente, en este punto, no se trataba de buscar o evitar relaciones. Simplemente dejamos de buscar romance porque estábamos involucrados con muchas otras cosas.

"Vamos", decías, "¿Porqué alguien que es capaz de tener una relación saludable evita tenerla?" Aunque no lo creas, realmente llegamos a un punto en el cual otras cosas tenían preferencia por encima de la oportunidad de un romance; no habíamos estado evitándolos; sino simplemente que las relaciones empezaban a tener un lugar más real en la vasta arena de la expresión personal que llamamos vida.

Lo que ocurrió es que en la nueva sobriedad encontramos que sumado a la tarea de permanecer alejados de nuestras actividades adictivas, teníamos igual grado de dificultad para ocupar el tiempo libre. Necesitábamos pasar mucho tiempo solos, dar a los sentimientos una oportunidad de salir a la superficie, pero también necesitábamos mantenernos ocupados. Inclusive en el medio de la abstinencia, pusimos nuestra atención en pasatiempos o búsquedas apasionantes que consumirían tiempo y energía a medida que los antojos sexuales disminuían, a menudo nos encontrábamos disfrutando activamente estas nuevas actividades y el descubrimiento, o re-descubrimiento, de talentos. Teníamos, dentro de los miembros de S.L.A.A., nuevos doctores, nuevos músicos, nuevos corredores de maratón, nuevos artistas. Por definición, nuestra imagen de nosotros mismos se expandía para incluir estos recién desarrollados talentos, y esto nos llevaba a papeles nuevos y saludables en el mundo, que podrían o no incluir un "compañero." Esto no quiere decir que nunca deseamos tener una relación. Simplemente significa que ese deseo no era tan convincente como para cambiar el rumbo de nuestras vidas como para permitirnos algo al respecto. Nuestras conciencias estaban en paz, nuestras vidas eran productivas y éramos felices. Además encontramos que generábamos relaciones más cálidas con amigos, compañeros de trabajo e inclusive con conocidos casuales. Es posible que hoy vivamos solos, pero hemos encontrado amistad y compañerismo gratificantes y sin sexo, y no estamos solos.

De cualquier forma, sería ingenuo simplemente sugerir a un adicto al sexo y al amor, que encontrar una fascinante y nueva dirección en la vida, es suficiente para una vida satisfactoria en solitario. Nuestra adicción servía a muchos propósitos. Nos permitía, al menos temporalmente, un escape del dolor de nuestras vidas, y proveía la agitación y el placer que parecía que éramos incapaces de encontrar en nosotros de cualquier otra forma. Pero buscar escapar del dolor y aumentar el placer es lo que hacen todos los seres humanos, aunque muchos no llegan a estos extremos, o usan los métodos adictivos para lograr esto. Es nuestra creencia que todo el tiempo intentábamos recibir algo más significativo de nuestras actividades adictivas. Quizás confundíamos el sexo y la intriga romántica con el amor, pero en el fondo era el amor, a un nivel más profundo, lo que buscábamos.

Después de estar sobrios por un tiempo, empezamos a nombrar esta necesidad que nos empujaba hacia situaciones sexual/románticas más y más desesperadas: la necesidad de que nuestras vidas tuvieran significado. Tener un ingreso estable podría ser importante, tener una salida creativa era un placer, tener amistades para apoyarnos mutuamente era esencial. Pero ninguna de estas cosas nos daba significado a la vida de la manera en que ansiábamos ese significado.

Buscamos refugio en la filosofía y en las grandes religiones para ver como otros, no—adictos, encontraban significado en sus vidas. La respuesta parecía estar en que el significado de la vida es el amor.

Quizás nuestra ansiosa búsqueda de "amor", después de todo, no parecía tan desacertada. Mientras que no éramos capaces de extraer un significado duradero dé nuestras relaciones adictivas, nuestra necesidad por encontrar dicho significado era real. Estábamos en lo correcto al creer que una vida significativa es aquella que se llena de amor, pero habíamos distorsionado ese significado con egoísmo, buscábamos sólo para "conseguir" antes que para "dar", "estafábamos" antes que contribuir. No podía existir ningún significado duradero de "amor" que fuera un artículo de consumo rápido dentro del mercado de valores. En S.L.A.A. los pasos once y doce trajeron consigo una entrada de aire fresco: podría existir una expresión más completa de amor que incluía dar y recibir. Cada parte constituía el complemento del otro. Ninguno, por sí solo, estaba completo.

Para algunos de nosotros, esta sabiduría ancestral del espíritu nos condujo a una vida en la cual encontramos satisfacción, alegría y realización en el hecho de aprender a ser útiles para otros sobre una base de dar y recibir. El espíritu de servicio, tanto dentro de S.L.A.A. como con el resto de la humanidad, nos trajo un sentimiento más profundo de comunión con nuestro ser interior, con la comunidad humana y con Dios. Al expandir nuestra definición de amor más allá del contexto sexual y romántico, y estar de acuerdo con ésta experiencia más amplia del amor, en la medida que aprendimos a dar de nosotros más libremente nos incluimos en el flujo del amor y propósito divinos. A lo mejor escogimos esta forma de vida como un fin en sí mismo, buscar una relación de pareja en el amor a Dios a través del servicio, y encontrar así nuestras necesidades de amor ampliamente satisfechas.

Sin embargo, existe un peligro al escoger vivir solos. Puede ser que, a medida que encontramos intimidad con nosotros mismos y nos involucramos en nuestras nuevas vidas, empecemos a disfrutar nuestra propia compañía excluyendo a los demás. Una cosa es sentirse cómodo y satisfecho con nosotros mismos, pero otra cosa totalmente diferente es convertirnos en personas egocéntricas dentro de nuestro aislamiento. Al igual que podemos retirarnos temporalmente de la búsqueda de aventuras sexuales, e inclinarnos a la fantasía y la masturbación, en sobriedad podemos escondernos de los riesgos de las relaciones humanas mediante la búsqueda de placeres egoístas en soledad. Nos dimos cuenta que si no encontramos balance y significado en nuestras vidas, entonces seríamos arrastrados muy fácilmente hacia relaciones no-sexuales que no son diferentes de las relaciones adictivas. Nuestra relación con causas, con nuestros héroes o gurús y con nosotros mismos deben regirse por los mismos principios que mantuvieron sobrias nuestras vidas sexuales. La vida real no se desarrolla sin tensiones, tristeza y conflictos, si somos honestos con nosotros mismos y con los demás.

Para crecer en la sobriedad, debemos estar dispuestos a buscar la deshonestidad y el egocentrismo en todas nuestras actividades, para no encontrarnos nuevamente intentado escapar de la vida. El principio básico es el siguiente: la dignidad personal y el cuidado sin egoísmo para con otros seres humanos son parte de una vida comprometida con la sobriedad. Las cosas que aprendimos de vivir en pareja, ya sea en un matrimonio o en otra relación íntima y de compromiso, son igualmente importantes en todas las relaciones no-sexuales con otros seres humanos, sin importar si hemos escogido "vivir solos" o no.

Compañerismo en una Relación de Compromiso

Mucho antes de que nosotros los primeros miembros de S.L.A.A., tuviéramos alguna experiencia práctica en construir una relación de pareja (siendo que continuábamos inmersos en los síntomas del síndrome de abstinencia), solíamos especular acerca de cómo sería una relación saludable, y cómo nos sentiríamos. Buscando maneras de definir lo que podíamos encontrar, tropezamos con un concepto llamado "teoría de los sistemas" que ofrece una perspectiva alarmante.

Podría parecer presuntuoso por parte de nosotros intentar describir en estas líneas la complejidad y sutileza de la teoría de los sistemas. Es suficiente describir el paralelismo entre un sistema cerrado y uno abierto, y nuestra experiencia en relaciones antes y después de la recuperación.

La idea básica es que un "sistema cerrado" es aquel en el que no hay intercambio de energía con el ambiente exterior al sistema. Un "sistema abierto" es aquel en el que la energía ES intercambiada con el medio, del mismo modo que los seres vivientes toman alimento, oxígeno y experiencias, y transforman estas cosas en carne, energía y aprendizaje. Los sistemas cerrados con los seres vivos no pueden durar mucho tiempo. Al igual que a un astronauta en el espacio se le acabarán eventualmente la comida y el aire, un sistema cerrado con seres vivientes debe "abrirse" o morir.

Las relaciones adjetivas, con sus excesivas necesidades y demandas de salvación emocional o sexual, funcionan como sistemas cerrados de energía. En dichas relaciones, dos individuos (que realmente son no—individuos) se apoyan completamente en su relación para que sea la fuente de toda su identidad personal, de los propósitos y del significado de sus vidas. Cada persona funciona totalmente dependiente de la otra para conseguir una sensación de estabilidad. Sin embargo la "estabilidad" obtenida de esta forma no es y no puede ser estable. Como otros sistemas cerrados, no permite que ningún tipo de energía externa entre, ya que esto se percibe como una amenaza al sistema en sí.

Miremos un ejemplo de esta relación "cerrada", entre el Individuo A y el Individuo B. Supongamos que el Individuo A empieza a pensar en volver a la universidad, o cultivar nuevos amigos, o explorar algunas actividades que no incluyan al otro. El Individuo B, en el sistema cerrado, verá esto como una amenaza para conseguir satisfacer sus propias necesidades dentro de la relación. Después de todo, si el Individuo A gasta tiempo con otros amigos y actividades, el Individuo B no podrá continuar teniendo acceso ilimitado al Individuo

A. Forzado a participar en un arreglo en el cual se comparte el tiempo, el Individuo B, especialmente si es un adicto a¡ sexo y al amor, podrá sentir que sus necesidades no son satisfechas si tienen que ajustarse al horario de disponibilidad del Individuo aunque el Individuo A reserve ocasiones especiales de abnegación para el individuo B, el hecho de que puedan existir nuevas "posibilidades" se convertiría en una amenaza constante y en una fuente de ansiedad para el Individuo B. No importaría si estas posibilidades incluyeran el romance o el crecimiento personal; ambas cosas se verían como que el Individuo A no "estará allí" para satisfacer las necesidades del Individuo B. Siendo que la respuesta inmediata ante la demanda es el licor de la vida para el adicto en una relación cerrada, la posibilidad de ser desechado involuntariamente y empujado hacia la experiencia que ahora reconocemos como la abstinencia será vista como la perspectiva más desoladora de todas.

Confrontado con esta amenaza para el "sistema cerrado", el Individuo B tendrá que intentar sabotear la iniciativa del Individuo A de probar nuevas experiencias en la vida. No será difícil para el Individuo B lograr esto. Puede que el Individuo A haya querido expandir sus horizontes debido a sentimientos de relativa seguridad dentro de la relación con el Individuo B. Pero este sentimiento de seguridad, de "tenerlo hecho" en una relación adictiva, usualmente aparece como resultado de que la otra persona es más dependiente de la relación, aunque sea temporalmente. En realidad, la única "seguridad" que una relación adictiva puede tener es que "él/ella me necesita más de lo que yo lo/la necesito."

Sin embargo los papeles del Individuo A y del Individuo B, el que se siente "unido" y del que siente que "se desmorona", son intercambiables. Cada persona, en una relación cerrada, se siente "unido" en la medida que se pueda esperar que el otro se ¡"desmorone"!. El Individuo B, enfrentado con la amenaza de que el

Individuo A pueda no estar disponible, amenaza al Individuo A con tener que buscar en otra parte la satisfacción de sus necesidades, necesidades que pueden surgir en cualquier momento. El individuo A, que realmente es tan dependiente de la relación como medio para buscar un sentido de identidad y significado como lo es el Individuo B, entonces frustrará todos sus propios planes de vida, para así garantizar su propia seguridad.

Es así como en un sistema cerrado cada persona gasta cada vez más tiempo en pasar la pelota al otro, aunque cada vez reciba menos energía de lo que recibiría de una experiencia más amplia de vida. Para que ellos mantengan su seguridad esta energía debe gastarse en enviar la pelota hacia el otro, asegurándose que ninguno se extraviará, para que no se produzca una posible escasez del abastecimiento mutuo. Aunado al crecimiento de la pobreza en el alcance de las experiencias de la vida, cada persona, a los ojos del otro, interpreta cada vez más apasionadamente al "salvador", a pesar de los sentimientos ocasionales de que cada uno es el carcelero del otro. Cada persona que se apoya en el otro, intenta convertirse en la respuesta a toda la vida de manera que no existan intenciones de abrirse al exterior. Cada persona usa al otro para atrofiar su propia necesidad de crecimiento.

¿De dónde sale la energía para mantener esta relación cerrada? Inicialmente viene de lo que cada persona trae a la relación. Pero en la medida que la exclusividad de cada persona como fuente para satisfacer las necesidades de la otra se vuelve más absoluta, la reserva individual de cada uno se agota rápidamente. Cualquier amenaza que se perciba de que la otra persona puede perderse o no estar disponible provoca que cada uno se aleje de sus propios recursos individuales, lo cual más adelante agota la energía disponible, y provoca que cada uno demande, aún más, recompensas por parte de la relación. El "amante como salvador" también es el amante que el adicto necesita tomar como rehén para sobrevivir, y esto usualmente es cierto para ambos. Dicho sistema cerrado de energía nunca descansa, porque requiere cada vez más esfuerzo para crear la ilusión de estabilidad. Cada participante se pasea por sentimientos como si su sistema nervioso se consumiera desde adentro. Se acentúa una especie de estupor de sentirse medio vivo a través de ataques de furia asesina o deificación infantil del otro. Claramente los "crímenes pasionales" son una posibilidad que va en aumento en la medida que esta situación continua. Cada persona en la relación necesita "vivir", tener una vida propia. Ya sea consciente o inconscientemente, cada uno puede odiar al otro por privarlo de esa vida aunque se interprete como el más real de todos los odios, este se dirige hacia uno mismo, ya que la verdad es que cada uno se ha omitido de vivir realmente. Tal sistema cerrado, con los adictos al sexo y al amor como participantes, debe colapsar inevitablemente. A medida que reflexionábamos sobre el concepto de un sistema cerrado de energía, este era terriblemente familiar para muchos de nosotros. Nuestras historias personales nos dieron una amplia base de datos de la inevitable decadencia y el colapso que este tipo de relación postulaba ahora, a medida que considerábamos lo que el verdadero compañerismo podría ser a la luz de los "sistemas abiertos", nos dimos cuenta de que nos encontrábamos en un nuevo territorio donde carecíamos de cualquier experiencia directa. En este punto necesitábamos un salto de fe para ser capaces de creer que los "sistemas abiertos" podrían en realidad existir para nosotros en el plano de las relaciones humanas.

A medida que pensábamos en esto, nos parecía que si siempre podía entrar nueva energía al sistema para reponerlo y mantenerlo, la condición empobrecida que resulta del inevitable colapso del sistema cerrado podría evitarse. La energía circularía a través del sistema, al igual que en el interior del mismo. En las relaciones humanas dos individuos pueden nutrirse mutuamente e inclusive intercambiar energía a través de las experiencias externas a la pareja. En vez de sentirse completamente dependiente el uno del otro, los individuos en una relación de sistema abierto de energía pueden tener un cierto grado de autonomía. Su habilidad para funcionar podría estar sólo parcialmente dependiente del otro, al igual que se podrían adaptar más fácilmente a cualquier tipo de cambios. Muy básicamente, sabíamos que, en un sistema cerrado, la dependencia total de cada persona del otro implicaba serias consecuencias para ambos a menos que un factor externo hiciera cambiar el comportamiento de uno de ellos. En contraste, una relación abierta de energía tenderá a mantenerse a pesar de que el cambio en las condiciones afecte a cualquiera de las personas de la relación.

Este concepto parecía respaldar la posibilidad de que podrían existir relaciones en las que la vida y actividades de ambos compañeros se traslapen parcialmente. No puede existir un contrato de "exclusividad de vida" entre ellos, para proteger a cada persona de sentirse expuestos a otras experiencias e intereses en la vida. Para cada persona la relación puede representar una importante fuente de estabilidad, sin promover la exclusión de los demás. Las personas involucradas, ya sea individualmente o como compañeros, estarán disponibles para un rango más amplio de las experiencias de la vida, en vez de estar disponibles únicamente para lo que la relación por sí sola puede ofrecer a cada uno.

De hecho, esta superposición parcial del grado de participación puede mejorar la relación. Cada compañero podrá aportar a la relación los frutos de las experiencias de crecimiento personal a las cuales cada uno ha sido expuesto. La relación de compañerismo puede enriquecerse mucho más como resultado de lo anterior. Tampoco existirá la necesidad de aferrarse el uno al otro por miedo de que el sistema se agote a sí mismo. No existirá dicha posibilidad siempre y cuando la relación permanezca abierta, y mientras cada compañero mantenga su capacidad para crecer. La idea de volver a la universidad no significará una amenaza para dicho sistema. Cada compañero sabrá que se puede sentir feliz en la relación mientras cada uno tenga la oportunidad de apreciar el cumplimiento de su potencial intrínseco. El enriquecimiento a través de la relación y la intimidad dentro de ella, sólo pueden ser apreciados mientras cada compañero procure sentirse enriquecido en todas las áreas de la vida, aprovechando todos los recursos apropiados.

En la relación cerrada y adictiva con énfasis en la dependencia emocional, el peor miedo era que la relación fracasase. Un fracaso en la relación es el equivalente a la muerte psicológica de ambos participantes, alimentando el pánico por encima de cualquier pequeño temblor. En una relación abierta, sin embargo, el fracaso de la relación no significa "la muerte" de los individuos involucrados. La pérdida de la autonomía personal y el extravío de la dignidad personal, podría parecer mucho peor. La tarea de mantener la dignidad e integridad personal puede, por lo tanto, ser experimentada como un valor que trasciende el final potencial de una relación. Esta ansiedad disminuida con respecto a la supervivencia personal si la relación fracasa, podrá servir, paradójicamente, para reducir la preocupación sobre la posibilidad de que exista tal fracaso. El sentimiento de libertad personal de cada uno de los compañeros en la relación mejorará, y dicha relación podría tener una buena oportunidad de perdurar.

La gran pregunta era: ¿Podremos, de hecho, teniendo en cuenta nuestras terribles historias personales en relaciones adictivas de "energía cerrada", estar disponibles en una relación positiva, cuya existencia parecía sugerir la teoría de los sistemas? La gran respuesta era: no lo sabíamos, por lo menos al principio.

¿Qué sabíamos? Bueno, sabíamos cómo empezar a ser abiertos con los demás en S.L.A.A. prácticamente acerca de todo lo que pensábamos, sentíamos y experimentábamos. A través de esta apertura aprendimos algo acerca de la honestidad personal, y también aprendimos acerca de ser emocionalmente consistentes. También experimentamos cálidos sentimientos interiores que provienen de la sensación de pertenecer a la humanidad, que no se basan en la falsa pretensión, sino en la vulnerabilidad que se comparte.

Ya sabíamos algo con respecto al significado de la intimidad personal— volverse íntimo con uno mismo–. La abstinencia nos había enseñado algo al respecto. Éramos conscientes, a través de nuestra experiencia en las reuniones de S.L.A.A., de que por lo menos en el interior de estos santuarios éramos capaces estar rodeados de personas que en algún momento fueron los principales blancos de nuestra adicción. A través del compartir mutuo, hemos reconocido a estas personas como seres humanos, y que sus historias, en algunos de nosotros, alimentaban fantasías en las que habríamos podido triunfar sobre ellos. Mitos acerca de su grado adictivo de atracción fueron desencantados frente a nuestros ojos. Nuestras interacciones con otros eran mutuas y cada vez más auténticas. Inclusive tuvimos momentos en los que éramos capaces de escuchar el compartir de otra persona en referencia a alguna historia de la adicción al sexo y al amor con total neutralidad en temas tales como el género de la persona o su preferencia sexual. Cada vez más "escuchábamos" el latido de nuestras características humanas en común, trascendiendo los límites de género, preferencia sexual o metas sexuales específicas.

Éramos gotas del mismo océano.

Esta reorientación gradual y extremadamente necesaria en la relación con los demás miembros de S.L.A.A. contenía muchos temas similares a los que refleja cualquier perspectiva de una relación de pareja, con respecto a niveles crecientes de honestidad, confianza, intimidad y compromiso. De hecho, S.L.A.A. como un todo era un sistema abierto de energía, que recibía mucho de lo que parecía ser un flujo constante de la gracia Divina. Estábamos viviendo un proceso de curación.

Así fue como muchos de nosotros empezamos a construir una relación de pareja a medida que el síndrome de abstinencia disminuía su fuerza, nos sentíamos listos para buscar y ser buscados por situaciones de la vida donde poder empezar a construir una relación de pareja.

Obviamente, nuestros futuros compañeros entraban en una de las dos categorías existentes. O decidíamos intentar volver a una relación con una persona con la que previamente habíamos estado involucrados (aunque defectuosamente)*[7] ó emprendíamos el proceso de construir una relación de pareja con alguien nuevo.

Ya sea que recogiéramos los pedazos de una relación pasada o emprendiéramos una relación nueva, nos enfrentábamos a tareas de gran envergadura aunque las características necesarias para lograr una relación exitosa en uno u otro caso tuvieran mucho en común, cada circunstancia—ya fuera la de reconciliación o la de empezar de nuevo—tenía sus propios problemas y tareas específicas.

El Proyecto de Reconciliación

Al intentar la reconciliación con un cónyuge del cual nos habíamos separado o de un antiguo amante, nos dimos cuenta que las tensiones de la reconciliación eran tan ciertas como las tensiones que sentimos al separarnos. Por un lado, muchos de nosotros estábamos apenas seguros de poder mantenernos libres de la adicción. Cuando estas personas6 que fueron parte de nuestra vida se reunieron con nosotros, en realidad nos enfrentamos, primero, a nuestro propio compromiso con la sobriedad, el cual hicimos al principio de la abstinencia. El concepto de "un día a la vez" se hizo crucial durante este periodo de reajuste y nuevos cambios.

Muchos de nosotros tuvimos charlas muy largas con nuestros antiguos cónyuges o compañeros antes de volver con ellos. A pesar de éste esfuerzo, nuestros sentimientos con respecto a estos individuos usualmente tomaban, durante la abstinencia, los matices rosa de la sensiblería y el idealismo, especialmente en circunstancias donde el antiguo cónyuge o amante vivía a una considerable distancia de nosotros. Ya no pensábamos en el viejo, crónico y quizás atenuado reconocimiento de las crisis de comunicación que antes nos habían paralizado. Desafortunadamente, si las dificultades de comunicación ocurrieron con anterioridad, ciertamente ocurrirían de nuevo, a pesar de nuestro recién descubierto estatus de "sobriedad."

Nuestras actitudes con respecto a la reconciliación usualmente traían consigo muchas expectativas, que no habían sido reconocidas, acerca de lo que pasaría. Estas expectativas casi siempre incluían sentirnos merecedores de cierto grado de atención especial, por parte de nuestro renovado compañero, como reconocimiento del hecho de que habíamos dejado de fornicar con otras

---

[7] Una persona así rara vez era objeto de adicción. Más a menudo la reconciliación era con alguien que no presentaba todos los síntomas de la adicción al sexo y al amor, pero que, en el pasado, había tolerado vivir con nosotros durante un período prolongado mientras estábamos activamente enfermos.

personas o de que habíamos dejado de estar disponibles para las aventuras románticas. Estas egocéntricas expectativas también se demostraban en nuestra actitud con respecto al sexo con nuestro compañero. Frecuentemente nos sentíamos altamente merecedores de imponer nuestros deseos sexuales. Esta estridencia, con respecto a nuestras necesidades sexuales, ¡casi siempre se encontraba en brutal contraste con la reticencia que antes habíamos cultivado en la relación durante los años adictivos! Durante aquel periodo nos interesaba especialmente eliminar el candor en las cuestiones sexuales. De hecho, muchos de nosotros invertimos mucho tiempo en seleccionar a nuestra antigua pareja "formal" para que fueran sexualmente inadecuados, no espontáneos, limitantes y aburridos; y al intentar garantizar estas metas, sabíamos que esa valoración nunca cambiaría ahora, "sobrios", a veces acudimos exigentes a ellos para que aprendieran a satisfacer nuestro estilo propio de apetitos sexuales.

Estas expectativas, y muchas otras como éstas, eran inevitables. La tarea general de intentar la reconciliación no era nada menos que aquella de trabajar con el viejo fango (¡que algunas veces parecía inacabable!) y confiar enteramente en los nuevos cimientos de la cooperación, la confianza y la intimidad. Esta tarea era y es gigantesca. Si no fuera por "un día a la vez", el desánimo durante los periodos difíciles habría sido más que de lo que éramos capaces de soportar. Y si nuestra rendición a la adicción al sexo y al amor no hubiera sido incondicional, probablemente nos habríamos paralizado frente a un desaire temporal al intentar (llenos de juicios) una relación de reconciliación; y probablemente habríamos ido a buscar las opciones adictivas.

Sin embargo persistimos, y he aquí el porqué: Sabíamos que nuestras dificultades de cooperación, confianza e intimidad estaban dentro de nosotros. A pesar de las provocaciones externas (las cuales, con nuestros antiguos compañeros, ocurrían con bastante frecuencia), sabíamos que éstas eran producto de nuestros asuntos personales. No podíamos culpar únicamente a la otra persona. Sabíamos que si abandonábamos un esfuerzo exhaustivo y honesto para explorar la reconciliación con éstos individuos, sólo podríamos reencontrarnos con estos mismos problemas más adelante en el camino; quienquiera que fuese nuestro "nuevo" compañero. Si nos alejábamos, podríamos cambiar el actor, pero no podíamos corregir el guión.

Por lo tanto, a menos que realmente supiéramos que una relación de pareja con un antiguo cónyuge o amante estuviera fuera de nuestro alcance, nos quedábamos en la relación. Cuando llegara el momento en el que realmente sabíamos que la reconciliación era imposible, nuestros sentimientos de tener "cosas sin terminar" desaparecerían. Podíamos vivir sin remordimientos y en franca tranquilidad. Todo este tiempo necesitábamos recordar que el éxito de cualquier empresa de reconciliación debía ser encontrado en nuestra capacidad sobria de encontrarnos presentes, emocional y mentalmente, en la relación de forma más o menos constante. Nuestra lucha por igualdad, en medio del barullo, se convertía en triunfo, independientemente de que la relación sobreviviera o no.

Dicha persona rara vez era un antiguo objeto adictivo. La mayoría de la veces, la reconciliación, era con alguien que no mostraba los síntomas de la adicción al sexo y al amor, pero que, en el pasado, había tolerado vivir con nosotros por un periodo prolongado de tiempo mientras que nos encontrábamos activamente enfermos.

Cuando la reconciliación sobrepasaba el hecho de refinar las viejas maneras, y empezaba convertirse una relación abierta y creciente, experimentábamos un estado de gracia, un sentido de encontrar algo que siempre estuvimos buscando, y que además, encontramos en el lugar donde menos pensamos que lo encontraríamos.

Para preparar el terreno de esta posibilidad, queremos mencionar algunos aspectos de nuestras dificultades; y de cómo estas empezaron a ser resueltas en el compañerismo.

Emocionalmente, el factor más importante que tuvimos que trabajar fue la desconfianza. La obvia desconfianza o aprensión que nuestro antiguo cónyuge o compañero tenía con respecto a nuestra aparente sobriedad en S.L.A.A. se resolvió relativamente fácil. Nuestro principal problema consistía en sentimientos residuales de desconfianza y resentimiento que tuvieron mucha fuerza en el pasado. Estos sentimientos podrían volver a estimularse, o dispararse, a través de cualquier circunstancia actual que remotamente se pareciera al pasado. Un compromiso roto en ocasión de llegar a casa para cenar, o planes de pasar tiempo juntos en alguna parte que fueran echados por tierra—la clase de circunstancias que completamente son un hecho y que son cosas normales en todas las relaciones de pareja—podría hacer que nuestros compañeros se decantaran en los antiguos y dolorosos sentimientos. Esto ayudaría a polarizarnos con el tema de la confianza, y en ocasiones reaccionaríamos desafiantes, proclamando que no intentábamos vivir el resto de nuestras vidas en un estado de credibilidad dudosa.

Quizás, más desafiante fuera la situación cuando nuestros compañeros parecían "distantes" o "alejados" de nosotros. En ocasiones estos humores parecían tener vida propia. Muchas veces no podían ser relacionados claramente a ninguna situación específica. Los encontrábamos especialmente en los momentos en los que hacíamos un esfuerzo particular para comunicarnos (en los que casi siempre llevamos por dentro necesidades no asumidas que requerían ser reconocidas debido al esfuerzo que estábamos realizando), y es posible que estallase una guerra mundial. Este tipo de conflicto, que aparecían por ninguna razón en especial, era el asunto más desalentador de todos. Este conflicto nos conducía a preguntarnos si nuestra premisa de reconciliación podría haber sido un completo error. ¿Permanecía mucho daño del pasado como para poder ser sanado? Nos dolían estas preguntas, pero no huíamos de ellas.

En el área de la sexualidad, se desplegaron dificultades similares. Muchos de nosotros recordábamos muy claramente relaciones adictivas específicas que contenían sexo explosivo como parte del paquete. Estas intrigas se distinguían por un grado de intensidad sexual que pensábamos que era imposible de obtener en nuestra relación de reconciliación. ¡Sin embargo esperábamos tenerlo! Quizá pudiéramos derribar las barreras que habían caracterizado nuestra relación pasada, en la que asumíamos que estas barreras se debían a la reticencia de nuestro compañero. Secretamente ansiábamos revivir, en nuestra actual reconciliación, la excitación y la sensación de abandono las cuales habían sido un distintivo de alto valor durante el periodo de adicción, y estas sensaciones contribuyeron en gran parte a formar nuestra definición de "amor." Esta esperanza de revivir la intensidad sexual con nuestro compañero de reconciliación era ciertamente un deseo entendible. Sin embargo, no existía tal cosa como la formula sencilla para crear el "amor" o la satisfacción sexual.

A medida que renovábamos nuestro contacto sexual con nuestro compañero, todo era extremadamente familiar demasiada auto-conciencia, nada de espontaneidad, no mucha chispa, etcétera. Pero ahora estábamos sobrios y ¡sentíamos que teníamos el derecho de señalar nuestras quejas! Además, nuestras vidas eran abiertas; y habían estado así por cierto tiempo. Así pues, no podíamos esconder nuestros sentimientos, ¡Dios mío, que doloroso era! Nuestro reconocimiento de la falta de satisfacción sexual con nuestro compañero podía traer una intensa tristeza y sentimientos de pérdida por la pasión y la adrenalina de nuestras antiguas vidas adictivas. Aturdíamos a nuestro compañero de reconciliación y nos enojábamos con él/ella. Él/ella también se sentían exasperados y abandonados.

Sin embargo, en la atmósfera de estas difíciles, pero a la vez completas, revelaciones, empezamos a escuchar cuales eran las perspectivas de nuestro compañero en todo esto, y nuestra habilidad para "escuchar" mejoraba mucho cuando no nos encontrábamos demasiado ocupados declarando nuestras propias demandas sexuales y nuestro "derecho" a tenerlas. Lo siguiente es algo de lo que llegamos a escuchar: Inclusive en las ocasiones en las que nuestro compañero no "supiera" de nuestras actividades extracurriculares durante la adicción activa, en realidad nunca disfrazamos nuestra no disponibilidad emocional. Quizás pensamos que ocultábamos nuestros sentimientos, pero estos sentimientos fueron percibidos intuitivamente por nuestro compañero. El resultado de todo esto fue que nuestro compañero empezó a "apagarse" automáticamente, sin importar si él/ella fueran conscientes de esto. Ocurría automáticamente. En la medida en la que el mensaje intuitivo avanzaba a pesar de nuestras ruidosas (o silenciosas) protestas, negando que tuviéramos otros intereses, nuestro compañero se sentía impulsado a tener sexo con nosotros por miedo a que si él/ella no lo hacía, ¡podríamos volver a perderlo! Hasta ahora el motivo siempre fue: "si no me interpongo en su camino, lo/la voy a perder nuevamente", cualquier posibilidad de chispa o espontaneidad en el sexo, por parte de nuestro compañero, fue previamente eliminada. En su lugar el sexo se convirtió en una forma de extorsión.

Esto no era todo. Nuestro antiguo compañero usualmente sentía que él/ella estaba siendo comparado con cualquier otro amante o compañero sexual que hubiéramos tenido. Sentía que mientras teníamos sexo con él/ella estábamos calificando su ejecución. Y lo cierto es que en la realidad esta percepción casi siempre era correcta. ¡Qué efecto tan espeluznante tenían estas condiciones sobre la espontaneidad de nuestro antiguo compañero! De nuevo, fuimos capaces de percibir todo esto. Vale la pena repetir que este drama del agobio sexual se compara al que ocurre en las relaciones donde el antiguo cónyuge o compañero nunca tuvo ningún conocimiento real de lo que hacíamos como adictos al sexo y al amor. Durante muchos años creímos que nos "habíamos salido con la nuestra", cuando todo el tiempo estuvimos impidiendo cualquier posibilidad de plenitud sexual y emocional con nuestro compañero, la persona con la que supuestamente nos encontrábamos más intensamente conectados. Era vital que escucháramos con cuidado la perspectiva de nuestro compañero de reconciliación en relación con estas cuestiones. Solo a través de escuchar cuidadosamente y de la apertura total con respecto a estos asuntos podríamos obtener una buena idea de las consecuencias que tuvo nuestra adicción y de cuáles serían ahora nuestras tareas.

Al final de un largo camino de intentar que nuestro compañero de reconciliación cumpliera nuestras demandas sexuales, o de intentar abstenernos de solicitar dichas demandas por la sola "virtud" (un típico caso de asiento del diario de contabilidad: donde abstenerse ahora significa recibir recompensa sexual después), necesitábamos volver a rendirnos. Esta rendición consistía en la admisión, a un nivel profundo, de que no existía en nosotros, al menos hasta este punto, ningún conocimiento de en qué consistía una relación sexual sana. Nuestro compañero se sentía abatido y deshecho debido a nuestras crecientes expectativas referentes al sexo. Nunca existió una ocasión lo suficientemente libre de nuestras expectativas sexuales como para que nuestro compañero pudiera experimentarse a sí mismo como un ser sexual en su propio derecho. Nuestro compañero se sentía como un perdedor y además lo decía. La rendición necesaria era la siguiente: Más allá de todas las proclamaciones que hayamos hecho con relación a nuestros derechos y jurisprudencia con respecto al sexo, también nos sentíamos como perdedores. Teníamos que admitir que nuestro miedo de sentirnos privados sexualmente algunas veces era descontrolado. La privación sexual, para nosotros, se experimentaba como un rechazo total. Cuando éramos víctimas de este miedo no existía un punto medio, ¡este miedo penetraba en todas las áreas de nuestra vida! También sabíamos que lo que necesitábamos en una relación con nuestro compañero era confianza e intimidad. Nuestro miedo de privarnos sexualmente en realidad era un miedo basado en la desconfianza básica de que el otro estuviera dispuesto a tomar nuestras necesidades seriamente, emocional y sexualmente. Sin embargo no confiábamos en nuestras propias "necesidades" porque estaban muy enraizadas en la adicción.

En la medida en que compartimos nuestros sentimientos profundos y privados de sentirnos como perdedores en el ámbito sexual, descubrimos con nuestro compañero un territorio común en el cual la comunicación—enviar y recibir—podía darse: cada uno se sentía como un perdedor—ambos éramos perdedores.

Ahora ambos habíamos admitido esto. Quizás éramos perdedores por distintas razones, pero el sentimiento de ser un perdedor era el mismo. La estridencia de las acusaciones y la negación de las mismas, a pesar de las buenas intenciones y de las frustraciones existentes aminoraban poco a poco, y nos encontramos experimentando la misma grave situación. Sin expectativas ni sentimientos de dolor, nos convertíamos en dos personas luchando por la cercanía y la renovación a nivel espiritual. Éramos retoños verdes buscando la luz solar, creciendo rápidamente en una especie de antiguo campo de batalla desde debajo de una pila de casquillos de balas de artillería a medida que nos conocíamos el uno al otro en este plano de vulnerabilidad compartida, completamente desprovistos de cualquier pretensión, empezó a aparecer una cálida luz en nuestro interior. Podíamos llorar o reírnos, o ambas cosas a la vez. El sentimiento de despotismo había desaparecido. Era como si al conocernos dentro del nivel de las angustias compartidas, de pronto participáramos en el cálido resplandor de una maravillosa unidad física. Nos sentimos humanos, quizá sumamente humanos. Podíamos acercarnos con amor; podíamos dejar que nos amaran. En este maravilloso clima de curación ninguno era culpable o inocente; estos conceptos simplemente no se aplicaban. Simplemente éramos dos personas.

Desde el punto de vista positivo, nuestra experiencia mutua como "perdedores" nos liberó de proyectarnos como "el enemigo." Como adictos al sexo y al amor podíamos deshacernos del mito de la inadecuación sexual de nuestro compañero. Nuestros compañeros se dieron cuenta de que ellos eran capaces de ser menos críticos y de sentirse menos explotados por nuestra persistencia sexual, aunque fuéramos capaces de admitir que nuestras propias expectativas normalmente eran un poco exageradas.

Comenzó una nueva etapa de exploración y entendimiento. Teníamos mucho que aprender juntos. Por ejemplo, si el ritmo sexual de nuestro compañero consistía en cuatro días, y el nuestro era de dos o tres días, nos dimos cuenta de que esta discrepancia era suficiente, si no se reconocía, para generar un conflicto y falta de comprensión. El compañero con el ciclo de cada cuatro días percibiría las solicitudes cada dos o tres días como "excesivas." Sin embargo, para aquellos de nosotros que "reciclábamos" en dos o tres días, la reticencia de nuestro compañero podría significar la negación del sexo. Pero desde el punto de vista de la vulnerabilidad compartida ya no era cuestión de: "¿Quién tiene la razón?" o "¿Qué 'ritmo' es más razonable?; sino que se trataba de "¿Cómo, teniendo en cuenta la inevitable naturaleza de este conflicto, podemos negociarlo constructivamente?"

Las negociaciones en estos asuntos, y muchos otros, eran muy largas. Las antiguas expectativas programadas, la desconfianza y el miedo de la privación aparecían muy profundamente arraigados. El progreso era lento. De alguna manera nuestras vidas como adictos sobrios al sexo y al amor habían sido más sencillas antes de estar en pareja, porque era mucho más fácil de manejar el hecho de no tener sexo que trabajar este asunto con otra persona. Sin embargo, ahora nos encontrábamos en una relación, y continuábamos experimentando caminos para manejar las expectativas sexuales. Por ejemplo, intentábamos alternar la persona que iniciaría el sexo, o inclusive intentábamos no tenerlo del todo. Ocasionalmente procurábamos un encuentro en el que la persona a la que se le acercaban podría decir ocasionalmente que "No", pero se vería obligado a prever, en otra ocasión, de una iniciativa de acercamiento con la persona que inició el contacto. Probamos muchas variaciones de estas líneas. Como adictos al sexo y al amor, una de las ataduras que sentíamos era la siguiente: ya que nuestro propio "tiempo de reciclaje" (¡que no es un concepto científico!) era usualmente el más corto de los dos (¡rara vez esto era una sorpresa!), tendíamos a convertirnos en personas deprimidas y vengativas si nuestro compañero decía "No". Sentíamos que nuestro compañero tenía lo mejor de dos mundos. Él/ella no podía decir que "No" a nosotros, sin embargo cuando él/ella quisieran tener sexo, él/ella sabía que nosotros estaríamos disponibles. Esta aparente inequidad, en algunas situaciones, hizo que nosotros mismos quisiéramos contener nuestro deseo de sexo, con la esperanza de poder reducir las posibilidades de manera que nuestro compañero se convirtiera en una masa de lujuria llena de deseos—que es la condición en la que pensábamos que nos encontrábamos cuando se nos negaba el sexo. Algunas veces, como medida correctiva, sentíamos que teníamos que "probarle" a nuestro compañero que nosotros también éramos capaces "vivir sin" sexo, inclusive si nos preguntábamos si nos desgarraría interiormente como resultado.

En cualquier caso, estas confusiones de motivos mezclados, y muchas otras como éstas, no eran poco usuales. Las frágiles bases de confianza e intimidad podían ceder, en un momento determinado, a la vieja lucha de poder. Sin embargo, a través de todo esto, aprendimos las alternativas a la manera en que siempre habían sido las cosas entre nuestro compañero y nosotros, y nos dimos cuenta de que si existían alternativas. Inclusive una ocasional y maravillosa experiencia de candor y amor genuino era suficiente para mantenernos trabajando en las cuestiones sexuales y emocionales dentro de nuestra pareja. Sabíamos que había oro, pero había que encontrarlo y luego compartirlo; pero esto sólo se daría si seguíamos trabajando juntos.

En la medida en que progresaba nuestro aprendizaje, encontramos que la calidad de nuestra relación sexual era afectada en gran medida por otros problemas familiares. La actitud de nuestro compañero en referencia a la expresión sexual usualmente iba directamente relacionada con la calidad de nuestra disposición para estar disponible para el cuidado de los niños u otras tareas domésticas. Nuestra vida sexual no era un ente aparte. Era el barómetro de nuestra disponibilidad emocional y de la calidad de comunicación en la relación. Al mejorar la calidad y consistencia en la que compartíamos todos los aspectos de nuestras vidas domésticas, nuestras experiencias en la sexualidad compartida también mejoraban. Nuestros cónyuges, a los que antes habíamos tachado de perdedores sexuales, evolucionaron frente a nuestros ojos para convertirse en compañeros sexuales completos. Este cambio, a pesar de que fuera lento, fue notable y se extendió al terreno del tacto y de la conciencia corporal. El sexo se liberó para convertirse en todo lo que podía ser. Como expresión de nuestro amor cada vez más profundo, era estupendo, usualmente juguetón y maravillosamente satisfactorio.

Al mismo tiempo, cada vez dependíamos menos del sexo para mantenernos juntos. La tiranía de la expectativa había disminuido. ¡Descubrimos que nuestro compañero podía disfrutar el sexo tanto como nosotros! Y nosotros lo experimentábamos de manera diferente. El horario rígido de "encuentros sexuales" empezó a dar paso al crecimiento de la confianza en el ritmo sexual y emocional de nuestro compañero (y en nosotros mismos), y en nuestro mutuo compromiso para trabajar estos temas constructivamente. Empezamos a confiar en que estábamos "Bien" y que nuestro sistema de compañerismo era saludable y auto-correctivo. Podíamos dejar de contar orgasmos.

Las necesidades emocionales con las que antes sólo habíamos lidiado a través de sexualizarlas, ahora las tratábamos separadas del sexo. Usualmente deseábamos tiempo para estar juntos, así como "salir a tomar el té", o una cena ocasional fuera de casa. Encontramos que era muy importantes programar actividades no—sexuales juntos de forma regular.

Gradualmente, la comprensión de que toda la antigua orientación de nuestras vidas juntos, que se había estresado tanto bajo el impacto de la adicción activa al sexo y al amor, se había transformado. Ya no vivíamos sin esperanza los antiguos patrones destructivos del pasado, habíamos sufrido un cambio total en nuestra relación. A través de la profunda destrucción que produce la adicción al sexo y al amor, a través de pronosticar la inseguridad de una difícil relación de reconciliación, a través de un prolongado proceso de aprender a arreglárselas en un laberinto de problemas y cosas sin resolver, nuestros compañeros y nosotros mismos, nos abrimos a un plano de vida verdaderamente expansivo, dentro de una amorosa relación de pareja. Nuestra riqueza de experiencias compartidas, nuestra profundización del conocimiento y la comprensión de cada uno, empezó a llenar la promesa del amor que va creciendo, que es exactamente lo que siempre estuvimos buscando en una relación. Ahora éramos capaces de amar y de ser inmensamente amados, redimidos y llenos de gracia, y sabíamos que esto era verdad. Nuestra apreciación de esta recién encontrada riqueza, todavía hoy, continúa creciendo.

Nuevas Relaciones de Pareja

Hubo algunos de nosotros que estábamos listos para empezar una relación de pareja, pero que no nos sentíamos unidos por la misma sensación de "asuntos sin terminar" con un antiguo compañero o cónyuge. Esta disposición hacia la posibilidad de una nueva relación era evidente cuando, contradictoriamente, no existía la urgencia de iniciar una nueva relación. Una vez dejados atrás los rigores del síndrome de abstinencia, habíamos firmado un tratado de paz con la perspectiva de vivir dentro de los límites de comportamiento necesarios para mantener nuestras vidas sobrias. Incluso sin saber lo que una relación de pareja traería consigo, o incluso sin saber lo que es una relación de pareja, sí sabíamos algunas cosas con respecto a la forma en la que habríamos tenido que vivir si íbamos a sentirnos cómodos y permanecer sobrios. Estas cosas que podíamos hacer para asegurar nuestra sobriedad y nuestra paz mental, sabíamos que tendríamos que mantenerlas en cualquier nueva relación.

De hecho, el grado de honestidad y apertura que pudiéramos mantener, nuestro compromiso activo con S.L.A.A. y la extensión que todo esto pudiera tener al compartirlo con otra persona, se convertiría en el indicador de si podría o no existir la posibilidad de desarrollar una relación de pareja con esa persona. La perspectiva de un posible compañero que fuera incapaz de aceptarnos como éramos nos pondría en una encrucijada. O nos adaptábamos para llenar las expectativas de nuestro posible compañero, o tendríamos que reconocer que la materia prima para una relación de compañerismo no podía ser encontrada con esta persona en particular. Si lo último fuera el caso, tendríamos que dejar ir la relación.

En realidad la opción de "adaptarnos" para llenar las expectativas de otro era insostenible. Durante gran parte de nuestras vidas en la adicción las relaciones de pareja fueron construidas sobre esa estrategia, en ausencia de tener un sentido real de quiénes éramos como personas. Era imposible saber, y jamás lo sabríamos, como después de todo el proceso de abstinencia podríamos mantener una relación en la que tendríamos que destruir una parte substancial de nosotros para poder ser más deseables a los ojos de otro. No gracias.

Nuestra creciente habilidad para medir con claridad el potencial del compañerismo en diversas relaciones algunas veces nos dejó muy desalentados mentalmente. Por un lado, ahora nos encontrábamos muy despiertos y conscientes, muy en contacto con la realidad, Por el otro lado, este mismo nivel de conciencia parecía una confusa bendición. La cantidad de posibilidades de relación que escogíamos evitar, nos hacía preguntarnos si dichos estándares de relación tan altos e imposibles no eran una forma de relegarnos, sin saberlo, a una vida en aislamiento. Meditamos la posibilidad de que con menos conciencia ya podríamos encontrarnos envueltos en relaciones benditamente desatinadas en una gran cantidad de ocasiones. Cuando nos sentíamos solos, únicamente nos acordábamos de la emoción que los inicios de nuevas relaciones, aunque fueran imposibles, podrían contener. Sin embargo, para bien o para mal, nuestra conciencia de la necesidad de permanecer sobrios no fue eliminada a través de estos melancólicos deseos. De hecho, tarde o temprano, estaríamos listos.

Y otras personas también estarían "listas" para nosotros. Algunas veces encontramos a alguien con quien un lazo de amistad empezaba a desarrollarse como algo más. Quizás un nuevo conocido o un "amigo de un amigo" aparecía en nuestras vidas, con el cual cabría la posibilidad de una exploración más profunda de los valores interpersonales. No es necesario mencionar más nada con respecto a la aparición de dichas oportunidades. Supuestamente la mano anónima de un Poder Superior tenía influencia en dichas ocasiones. En cualquier caso, cuando estuviéramos listos, todo parecía ocurrir apropiadamente. Y si no estábamos listos, ningún tipo de manipulación podría contribuir para que se convirtiera en una posibilidad real.

En contraste con aquellos de nosotros que enfrentábamos proyectos de reconciliación, aquellos de nosotros que empezábamos de nuevo pensábamos que iniciábamos, relativamente, con la pizarra en blanco. A medida que nuestras vidas actuales no se vieran afectadas por personas de nuestro pasado adictivo, comenzaba a ser cierto el hecho de empezar con la pizarra en blanco. Sin embargo, esta condición de encontrarnos relativamente libres de las repercusiones de nuestra adicción activa al sexo y al amor, significaba que cualquier nueva situación romántica o sexual podía traer muchas novedades consigo. Tendríamos que ser cuidadosos de no dejarnos llevar por esta situación. Por encima de la inevitable y emocionante "novedad" en cualquier relación que estuviéramos comenzando, especialmente aquellas que incluían la posibilidad de intimar física y emocionalmente, sabíamos que no podríamos construir una relación de pareja sobre la base de esa novedad.

Este problema de la novedad se relaciona muy estrechamente con muchas otras experiencias que atravesamos durante el período adictivo, específicamente, el cultivo de una auto-imagen heroica que habíamos asumido en las relaciones. Por ejemplo, conseguíamos cualquier nivel de éxito o de reconocimiento del mundo exterior debido a nuestro talento, usualmente creíamos que dicho logro requería que nuestro compañero siempre lo tuviera presente y que lo elogiara constantemente. Esto es igualmente cierto en aquellas ocasiones en las que sentíamos que nos habían pagado poco a través del reconocimiento verbal, y esperábamos que aquellos que estaban cerca de nosotros repararan esa diferencia de pago.

De hecho, realmente demandábamos esta clase de homenaje porque secretamente sentíamos que sin nuestra heroica "moneda de cambio" no seríamos merecedores de ser amados. Lo que habíamos cultivado no era una relación de compañerismo. Literalmente intentamos enseñar a estas personas y convertirlas en miembros de nuestro culto propio. Esto significa, que mientras nos ocultábamos detrás del "reconocimiento" que el mundo algunas veces nos concedía (o debía habernos concedido, considerando nuestra manera de pensar), intentábamos obligar a las personas más cercanas a nosotros para que reconocieran este hecho, nos colocamos detrás de una barricada para alejarnos de sentirnos genuinamente aptos alrededor de estas personas. Nuestras súplicas para obtener reconocimiento con respecto a nuestra "importancia" en el seno del hogar, constituían un lamento fútil dentro un mausoleo auto-construido de soledad y aislamiento.

¿Cómo podíamos ser "no-heroicos"? ¿Podría una pareja potencial sentirse atraído por nosotros si renunciáramos al hecho de demandar homenajes? Empezamos a darnos cuenta de que no teníamos más opciones con respecto a esto. Nos dimos cuenta de que mantenernos tan "heroicos" o "excepcionales" dentro de una nueva relación de pareja equivaldría a intentar "dominar" el amor por control remoto. Ni el hecho de "dominar" ni el "control remoto" podían funcionar. Volvimos a matar la espontaneidad de nuestros compañeros; lo que hacía imposible la apertura y la cercanía dentro de la relación. En conjunto, estas dos características aparecían como dos golpes en contra de una verdadera relación de pareja.

También estaba claro que si nuestros nuevos compañeros en realidad eran personas en su propio derecho, no podían dejar que nos saliéramos con la nuestra al intentar colocarlos como la servidumbre de adoración "al alcance de la mano." Cualquier sensación de novedad que sintiéramos por nuestro compañero al principio tendría que disminuir y desaparecer. Para aquellos que se involucraban cada vez más con nosotros, nuestra habilidad para llevar a un gato enfermo al veterinario repentinamente, o recoger una bolsa de comestibles camino a casa, o aparecer con verdadera ayuda para el cuidado de los niños, era mucho más valioso que una reputación profesional, o cenas románticas a la luz de las velas en restaurantes extravagantes, o gestos o regalos magníficos.

Y nosotros teníamos que enfrentar la verdadera auto-imagen que se encontraba en el fondo de nuestra apariencia heroica, la cual no estaba a una altura heroica. En cambio, usualmente nos sentíamos esencialmente no dignos de ser amados, incapaces de amar y no merecedores de amor. Encontramos que nuestros compañeros, en muchas ocasiones, parecían apreciarnos por características que teníamos, las cuales considerábamos despreciable reconocer. En verdad, realmente no sabíamos el "¿Por qué?" o el "¿Para qué?" de ser amados. ¡Sólo podría ser el brillo exterior! Después de todo, ¿no nos encontrábamos también nosotros muy atraídos, y llevados por nuestra propia imagen heroica?

Sin embargo la razón por la cual nuestro compañero nos amaba no era esta. Ganar un sentimiento interior de amor–valía y cariño que se encontrara por debajo de los "titulares promocionales"—la campaña publicitaria—era muy difícil. Aunado al hecho de abrirnos para que otro nos "conozca" aparecía el riesgo de ser rechazados, un miedo aterrador y profundamente enraizado para todos nosotros. Encontramos que compartir nuestra vulnerabilidad de ser realmente "conocidos" por otra persona era la tarea más difícil de todas. ¡Y la necesidad de una completa revelación nunca parecía terminar! Podían ocurrir recaídas temporales en los viejos patrones de demandar, herir y acusar. Afortunadamente, las borracheras emocionales, o "borracheras secas", usualmente disminuían a través del contacto continuo con S.L.A.A.

Algunas veces el avance hacia una experiencia más profunda de vulnerabilidad compartida, confianza e intimidad era acompañado por lágrimas, un movimiento interior más profundo y dolor, nos dimos cuenta de que al ser conocidos y recibidos a este nivel por nuestros compañeros, nuestra fragilidad y terror podían convertirse en calidez y un sentimiento de pertenencia. Éramos amados como los seres frágiles que somos. Sentimos nuestro propio amor–valía en la medida que experimentábamos el valor de arriesgarnos a ser conocidos. Nos volvimos impacientes por lograr olvidarnos de representar los estándares heroicos o excepcionales. Queríamos liberarnos de estos grilletes y ser liberados de ellos. Estos grilletes eran parte de una armadura que nos había reprimido. Ahora anhelábamos tener la capacidad de conocer a otra persona como alguien real, de ser conocidos desde la parte más interna de nuestro corazón. Éramos tiernos y vulnerables, pero sin ser falsos. Éramos humanos: estábamos creciendo. Nuestra sensación de ser agraciados se profundizaba.

Al entrar en el terreno de las relaciones sexuales con nuestro posible compañero después de lo que a veces parecía una ausencia prolongada de cualquier contacto sexual, realmente enfrentábamos lo desconocido. La misión era distinta de la de aquellos de nosotros que estábamos en un periodo de reconciliación. En esta situación nosotros no nos enfrentábamos con nuestras antiguas inversiones al probar que un antiguo compañero era sexualmente inadecuado, o de que se encontrara en algún otro tipo de molde preconcebido. En cambio, nos encontrábamos nuevamente enfrentados a nuestras ideas con respecto al sexo. Frecuentemente, durante la abstinencia, especulamos acerca de lo que representaría reanudar el contacto sexual. Naturalmente, nuestras fantasías atravesaban toda la gama de posibilidades desde la excitación y el deseo desenfrenado, hasta el desapego y la fría indiferencia. Expuestos ahora a la realidad de un contacto sexual diferente, muchos de nosotros nos encontramos extrañamente reticentes. ¡Descubrimos que ahora habíamos invertido mucho en no dejarnos llevar con estas cosas!

Nuestras primeras experiencias dentro de esta nueva actividad sexual de hecho eran muy extrañas. Si nos encontrábamos muy atrapados en la búsqueda de felicidad sexual, reaccionábamos con dudas respecto a la forma en la que nos habíamos conducido. Esto nos llevó a compartir nuestras reservas con respecto a nuestro comportamiento con nuestros amigos en S.L.A.A., y quizás, mucho más importante, con nuestro compañero. Si nos sentíamos reticentes (el caso más usual) debido al miedo de que más adelante se nos considerara como personas sexualmente cautivantes, entonces también necesitábamos compartir esto. Quizás el común denominador en esta situación era que sin importar como experimentáramos nuestro primer contacto sexual con nuestro posible compañero, ya fuera que este contacto se caracterizara por ser un éxtasis sexual intenso o una disminuida participación independiente, todos nos sentíamos impulsados a experimentar reacciones de duda y presagiar la calidad de nuestro grado de participación. Nos sentíamos obligados a mantenernos dentro de un inusual alto estándar de pureza de nuestros motivos de involucrarnos sexualmente. Sin embargo necesitábamos saber que los motivos son raramente "puros" en el sentido de no ser mezclados. El aspecto más importante de todo esto consistía en mantener nuestras vidas abiertas a través de compartir lo más sinceramente posible cualquier reserva que tuviéramos. Esto era así incluso si sentíamos que nuevamente nos habíamos abandonado a nosotros mismos para conseguir un beneficio sexual, o que el sexo había perdido su chispa y espontaneidad y quizás nunca volvería a tener estas cualidades.

Al vigilar la calidad de los motivos que se escondían detrás de nuestro grado de participación sexual, y al compartir con otras personas nuestros sentimientos al respecto, empezábamos a ser responsables como compañeros sexuales, lo supiéramos o no. Nuestros miedos, dudas e inseguridades comunes nos guiaban a un compromiso más profundo. Las preocupaciones sexuales, una vez expresadas y compartidas, se convertían en preocupaciones emocionales que era necesario trabajar con nuestro compañero. La imposibilidad de mantener un oasis sexual en medio de un desierto emocional se confirmaba claramente.

Descubrimos que no podíamos iniciar ningún contacto sexual bajo falsas premisas. Después del acto sexual, no solamente necesitábamos compartir nuestras reacciones respecto a la calidad de nuestra participación en las relaciones sexuales, sino que también teníamos que estar conscientes, antes del acto, de cualquier necesidad que tuviéramos; ya que dichas necesidades podrían quedarse sin resolver para buscar un escape sexual. Por ejemplo, si nuestro nivel de frustración se debía a circunstancias difíciles en nuestro trabajo o en nuestra relación con otras personas, estas situaciones necesitaban ser marcadas. Marcarlas significaba revelar a nuestro compañero dichas circunstancias y nuestra frustración con respecto a ellas. Encontramos que si no intentábamos hacer esto, no encontraríamos verdadera reciprocidad en las cuestiones relacionadas al sexo. Sin reciprocidad cada persona solo podía "involucrarse" a través de razones privadas y sin reconocer. Entonces la otra persona tendría que ser tomada como una "función" del propósito para el cual estaba destinado a dar alivio. Un residuo de este tipo de alivio era una creciente sensación de soledad y aislamiento.

No decimos que revelar a nuestros compañeros las ansiedades y frustraciones provenientes de áreas no—sexuales podrían por lo tanto resolver esos problemas, o que todas las dificultades externas tendrían que ser resueltas antes de tener sexo. Decimos que siempre necesitábamos encontrar una base de reciprocidad, de compartir y de respeto, en la cual podríamos formar un canal de verdadera expresión entre nosotros y esta necesidad de cumplir con las revelaciones antes de hacer el amor. "Hacer el amor" solo podría ser "demostrativo del amor."

Si estábamos muy distraídos con problemas exteriores de manera que no se pudiera establecer un canal emocional que funcionara como una base para la intimidad sexual, entonces nos absteníamos de tener sexo bajo estas circunstancias. A pesar de ocasionales punzadas agudas de la antigua privación, el efecto final de abstenernos en dichas circunstancias era positivo. ¡De cualquier forma no intentábamos deshacernos de nuestros problemas a través de acostarnos con ellos! Reafirmamos, a través de actuar correctamente, nuestra propia dignidad e intimidad con nosotros mismos. En posesión de nuestra dignidad, podíamos estar seguros de que en el futuro aparecerían mejores terrenos para desarrollar una intimidad sexual saludable.

Ahora bien podría parecer que las cuentas y balances que ofrecía la apertura en nuestra relación de pareja (ya fuera una relación nueva o de reconciliación) y que casi todo el énfasis sobre la auto-seguridad y la vigilancia de los motivos sólo serviría para matar la genuina espontaneidad y el entusiasmo sexual. De hecho, al principio dichos atributos tan valorados tendían a quedar forzosamente de lado. Sin embargo el efecto acumulativo de este continuo cuestionamiento acerca de nuestros mitos y motivaciones sexuales constituían un clima de confianza e intimidad emocional que empezaba a desarrollarse.

En la medida en que esto ocurría, nuestras experiencias con el sexo y la sexualidad empezaban a sufrir un profundo cambio. La rigidez de nuestros seres empezó a nutrir una experiencia sexual más profunda y satisfactoria aunque renunciáramos a nuestra no reconocidas, muy íntimamente arraigadas y consolidadas expectativas, una gran cantidad de temas sexuales y emocionales surgieron en nuestra relación de pareja. De hecho nuevas experiencias de intensidad y de placer sexual fueron posibles para nosotros. Este desarrollo finalmente dio descanso a nuestras antiguas creencias de que la satisfacción sexual sólo podía encontrarse en los "subidones" de la novedad, la intriga, la búsqueda y la conquista. Este descubrimiento era todavía más maravilloso porque ya no dependíamos exclusivamente de la intensidad sexual para unir nuestra relación. El sexo era más satisfactorio de lo que nunca antes habíamos experimentado, aunque ya no fuera la fuente de tiranía sobre la cual muchos de nosotros nos habíamos reprimido. Dentro y fuera de sí misma, no podía hacer que una relación de compañerismo fuera "exitosa." En todo caso una nota significativa en el pie de página es que en una relación que ya era exitosa, la que la apertura, el compartir, la honestidad, la confianza y el compromiso eran todos partes indispensables y no relacionadas entre sí.

* * *

Para aquellos de nosotros en S.L.A.A. que nos acercamos a la construcción de una relación de pareja, ya sea un proyecto de reconciliación o una empresa arriesgada con alguien nuevo, lo que, en conclusión, nos vemos forzados a admitir es que nuestras experiencias todavía son muy limitadas. Mucho de lo que intentamos describir incluye deshacer los viejos patrones y actitudes. Atestiguamos haber pasado por esto. También hemos compartido un poco acerca de cómo aprendimos más y más formas de manejar el abanico de posibilidades de los cambios y las dificultades que se desarrollan. Sin embargo, necesariamente, este capítulo acerca de la construcción de una relación de pareja debe quedar incompleto.

Aquellos de nosotros que persistimos en el camino de la construcción de una relación de pareja sólo podemos agregar que hemos pasado del periodo de manejar el abanico de posibilidades hacia un nuevo plano de la experiencia humana que nunca antes habíamos conocido. Sospechamos que esta experiencia es la experiencia de vivir y amar auténticamente. Definitivamente va más allá de manejar los asuntos. Los terrenos sobre los cuales experimentamos nuestra relación como "buena" no pueden ser descritos simplemente como las funciones inversas de nuestras pasadas vidas adictivas. Sentimos que de hecho algo nuevo está presente. Es imposible describir estas cualidades con más detalle, porque son muy difíciles de comprender y podrían ser fácilmente malinterpretadas. Las capacidades descriptivas del lenguaje parecen inadecuadas para esta tarea.

La verdad es que sentimos que estamos "detrás de" algo grande. No sabemos a dónde nos llevará. Simplemente no sabemos cuáles son los límites superiores de las funciones humanas saludables. En cualquier caso, nuestra corazonada es que sólo somos novatos en esta vasta experiencia de vida, esta arena más amplia de la vida. Si todo lo que somos capaces de hacer aquí es transmitirte nuestro sentimiento de esperanza, y nuestra convicción de que una nueva vida de satisfacción, riqueza y misterio seguramente te espera en la medida en que avanzas en la sobriedad, entonces hemos cumplido nuestra labor.

Que cada uno de vosotros, en la medida en que se embarca en esta aventura, descubran su porción de la copa dorada: ese extenso milagro del que todos formamos parte. Estamos contigo. Todos somos viajeros unidos en el camino del destino, y todos tenemos mucho que aprender de los demás.

Historias Personales de Adicción y Recuperación

Abrirse a la Esperanza

"Qué piensas?" preguntó él.

"Pienso que he estado buscando una respuesta toda mi vida", le contesté, "y ahora tengo miedo de haberla encontrado." R. acababa de terminar de contarme su historia de la adicción al sexo y al amor, y me había visto a mi misma en todo lo que había dicho. Pero salí de allí con una sensación de rebeldía total. ¡No podía enfrentar otra adicción más! Tenía casi cuatro años de sobriedad en A.A. y mucho más tiempo que esto en Comedores Compulsivos Anónimos, con dos años de abstinencia. No era justo. Dios me pedía demasiado. No podía hacerlo.

¡No lo haría!

Pero la puerta hacia la honestidad que había sido abierta no podía volver a cerrarse. No recordaba los detalles de la historia de R—no quería recordar—pero tampoco podía cambiar la certeza interior de que yo también era lo que ÉL era. Mi única y dominante necesidad de estar en brazos de mis amantes, la necesidad de obtener más y más sexo, constituían una verdadera adicción, y la conciencia de esta realidad ahora estaba completamente despierta.

Pasé las siguientes dos semanas sintiendo un dolor creciente e intenso. Quería beber. Quería morir. Quería CUALQUIER COSA que no significara iniciar nuevamente el Primer Paso con una nueva adicción. Pero ya me encontraba firmemente dentro de ese paso, consciente de la impotencia de dicha necesidad e incapaz de parar; mi vida estaba totalmente fuera de control por causa de esa necesidad. Todo lo que necesitaba era abrir, deliberadamente, un poco más la puerta, y que un Poder superior a mi hiciera posible lo que yo no podía hacer sola.

La rendición no vino fácilmente para mí, pero tampoco lo había sido para las adicciones a la comida y al alcohol. Había usado la comida para llenar la soledad y para consolarme desde que tenía trece años. Para la época en que podía conseguir alcohol, cuatro años después, ya me encontraba llena de odio hacia mi misma y con la creencia de que había que culpar al mundo por ser delgado, como si la delgadez de pronto pudiera convertirme en una persona ingeniosa, confiada y hermosa. Sin embargo me atracaba de comida y aunque soñaba con estar delgada ("sólo una más, y entonces pararé"), seguía alimentando el problema (aunque la comida aminoraba el dolor que sentía).

Casi la primera vez que tuve la oportunidad de beber, me emborraché, estuve fuera toda la noche, dormí con varios hombres... y me encantó. De alguna manera parecía que esa persona que de repente se convertía en el centro de atención, que podía llevar a cualquiera a la cama, era mi VERDADERO yo. Sabía que nunca había encajado en el tipo de familia agradable con hermanos atléticos y padres que no beben o "tontean con otras personas", que van a las comidas de la iglesia y de vacaciones familiares. Aquí en los bares oscuros, rodeada de bebida y hombres—ALLI era donde yo pertenecía.

Al mirar retrospectivamente mi vida en sobriedad, siempre me pareció que mi familia era normal y cariñosa.

¿Por qué, entonces, yo me sentía tan poco amada y extrañamente fuera de lugar? Quizás no hay una respuesta única; quizás yo era una desafortunada combinación de genes. Pero no había dudas de que yo ERA diferente de mis hermanos. Simplemente era un hecho, que se hizo obvio muy temprano en mi adolescencia, que yo no podía enfrentar ningún problema o dolor de la vida sin algún tipo de droga, y que no podía ser feliz sin algo que ME OBLIGARA a estar feliz. A pesar de una vida familiar que parecía muy normal, los patrones estaban allí y se entretejían con mi adicción.

Un patrón consistía en una especie de reto acerca de "hacer lo correcto." Nadie en mi familia parecía "pecar." Ellos no fumaban o bebían, todos ellos iban a la iglesia, nunca nadie maldecía y mi padre jamás levantaba la voz. Dentro de mi empecé a sentir una culpa increíble con respecto a cada pequeña violación a la moralidad que ejecutaba y empecé a odiar a los "buenos–buenecitos parroquianos" a quienes yo pretendía parecerme. Por supuesto que la diferencia entre mis sentimientos y lo que aparentaba ser aceptable era tan amplia que aprendí a negar mis sentimientos; y buscaba excusas para no tener que etiquetarme como una "mala persona." Maldecía sólo por lo que tú hacías, bebía por lo que tú hacías, dormí con cien hombres por lo que ellos no me daban.

Me acostumbré tanto a negar mis sentimientos y a culpar a los demás por mi comportamiento que no tenía idea de que existiesen sentimientos como la ira y el miedo; me sentía incapaz de cambiar mi vida. Los sentimientos sexuales normales también eran inaceptables, ya que nadie mencionaba el sexo excepto incluyéndolo en el contexto de la inmoralidad. Había muy poca expresión de sexualidad o de interés sexual en mi familia, así que incluso los sentimientos normales me parecían terribles. Ya que ni siquiera podía mencionar el sexo, mucho menos manejarlo, rápidamente me obsesioné con él. Antes de que tuviera suficiente edad para ir a la escuela, ya tenía fantasías elaboradas de masturbación y encontraba en el placer que me daba a mi misma un alivio para todos los sentimientos que no podía etiquetar y que no sabía cómo expresar. Más tarde en la temprana adolescencia, pasaba horas masturbándome y fantaseando, estas actividades eran los únicos medios que tenía para expresar mis sentimientos. El patrón de abstinencia del contacto humano y la concentración en solitario para el alivio sexual, masturbándome hasta el clímax muchas veces durante la noche, se convirtió en una creciente parte de mi adicción activa.

Otro patrón en mi vida vino de los modelos de amor que estaban disponibles para mí. De mi madre recibí cálido maternalismo y de mi padre una aprobación intelectual orientada hacia los logros. Dé alguna manera yo no parecía poder integrar estas dos cualidades, así que decidí separar la forma intelectual de la sexual—emocional. Toda mi vida seduje a personas con mi intelecto, o las seduje con mi cuerpo. Nunca supe en realidad lo que significaba la intimidad emocional. Mientras sentía que yo era demasiado honesta como para robar, era tan deshonesta emocionalmente que no podía admitir, ni siquiera a mí misma, lo que realmente sentía. Con razón sentía dolor por necesidades que nunca parecían ser satisfechas. Y los patrones de comportamiento únicamente aumentaban mi culpa y mi vergüenza sin llenar esas necesidades, las cuales se traducían en una desesperada búsqueda por encontrar alivio. Encontré mi píldora mágica con la comida, era la automedicación para la soledad y la necesidad de compañía—y más adelante con el alcohol y las drogas—Cuando engordaba mucho, cambiaba al alcohol. Cuando me embriagaba mucho, cambiaba a la comida. Y debajo de todo esto se encontraba la secreta y doble vida que llevaba en el terreno sexual.

Antes de cumplir veinte años, me había acostado con más de cien hombres, sufrí enfermedades venéreas, intenté suicidarme tres veces, la policía y mis padres me enviaron a un psiquiatra y tuve un bebé que di en adopción. Era tiempo para mi primera cura marital.

Desafortunadamente mi incansable necesidad de descarga sexual ya era demasiado grande, gran cantidad de sentimientos y problemas encontraban su salida en el deseo sexual. Mi esposo y yo teníamos sexo cada día, pero nunca era suficiente. No podía ser feliz o satisfacerme; en ocasiones me masturbaba muchas veces al día, intentando liberarme de la depresión que sentía. Bebía más y conseguía amantes. La depresión aminoraba en la medida que la excitación, la decepción y la intriga se apoderaban de mi vida. Era una montaña rusa de miedo y lujuria, pero la emoción de las aventuras secretas y de nuevos amantes era de alguna forma satisfactoria y no quería parar. Algunas veces sentía vergüenza después de algún episodio degradante, como tener sexo con alguien en el rincón oscuro de un restaurante, entonces me proponía cambiar. Entonces permitía la aparición de mi sobrepeso, como para convertirme en una persona fea e indeseable. Entonces, conducida por la necesidad, adelgazaba y nuevamente comenzaba el ciclo de la seducción. Seducía a amigos, esposos de amigas, estudiantes jóvenes de la universidad que mi esposo aconsejaba, cualquiera... Inevitablemente me divorcié, e igualmente de inevitable el ciclo de seducción continuó, sólo que ahora más abiertamente. Nuevamente llena de culpa, intenté convertirme en una persona respetable casándome con ella (la respetabilidad). Escogí a alguien que conocí en un bar y usé el matrimonio como excusa para estar borracha (porque él me trataba tan mal), estar gorda (siendo que de cualquier forma él no me amaba) y para conseguir sexo en otra parte (ya que no lo conseguía en casa).

Los tres patrones adictivos progresaban y empeoraban juntos. Bebía para relajarme de manera que me ayudara a dejar de comer. Cuando comía, vomitaba la comida para no engordar. Intentaba permanecer delgada para así conseguir más hombres y más sexo y, también, para garantizarme que no estaría sola. Sufrí desmayos y depresiones profundas. Tuve intentos de suicidio y violentas resacas. Engordé y me enfermé. Contraje enfermedades venéreas. Cuando me encontraba en el patrón de comer compulsivamente, entraba en relaciones dependientes y masoquistas. Cuando estaba en dieta y delgada, me sentía muy sexy y corría de bar en bar y de cama en cama, con las inhibiciones suavizadas por el alcohol, bebiendo para olvidar, para luego salir con muchas más cosas de las que lamentarme.

Sin embargo en esos años de progresión insana de mi adicción, me las arreglé para trabajar como una profesional de la educación, ¡un "sustituto de la moralidad de la clase media"! Y todavía me pregunto por qué bebía para olvidar, para desconectarme. Rondando los bordes de la conciencia, siempre me encontraba la problemática sensación de que algo estaba mal, de que mi obsesión sexual no ocurría únicamente porque yo había tenido un mal matrimonio, o por los tiempos libertinos en los que vivía. Detrás de mí dejé un rastro de amistades rotas y abandonadas. Me mudé. Me volvía a mudar. Y de nuevo. Me detuve intentando hacer amigos ya que siempre era la "nueva en el área" o la que estaba a punto de irse. Y nadie me conocía lo suficiente para darse cuenta de que la soledad auto-impuesta escondía un gran vacío y una inhabilidad para amar—o para que a las personas que conocía siquiera les llegase a importar-. Desempeñé mi papel con habilidad—¡Gran Seductora!

¡La mujer que no necesita a Nadie!—Y nunca dejé que nadie se acercara lo suficiente como para que se diera cuenta de lo falsa que era.

En este punto sólo podía controlar mi compulsión con la ayuda de reglas (nunca seduzcas a amigos, a personas con las que trabajas o estudiantes), pero mis reglas eran rotas frecuentemente y empecé a asustarme. Resolví dejar de masturbarme, presintiendo que las horas que pasaba en cama con libros de pornografía eran un poco enfermas. Pero acabé con esa resolución en pocas horas. Empecé a llevar una pistola y a pensar en suicidarme, un final para todo el dolor.

Es otra historia como llegue a Comedores Compulsivos Anónimos y después a Alcohólicos Anónimos. Es suficiente decir que empecé a estar sobria sólo cuando parecía que la única alternativa posible era la pistola. La abstinencia era terrible, ya que no sólo era de drogas y alcohol, pero mantenerme fuera de los bares significaba no tener los contactos sexuales que llenaban esa compulsión. Tuve un ataque sicótico y terminé en un hospital mental. Siendo la rendición una simple necesidad, encontré tres padrinos en A.A., asistí a una reunión cada noche y empecé a recuperarme. Estuve sobria, pero no podía estar sola. Encontré un compañero sexual a las tres semanas de haber salido del hospital. Mi dolor disminuyó y me las arreglé para permanecer sobria.

Cómo cualquier persona que está sobria en A.A. mientras mantiene otra adicción, mi progreso era lento y no conseguía el alivio del dolor que otros parecían conseguir. En mi primer inventario me las arreglé para racionalizar que mis aventuras sexuales eran causadas por la bebida y, por lo tanto, no necesitaban ningún examen. Así que continué, no en los bares, pero si en las reuniones de A.A. había demasiados hombres disponibles en a ay yo me hacía disponible para ellos. Nuevamente intenté la cura matrimonial. Nuevamente no pude mantenerme fiel. Nuevamente no pude vivir con la culpa y la decepción. Nuevamente me divorcié y volví a la incansable búsqueda de satisfacción, mudándome cada pocas semanas, cambiando de trabajo, amigos y amantes. Nuevamente puse reglas... y las rompí.

Llena de odio hacia mí misma, decidí que TENÍA que sentar cabeza. Considerando mi tiempo de sobriedad, mi comportamiento era tan extraño (múltiples amantes, aventuras con hombres casados, hombres nuevos para practicar el "paso trece" en A.A.) que ya no podía racionalizarlo más. Escogí un amante, pero él decidió pronto que quería terminar con la relación. Para ese entonces realmente me había comprometido a no volver a mis viejos hábitos promiscuos y me había enganchado completamente con este nuevo amante. Entré en abstinencia.

Cuando me encontraba en esa terrible y forzada abstinencia, con ganas de beber, con ganas de comprar una pistola para matarme, conocí a R. en una reunión de A.A.—Ese encuentro "fortuito" probablemente salvó mi vida. Por mucho que no quisiera escuchar acerca de la desesperanza de mi adicción, ahora sólo tenía dos alternativas: morir o intentarlo. Llena de pánico y desesperada, aún quería escapar. Sin embargo se me acababa el tiempo. Me rendí, por un día, por un momento. Eso fue el principio. No fue fácil, pero resultó ser simple. La abstinencia de la masturbación fue muy dura. Trotar funcionó mejor que las duchas frías, especialmente si recitaba los doce pasos mientras trotaba. Empecé un nuevo inventario moral (¡mi sexto!) sin racionalizaciones ni excusas. Después de algunos deslices de masturbación, superé mi agonizante auto-conciencia y leí mi inventario a un sacerdote, cada palabra que contenía. Todo estaba en este inventario. Todo el dolor estaba allí, y la forma en que utilizaba ese dolor como una excusa. La traición a mis amigos se encontraba allí.

Y también la auto-compasión y la soledad, sumado al dolor de reconocer cómo yo había creado estas condiciones. Mi odio hacia Dios, mi miedo a la honestidad, la rebeldía hacia este nuevo camino que tenía que seguir y más. Viví a través de los siguientes Pasos, escribí despedidas a antiguos amantes, hice enmiendas a aquellos a quienes había lastimado, de la mejor manera que pude.

Entonces comenzó la mejor aventura de mi vida. Para mi sorpresa, el dolor de toda mi vida parecía desvanecerse; me sentía como si acabara de nacer. En la medida en que exploré un nuevo mundo de relaciones en las cuales yo tenía algún sentido de dignidad y de capacidad de cariño y compromiso, aprendí que los viejos patrones adictivos podían deslizarse nuevamente en mi vida, de maneras sutiles. Aprendí la importancia del contacto con otros que tenían la misma adicción, y de la necesidad absoluta de la honestidad rigurosa y constante.

Demasiadas cosas han pasado en mi vida sobria como para compartirlas todas aquí. Siento que he experimentado tanto—y tan poco—Muchas de las lecciones han sido humillantes y no siempre he tenido que

pasar a través del dolor de vivir y manejar los problemas de la vida con coraje o aceptación. Pero los he atravesado sexualmente sobria. He aprendido a vivir una relación de compañerismo con Dios, a practicar la humildad dentro de la Asociación de S.L.A.A., a recibir con los brazos abiertos la dignidad de mi ser y el valor de la plenitud y la honestidad en las relaciones humanas. Aprendí a amar la soledad y a valorar la compañía. He aprendido a ser consciente de los patrones sutiles de la adicción que pueden aparecer tan fácilmente. He empezado a sentirme parte de la Sociedad, de la humanidad, del mundo y de Dios.

¿Cuál es mi experiencia? Tenía una condena de por vida para realizar una búsqueda sin esperanza. No sabía por qué debía seguir viviendo aquella dolorosa vida. Un miembro de S.L.A.A. me trajo el mensaje—y la esperanza nació para mí y fui capaz de abrirme a la esperanza aún sigo allí, un día a la vez.

Todo Para Mirar Hacia Adelante

El día que admití que era un adicto al sexo y al amor fue el primer día de una nueva vida para mí. No lo sabía entonces. Me encontraba muy vulnerable y asustado como para entender que el viaje a una reunión de S.L.A.A. en Newton, Massachusetts, significaba un comienzo. Empecé un proceso que cambiaría irreversiblemente la forma en que veía mi lugar en el mundo, la manera en que miraba las relaciones y la forma en que me sentía con respecto a mí mismo.

El camino hacia esa funesta noche de octubre no fue nada diferente al de otros que habían contado sus historias en las reuniones de S.L.A.A. en el área de Boston. Nuestra adicción es la misma, la diferencia es que nuestro bagaje personal y las circunstancias son únicamente nuestras. Mi historia empezó después de la Segunda Guerra Mundial en Alemania. Mi inesperada llegada fue el catalizador para el matrimonio de mis padres. Y sutilmente se me recordó ese hecho a lo largo de los años venideros. No creo que mis padres se hubieran casado si mi madre no hubiera estado embarazada. Fue un matrimonio forzado. Mi madre era católica y mi padre protestante. El matrimonio causó un alboroto en el pequeño pueblo en el que vivían. Se convirtió en una especie de fricción entre los suegros. No fue un matrimonio ideal.

Hoy, mirando hacia atrás, con la ayuda de terapia, me he dado cuenta de que yo fui un niño abusado física y emocionalmente. Muchos de los recuerdos de mi temprana infancia están relacionados con las peleas de mis padres. Las peleas eran frecuentes y usualmente mi madre me usaba como escudo contra mi padre. Si allí había amor, rara vez lo vi.

Tengo vagas memorias de ser un niño feliz fuera de la casa, de ser realmente feliz con mi abuela, de ser un niño hiperactivo y abierto. Cuando tenía cuatro años, mi padre nos dejó para irse a Estados Unidos; para encontrar un trabajo y ahorrar lo suficiente como para enviarnos dinero. Todos me dijeron que lo vería pronto. Pasó más de un año antes de que mi madre y yo viajáramos a Estados Unidos y nos reuniéramos con él.

Mientras él estuvo fuera, mi madre se peleó con sus suegros, con los cuales vivíamos. Así que la tensión reinaba en casa. Recuerdo pasar mucho tiempo fuera con amigos imaginarios. Desde el inicio yo era diferente. Ambos grupos de abuelos hacían énfasis en eso. Sin embargo, el padre de mi madre me comprendía y, en los años venideros, él se convertiría en una fuente de cariño para mí.

En Estados Unidos la vida no fue diferente. Mis padres peleaban mucho. Mi madre era infeliz por estar allí, lejos de su familia; y mi padre resentía el hecho de estar casado con una queja constante. Muchas veces llegaba a casa a buscar peleas con mi madre y conmigo. Siempre estuvo distante durante mi infancia y adolescencia. Era un hombre que vivía enojado y que culpaba a su familia por sus frustraciones y desilusiones.

Cualquier cosa que yo hiciera, estaba mal. La forma en que hablaba, la manera en que comía, mis notas en la escuela, la forma en que jugaba o con quien jugaba. Rara vez se me ciaban ánimos, la crítica llegaba muy rápidamente.

Poco después de llegar a Estados Unidos, desarrollé una severa tartamudez que no desapareció hasta después de treinta años. Usualmente, mis padres me castigaban porque tartamudeaba. No me dejaban comer hasta que me detuviera. Constantemente me machacaban para que mejorara. Sin embargo, mientras más atención prestaran a mi tartamudeo, peor se ponía. No era extraño que no me gustara llegar a casa. Pero también odiaba la escuela.

Fui a una escuela católica de gramática en la ciudad de Nueva York. Todos allí se burlaban de mí porque tartamudeaba, porque era alemán, y porque era diferente. Eran pocos los días en los cuales no me golpeaban o abusaban de mí. Los maestros se unían a la diversión riéndose cuando me tocaba leer un pasaje, o permanecían pasivos cuando los chicos se burlaban de mí en el patio de la escuela. Mi única defensa era reírme de mis atormentadores, convertirme en un payaso, y desarrollar un escudo para protegerme de mi dolor, de manera que nadie pudiera penetrar. Cuando tenía doce años, nos mudamos de un apartamento en Manhattan a una casa en Queens. Empezábamos a convertirnos en una exitosa familia de clase media. Para ese entonces, ya éramos cinco, con un niño de seis años y un hermanito de seis meses. La mudanza no trajo ningún cambio a mi familia. Las peleas, las palizas de mi padre, y la alienación continuaron. El único cambio fue en la escuela. Había decidido que estaba cansado de que me apalearan. Así que durante el segundo día en mi nueva escuela, apaleé al bravucón del patio de la escuela. No constituía mi naturaleza ser violento. Pero ese pequeño acto impidió que los chicos me molestaran a partir de ese momento.

Siempre fui una persona inquisitiva sexualmente. Practicaba los juegos normales con mis pares. Pero a edad temprana, sentí que yo era diferente. Siempre me salía de mi camino para quitarme la ropa y meterme en situaciones donde pudiera ver a otros chicos desnudos. Recuerdo que a propósito dejaba en casa libros específicos de la escuela para así tener una excusa que me permitiera sentarme cerca de los chicos de mi clase. Y mientras estaba sentado junto a elfos, nos tocábamos mutuamente. En retrospectiva, podía ver que a temprana edad estaba obsesionado con los genitales masculinos.

Parte de mi curiosidad era natural—cosas por las que pasa cualquier chico joven en la medida en que se acerca a la pubertad. Pero había una intensidad en mi curiosidad que no era normal.

Nunca me gustó estar en casa. Después de mudarme a Queens, me convertí en repartidor de periódicos en la zona donde vivía y pasaba mucho tiempo repartiendo el diario a domicilio. La ruta de los periódicos era una buena excusa para justificar el tiempo que pasaba "tonteando" con mis amigos de la misma edad. Y nunca obtenía suficiente. Con el tiempo, conseguí cierta reputación, por lo que algunos me evitaban o hacían como que no me veían, dependiendo de la inclinación de la persona.

La escuela secundaria no me cambió. Fui aceptado con una beca a una prestigiosa secundaria católica en Brooklyn. Durante los próximos cuatro años, viajaba a diario noventa minutos hasta la escuela y noventa más de vuelta. Usualmente, conocía personas en el metro o tonteaba con compañeros estudiantes después del trabajo. Me uní al equipo de atletismo sólo para ver a otros atletas desnudos.

Ya era hora de que me diera cuenta de que era gay. No fue un descubrimiento que pudiera revelar a mis padres. Siendo que inclusive decir hola algunas veces causaba una reacción de enojo, estaba seguro de que ellos me desheredarían o me apalearían hasta la inconsciencia si lo descubrían.

En ese periodo yo era una persona relativamente religiosa. Fui muchas veces a la iglesia. Fui monaguillo. Realicé frecuentemente novenas. Ahora, me había vuelto en contra de Dios. Estaba enojado. ¡Cómo era posible que él me convirtiera en un marica tartamudo! Pensé que mi vida estaba arruinada. Recuerdo haberme quedado en casa un día después de una pelea con mis padres e intentar suicidarme. Me sentí solo. No tenía a nadie a quien pedir ayuda. Mi padre siempre me golpeaba. Mi madre siempre me hacía sentir menos. Y mi Dios me había abandonado.

A pesar de toda la aspirina, me volví a despertar para enfrentar lo que yo pensaba que era el infierno. Poco sabía que el infierno estaba a punto de desatarse. Mi relación con mis padres se deterioraba. No podía hacer nada bien. A los catorce años, huí de casa después de pasar dos meses planeando mi escape. Un día en junio, tome el metro hacia la escuela con mi padre como normalmente lo hacía. Sin embargo este día fue diferente. No había clases. Y en mi pequeña bolsa de gimnasia, tenía un par de vaqueros, ropa interior y calcetines, dos camisas y mi colección de monedas. Y 400 dólares. Me bajé en mi parada habitual, vi cuando el tren se fue con mi padre, y tomé el siguiente tren hacia la terminal de buses.

Huí porque no podía más con mí vida en la casa. Me había cansado del abuso. Y quería conocer a un hombre que fuera amable y que me cuidara.

Me gustaba la idea de que "me cuidaran." Uno de los puntos claves en el crecimiento de mi adicción al sexo había ocurrido el año anterior. Me fui solo a ver una película en una de esas casas viejas, tipo antro, construidas en los años veinte. Mientras veía la película, un hombre mayor y bien vestido se sentó a mi lado. Al poco rato puso su mano en mi pierna, luego en mi ingle. Hoy en día, casi veinticinco años después, recuerdo claramente que me excité por sus caricias y por su atención.

El puso mi mano en su entrepierna a partir de ese momento, estaba enganchado. No me di cuenta entonces, pero esa tarde fue el primer paso hacia un cuarto de siglo de episodios sexuales anónimos. En ese punto, la mayoría de las personas importantes de mi vida habían abusado de mí o simplemente no estaban ahí para mí cuando los necesitaba. Mis padres, mis maestros, curas, amigos, familiares, o mi Dios. Sin embargo, aquí existía una persona que gustaba de mí—que estaba dispuesta a aceptarme sin condiciones. Rápidamente me di cuenta de que yo tenía algo que otras personas querían. Y eso que ellos querían me hacía sentir bien.

Cuando huí de casa, soñaba con conocer a alguien que me cuidara, me amara, y me hiciera sentir bien. Nunca conocí a esa persona, aunque pasé casi tres semanas viajando por Nuevo México, Colorado, Missouri y Nebraska algunas veces me preguntaba que habría sido de mi vida si hubiera conocido a mi hombre en ese momento.

Terminé en la Ciudad de los Niños de Nebraska. El cura me pidió que revelara mi verdadero nombre y de donde venía. Me aseguró que podría quedarme allí. Él sólo quería informar a mis padres de donde me encontraba al igual que con otros curas en mi vida, él no fue realmente honesto, Al día siguiente mi madre llegó para llevarme a casa. Y todo el vuelo de vuelta a casa, me dejó saber la cantidad de dinero que yo le había hecho gastar en ese viaje.

Después de eso, apuntalé mis defensas y mantuve distancia de las personas. Empecé a buscar la gratificación sexual. Tuve algunos amigos con los cuales tonteaba. Pero uno a uno, se fueron enamorando de chicas. Me di cuenta de que, después de todo, ellos no eran divertidos. Igual que un alcohólico, podía detectar una bebida a una milla de distancia. Me convertí en una persona astuta para encontrar lavabos en los centros comerciales, teatros y paradas de autobús donde pudiera encontrar lo que quería. Sabía cómo mirar a hombres mayores en la calle para transmitirles mi disponibilidad sexual. Tenía este maravilloso sexto sentido. O al menos así lo pensaba.

Hasta que cumplí diecisiete años, nuca tuve sexo en una cama. Recuerdo trabajar en un gran almacén e intentar ligar con cualquiera que me prestara atención. Yo era graduando en la escuela y él estaba en su primer año en la universidad local. Hicimos una cita para el siguiente fin de semana y me llevó a su dormitorio. Nos quitamos toda la ropa y nos metimos en su cama. Estaba totalmente paranoico. Pensaba que era pervertido el hecho de que dos personas se acostaran juntas en la cama. Hasta ese punto nunca había dormido con alguien. Toda mi actividad sexual había sido furtiva, en lugares extraños o en situaciones peligrosas.

Aunque mis padres querían que fuera a la universidad local mientras vivía en casa, sabía que tenía que escapar de ellos. En contra de sus deseos y después de rechazar una beca para una universidad católica local, me inscribí en una universidad estatal destacada por su liberalismo. Recuerdo el día en que mis padres me dejaron allí. Estaban desilusionados y molestos. Sin embargo, sentí un golpe de júbilo y alegría por encontrarme finalmente por mi cuenta.

Podría haberme separado de mis padres, pero ahora era capaz de alimentar mi adicción con venganza. Poco después de llegar al campus, descubrí donde quedaban los sitios picantes del campus. Gaste mucho de mi tiempo conociendo a otros hombres en los baños y en las áreas de ligue del campus. Y fui capaz de viajar a Manhattan a menudo para encontrarme con otros gays. En 1964, esto era excitante para mí. Finalmente estaba saliendo y encontrando a otros hombres que eran iguales a mí.

Aunque todavía era un paso previo para llegar al gran muro de piedra, Manhattan tenía muchos bares y lugares para jóvenes y lujuriosos hombres gays. Entonces me aproveché de casi cualquiera de ellos. Me conecté con muchos hombres durante este periodo, pero sólo a nivel sexual. Realmente nunca conocí a la persona detrás de los genitales. En retrospectiva, al mirar mis años de ligar y practicar mi adicción, me doy cuenta de que nunca me di la oportunidad de conectarme con alguien sobre una base no-sexual. Eso me entristece.

Sí, hice amigos en la Universidad. Me la pasaba con un grupo que eran amigables y cultos. A un nivel quería que me aceptaran como normal. De cualquier forma, mantuve dos vidas separadas. Mis frecuentes correrías en la "Ciudad" se realizaron bajo el pretexto de ver a amigos. Nunca reconocí a nadie que hubiera conocido en un salón para hombres en el campus si me encontraba con mis amigos "heterosexuales." Mirando hacia atrás, me sorprendo de haber podido llevar esta doble vida sin perder mi sano juicio.

El verano después de mi primer año en la universidad, trabajé en la Oficina de Correos de Queens por las noches. Cada día antes del trabajo bajaba en la parada de buses del salón de hombres para mirar. Una tarde conocí a alguien, entré a una de las galerías con él, y en pocos minutos fui arrestado por agentes policiales de la unidad de vicios que miraban ocultos detrás de una pared. En ese momento me sentí totalmente devastado. Pensé que mi vida había acabado. Ahora era un criminal. A los diecinueve años, me habían atrapado con los pantalones abajo y con otro hombre.

Y nadie de mi familia sabía que era gay. No era la mejor manera de hacerle saber a tus padres acerca de tus tendencias sexuales.

Durante varios meses fui capaz de retrasar lo inevitable. El día de mi arresto, mis padres y hermanos se habían ido de vacaciones por dos semanas. No me veía llamándolos para pedir ayuda, (hacía años que había dejado de pedir ayuda). "Arruinaría sus muy merecidas" vacaciones. Así que llamé al padre de un amigo. Le dije que me había metido en una pelea y el vino a sacarme bajo fianza. Encontré a mi propio abogado, fui dos veces solo a la corte. En mi tercera aparición, el juez le preguntó a mi abogado donde estaban mis padres. El respondió que ellos no tenían conocimiento de mi arresto. Debido a que en ese momento yo era menor de edad, el juez me dio instrucciones para que ellos fueran a la corte durante mi próxima aparición allí.

Casi me desmayo. Si no podía hablar con mis padres acerca del más simple problema de la vida, ¿Cómo iba a decirles que era gay? Le di el teléfono de mis padres a un oficial de la corte y le pedí que fuera el portador de las malas noticias. En el tren, durante todo el camino de vuelta a la Universidad, me imaginé que al entrar en mi habitación del dormitorio estudiantil, el teléfono sonaría y ellos ya estarían enterados. No había escapatoria.

El teléfono sí sonó, y mis padres no estaban contentos. Nos las arreglamos para reunimos ese sábado en el Bronx donde yo corría en una carrera a campo traviesa. Recuerdo ver a mí madre en una tarde nublada de noviembre con lentes oscuros cubriéndose los ojos rojos. Había más shock que rabia; más desilusión que compasión; más porqués, cuándos y cómos que comprensión.

En mi siguiente y última aparición en la corte, mi padre estaba a mí lado apoyándome. El juez me suspendió la sentencia y dijo que yo no era el tipo de personas que habitualmente son juzgadas y que él no quería volver a verme allí.

Sabía que no pertenecía a ese lugar, pero aún faltaba que aprendiera que tampoco pertenecía a los salones para hombres, a los arbustos y a otros terrenos de cacería para el sexo anónimo. Esa comprensión estaba a veinte años de distancia.

El resto de mis años universitarios fueron más o menos iguales. Nunca regresé a esa parada de autobús. Pero mi arresto no me mantuvo fuera de otros lugares parecidos. Únicamente me hice más precavido, un poco más conocedor de la calle. Durante mis años universitarios, pasé tres veranos viajando por Europa. La primera vez, a los diecinueve, pasé casi todos los tres meses viajando de un país a otro de una cama a otra. Nunca conecté con la persona detrás de los genitales.

En la Universidad, era bien conocido. Editor del periódico de la escuela, residente asistente en el dormitorio, en el equipo de carreras a campo traviesa. Para cubrir que era gay, tenía una novia. En este punto, sentía que necesitaba todas las trampas del mundo heterosexual para ser aceptado. Eventualmente, mi novia y yo tuvimos sexo, y ella se embarazó. Como pequeños adultos, discutimos nuestras opciones. Yo estaba dispuesto a hacer lo que ella quisiera, incluyendo casarme. Optamos por un aborto—una decisión difícil para ambos.

Cuando miro hacia atrás, me doy cuenta que casi nos pusimos en la misma posición que mis padres. El matrimonio habría sido un desastre. Yo me habría sentido culpable por estar en el armario y molesto con mi novia porque me tenía que casar. Habría repetido el mismo error que mis padres cometieron y simplemente hubiera estado igual de enojado. A través de la gracia divina giramos en la dirección correcta. Mis prácticas adictivas continuaron hasta el último año de la Universidad en Ohio. Sólo que mucho más compulsivamente. En el campus, pasé horas yendo de lavabos a más lavabos para hombres; buscando breves encuentros con hombres. Y ocasionalmente traía alguien a casa. Encontré que mi vida estaba profundamente dividida. Durante el día, era un estudiante/profesor de último año, respetable, inteligente y cortés. Por la noche, era un descontrolado adicto al sexo. Me la pasaba en los baños; bebía en los bares. Nunca era suficiente. Como me las arreglé para tener una vida "heterosexual" activa y todavía más vida de ligues sin tener una crisis—mental o física—es un milagro.

Una parte del último año de mi programa requería pasar seis meses en Europa. Creo que esa fue la razón principal por la cual acepté la beca de la escuela. En poco tiempo viajé Europa. Más precisamente a Berlín. Habiéndome convertido en un conocedor de las prácticas adictivas, escogí una ciudad para estudiar que era notoria por su apertura sexual y política. En Berlín, descubrí una nueva arena para las escapadas sexuales—los grandes y hermosos exteriores. Pronto me encontré yendo al bosque, noche de por medio, para tener sexo con sombras al lado de los árboles. Mis estudios sufrieron tanto como yo.

Ahora nos encontrábamos en la Era de la liberación gay. Sentía que tenía derecho a expresar mis deseos sexuales. Eran tan válidos como los de una persona heterosexual. Utilicé mi orientación sexual y la liberación de la época como excusa para mis prácticas adictivas. Y cuando contraje enfermedades venéreas, orgullosamente las acepté como una símbolo de batalla.

Durante mis años universitarios, tuve relaciones ocasionales y de corta duración con otros hombres. Nunca duraron más de pocos meses. Y usualmente terminaban porque yo me aburría, o porque la otra persona descubría mi promiscuidad, o porque una relación se convertía en demasiado intima para ser cómoda.

Finalmente, terminé mi carrera, volví a los E. E. U. U., y me establecí en Nueva York. No podía pensar en un lugar mejor para vivir. (Todavía no había descubierto San Francisco). Podía satisfacer mi adicción en casi cualquier esquina. Encontré trabajo como periodista en una buena publicación y pronto empecé a establecerme. Tenía veinticuatro años, era gay, viviendo en la Meca, descubriendo los bares y los baños termales, Usualmente me tomaba una larga hora de almuerzo buscando acción en los baños, en el YMCA, o en varios y notorios salones para hombres del centro de la ciudad.

Puede que haya obtenido acción. Pero mi auto respeto, auto estima, y auto valía sufrieron. Nunca sentí que la gente me apreciara—por ser yo mismo. Me había acostumbrado a agradarle a la gente a través de mi poder sexual. Y hacía ya mucho tiempo que me había convertido en un adicto a la caza sexual, a los genitales masculinos y a usar mis prácticas adictivas como forma de "dar placer"/ tapar mis sentimientos. Tenía una escala de valores pervertida.

Durante este periodo en Nueva York, conocí a un hombre. Me enamoré de él. Establecimos una casa juntos. Siendo que él fue el primer hombre que me amó por mi apariencia, por mi sonrisa, por mi habilidad de amar y disfrutar la vida; sin embargo su amor vino con muchas condiciones. Era celoso y posesivo— rasgos que me costaba mucho manejar. No pasó mucho tiempo antes de que volviera a los baños, de vuelta a mi adicción. Peleábamos mucho, lo cual odiaba ya que me recordaba a mis padres. Después de casi tres años, dejé la relación.

Me mudé a Manhattan, a mi propio apartamento. Intenté olvidarlo a través de un desfile continuo de hombres que conquistaba en las calles, en el Central Park, o en los bares. Mis intentos por ligar llegaron a tonos súper dramáticos en la medida en que pasaba más y más tiempo nocturno en áreas peligrosas. No era feliz. Quería una relación. Sin embargo, no sabía cómo tener una o como dejar que alguien se me acercara. Mis prácticas adictivas se sobrepusieron al dolor.

Me ofrecieron un trabajo en Boston y lo acepté. Estaba listo para un cambio. Aunque yo pensara que nunca podría dejar Nueva York, imaginé que un cambio de geografía me conduciría a un cambio en mi vida. Que equivocado estaba. Los bares tenían nombres diferentes y las personas tenían acento diferente. Pero eso fue la única diferencia. Me mudé a un apartamento sobre Beacon Hill, a pocos pasos de un área de ligue de primera clase. Casi cada noche antes de acostarme salía al río, sin importar el clima, para tomar un bocadillo de media noche. Sin mí dosis sexual, daba vueltas en la cama y me costaba mucho dormir.

Después de dos años en Boston, conocí a mi segundo amante. Esta vez para mí fue amor a primera vista. Salimos. Juré no volver al sexo anónimo. Tuvimos un periodo de cortejo. Nos mudamos juntos. Pero en cuanto se acabó la luna de miel, me encontraba de vuelta en la Zona de Combate (un zarrapastroso distrito de Boston) durante la hora de la comida para practicar mis prácticas adictivas.

Resurgieron mis antiguos patrones. En cuanto había conflicto, corría a buscar una dosis sexual. Iba a la Zona para sentirme mejor cuando estaba deprimido o para sentirme mal cuando se inflaba mi ego. Siempre encontraba una buena excusa para ir.

Esta relación duró cinco años. El se convirtió en el padre crítico que me suplicaba; y yo me convertí en el infiel. Tuvimos muchas peleas, sin embargo me quedé y esperé lo mejor. En esta relación yo era bastante adicto al amor, soportaba cualquier abuso y regresaba a buscar más en nombre del amor. No era una relación ideal para ninguno de nosotros. Esta vez fue él quien se fue.

Al cabo de algunas semanas de nuestra separación, me encontraba sorprendido de lo feliz y aliviado que me sentía. No anduve por ahí deprimido o enfurruñado durante meses, al igual que cuando terminó mi primera relación. De cualquier forma, continué con mis prácticas adictivas.

Hace tres años conocí a mi actual amante. Aunque mi adicción continuó, pude confinarla en su mayoría a otras ciudades cuando viajaba por negocios. Era como el marido fiel mientras estaba en casa. Pero una vez que subía a ese avión, no podía esperar para iniciar mis prácticas adictivas. Muchas veces lo llevaba a los extremos, viajando grandes distancias para llegar a un bar en particular en otra ciudad o quedándome casi hasta el amanecer hasta que estuviera finalmente saciado o exhausto por la cacería. Todavía me sorprende como era capaz de trabajar un día completo después de mi maratón de sesiones de prácticas adictivas.

En esta época, la epidemia del SIDA empezó a aparecer en los encabezados de los medios. Aunque me preocupaba, eso no me detuvo de continuar mis atracones sexuales. Mis prácticas sexuales eran cada vez más grotescas y, en los albores del SIDA, poco saludables. A pesar de la epidemia, no podía parar. En este periodo yo asistía a terapia y mi terapeuta me mencionó S.L.A.A. Él me dio el panfleto de las cuarenta preguntas. Respondí las preguntas y no me gustó la frecuencia de mis respuestas positivas. Lo tiré y escogí ignorar lo obvio.

Durante un viaje a Nueva Orleáns en septiembre de 1984, hice votos para detener mis prácticas adictivas. Por razones de salud, me di cuenta que no era saludable. Pero a pesar de mi firme resolución, pasé la semana en uno de mis más escandalosos episodios de adicción. No tenía control sobre mí mismo. Era un adicto. No era capaz de ayudarme, a pesar del riesgo para mi salud y para mi vida. Me sentí asustado. Estaba deprimido. En el avión de vuelta, supe que necesitaba ayuda.

Le conté a mi terapeuta acerca de mis experiencias y mi inhabilidad para mantener mi resolución. Nuevamente me mencionó S.L.A.A. y me dio el número de un miembro a quien llamé esa noche. Me contó de las reuniones en el área de Boston. Fui a mi primera reunión de S.L.A.A. una semana después.

Los últimos ocho meses de mi vida en S.L.A.A. no han sido fáciles. Me tomó dos meses detener mis prácticas adictivas. Me despedí muchas veces de lugares resbalosos. Experimente la abstinencia. Estaba molesto con respecto a asistir a las reuniones. Pasé mucho tiempo comparando en vez de identificando.

Pero entonces comencé a ponerme en contacto con mis emociones y sentimientos. Escuchar a otros compartir sus experiencias trajo consigo muchos sentimientos y recuerdos. Ya no podía evitarlos a través de mis comportamientos adictivos. Ahora experimentaba mis emociones—las buenas y las malas. Encontré una inmensa cantidad de apoyo en la Asociación, de personas que estaban experimentado el mismo dolor y de aquellos que habían pasado por los mismos sentimientos. Encontré un padrino. Empecé a trabajar el programa. Una experiencia limpiadora para mí fue la primera vez que sentí que encajaba en el programa. Me ayudó a comprender que no estaba solo. Hay personas que se identifican con mi historia y con mi dolor.

Ahora sé, que al igual que yo, allá afuera hay otros que viven una vida limitada. No tengo nada de qué avergonzarme. Tengo todo para mirar hacia delante. Tengo un día a la vez. Me tengo a mi mismo. Tengo la oportunidad de conocer gente de una forma en la que nunca antes los había conocido y de disfrutar las recompensas de la sobriedad. Agradezco a mi Poder Superior cada día por darme esta oportunidad.

No Podía Continuar Engañándome

Fui criado como hijo único en un pequeño pueblo de Nueva Jersey. En general estábamos bastante aislados de la comunidad, y generalmente nos relacionábamos con familiares y algunos otros pocos miembros de una pequeña comunidad Judía en nuestro pueblo. La mayoría de los amigos que escogía eran vetados por mis padres—ya fuera porque no eran judíos o porque a los amigos de mis padres no les apreciaban mucho en la comunidad Judía. Me dijeron que iría a la Universidad a estudiar administración de empresas para que en el futuro me convirtiera en una persona exitosa y los "enorgulleciera." Mis padres, especialmente mi madre, tendía a ser sumamente sobre protectora conmigo, y en casa nunca se trataba con los sentimientos. Era infeliz, mi madre solía decirme que ella "me amaba y que si yo era infeliz ella también lo era", dejándome con una sensación de culpa por cualquier sentimiento negativo. Si mostraba mi enojo, mi madre me decía que ella "nunca se había enojado con sus padres mientras estuvieron vivos, y que si no la trataba mejor, me sentiría culpable después que ella muriera." A pesar de esta manipulación general de mis sentimientos, mis padres ocasionalmente rompían en gritos y alaridos violentos, seguido de profundas disculpas y besos y reconciliaciones. Nunca se discutían asuntos dolorosos.

Por supuesto, durante años se negó del todo hablar de sexo. Se postergaban las respuestas a mis preguntas o me mentían al respecto. Cuando tenía aproximadamente diez años y finalmente era lo suficiente mayor para escucharlo a través de amigos, reuní el coraje para discutirlo con mis padres. Mi padre se sentó silenciosamente, ya que su actitud siempre había sido "tu madre expresa las cosas mucho mejor que yo" y dejó que ella fuera quien hablara. Ella explicó en pocas oraciones el acto biológico básico del sexo y luego dijo: "Si no estás casado para cuando tengas veinticinco o treinta años, entonces quizás querrás ir con una prostituta donde se paga por sexo—pero ellas tienen enfermedades y a mí me gustaría rociar sus gérmenes antes de que te acerques a ellas"—. Esa fue mi introducción al tópico sexual. Las subsiguientes preguntas sólo trajeron la simple respuesta de "ya hemos discutido esto, no hay más nada que decir."

Cuando aprendí a masturbarme, ¡era algo que pensaba que yo había descubierto por primera vez en los anales de la existencia humana! Realmente no tenía idea de lo que significaba así que le pregunté a mis padres, que acudieron horrorizados y rápidamente al doctor de la familia. El doctor les dijo que hicieran que me confesara con ellos cada vez que me masturbara. Cada vez confesé, mi madre acudía gritando a mi padre: "¡Lo ha vuelto a hacer, lo ha vuelto a hacer, que voy a hacer, oh Dios mío, oh Dios mío!." Transcurrido un mes de ésta situación, el doctor decidió que a lo mejor si ellos me dejaban sólo todo desaparecería, por lo que ya no requerían que se los contara.

Cuando empecé a salir con chicas, me dijeron que sólo me permitían salir con chicas judías porque ellas eran "menos experimentadas y no requerían tantas cosas físicas y sexuales como otras chicas." Como resultado, salí con chicas que eran tan tiesas que ni siquiera me besaban al cabo de muchas citas, aunque sus padres no nos estuvieran vigilando. Aunque los años cincuenta eran tiempos diferentes a los de ahora, creo que mis experiencias fueron aún más restrictivas y frustrantes que la de la mayoría de los niños. Incluso dar besos en el cuello era un comportamiento no aceptable para un "buen chico judío." En una ocasión que mi coche tuvo un problema con la batería, el mecánico me preguntó si aparcaba mucho con chicas dentro del coche apagado y la radio encendida. Mi madre tomó esto como una ofensa y lo machacó por atreverse a sugerir que su hijo hiciera semejante cosa. En ese entonces tenía dieciocho años. Estaba claro que cualquier cosa que tuviera que ver con sexo tenía que permanecer oculta a mis padres. De hecho, ellos estaban tan obsesionados con mi buen comportamiento, que casi todo lo que era divertido, excitante o diferente tenía que ser escondido de ellos. Esto definió un patrón que me acompañaría por años: la diversión y el sexo tendrían que ser a escondidas de mi casa–el sexo pertenecía a mi mundo privado—punto.

No tuve sexo hasta que cumplí veintiún años, con una chica que luego se convertiría en mi primera esposa. Nos comprometimos, así que estaba "BIEN"—por supuesto que no lo hablábamos con nadie porque sabíamos que realmente no estaba "BIEN"-. Aunque no había esperado para tener sexo hasta estar casado, esperé hasta estar comprometido. Pensé que lo había logrado "sin consecuencias" (como manera de decir) y finalmente estaba BIEN. Todas las frustraciones habían quedado atrás.

Sin más restricciones hacia mis sentimientos sexuales, de repente me di cuenta de que también me atraían otras mujeres. Tuve una aventura antes de casarme, pero me sentí demasiado culpable como para terminar con el compromiso, aunque quería hacerlo. Así que me casé y decidí convertirme en un buen marido y no tener aventuras. Esto duró aproximadamente un año. Mi matrimonio no iba bien, básicamente por el hecho de que ambos asistíamos a la Universidad y éramos mantenidos por sus padres; también a causa de una grave enfermedad de la cual mi esposa todavía se estaba recuperando. Ninguno de nosotros comprendía nada acerca de manejar sentimientos; ambos veníamos de familias en las cuales no se hablaba abiertamente de los sentimientos.

Ni próxima aventura fue realmente una aventura amorosa. En retrospectiva me doy cuenta de que esta aventura fue una de las relaciones más substanciales que alguna vez tuve. La aventura vino en un momento realmente estresante para mí. Había terminado mi programa para graduarme más rápido, tenía mí primer trabajo, y mi esposa estaba embarazada. La vida avanzaba, pero nuestro matrimonio realmente no mejoraba. Mi esposa se negó a asistir conmigo a un consejero matrimonial, así que yo fui a un psiquiatra. El psiquiatra no parecía entender del todo mi situación—nunca me ayudó a ponerme en contacto con mis sentimientos, o siquiera ayudarme a reconocer como yo había fallado en manejar los sentimientos de mi vida. Me dijo "bueno", pero yo me sentía más confundido y frustrado que nunca ahora me encontraba viviendo la primera de una larga cadena de aventuras extramatrimoniales, y estaba aprendiendo como hacerlo. Tenía una vida dividida. Mi vida en casa con mi esposa era similar a la vida que tuve cuando era pequeño con mis padres—lleno de desesperación pasiva y frustración—Escondía mi rabia la mayor parte del tiempo, exceptuando pequeños estallidos, y hacíamos como si nunca nada estuviera mal, aunque ambos nos estuviéramos cayendo a pedazos. Cualquier diversión y realización que recibiera provenía de una aventura.

Aprendí bien a esconder mis pasos, cambiando un poco la verdad. El proyecto que realicé en la tarde se lo explicaba a mi esposa como el proyecto que tenía que hacer el sábado. Para cada viaje de negocios en el que realmente me iba, le contaba acerca de otro que no existía. Cada conferencia a la que asistía en el día se convertía en un Simposio durante la noche. Tenía experiencias reales que contar—podía hablar de las reuniones porque realmente habían ocurrido— sólo que habían ocurrido en ocasiones diferentes. Lo más importante, fue que aprendí a aislar completamente una parte de mi vida de la otra.

Descubrí que estaba enamorado de la otra mujer, y al principio, esto me causó gran dolor y frustración. Pero pronto aprendí a manejarlo mejor, No tenía el valor para dejar a mí esposa, y no tenía el valor para terminar con la aventura y manejar mi matrimonio con honestidad. Mis sentimientos se encontraban compartimentados y por lo tanto mi vida también. Empecé a disfrutar de mi habilidad para llevar dos vidas—era divertido y excitante poder equilibrarlo todo, y orquestaba mi tiempo como una nueva afición—Siempre tenía muchos proyectos diferentes o trabajos o carreras al mismo tiempo, y este tipo de malabarismo se convirtió en un estado natural para mí. Extenderlo ahora a mi vida amorosa era divertido. Ocasionalmente tenía fantasías acerca de dejarlas a ambas, la amante y la esposa, para empezar nuevamente, y algunas veces tenía ataques agudos de ansiedad, pero la mayor parte del tiempo me felicitaba por ser tan eficiente en mantener las cosas funcionando sin roces como lo hacía.

Cuando nos mudamos, decidí que tendría que cortar con la aventura. Tuvimos otro bebé, y conseguí un nuevo trabajo, y ya era hora de intentar que el matrimonio funcionara de verdad. No sabía si funcionaría o no, pero sentía que tenía que intentarlo. Ocasionalmente veía a mi antigua novia, o tenía una aventura de una sola noche, pero ponía mi energía en el matrimonio mucho más que antes. De cualquier forma, empecé a darme cuenta de que algo estaba mal. Me hice consciente de que cada aventura que tenía ocurría justo después de mudarme o de conseguir un nuevo trabajo. Me di cuenta de que cuando estaba inseguro buscaba una aventura para que me diera valor o tranquilidad. También me di cuenta que siempre me involucraba en una especie de juego romántico. Siempre había una amiga, o esposa de un amigo, o una colega, o una secretaria, o alguien con quien estaba por hacer algo. Casi en todo momento tenía una aventura o un coqueteo importante. Se había convertido en una parte importante de mi estilo de vida—era lo que le daba sabor a mi vida. Era mi droga. Entonces descubrí otras drogas.

Al final de los años sesenta y al principios de los setenta trabajé como asesor voluntario en un centro informativo de la Universidad. Las experiencias allí fueron buenas para mí de muchas formas; el trabajo y las personas con las que pasaba el rato me ayudaron a acercarme a mis sentimientos. Igualmente, ellos también me acercaron a las drogas. Pronto empecé a vender y usar hierba en proporciones increíbles. Esto se convirtió en la perfecta "pantalla de humo" para mi creciente adicción al sexo; el hecho de vender drogas me puso en contacto con muchas mujeres disponibles; y el uso constante de hierba me ayudo a esconder los sentimientos que empezaban a salir a través del trabajo de asesoría. Comercializar me dio una excusa para permanecer fuera de casa a cualquier hora de la noche. Era la tapadera perfecta para mis actividades sexuales. Este nuevo patrón también contribuyó a dividir completamente mi vida. Por un lado, tenía casa, familia y un trabajo profesional. Por otro, estaba constantemente dando servicios a dos o tres mujeres al mismo tiempo, y comercializando y consumiendo grandes cantidades de drogas. Como alternativa a mi antiguo y acartonado estilo de vida de desesperación pasiva y frustración, me sentía muy bien. Pero sabía que estaba fuera de control. No tenía las palabras para describirlo, pero sabía que mis actividades sexuales se estaban convirtiendo en algo más que engañar a mi esposa. Llenaba cualquier momento disponible con sexo y pasaba mucho tiempo desarrollando relaciones, con sexo como su único propósito. Sí alguna de mis parejas sexuales preguntaba por qué no la había visto, inventaba excusas acerca de estar ocupado en el trabajo. La verdad era que ni siquiera había pensado en ella desde que la había dejado. La próxima vez que pensara en ella sería cuando tuviera una noche para llenar o cuando ella me llamara. Me engañaba diciéndome que todas esas mujeres eran "relaciones", si ellas no querían tener sexo conmigo, entonces raramente las veía, excepto para intentar acostarme con ellas. En retrospectiva, es sorprendente darme cuenta lo reemplazables e intercambiables que eran todas—aunque en ese momento yo realmente creía que estábamos cerca el uno del otro y que compartíamos nuestros sentimientos.

Algunas relaciones las desarrollaba con mujeres que claramente estaban perturbadas emocionalmente. Ahora me doy cuenta, que muchas de estas mujeres eran adictas al sexo y al amor; me sorprendo de la cantidad de nombres de mujer que tengo en mi libreta de direcciones. Y lo que aún es más sorprendente que me olvidaba de casi todos esos nombres casi inmediatamente. Sin embargo esos nombres, a medida que los miro, todavía me recuerdan la calidad de sexo que teníamos o la cantidad de tiempo que dedicaba a conocerlas con el propósito del sexo; eso era la categoría en la cual ellas llenaban mi mente. No era consciente de mentirles o manipularlas. Siempre sentí que yo era honesto y abierto. Sin embargo, empecé a darme cuenta de que a todas les decía lo mismo. Aunque era "honesto", me encontraba desarrollando mi "canción." Siempre me horroricé con la idea de que las personas desarrollaran una "línea" o "canción" para usarla con el propósito de obtener sexo. Algunas de estas cosas aparecieron veces de forma consciente, pero evitaba manejarlas. Algunas veces intentaba contar las mujeres con las que me había acostado, pero usualmente perdía la cuenta o no podía acordarme de sus nombres, inclusive si recordaba los hechos. Corría a gran velocidad, pero tenía pocas relaciones que significaran algo o con posibilidades de crecer.

Mi primer matrimonio se desmoronó. Ambos nos dimos cuenta de que no éramos felices juntos. Todavía no sé hasta qué punto mi adicción al sexo causó la ruptura del matrimonio. Pienso que realmente no éramos adecuados el uno para el otro, y creo que permanecí en el matrimonio más tiempo del que debí porque se había convertido en una parte de mi imagen. Como una persona con un mal matrimonio, estaba protegido de involucrarme realmente con otras, y por supuesto, las aventuras me evitaban involucrarme realmente en el matrimonio. Aún me encontraba aislado de las personas, pero en la superficie parecía que tenía muchas relaciones al mismo tiempo en mi vida.

Al cabo de un año me volví a casar. En general, este matrimonio era bueno y amaba mucho a mi esposa, pero la adicción al sexo seguía allí. Por un periodo me abstuve. No esperaba continuar con mis viejos hábitos ya que los atribuía a una fase de mi vida que había terminado: un mal matrimonio e implicarme en la comercialización de drogas. De cualquier forma, en pocos años estaba de vuelta en ello. La adicción no era diferente, aunque ahora era más difícil inventar excusas. Una vez más, simplemente intentaba conseguir tanto sexo como pudiera de cualquiera que lo pudiera conseguir. No podía imaginar decir que no si alguien me preguntaba si quería tener sexo; ¡Ni siquiera podía imaginar decir que no a la oportunidad de perseguir la posibilidad de obtener sexo! Cuando tuve mi primera aventura durante el segundo matrimonio, me sentí como alguien que había perdido la virginidad—ahora que había pasado, era mejor disfrutarlo tanto como pudiera.

Nunca fue mí estilo conquistar mujeres en los bares o en la calle, así que necesitaba asegurarme de estar en contacto con muchas personas para asegurar que la oportunidad surgiera. Vivía una vida frenética con dos trabajos y muchas actividades. Tuve mujeres que veía en viajes de trabajo: era como un marinero que tiene una chica en cada puerto, y usualmente planeaba mis viajes para poder ver a mis novias. Ninguna de estas relaciones eran aventuras serias—amaba a mi esposa y no quería enamorarme de ninguna de estas otras mujeres. Generalmente tampoco tenía sexo casualmente—todas ellas eran "amigas con las que expresaba mi relación a través del sexo." Algunas de las mujeres me enfrentaban—no les importaba que estuviera casado, pero no les gustaba que viera también a otras mujeres. Algunas se enamoraban de mí. A medida que envejecía, más de estas mujeres eran mayores, y algunas de ellas también estaban casadas. Me di cuenta que no me gustaba ver a mujeres casadas porque se sentían defraudadas consigo mismas y no estaban cómodas con la aventura. Entonces me di cuenta de que veía mí propio estilo en ellas—defraudarse a uno mismo—viviendo el momento sin siquiera pensar en que se quería de la relación. Me sentí usado—yo era la droga para adicción de alguien más, un peón en su melodrama—No me gustaba eso. Y especialmente no me gustaba darme cuenta de mí propio juego.

Me introduje en los programas de Al-Anon porque mi esposa y sus amigas estaban en el programa. Decidí ingresar al programa también para detener mi uso de drogas. Esto no me dio ningún problema, pero sabía que el programa parecía muy fácil—no era escarbar profundamente en mis sentimientos-. Vi personas que realmente conseguían la paz consigo mismos en el programa, pero yo no lo hacía. Ya no usaba drogas, pero a nivel profundo no pasaba más nada. Sabía que el punto importante era el sexo.

Meses antes, había escuchado de la existencia de una Asociación que trataba de las obsesiones sexuales. Eso era algo con lo que todavía no quería lidiar, pero sabía que si alguna vez iba a escribir el inventario del cuarto paso, o si alguna vez iba a ser realmente honesto en mis relaciones con las personas, tendría que dejar ir mi adicción al sexo. Pero todavía no estaba listo para hacer eso. Por un tiempo regresé a mi adicción a toda máquina. Trabajé para desarrollar aventuras aún sabiendo desde el principio que cada relación sería destructiva para ambos. Negaba mi adicción y negaba las consecuencias de mis acciones. Una vez más me encontraba con una cantidad de mujeres con las que podía tener sexo. Me di cuenta de que me sentía igual que algunos años atrás cuando veía a muchas mujeres y vendía drogas. Era una vida frenética: ¡mantener viva mi adicción al sexo era como tener otro trabajo! Tenía que hacer cierta cantidad de llamadas, gastar cierta cantidad de tiempo, dinero y citas para salir a cenar para poder mantener las relaciones funcionando. ¡Era demasiado! Estaba cansado—ya no valía la pena. Me importaba mi matrimonio, y sin embargo no podía imaginarme la vida sin el sexo adicional. Todavía más importante que el sexo en sí, era la emoción de la búsqueda, la excitación de ver con quien estaría el siguiente fin de semana durante un viaje de negocios, la emoción de que todo encajara perfectamente sin que me atraparan. Pero esta emoción empezó a debilitarse nuevamente, y me di cuenta de que, una vez más, al contar las mujeres que tenía, cuántas en el último mes, etc. ¡Era como hacer el inventario de un negocio! Esta situación se convertía en demasiado equipaje para cargar. Mí matrimonio no sobreviviría otro año así. Me estaba empezando a conocer demasiado bien en Al-Anon como para engañarme diciéndome que esto podía continuar.

Mi esposa conocía algunas de las aventuras, pero sólo tenía una pequeña idea de la extensión del problema. Negaba cualquier cosa que ella ya no supiera y, cada vez que me atrapaba, juraba que mi vida de sexo extramatrimonial había terminado. Era ahora o nunca—podía detenerme ahora o iniciar otro asalto de la adicción al sexo. Me encontraba en un verdadero aprieto. La antigua línea que utilizaba como excusa de "mí terrible vida casera", ya no tenía el poder que solía tener—porque sabía que mi esposa estaba trabajando para su recuperación en su programa de Doce Pasos. Ya no podía seguir engañándome. Ya era hora de dejar la adicción que se había constituido en mi primera adicción, y ahora era mi última adicción. Para mí también significaba admitir que ya no viviría una doble vida—mi vida en casa y en el trabajo serían toda mi vida. No tendría ningún tipo de juegos o ni tampoco partes de mi vida escondida de las personas con las que vivía.

Una noche, después de una discusión con mi esposa, llamé a mi padrino de Al-Anon. Mi esposa acababa de decirme que yo no conocía el significado de honestidad, y que no era capaz de ser honesto. Por supuesto lo negué, en la medida en que negaba todas las evidencias de mi adicción. Pero aunque se lo negué todo, sabía que yo no era una persona honesta. En general no mentía; no era una mala persona, pero si alguien supiera acerca de mi adicción sexual, lo negaría todo. Si alguna vez se supiera, me sentiría humillado. No era honesto. Tenía una doble vida que continuaba hasta el presente instante y, cuando me confrontaban con esto, lo negaba. Había tocado fondo con la deshonestidad. Estaba exhausto. Quería detenerme. Y aún así no era capaz de imaginar una vida sin mí adicción sexual. Mi patrocinador me sugirió ir a las reuniones de Adictos al Sexo y al Amor Anónimos. Fui a mi primera reunión e inmediatamente me sentí como en casa. Esto era lo que estaba buscando. Aquí encontré el programa para mi adicción. Allí es donde tuve que rendirme, cambiar mi voluntad, y dejar que el programa entrara en mi corazón como nunca lo había hecho antes en realidad.

Apenas han pasado nueve meses desde que estoy sobrio en el programa de S.L.A.A. La mayor parte del tiempo es maravilloso sentirme libre de la compulsión de tener sexo. La oportunidad de contar mi historia en las reuniones ha hecho posible recordar los distintos incidentes y verlos desde una perspectiva más amplia. El problema ni siquiera era la cantidad de personas con las que había tenido sexo. El problema real era el hecho de que para mí era una adicción, y como tal, yo había detenido el patrón compulsivo que hacía mi vida ingobernable. Usé el sexo para esconderme de la ansiedad, para llenar el tiempo de manera que nunca estuviera solo, para evitar el compromiso real en las relaciones, y para mantener mi vida en movimiento a paso redoblado de forma que pudiera evitar enfrentar mis sentimientos y crecer como persona. Desde que estoy sobrio en S.L.A.A. siento más alegría de la que puedo recordar haber experimentado en mí vida. Estoy "fuera de servicio"—ya no necesito mantener la vida a paso redoblado. Puedo enfocar mi energía en mi trabajo y mi familia. Me siento completo y centrado por primera vez.

No siempre fue fácil. La mayor parte de las mujeres que he visto o con las que todavía podría estar involucrado, ya no las siento como una necesidad apremiante. Pueden ser amigas sin que exista una parte sexual en nuestra relación, o simplemente podemos tomar direcciones distintas. Sin embargo, hay momentos cuando conozco a alguien en los que me doy cuenta de que muy fácilmente podría iniciar todo de nuevo. Pero ahora puedo ver más allá del día de hoy y más allá de la primera vez en que podría acostarme con una mujer. Conozco toda la progresión—el melodrama de encontrar tiempo para juntarnos, la discusión de por qué tengo una aventura si estoy casado, la culpa por engañar a mi esposa y por la deshonestidad, el eventual final de la relación—Ahora que conozco toda la progresión, ya no necesito embarcarme en el viaje.

Hay algunas mujeres a la cuales tengo que explicar mi nueva vida. La mayoría de las antiguas novias me comprenden—¡muchas supieron todo el tiempo que yo era un adicto al sexo!—. Algunas son adictas y no podían entender mi nuevo sentimiento. Ahora, puedo hacer enmiendas en la medida que lo necesite y no tengo que mentir a nadie. Todavía no he salido del bosque. Algunas veces oigo a las personas que tienen un desliz en su sobriedad dentro de S.L.A.A. o en otros programas de Doce Pasos, e intento tomar eso como una justificación para cuando tenga un desliz. Todavía no confío en mi mismo, pero me doy cuenta de que la compulsión me está abandonando.

Tengo más fe de que mi vida cambiará por la pérdida de la compulsión, que por el simple hecho de mi voluntad de permanecer sobrio.

Las herramientas del programa han sido esenciales para mi recuperación. Inicialmente mi relación con mi Poder Superior se restringía al grupo. Aunque creyera y rezara a un Poder Superior, la parte más importante del programa para mí, todavía es el hecho de que me comprometí con el grupo. Para ignorar ese compromiso requeriría que lo admitiera en el grupo, y por lo tanto a mí mismo, que no quiero trabajar el programa. El criterio para mis acciones se basaba en: "¿Qué me puedo llevar de esto?" Eso está cambiando: ahora el criterio para mis acciones es, "¿Qué puedo hacer de manera que me ayude en mi recuperación espiritual y para mantener mi serenidad?."

Cuando estoy tentado de tener sexo con alguien que no sea mi esposa, miro a la persona cuidadosamente y me digo, "¿Esta persona y mi relación con ella valen lo suficiente como para perder mi recuperación? ¿Es suficiente saber que puedo volver a ser lo que era?" La respuesta es fácil—y el deseo simplemente se va ahora me doy cuenta de cómo gran parte de la atracción está basada en la compulsión. Una vez que se ha ido la compulsión, me siento mucho más atraído hacia mi esposa, ya que en mi matrimonio el amor es lo que causa la atracción sexual. Solía empezar con la atracción sexual, y entonces intentaba encontrar la emoción, pero esta emoción realmente se encontraba en la búsqueda. El programa me ayudó a ver que la búsqueda me estaba volviendo loco. Sin una adicción activa al sexo, también soy más consciente de mí adicción al amor. Usualmente soy dependiente y exigente con mi esposa. La necesidad de "caricias"—sexuales o emocionales—todavía me atrae. Pero esa adicción también comienza a aminorar en la medida que continuo trabajando el programa.

Para mí, en un principio, fue muy difícil admitir que tenía un problema; y todavía más difícil ir a mi primera reunión. Al ir me di cuenta que eventualmente tendría que hacer el Sexto Paso y estar "completamente listo para que Dios me quitase todos estos defectos de carácter." Claramente, mi adicción al sexo era un defecto de carácter, pero era uno de esos defectos que pude esconder por años. Para mí, ir a mi primera reunión de S.L.A.A. fue la rendición. Había tocado fondo, e iba a recuperarme. El camino me conduciría a pedirle a Dios que me quitara ese defecto de carácter que me había causado un comportamiento sexual adictivo. Así que una vez que comencé no había vuelta atrás—No podía seguir engañándome.

De alguna manera nunca saqué el tiempo para llamar a las mujeres con las que ocasionalmente fantaseaba. No sé cómo me mantuve asistiendo a las reuniones, aunque antes de la reunión dijera que estaba muy cansado y muy ocupado. No sé cómo, un día a la vez, vivo el programa—¡y nadie se puede sorprender más que yo! Empieza a sentirse natural. Cada día lucho menos. Y es bueno saber que mis amigos del programa estarán allí para mí en la medida en que continúe trabajando mi recuperación emocional, física y espiritual en S.L.A.A.

... Mientras Tanto, Puedo Tener Mi Vida

He desistido de mirar hacia mi niñez para encontrar las razones por las que soy una adicta al sexo y al amor. Sigo encontrando vacíos. De hecho, mientras más razones busco, más me desvío de la tarea esencial de determinar mis patrones adictivos y de abstenerme de ellos. Pero mencionaré mi infancia porque creo que da un buen telón de fondo a las escenas posteriores de mi vida.

Nací siendo la más pequeña de cuatro hijos en una familia de la clase media alta durante la explosión demográfica de Post-guerra de la II Guerra Mundial. Mi padre era un científico y mi madre un ama de casa con educación universitaria. Nadie bebía, ni ingería drogas de ningún tipo, nadie golpeaba a nadie o molestaba sexualmente a cualquier otro miembro de la familia. Los domingos salíamos de picnic en familia y durante el verano acampábamos también en familia. Nos encontrábamos influidos de valores humanitarios, a la vez que se nos enseñaba a realizar virulentos ataques anti-religiosos. Éramos una de esas familias que parecían "funcionar", pero como yo era la más pequeña, siempre me sentía fuera de lugar, como que no pertenecía. Para compensar, invertí mucho en la amistad con todas las otras niñas pequeñas del barrio. Recuerdo pasar interminables horas felices con mi mejor amiguita jugando juegos de niños de ocho años.

Cuando cumplí nueve años, mi padre fue trasladado a Europa para estar allí durante dos años. Alquilamos nuestra casa y nos empaquetaron hacia un país en donde no conocíamos a nadie, y ni siquiera conocíamos el idioma a pesar de que llegué a dominar el idioma en seis meses, las costumbres sociales del país eran muy estrictas. Para jugar con alguien después del colegio, nuestros padres tenían que intercambiar invitaciones escritas con dos semanas de anticipación. No es necesario decir, que no era en lo más mínimo como presentarse en la casa de una amiga para ver si podía jugar.

Durante esos dos años me sentí terriblemente sola, pero como sabía que eventualmente volveríamos a nuestro antiguo barrio, me conformaba con soñar acerca del reencuentro con mi mejor amiga. En ese momento descubrí las "relaciones de fantasía", Eran un anestésico potente.

Cuando finalmente regresamos a los Estados Unidos, mis expectativas de encontrarme nuevamente con mi mejor amiga eran casi insoportables. ¡Lo que no había considerado es que durante mi ausencia ella habría elegido otra mejor amiga de entre las niñas del barrio y que apenas se acordaría de mí! Cuando me encontré con una distante bienvenida por parte de ella, me sentí destrozada. Fui empujada a una depresión que no desaparecería hasta cuatro años después.

Menciono esta experiencia con un alto grado de detalle porque no sólo describe mi primera relación adicto—amorosa; sino que también reúne la necesidad esencial que hay detrás de mis patrones adictivos; la necesidad de sentir que yo pertenecía; mi necesidad de sentirme especial y de sentirme amada.

Después de tres terribles años en la secundaria, durante el tercer año "re-desperté" en otra relación de "mejor amiga" con una chica. Pasábamos horas en el teléfono hablando acerca de la guerra y de las injusticias sociales en nuestras relaciones. Nos enorgullecíamos de que no perdíamos nuestro tiempo discutiendo trivialidades tales como la ropa y los chicos. Una vez más era especial. Esta chica era muy guapa y de hecho era considerada una de las chicas más deseables del campus escolar. Pero ella no salía con nadie; pasaba todo su tiempo libre conmigo. ¡Esto era una bendición! Eventualmente ella se enamoró de un chico y cambió para satisfacer sus necesidades. Observé con agonía e incredulidad como ella fue desapareciendo de mi vida.

Hablé con mi madre acerca de mi dolor, y ella—que siempre fue una aventurera de la vida—respondió diciendo que "los placeres de la vida valen el dolor que ocasionan."

Y así fue como empezó un ciclo de relaciones de amistad con otras chicas, todas estas relaciones estaban repletas de gozo y dolor intensos. Acepté esta situación como un hecho de la vida. Las canciones de la radio me aburrían.

No salí con nadie durante el instituto. Mi energía emocional estaba ligada a mi(s) mejor(es) amiga(s), y por ese entonces los chicos parecían criaturas extrañas. La principal razón para tener un novio era aumentar mi grado de aceptación entre las chicas; para ese entonces encontraba molestas dudas acerca de mi propia orientación sexual, que rara vez reconocía.

Cuando terminé el instituto, intenté una cura geográfica. Dejando una cola de amistades femeninas rotas a mi paso, decidí que lo que necesitaba era; (1) alejarme lo más posible de mi pasada vida, y (2) enfocarme en los chicos en vez de en las chicas. (Creo que esto es algo parecido a un alcohólico cambiando de bebida para intentar controlar los efectos intoxicantes). Fui a una prestigiosa universidad como a 3000 millas de distancia de casa, en donde podía estar segura de que encontraría un novio/esposo que perteneciera a mi clase social y cultural. No es necesario decir que no funcionó exactamente así. Llegué a la Universidad con síndrome de abstinencia de otra amistad, y descubrí que no tenía habilidades o ni siquiera un instinto natural para atraer hombres; así que dentro de mi dolor y soledad volví a las mujeres para obtener sustento emocional. En tan solo cuatro meses, volví a ser la mejor amiga de alguien. Sólo que esta vez todos nos encontrábamos en las ciernes de la madurez sexual y un día horrorizada me di cuenta de que quería hacerle el amor a mi amiga. En realidad, ella fue la que se horrorizó al darse cuenta. No veía ninguna razón por la cual no debiéramos dar una expresión sexual a esos sentimientos de amor tan intensos. Pero si ella pensaba que eran horribles, bueno, está bien, eran horribles. Sólo mientras que ella me siguiera amando. Para parecer más aceptable para ella, me metí a terapia para "volverme heterosexual." No fue sino hasta varios años después que me di cuenta de la cómica contradicción incluida en esa propuesta. De cualquier forma, a través de la terapia se me hizo evidente que yo era gay, por lo que tenía una razón para explicar todas esas amistades rotas: ¡estaba enamorada de ellas! Entonces pensé que la solución era encontrar a mujeres como yo. ¿Pero dónde?

Todavía me quedaban tres años en una Universidad donde nadie siquiera exhalaba la palabra "gay" fuera de una clase de Psicología Anormal.

Esos tres años "en el armario" fueron tiempos duros y solitarios para mí. Las fantasías románticas y sexuales jugaron un papel importante. Durante ese tiempo me las arreglé para tener algunas escapadas sexuales con ambos sexos, en la mayoría de las ocasiones para probarme que yo podía llevar a alguien a la cama; siempre había creído que era extraordinariamente indeseable en el plano sexual. Para compensar, me hacia emocionalmente indispensable para una mujer o para cualquier otra persona que se encontrara a mi alrededor. Todavía faltaban dos años para que, después de terminar la Universidad, ingresara a una comunidad gay y tuviera una relación que durara más de seis semanas. Durante este periodo tuve algunos encuentros de dos o tres noches con otras mujeres gay para "adquirir experiencia" mientras (todavía) me aferraba desesperadamente a algún otro amor no correspondido (siempre una mujer heterosexual).

Mi primera relación "real" con otra lesbiana fue cuando tenía 23 años. Ella era una educadora sexual y me creía; ¡recibí una educación! Teníamos muy poco en común; incluso en ese momento sabía que no me agradaba mucho. Recuerdo decirle a mis amigos, "no puedo salir de esta relación. Ella es muy buena en la cama." Esta mujer me introdujo en la increíble aventura de hacer el amor, y me encantaban las horas que ocupaba realizando la bendición sexual. Pero también recuerdo sentir esa desesperación silenciosa que me decía que: ésta era la mujer "equivocada" para mí e iba a tener que esperar a que el Destino me liberara. No podía liberarme yo sola.

El "Destino" me liberó al traerme otra mujer. Ambas creíamos que éramos la pareja del siglo—¡después de sólo treinta y seis horas de conocernos! Ella vivía en otra parte del país y al final de cualquier fin de semana que pasáramos juntas, ella me prometía que se mudaría a mi ciudad para vivir conmigo. Esto ocurriría dentro de cuatro meses, cuando ella terminara la Universidad.

Los siguientes cuatro meses fueron el infierno en la tierra. Casi siempre estaba en síndrome de abstinencia y necesitaba llamarla cada dos noches para tener conversaciones de dos horas (¡Mis cuentas de teléfono eran astronómicas!), adicionalmente, nos escribíamos y nos visitábamos una vez al mes (yo pagaba). Contaba los días que faltaban para que esta mujer viniera y me salvara; que me liberara de este horrendo dolor y soledad interiores. Nunca lo hizo. Dos semanas antes de la fecha prevista para su llegada, me llamó para decirme que se había enamorado de otra persona al día siguiente mi doctor me dijo que tenía una úlcera sangrante. Poco después de esto me despidieron del trabajo.

Nuevamente fui empujada a una depresión, sintiéndome desesperada por que alguna mujer me encontrara. Me sentía tan poco merecedora que nunca creí que podría iniciar nada con nadie. Sabía que era buena en la cama (gracias a mi amante que era educadora sexual), pero me sentía increíblemente incompetente en todos los preliminares. A la edad de veinticinco años, con algunos de mis contactos de carácter sexual persiguiéndome y después de haber estado enamorada (adictivamente) durante dieciséis años de aproximadamente quince personas, todavía sentía que mi vida se caracterizaba principalmente por la soledad y períodos de celibato involuntario.

Mi primera relación larga duró un año y medio. Hay muy poco que decir con respecto a esto, y sin embargo se puede decir tanto. La mujer me cuidaba, pero era terriblemente controladora. Le cedí mi poder, y sin embargo también aprendí a defenderme dentro de esa relación. Ella me enseñó acerca de los sentimientos (los míos estaban reprimidos), acerca de las habilidades de comunicación, de la introspección y de la espiritualidad. Yo era una estudiante ambiciosa, pero temamos diferentes apetitos sexuales y nos peleábamos regularmente por causa de la frecuencia del sexo. Yo siempre quería más; nunca tenía suficiente. Eventualmente empecé a tener aventuras y ella me dejó en cuanto tuvo la primera señal de que yo estaba interesada en alguien más. Todavía con sentimientos de dolor e ira, empecé a salir con otras dos mujeres a las que trataba como compañeras sexuales, creyendo que me merecía esto después de todos esos años. Pero todo lo que quería en realidad era sentirme amada, y estas mujeres simplemente actuaban como un escudo enfermizo en contra de la soledad.

La relación que me trajo al programa de S.L.A.A. parecía que iba a ser "la definitiva." Fuimos muy cuidadosas en ser amigas antes de involucrarnos sexualmente. Teníamos un lazo espiritual muy fuerte y muchas cosas en común. Con el paso de los años empecé a amarla profundamente. Pero el poder estaba desequilibrado. Fue aquí que aprendí que podía "comprar" a un amante a través del dinero y de rescatarla constantemente. Ella era una alcohólica recientemente sobria que necesitaba ambas cosas de mí. Yo deseaba desesperadamente que me amaran y necesitaran, así que hicimos un intercambio. Casi nunca teníamos sexo. Sentía mucho dolor por eso, pero me refrenaba de decir algo, ya que recordaba aquellas brutales peleas que tuve con mi antigua amante en relación al sexo. La masturbación en solitario, algunas veces compulsiva, jugó un papel importante en esta relación. Nuevamente estaba enganchada en una relación amorosa sin ningún tipo de satisfacción sexual. Y nuevamente esperaba que el Destino me salvara. Mis oraciones pedían que mi amante despertara sexualmente algún día; en vez de que eso pasara, ella me dejó abruptamente.

Para ese entonces yo había estado en Al-Anon durante un año y me arrastré para llegar a una reunión viéndome como si la muerte me hubiera encontrado. Una conocida me preguntó cómo estaba y le dije que mi amante me había dejado, y que me sentía como dentro de un síndrome de abstinencia físico. Ella me contó de S.L.A.A. y comencé a ir a las reuniones inmediatamente.

Al principio me sentía muy resistente a S.L.A.A. En Al-Anon había luchado por integrar los Doce Pasos con mi propio Feminismo radical, una batalla difícil, pero que fue hecha con la ayuda y el apoyo de otras lesbianas en un grupo sólo para lesbianas en Al-Anon. En ese entonces en S.L.A.A. yo era la única lesbiana, quizás también fuera la única persona gay, y una de las pocas mujeres. Durante los seis años anteriores de mi vida tuve muy poco contacto con hombres, y de repente me encontraba hablando con ellos acerca de mis puntos más vulnerables y potencialmente explosivos. Sentí que estos hombres eran anti-gay, anti-amor, anti-sexo y anti-diversión. Salía corriendo a mi grupo de apoyo de lesbianas y hablaba de mis reservas en relación a este programa, pero seguí yendo a las reuniones de S.L.A.A., escuchando y escuchando.

Confundí muchos de los temas que hablaban estos hombres con un altanero (hetero) sexismo. Me decía: "es obvio que los hombres objetivasen sexualmente a las mujeres o intentaran que ellas se conviertan en sus madres." "Pero soy una lesbiana política y consciente, yo no necesito hacer esas cosas." Sólo que si las hada, y de manera muy parecida a la que los hombres lo hacían.

Mientras asistí al programa durante seis semanas y permanecí fuera de mi última relación durante ocho semanas, todavía no estaba convencida de que fuera una adicta al sexo y al amor. Salí a lo que yo creía que sería la última vez. Conocí a una increíblemente atractiva, divertida, cariñosa, sexy e inteligente mujer. Tuvimos una aventura y sentí que me enamoraba, y me enamoraba muy rápido y profundamente después de haber pasado solamente dos semanas juntas. Quería estar con esta mujer. No quería lidiar con el dolor del abandono de mi antigua amante, no quería poner energía en reconstruir mi propia vida o en construir una relación con un Poder Superior, todo lo cual constituían metas que me había planteado. Fue durante estas sensacionales y extáticas dos semanas que me di cuenta de que era impotente, realmente impotente sobre el sexo y el amor que esta mujer me ofrecía pesar de encontrarme en bancarrota emocional debido a mi relación anterior, yo estaba dispuesta, y ya había empezado, a renunciar a cualquier cosa para mantenerme dentro de esta bendición. Pero mi Poder Superior tenía otros planes.

Una mañana desperté aterrorizada, dentro de un terror tan oscuro que el negro de la noche no podía competir con él. Intenté quedarme quieta y esperar que la mujer acostada a mi lado se despertara. Entonces, haríamos el amor y todo estaría bien. Pero mis ocho semanas en S.L.A.A. empezaban a surtir su efecto, sabía que hacer el amor nunca sería más que un antídoto temporal para el nivel de terror en el que me encontraba algo estaba muy, muy mal. En ese preciso instante me rendí a mi Poder Superior. Le dije a la mujer que tendría que dejar de verla, y entré en síndrome de abstinencia por segunda vez en ocho semanas. No tenía seguridad de poder sobrevivir el síndrome de abstinencia, pero me sentía segura de que no podría sobrevivir otra relación adictiva. Si S.L.A.A. no me ofrecía más nada, al menos me ofrecía la esperanza de que no me sumergiera de nuevo en ese terror oscuro. Estaba dispuesta a probar suerte, aunque este síndrome de abstinencia fuera el peor que jamás hubiera tenido en toda mi vida. Juro que tuve días en los que literalmente me retorcía en el suelo y creía que de alguna manera moriría si no llamaba a mi última amante/objeto adictivo.

Ese día ocurrió hace exactamente seis meses a medida que escribo estas líneas. Todavía me encuentro en las etapas iniciales de la sobriedad, todavía tengo ataques de terror relacionados con las desesperanza y la soledad. Pero la diferencia entre esta desesperación y esperanza y esos mismos sentimientos durante mi adicción activa es que hoy tengo una esperanza que acompaña a esos sentimientos. Hoy tengo esperanza de que puedo tener una vida plena y libre como siempre he querido.

Finalmente encontré una forma de explicar por qué y cómo tenía aquellas relaciones insatisfactorias. Porque soy una adicta, he buscado amantes y patrones sexuales para llenar un vacío dentro de mí que no podía ser llenado por otra persona. El vacío en parte se debía a un vacío espiritual: Yo solo sabía experimentar el amor dentro de un contexto sexual, considerando que mi apetito por una clase de amor espiritual, sexual y romántico nunca era suficiente. Pero el vacío también era un vacío personal: a menos que tuviera un amante, no sabía quién era yo. No sabía cómo estructurar mi tiempo, como planear el futuro, como dar significado a mí vida. Siempre me vi principalmente como la amante de alguien (o la amante no deseada); no sabía que más ser. Crecí para necesitar las relaciones, reales o imaginarias, tanto como necesitaba el aire que respiraba; ya que en efecto, sin identidad ni significado, no tenía vida.

Pero hoy no es así. Hoy tengo un programa y tengo personas que me apoyan y a las que les importo, hombres y mujeres, que me han ayudado a ver que puedo ser una persona completa sin un amante. Hoy, con la ayuda de S.L.A.A., puedo dar una vida a mis propias necesidades a través de descubrir mi propio Ser. Hoy tengo un sentido de dirección, un sentido de significado interior. Tengo energía para mi relación con mi Poder Superior (lo que siempre significó una lucha para mí, ya que vengo de una familia tan anti-espiritual); tengo energía para mis amistades, para mis relaciones familiares (con la necesidad de ser reparadas), para mis pasatiempos y para mi trabajo. Hoy escojo no encontrarme dentro de una relación sexual. Ya no necesito esperar a que aparezca una mujer y me reclame, para entonces tener que esperar a que el Destino me libere de una relación que no escogí y que no puedo dejar. Hoy tengo la dignidad de escoger, ya no necesito deambular en la oscuridad. Con la ayuda de mi Poder Superior sabré cuando y con quien involucrarme sexualmente. Sé que mientras me encuentre en este programa tengo las mismas posibilidades que cualquier otra persona de tener una relación satisfactoria. Mientras tanto, puedo tener mi vida. Hoy tengo un sentimiento de poder y libertad personal que nunca imaginé que fuera posible.

Pero la clave de mí sobriedad, de mi verdadera libertad, viene de sentirme conectada a un poder amoroso del Universo. Ya no necesito utilizar el amor sexualizado para llenar mi gran vacío espiritual. Hoy siento que soy una hija del universo, sé que soy amada; sé que soy especial y sé que pertenezco. Eso es lo que siempre quise.

Gracias Dios, por lo Que Me Has Dado

Crecí durante los años cuarenta y cincuenta, en un hogar que parecía conformarse con pertenecer al estereotipo de clase media en la parte centro-occidental de los Estados Unidos. Mi padre viajaba cada día a Chicago desde nuestro organizado suburbio y mi madre se quedaba en casa para criarnos a mí y a mi hermano menor. La escuela, la iglesia y los Boy Scouts ocupaban la mayor parte de nuestro tiempo.

Mi padre era distante y permanecía sin involucrarse en nada, mientras que mi madre se dispersaba para llenar los huecos que dejaba mi padre. Nunca vi demasiada intimidad entre ellos y tampoco había intimidad entre ellos y otras personas. Mi padre era una persona especialmente auto-contenida a pesar de todo, mi madre se mantenía ocupada con el trabajo en la comunidad así como La Asociación de Padres Profesores y el Auxiliar Femenino de la Iglesia.

Hasta los siete u ocho años, ayudaba a mi madre con sus baños vespertinos, frotándola con toallas mullidas para secarla y esparcía talco sobre su cuerpo. Además compartíamos otras intimidades sexuales menos obvias—fusión mental para reemplazar a mi padre como confidente y para asegurarse de que hasta el más mínimo pensamiento o acción de mi parte llenara su interminable lista de expectativas.

Durante los años previos a mi adolescencia, me interesaba poco en los juegos de otros niños. Me divertía con cosas menos masculinas que los deportes. Leía mucho y disfrutaba escribiendo historias y poemas. Cuando compartía estas solitarias actividades con las niñas de mi edad, ellas solían apreciarlas mucho. Bajo la batuta de mi madre aprendí a ser sensible, especialmente para cosas que la hacían sentir bien a ella y que la enorgullecieran.

A los once o doce años empecé a sentirme confuso con respecto a los cambios de mi cuerpo. En casa, mi padre, no prestaba atención o simplemente se burlaba de mi voz chillona; una noche mi madre dejó en mi cama un panfleto de "Como Hablarle a tu Hijo Respecto al Sexo", y a la mañana siguiente me sugirió que hablara con nuestro médico de cabecera en caso de que tuviera dudas. En el colegio, las clases obligatorias de gimnasia y las duchas en los vestidores me expusieron a mucha de la curiosidad que tenían otros chicos de mi edad y que estaban un poco más retrasados que yo en su desarrollo. Todos estábamos fascinados con "qué grande/qué dura que es." Por primera vez entre los chicos de mi edad, fui el centro de interés y se me reconoció como un líder de la exploración y experimentación sexual de nuestro grupo.

El primer día que me masturbé fue una tarde caliente de Agosto justo antes de empezar el sexto grado. Acababa de llegar a casa del Campamento de Verano, en donde un chico mayor que yo me había explicado algunas cosas. Con el primer clímax vino la culpa y una resolución de nunca más volverlo a hacer. Más adelante esa misma tarde volví a hacerlo, luego de nuevo esa noche— dos veces—seguido por una total y devota esperanza de que si hacía esto con suficiente frecuencia, "ella" se cansaría rápidamente. Durante treinta años las masturbaciones continuaron, una, dos, tres y más veces al día.

Durante el instituto, tuve muchas citas—cada una de las cuales fue examinada cuidadosamente por mi madre para asegurarse de su fidelidad y conformidad a un conjunto de estándares no declarados. Todo esto parecía estar bien, dentro de ciertos límites, salir con chicas y recibir algunos besos "dulces" podrían ser esperados en la medida en que creciera. Sin embargo, tocar fue el inicio de los problemas y de la construcción de un muro aislante, el cual fue cuidadosamente establecido para prevenir la peligrosa intimidad.

Nunca hablábamos de mis amigos. Siempre tuve la impresión de que este tema no le importaba a mi madre, ella nunca sospechó ningún tipo de intimidad más allá de los límites de una simple amistad. El suyo era un mundo de mujeres, y lo que ella sabía de los hombres se limitaba a su propia experiencia como mujer.

Todos esos años adolescentes de salir con chicas durante los fines de semana incluía sexo con mis amigos, después de los besos de buenas noches. Las horas tempranas de la noche eran cálidas, amorosas y cariñosas—tiempos que prometían mucho, pero que dejaron muchas cosas sin hacer. Más adelante en mi vida, ocultos y sin hablarnos, otros chicos y yo "eyaculábamos" sintiéndonos como sumergidos dentro de la excitación de los fuegos artificiales.

Con la universidad, me fui de casa y empezó a aparecer un reconocimiento de que la forma en que organizaba mis asuntos durante el instituto, no funcionaría correctamente en este nuevo mundo. La bebida empezó con la fiesta de los recién llegados de mí fraternidad y con el terror de que se revelara mi lado oscuro a mis nuevos amigos. Por primera vez, escuche comentarios negativos con respecto a la masturbación y rumores de chicos que fueron apartados porque eran "raros." El segundo semestre terminó con un intento de suicidio y mis primeros contactos con un psiquiatra. Más adelante en el semestre, viajaba solo a la Costa Este. En Boston, pasé mi primera noche en un hotel barato e inesperadamente me introduje en la sexualidad masculina en la "ducha comunal" que estaba al final del pasillo que conducía a mi habitación. Al día siguiente volé para pasar el resto de mi viaje secuestrado con unos amigos en New Jersey.

Los siguientes tres años en la Universidad los pasé en mi habitación de la fraternidad y en la oficina del psiquiatra aislado, bebía, me masturbaba y hacía suficiente trabajo de la Universidad como para que no me echaran. En dos ocasiones salí con chicas, alentado por hermanos de la fraternidad; estas relaciones pasaron de toqueteos a compromisos. Ambas acabaron en aquellas noches cuando las blusas se desabotonaban y los sostenes se abrían.

Durante mi último año, alguien bromeando señaló un bar gay, y después de preguntar qué significaba "gay", resolví volver allí más tarde esa noche. Era víspera de Año Nuevo y llegué al lugar antes de las ocho. A las 8: 15 ya me dirigía al apartamento de un hombre. Él había bebido bastante y estaba molesto porque su amante no se había presentado. En la cama, mi ansiedad mostraba mi inexperiencia. En medio del acto sexual, su amante apareció, borracho y ahora iracundo ante la cruda infidelidad. Me vestí rápidamente y me fui—de vuelta al bar y un segundo amigo me introdujo al baño turco que quedaba a la vuelta de la esquina. Siguió el sexo rápido, acompañado de una galante despedida, y esta fue la primera de muchas caminatas al "cuarto que está justo al final del pasillo."

No termine mi último año de la Universidad, ya que de alguna manera me gradué a mi manera personal. Le dije adiós al psiquiatra y me mudé al inframundo de mi recién encontrada respuesta, los todavía no liberados principios de los años sesenta de la comunidad gay de Chicago.

Muchos meses de "libertad" sin confinamientos sólo fueron interrumpidos por el tiempo que pase en el hospital recuperándome de hepatitis. Entonces busqué un amante, para darle algo de estructura a mi vida. Durante los siguientes cuatro años, nuestra relación se estructuró para incluir a cuantos otros fuera posible. Nos paseábamos de bar en bar y por los sitios de entretenimiento con una meta patrones nuevos y sin probar para mantener la excitación al máximo.

Ocasionalmente, para escapar de todo esto, me mudaba a hoteles de mala muerte durante algunos días o semanas. Aquí podía beber y acostarme con cualquiera sin ni siquiera tener que hablar.

Cuando tenía veintiséis años, mi amante intentó suicidarse. Me sentía culpable y caí en una depresión, mientras que la relación se disolvía. Su psiquiatra pensó que deberían hospitalizarme para darme un lugar en el que me sintiera a salvo para resolver mis cosas. Cuando me dieron de alta varias semanas después, me encontraba sin trabajo y así que regresé a casa de mis padres durante un año para buscar trabajo.

Este año fue uno en el cual el sexo gay era muy limitado, la bebida fue reemplazada por las drogas con receta y la terapia se resumía a una base dos citas por semana. También volví a un mundo más aceptable, principalmente a través de la iglesia empecé a hacer amigos cuyos intereses eran diferentes y más amplios de aquellos que estuve persiguiendo durante años.

En la iglesia conocí a la mujer que se convertiría en mí esposa, no sin cautela. Primero nos hicimos amigos, luego amantes, luego marido y mujer; y nuestro matrimonio ha durado desde 1968. Hablamos antes de casarnos y discutimos abiertamente muchas cosas con nuestro sacerdote. Un tanto consciente de los problemas del pasado, entramos al matrimonio con la esperanza de que las cosas cambiarían. En cierto modo nuestras esperanzas se cumplieron.

Nuestra relación era cercana, como habían sido muchas de las relaciones que había tenido con chicas. Éramos y somos buenos amigos. Al mismo tiempo, trabajábamos juntos hasta que finalmente terminé la Universidad y empecé a construir una exitosa carrera de negocios. A cierto nivel, enmascare mi terrible miedo hacia la intimidad sexual con las mujeres.

Por otro lado, como parte del alivio diario, continué con el sexo en solitario, bebía y me daba placer en los baños públicos, casas de películas gays y tiendas de libros para adultos. Estos "momentos" estaban de alguna manera separados, a cierto nivel no formaban parte de mi, de alguna forma eran "borrados" a través de la bebida y la disociación.

Con las cosas yendo tan bien, en este periodo escogí que no quería compartir mis detalles íntimos con un psiquiatra. Sin embargo, al cabo de diez años la presión del trabajo se añadió al estrés de mi vida. En ese momento mi negocio ofrecía una considerable cantidad de tiempo para viajar, tiempo que usaba en expandir mis ratos de bebida, drogas y aventuras sexuales. En casa, mi tiempo sexual anónimo ocurría antes del trabajo, a la hora de la comida y después de las horas de oficina. Más tarde en la noche, con mi esposa durmiendo en la habitación contigua, bebía, me drogaba y tenía sexo conmigo mismo en el estudio. Para el año nuevo de 1978, nuevamente intenté solucionar las cosas con un psiquiatra, nuevamente había intentado suicidarme, y después de estar hospitalizado, empecé a buscar un nuevo trabajo.

Mi recuperación empezó realmente en 1978. Mí nuevo psiquiatra y yo hablamos mucho con respecto al sexo como un comportamiento adictivo y como un regalo de Dios, este doctor reconoció el abuso de drogas y rehusó el uso de medicamentos como parte del proceso de terapia. Ya que el alcohol no ocupaba gran parte del cuadro general de mi vida, fallamos en considerar esto como un problema y nos enfocamos en las formas en las que yo había utilizado el sexo para liberar el estrés. Rápidamente me involucré en un trabajo que requería mucho de mí y una vez más disfrute del éxito inicial del negocio. Mi actividad sexual disminuyó mucho, pero dentro del avanzado grado de desarrollo de mi adicción, cambiar substancialmente mi actividad me dejaba un enorme problema. Durante los siguientes cinco años mi uso del alcohol aumentó sin darme cuenta.

Con oportunidades de negocio para beber todos los días, mi problema con la bebida se convirtió en un fuerte abuso y alcanzó niveles de cuidado. Mis prácticas adictivas sexuales se convirtieron en atracones que usualmente eran aventuras que duraban toda la noche, seguidas de reuniones de negocios para cenar llenas de bebida. Finalmente en 1982 me fue cobrado el peaje. Estaba a punto de ser despedido. Aunque me sentía seguro en casa, mi esposa era distante. Luchábamos por sobrevivir mientras nos enfrentábamos al colapso financiero. Una persona con la que trabajaba, que también era amigo, el hombre que me estaba despidiendo, mencionó de forma casual mi problema con la bebida. Como todo lo demás estaba tan mal, este era un problema que no necesitaba; así que hable con mi médico que también era el jefe de un centro de tratamiento para alcohólicos. En pocas horas asistí a mi primera reunión de un programa de Doce Pasos.

Al avanzar en la recuperación del alcoholismo, sentí en mi interior que poseía un grado de entendimiento respecto a la adicción y a la lucha que había tenido con el sexo durante tantos años. Todos los detalles interiores que había aprendido eran como un gigantesco puzzle. Con el programa de Doce Pasos, tenía una mesa firme en la cual resolver este puzzle. Incluso en los primeros confusos días de la sobriedad comprendí la similitud entre estas adicciones— comportamientos compulsivos y obsesivos que inevitablemente me guiaban a la autodestrucción.

Durante mi primer año de recuperación, Adictos al Sexo y al Amor Anónimos no estuvo disponible para mí. Aún vivía en Chicago y allí los programas de Doce Pasos se encontraban confinados, casi en su totalidad, al alcohol y a las drogas. Sin embargo, mí primera reunión de a ay muchas de las otras que siguieron habían sido diseñadas para gays, lo que me dio la oportunidad de entrar en una comunidad que no era anónima y que no tenía una base sexual. Por primera vez, encontré relaciones de amistad llenas de amor y de cariño e intimidad que antes pensaba que sólo podría encontrar a través de relacionarme sexualmente. También conocí a otros que tenían historias de adicción y recuperación para compartir como resultado de los programas de Doce Pasos.

Después de un año cambié de terapeuta y fui a un consejero para alcohólicos. Juntos empezamos a manejar con mayor claridad los temas relacionados con la identidad sexual. Me rendí a la voluntad de Dios y me abrí a las alternativas. El sexo anónimo fue reemplazado por una o dos cortas relaciones especiales de amistad. Me uní a un segundo grupo de apoyo para hombres gays que estaban casados. Mientras todo esto pasaba, mi esposa y yo permanecimos involucrados e informados. Estábamos dispuestos a resolver esto juntos.

En noviembre, después de más de un año de recuperación y desempleo, tuve mi primera oferta de trabajo a tiempo completo. Esto requería mudarme y separarme temporalmente de mi esposa. El nuevo trabajo era en San Francisco.

Llegué a San Francisco un día viernes 11 de noviembre de 1983, pasé el fin de semana en el mercado, empecé a trabajar el lunes y me reuní con un terapeuta gay el martes. Él me sugirió que asistiera a las reuniones de los Adictos al Sexo y al Amor Anónimos. Dos breves recaídas, la gracia divina y esta asociación me han dado varios meses de vida sin sexo fuera de una relación de compromiso no más sexo anónimo, no más relaciones puntuales para llenar el tiempo y el sexo en solitario es poco frecuente.

Mi esposa vino a visitarme en Navidad y se mudó definitivamente a San Francisco en Enero. Desde entonces trabajamos juntos para avanzar a nuevos grados de intimidad y honestidad dentro de nuestra relación. Trabajamos juntos para construir un amor renovado que esperábamos que fuera muy diferente; y nos sentimos con más confianza de que con las herramientas será posible hacer lo que parecía imposible. Todo esto es muy nuevo, y muchas cosas permanecen sin solución. Muchos de los meses pasados han sido plenos gracias a los regalos de Dios y al hecho de aprender que nuestras oraciones para conocer su voluntad y la disposición y fuerzas para llevar esto a cabo un día a la vez serán respondidas, la vida se ha convertido en algo brillante y prometedor.

Gradas Dios, por lo que me has dado
-	Por lo que te has llevado
-	Y por lo que has dejado atrás.

¡Libre Al Fin!

No parecía existir ninguna razón para seguir viviendo. No podía ver ninguna otra opción. Mientras conducía hacia el Norte y aceptaba la idea de que en pocas horas me suicidaría, empecé a pensar en aquellas personas cercanas a mí. Me torturaba al pensar que continuaría viviendo obsesionado con pensamientos y acciones sexuales, y esto, finalmente se había convertido en una situación inaceptable. Me oprimía el sentimiento de culpa; me sentía totalmente aplastado por este sentimiento, mi espíritu se perdió en la sofocante oscuridad. En realidad los pensamientos de suicidio me daban una sensación de alivio, de libertad y de que finalmente terminaría mi sufrimiento. Mientras buscaba una tienda de armas, me sentía a la vez alterado y calmado.

Pocas horas después, me encontraba frente al mostrador mirando el metal frío y duro de esa cosa mortal que intentaba usar sobre mí mismo. Mientras miraba la pistola, sabía que no podría hacerlo. Tuve que enfrentar el hecho de que no era capaz de acabar con mi propia vida. Era el momento de la verdad. Iba a tener que encontrar otra solución. En ese momento no tenía idea de cuál sería esa otra solución, pero vale la pena resaltar que ese momento fue decisivo, fue el principio de mi recuperación. Acto seguido a mi encuentro con la muerte, inicié un atracón sexual que duró dos semanas, en las cuales me perdí totalmente en brazos de la obsesión frenética. Pagué prostitutas, mire "strippers", me masturbé compulsivamente, perdí la sobriedad ganada en Alcohólicos Anónimos y puse en peligro mi vida inmerso en éste último y desesperado atracón, antes de reconocer mi impotencia sobre mi adicción al sexo.

Cuando era niño sentía miedo de las críticas de mi padre y de sus impredecibles ataques de ira; razones por las cuales buscaba refugio en el calor de mi madre. Sólo con ella me sentía a salvo de expresar mis sentimientos, pero incluso en esos momentos pensaba que era mejor no expresar ningún sentimiento negativo. Sin darme cuenta, con los años sacrifiqué mi propia individualidad intentando mantener esta sensación de seguridad emocional qué se derivaba de la dependencia hacia otros. Pensaba que para ser amado tendría que hacer lo que los demás querían que hiciera. Por lo tanto tomé la determinación de convertirme en súper niño; no haría nada malo. Ocasionalmente se desataba la frustración que sentía frente al hecho de no poder ganar la aprobación de mi padre y entonces explotaba en una rabieta.

Al irme de casa e intentar funcionar solo, descubrí lo discapacitado que estaba debido a esta dependencia emocional. Nunca aprendí a tener comportamientos o pensamientos independientes. Todas mis respuestas frente a los problemas de la vida se calibraban en términos de lo que mis padres esperaban de mí. Sé que esto es una indudable realidad para muchas personas, pero creo que no continúa ejerciendo efecto sobre sus vidas cuando las personas entran en la treintena. Era prisionero tanto de la ira de mi padre como de la protección de mi madre. No tenía ningún concepto de mi mismo en el que yo no fuera una extensión de ellos o de lo que ellos me permitieran ser. ¡Con esta base fue como entré en el mundo real para experimentar la vida!

No es necesario decir que presentarme al mundo como un modesto y asustado niño pequeño no era adecuado para enfrentar la realidad frente a mí. No había desarrollado ninguna experiencia con el hecho de establecer límites a mi propio comportamiento y ningún sentido de cómo tomar decisiones que fueran saludables para mí. Empecé a hacer lo que me hacía sentir bien, y esto rápidamente me condujo en la dirección inapropiada—arrastrarme dentro de la adicción, y punto. Cuando la vida me enfrentó al dolor, respondí huyendo. Había aprendido que podía usar una relación para protegerme de otra, así que durante los próximos quince o veinte años inevitablemente repetiría el patrón, con múltiples variantes. Con el tiempo huía sólo porque sí, sin importarme las experiencias exteriores que eran dolorosas, y simplemente me perdí en el laberinto del escapismo y de la aplastante culpa que resulta de ello.

Mis primeros recuerdos de evitar la realidad de la vida se remontan a escuchar la música romántica de los años cincuenta mientras soñaba con que esta o aquella chica del colegio me salvaría la vida. Recuerdo que antes del escape que me proporcionaba la música sentía la emoción de tener una novia cuando llegara al sexto grado, y la magia transformadora de perderme en las fantasías del amor. De un momento a otro parecía que el desorden de la vida se detenía y la fantasía era suficiente para ocultar temporalmente el dolor. ¡Funcionó! Aún no había descubierto la masturbación. Sólo recuerdo que más allá de mi dolor personal existía un oasis, una promesa de recibir alivio.

Mis primeras citas no importan mucho, excepto que siempre estaba enamorado de alguien. Durante las fiestas del séptimo y el octavo año, jugábamos los típicos juegos de besarse. Durante unos de esos juegos, en vez de ser besado por una chica, recibí una bofetada ¡sin haber hecho nada inapropiado! En retrospectiva, creo que esta experiencia fue mi primer indicio de que entraba en un espacio lleno de promesas excitantes y sin embargo, al mismo tiempo, este espacio poseía su parte de riesgo e incluso de culpa. Esa bofetada durante mi inocencia cambió mi percepción de la tarea que tenía entre manos. Tendría que ser más cuidadoso, pero eso no significaba que no intentaría cosechar la inherente promesa de ocultar la realidad que me ofrecía la persecución de chicas. Por esos días descubrí la masturbación, lo que agregó una nueva dimensión a la experiencia del sexo. Lo que había sido el inicio de la adicción al amor, ahora se había completado con el descubrimiento de la magia oculta de la fantasía sexual a la par de la masturbación.

Desde el comienzo, tenía una vaga sensación de culpa con respecto a masturbarme. Parecía como si alguien siempre estuviera diciendo que la masturbación te haría crecer verrugas o que te haría quedarte ciego. Al explorar este nuevo territorio, fue muy fácil convencerme de que estaba mal hacer esto. La gente incluso decía que te podías volver loco; ¡qué poco sabía de la veracidad de esa expresión! Al principio de mis experiencias de masturbación, mi madre me sorprendió diciéndome que estaba bien masturbarse, pero que no debería usar mi ropa interior para limpiarme porque podía manchar la ropa. Me sentí totalmente humillado, quería correr tan lejos como pudiera; sentí que invadía una parte importante de mi privacidad.

Puedo recordar la emoción de las primeras caricias y de cómo el deseo de encontrar la gratificación sexual se convirtió en el objetivo primordial de mis primeros contactos con chicas. Claro que esto es usual en los adolescentes, pero esto en realidad la situación nunca cambió. Nunca pude evaluar a las mujeres como si pudieran ofrecerme algo más que su potencial para darme gratificación sexual. De nuevo, esto no se diferencia mucho de los demás hombres, pero sentía que consumía mucha de mi energía y que era demasiado importante.

En ese momento, mis padres sentían que yo no había madurado suficiente para ir directamente a la Universidad, así que organizaron todo para que asistiera a la preparatoria durante dos años. Recuerdo que al estar por primera vez lejos de casa, me masturbaba mucho y siempre tenía una bonita novia en casa a la cual escribir. Ella tenía que ser bonita para que yo pudiera poseer su belleza y perderme dentro de esa belleza, al mismo tiempo que disminuía mi autoestima. Esto también constituyó un tema recurrente dentro de mi adicción al sexo y al amor. La belleza era un paraíso especialmente tentador, un lugar donde me podía ocultar de la fealdad que sentía en mi interior. Hasta ese punto y siempre que se mirara desde fuera, mi desarrollo era relativamente "normal"; ya que no había iniciado las prácticas adictivas sexuales que caracterizaron los siguientes quince o veinte años de mi vida.

Mi primer recuerdo de prácticas adictivas ocurrió durante un viaje de acampada con mi familia. El hecho de acampar me excitaba mucho al pensar que las personas se quitaban la ropa dentro de sus tiendas. También existía un instinto básico dentro de esta experiencia que parecía despertar las necesidades sexuales en mi interior. Una noche salí de nuestra tienda, fui al área donde se encontraban los servicios, y estando completamente desnudo me tiré en el suelo frente a la habitación de una mujer y me masturbé. Parecía que esta experiencia hubiera salido de la nada aún hoy me escandalizo al escribir estas líneas. No me atraparon.

Poco después de esta experiencia, ingresé a la universidad y empecé errar por las calles, tarde en la noche, fantaseando acerca de mujeres en las lavanderías. Más adelante empecé a tocar los pechos de las mujeres que pasaban junto a mí en la calle a altas horas de la noche. Huía y nunca me atrapaban. También empecé a mirar furtivamente por las ventanas de las casas que se encontraban alrededor de la Universidad. Sin intentar analizar esta situación, era como si de repente hubiera desarrollado una desesperada necesidad para encontrar desahogo sexual. La preparatoria fue una benévola extensión de la atmósfera protectora que generaba mi madre, pero en la Universidad realmente me encontraba solo por primera vez en mi vida y me sentí abandonado psicológicamente. En ese momento no era consciente de que mis prácticas adictivas ayudaban a transformar mi experiencia de una realidad dolorosa. Sólo en retrospectiva puedo ver ese patrón. Empecé a mirarme como un pervertido, lo que más adelante disminuyó mi ya maltratada autoestima que me hacía sentir como una persona de poco o ningún valor.

Dejé la universidad al "enamorarme" de mí nueva novia y no consulté la decisión con mis padres. Mi iracundo padre insistió en que re-ingresara a cualquier Universidad el otoño siguiente. Ellos creyeron que sería una buena idea que fuera a un psiquiatra. ¡Si tan solo hubieran conocido la mitad de la historia!

Empecé a trabajar en un hospital del área donde conocí a la Sra. D, una enfermera que tenía diez años más que yo y que empezó a perseguirme sexualmente. Aquí estaba yo, un chico de veinte años que todavía era virgen y que estaba obsesionado con el sexo, ¡perseguido por una atractiva mujer casada que se escabullía por el ala de enfermería buscando sitios en los que pudiera tenerme a mí solo! ¡No podría haber pedido algo mejor! Iniciamos escapadas semanales que elevaron mi mísera existencia a un sitio que pensaba estaba reservado para unos pocos. ¡Qué aplastante poder en mis experiencias sexuales con la Sra. D! En pocas horas me hizo sentir como un hombre. Ella iniciaba y satisfacía deseos sexuales que nunca pensé que fueran posibles y ¡literalmente transformó mi visión del mundo!

Durante todo el verano continuamos nuestros encuentros clandestinos en la parte trasera de mí coche, a medida que vivía semanalmente en éxtasis. Estos días significaron mucho porque a través de ellos aprendí que el sexo podía darme un sentido de identidad personal que nunca antes había tenido. Sentí que tenía el poder para sobrepasar todo el dolor de mi pasado—incluso parecía que se desvanecía al principio, las recompensas eran tan maravillosas que no recuerdo sentirme culpable por lo que hacía. Por supuesto que la Sra. D era casada, pero eso parecía un asunto menor teniendo en cuenta los beneficios que yo recibía. La droga del "sexo" había distorsionado mis valores y cualquier preocupación respecto a la moralidad. Además, jamás desarrollé un definición independiente de mis propios valores.

Al terminar ese verano había sido aceptado en otra Universidad, así que dejé a esta increíble mujer e inmediatamente me las arreglé para conseguir otra novia. Ya que con esta nueva chica sólo llegamos a las caricias, ella finalmente decidió volver con su novio habitual. Me sentí devastado. A lo mejor todavía estaba subido en el pico sexual del verano pasado pensando en que podría tener cualquier chica que quisiera. Ella me rechazó, eso golpeó un punto sensible. Volví a empezar con el voyerismo y casi me atrapan. Me enviaron a la oficina del decano para averiguar por qué merodeaba por el dormitorio de las chicas. Ya que mi hermana también asistía a esa Universidad, dije que había estado buscándola. Este roce con la humillación no fue agradable y pronto sentí ganas de suicidarme, considerando que había pasado mucho tiempo desde el verano anterior. La vida parecía vacía sin la intriga y el alivio del sexo. Sin novia, fui forzado a entrar en un síndrome de abstinencia totalmente involuntario, me vi enfrentado a la fealdad que sentía dentro de mí.

Ese año mí abuela más cercana falleció repentinamente, ella era la que me había dado apoyo durante muchos de los dolores iniciales de mi vida; esto trajo como resultado que intentara comportarme moralmente. Durante la primavera de ese año, al ir a casa de vacaciones, me encontré con la Sra. D y rechacé sus propuestas de volver al punto donde habíamos dejado todo. En retrospectiva, puedo observar un conflicto que se repetiría a lo largo de mi adicción. Aunque temporalmente, necesitaba desesperadamente el sexo que ella me ofrecía, y esto iba a la par del creciente sentimiento de culpa respecto a mi comportamiento. Era impotente detenerme sin importar la culpa y el dolor que esto me generaba. El dolor de mi pasado, del cual necesitaba escapar, se mezclaba con cada nueva práctica inapropiada. Me auto imponía periodos "monásticos", sólo para retomar más adelante algún tipo de desahogo sexual.

Al final de ese año volví a abandonar la Universidad e inicié el servicio activo en la Marina. Deprimido y solitario, le escribí a la Sra. D para suplicar por el sexo que, dos meses antes, había rehusado aceptar. Ella nunca respondió.

Mientras estaba en la Marina, pasé mucho tiempo bebiendo, yendo a ver películas porno y masturbándome; pero nunca fui capaz de evitar el peligroso voyerismo. Como por arte de magia, conocí a otra mujer cuyo marido estaba luchando en Vietnam. A cierto nivel sentía que las mujeres casadas eran "seguras." Quiero decir que no quería tomar ningún tipo de responsabilidad por utilizar a una chica soltera sólo para conseguir sexo, y pensaba que tener sexo bajo esas circunstancias estaría mal. Como un recién iniciado adicto al sexo y al amor, ¡tenía un sentido de moralidad muy extraña!

Asumí que las mujeres casadas sólo querían sexo. No existía confusión respecto a involucrarse emocionalmente. No importaba que el marido de la mujer luchara en Vietnam. Necesitaba cualquier cosa que ella pudiera ofrecerme sin importar las consecuencias. Sin embargo, a cierto nivel mi culpa se amontonaba.

Cuando salí de la Marina, fui a Boston. Allí no conocía a nadie, así que pronto busqué prostitutas para encontrar lo que desesperadamente necesitaba. Estas fueron mis primeras experiencias con prostitutas, mientras que la culpa y la creciente sensación de que era un pervertido se convirtió en la búsqueda frenética de un psiquíatra en las páginas amarillas. Solitario y confuso, fui a verlo esperando que me escuchara y que hiciera que todo mejorara. No funcionó exactamente así. Me refirió a un colega al cual visitaría durante un año aproximadamente. En este periodo conocí a la mujer que se convertiría en mi primera esposa. Cabe resaltar que poco después de conocerla le dije al psiquiatra que todo estaría bien por un tiempo. Una nueva mujer había entrado en mi vida y eso siempre significaba que volvería a sentirme completo. En retrospectiva pienso que probablemente la alegría de tener una nueva compañera sexual daba como resultado mi repentina "buena salud." No conocía nada en relación al amor; necesitaba sexo y si eso significaba que tenía que casarme, ¡entonces que así sea! En ese entonces no lo sabía y ahora he llegado a aprender, que inevitablemente todas las relaciones pasan por fases en las que disminuye la intensidad sexual. Pero para un adicto activo al sexo y al amor, esto es inaceptable. De ninguna manera estaba preparado para contribuir a mantener el matrimonio una vez que empezaron las dificultades. Me enfocaba en los genitales; mi enfermedad quería eso, yo necesitaba mi dosis sexual. Empecé a sentirme atrapado por la cercanía, aburrido con el sexo y desesperado por ahogar estos sentimientos. El pánico se apoderó de mi cuando intenté sexualizar estos agobiantes y amenazadores sentimientos. Una extraña mezcla de moralidad y necesidad sexual daba como resultado tomar extrañas decisiones respecto a mi conducta sexual. No tuve aventuras con otras mujeres (al menos al principio) porque era algo malo. ¡Pero entrar a los antros donde se desnudaban las mujeres en la Zona de Combate de Boston, husmear por las ventanas, masturbarme compulsivamente y finalmente el exhibicionismo no significaba que estuviera "engañando" a mi esposa!

Estaba atrapado. A pesar de que había entrado en este matrimonio con esperanzas y sueños para nuestro futuro, era un hombre inmaduro y enfermo que estaba enganchado al sexo para poder sobrevivir. Me pasé las noches de primavera y verano exhibiéndome, masturbándome, bebiendo, husmeando por las ventanas y gradualmente enfermándome más. El psiquiatra que me trataba me dio Valium y el teléfono de un abogado en caso de que me atraparan. Nada me detenía. Una noche salí, bebí y conduje en mitad de la noche hacia el Oeste, huyendo de la creciente confusión y desesperación de mi vida. Esa mañana en particular, llegue a Hartford, Connecticut, teniendo fantasías de desnudarme y correr a través de la cafetería de un colegio de niñas. Nunca fui capaz de hacer esto, pero me hubiera gustado. Yo veía este comportamiento como la única forma de ocultar el dolor que sentía dentro. Llamé a casa llorando y estuve de acuerdo en reunirme con mi esposa en la oficina del psiquiatra. Esto se convirtió en un patrón. Intentaría reunir la voluntad para vivir sanamente y tener una vida "normal", esta represión finalmente explotaría en una orgía de autodestrucción, cuyo único resultado fue devolverme a la tortura sintiéndome exhausto, en penitencia y listo para iniciar otro periodo de buena conducta.

Mi comportamiento más perturbado, además del exhibicionismo, fue volver a tocar mujeres en las calles. Durante algunos años de matrimonio, este fue el enganche de mi adicción. Miro hacia atrás con un sentimiento de culpa respecto a esto, pero hoy en día se ve muy disminuido por el hecho de que ahora soy capaz de ver que estaba enfermo, y no pensar que era una mala persona. Lo que hacía era seguir a las mujeres y cuando pasaba a su lado tocaba sus culos y me ponía a correr como un loco. No es un pensamiento agradable de mi mismo, tampoco es una cosa fácil de compartir con ustedes. Retrospectivamente pienso que necesitaba desesperadamente la excitación sexual, pero no podía obtenerla sin llegar a niveles que fueran fáciles de ocultar. Me llenaba el pico de adrenalina al que llegaba mientras seguía a una mujer hasta el momento en el que la tocaba; ese instante me catapultaba más allá de cualquier dolor. Inmediatamente aparecía la culpa, pero otro trasero se encargaría de eso, y así. Una vez que comenzaba, era impotente para detenerme. Lo único que podía detener esta rutina era el cansancio o la luz del amanecer. Mientras escribo esto, hoy en día me inclino a analizar este comportamiento después de un periodo de sobriedad sexual y muchos años de terapia; pero en realidad no estoy seguro de que esto sea muy útil. Lo que sí es útil es saber que dentro de S.L.A.A. no he sentido la necesidad de iniciar las prácticas adictivas de ninguna forma, aunque quisiera.

Mi historia esencialmente repite los patrones que he mencionado con anterioridad durante los próximos años. Dejé a mi esposa después de tener una aventura y de una búsqueda desesperada para conseguir sexo nuevo. Volví a estudiar, y después de graduarme de la Universidad conocí a una estudiante a la cual dejé embarazada. Tuvimos el niño y dos años después los abandoné para buscar a alguien más a quien finalmente también dejaría. Fue durante el periodo de estas relaciones en serie que mis prácticas adictivas y mi creciente dependencia al alcohol y a las drogas se convirtieron en un intento de suicidio. Afortunadamente, metí la pata en el intento y fui hospitalizado, lo que me llevó a iniciar un periodo de cinco años de sobriedad en Alcohólicos Anónimos. Sin embargo, a pesar de mi sobriedad en A.A. continué abrigando una relativamente tranquila, pero no menos potencialmente fatal, adicción al sexo y al amor.

Mis relaciones en serie ciertamente indicaban tanto una adicción al amor y al romance, como al sexo. Al principio de mi sobriedad en a asentí que mis actividades sexuales posiblemente podrían ser dominadas por un programa de Doce Pasos, pero no me encontraba remotamente cerca de llegar a ese punto. Irónicamente, esto ocurrió durante el periodo de fundación de la Asociación S.L.A.A. Me encontraba sólo en mi dolor y no estaba preparado para dejar ir los patrones destructivos, así que continué usando el sexo y el amor para aligerar mi tránsito por la vida a pesar de que usualmente la culpa relacionada con mi necesidad de obtener sexo era insoportable, las consecuencias negativas de mis actividades no habían llegado a un punto en el que me sintiera preparado para hacer algo que me obligara a detenerme.

Durante los años siguientes, me involucré mucho en la religión y me sentía lo suficientemente fuerte para disminuir drásticamente mis obsesiones sexuales. Para mí esto fue un periodo relativamente feliz y fue el primer indicio que tuve de que cuando no realizaba mis actuaciones sexuales me sentía mejor respecto a mí mismo. Pero como me encontraba sin el apoyo de otros adictos en recuperación, este periodo desapareció gradualmente y volví al meollo del asunto. Esta vez, sin embargo, empecé a sentirme un poco más saludable, y, después de dejar a la última mujer me las arreglé para vivir sólo durante seis meses. Por primera vez en mi vida empecé a cuidarme y a sentir algo de dignidad personal. Al vivir solo, la impresión que tenía de mi mismo mejoró, pero el factor más importante fue detener las prácticas adictivas. Al terminar los seis meses tuve una relación de una sola noche, y poco después de eso conocí a la mujer con la que he estado hasta ahora durante cuatro años (un record) y gracias a la cual ahora estoy sobrio en S.L.A.A. y con la cual pienso casarme. Su sufrimiento y el mío dieron como resultado que asistiera a S.L.A.A., que entrara en sobriedad y que creciera lo suficiente para poder hacer un compromiso basado en el amor. Este último capítulo de mi vida es el que quiero compartir con ustedes.

Los principios de nuestra relación incluían a todas luces todos los signos de la adicción al amor. Lo éramos todo el uno para el otro. Al cabo de un año empezamos a vivir juntos y pocos meses después volví a la zona roja de la ciudad después haber estado fuera durante dos o tres años. Sólo sabía reaccionar, y la "Zona de Combate" se convirtió en un puerto seguro donde desembarcar. Llamé al psiquiatra que tenía cuando me hospitalizaron después que intenté suicidarme e inicié nuevamente la terapia. Esta nueva mujer era especial y no quería repetir los patrones del pasado. Llegas a un punto en el que, a pesar de que te sientes impotente para detener tus prácticas adictivas, ¡sabes que todo va cuesta abajo y que tienes que parar!

Después de dejar a mi hijo, continué visitándolo regularmente, sin embargo esto me recordaba el fracaso del pasado, sin mencionar que cada vez que lo veía volvía a sentir el dolor de haberlo dejado. Muchas de mis visitas terminaban con un viaje a la Zona de Combate. Me sentía atrapado en una nueva relación, triste y culpable con respecto a mi hijo y estresado porque tenía un nuevo trabajo que exigía mucho de mí; todo ocurría al mismo tiempo, a la vez no estaba acostumbrado a experimentar mis sentimientos y ni a saber cómo manejarlos. Simplemente no podía aguantar, las prácticas adictivas eran todo lo que conocía. La masturbación compulsiva, las revistas porno, vagar por las playas, mirar stripers y no ir a las reuniones de A.A. fueron mi manera de manejar el estrés. Nunca sabré por qué no volví al exhibicionismo y a tocar a las mujeres en la calle. ¡A lo mejor había mejorado! Dos días antes de mi quinto aniversario de sobriedad en A.A., bebí en la Zona de Combate y para cuando terminó la noche me encontraba a varios cientos de kilómetros de distancia, en Filadelfia, llamando a casa, a tempranas horas de la mañana, llorando dentro de una cabina telefónica además, era el cumpleaños de mi mujer–amiga y ella voló a Filadelfia para rescatar a su abatido y triste amante. Menudo regalo de cumpleaños.

Nunca fui muy activo dentro de A.A., así que pasé el siguiente año asistiendo a reuniones casi diariamente. Esto ayudó, pero sabía que no estaba enfrentándome al problema de fondo. Continué yendo a la Zona de Combate una y otra vez; una vez estando allí no bebía, pero mi culpa se intensificaba. Mi mujer–amiga y yo seguíamos juntos, pero me mudé a otra casa; lo que me dio el espacio que necesitaba en ese momento. Mi trabajo como consejero en un programa de alcoholismo empezó a surtir efecto. Aquí estaba yo, con pocos meses desde mi último trago y activo en otra adicción, intentando ayudar a que otras personas entraran en sobriedad. Las contradicciones eran muy grandes, incluso para este adicto al sexo y al amor.

Una noche en una de las reuniones de A.A. el orador, una mujer, hizo referencia en su historia de sentirse obsesionada con los hombres. Más tarde, después de la reunión, la vi hablando con un hombre en A.A .del cual había escuchado historias en relación a los problemas que le había causado su conducta sexual. Sin dudar, entré en su conversación y descubrí que el hombre era fundador de S.L.A.A. y que había una reunión el área de Boston. ¡Me sentía extático! Pensar que esa Asociación existía y que estaba basada en los principios de A.A.,¡Que trataba la obsesión sexual y romántica!—justo lo que pensaba que necesitaba.

Asistí a mi primera reunión de S.L.A.A. al día siguiente y después de escuchar a algunos de los oradores, anuncié al grupo que ¡finalmente estaba en casa! La realidad de lo que tenía frente a mí aún no había surtido su efecto. Simplemente me sentía lleno de alegría por haber encontrado un lugar en el que podría hablar libremente y sin sentirme juzgado respecto a la parte oculta de mí ser. Como era mí costumbre, atribuí cualidades mágicas al grupo, de cierta forma esperaba que mi asistencia al grupo se llevara mi obsesión. Inicié el periodo de abstinencia de las prácticas adictivas, lo que para mi incluía la masturbación, no ir a la Zona de Combate, no mirar revistas pornográficas, no seguir a las mujeres en las calles ni tocarlas o mirar sus culos, nada de exhibicionismo, nada de toques sutiles en los lugares públicos, nada de prostitutas, nada de buscar incesantemente por las playas mujeres desnudas y nada de relaciones en serie para "legitimizar" el sexo. Sólo tardé seis cortas semanas en volver a beber e ir a la Zona de Combate a mirar strippers y a masturbarme compulsivamente. En una semana pude dejar de beber, pero continué yendo periódicamente a la Zona de Combate durante los próximos diez meses, hasta el Día de los Veteranos en 1981.

No había regresado a S.L.A.A. desde que dejé de asistir en el verano de 1980. Amigos bienintencionados que conocían mi historia sexual sentían que S.L.A.A. no sería la solución. ¡Me aconsejaron que aprendiera a realizar estas actividades sin sentir culpa! Interiormente sabía lo que tenía que hacer, pero simplemente no estaba preparado para dejar de ver a esas strippers. Muy pronto mi vida se hizo emocionalmente ingobernable. Hacía viajes secretos a la Zona de Combate, llegaba a casa temprano por la mañana después de masturbarme en el coche mientras me dirigía a casa, luego me iba a trabajar, visitaba a mi mujer-amiga o recogía a mi hijo como si nada hubiera pasado. Jugaba el papel del adulto responsable y maduro, pero la carga emocional era increíble.

Pasé los primeros días del puente del fin de semana del Día de los Veteranos con mi mujer-amiga y pronto comprendí que como ella tendría que trabajar el lunes, yo tendría ese día para mí. No sólo eso, además se esperaba tiempo caliente de verano. La libertad de los días calientes, la promesa eterna de la primavera y la oportunidad de vagar por las playas crecía en mi interior a medida que hacía planes secretos para consentirme al día siguiente. Sin obligaciones con nadie, ¡un día para perderme dentro de la aventura sexual!—nada podía ser mejor. Por una parte, casi veinte años de prácticas adictivas y mi reciente contacto con S.L.A.A. ; y por la otra estaba la promesa de que cada práctica adictiva era suficiente para eliminar el dolor del pasado, el dolor del presente y cualquier dolor que pudiera existir en el futuro. Ese día empezaron tres semanas de atracón alcohólico y sexual. Necesito considerar esas tres semanas, ya que representaron el fin de mi adicción activa, un día a la vez, y también el inicio de mi sobriedad en S.L.A.A.

El Día de los Veteranos fue caluroso y perfecto para ir a la playa. Empecé temprano a pasearme por las dunas. Este paseo siempre me dejaba un sabor patético y esta vez no fue la excepción. En esencia simbolizaba completamente la naturaleza de mi adicción. Al pasear por la playa, buscaba frenéticamente a una mujer desnuda. Era imposible caminar por las dunas. Ya había empezado la temporada, tenía que ser cuidadoso de no quemarme con el sol. La hierba en las dunas se me clavaba en los pies hirviendo a medida que corría de cima en cima, mientras daba saltitos para encontrar la ansiada magia. Esta mañana en particular usé zapatos de correr y gradualmente la arena se colaba dentro de ellas forzando su paso hacia mis uñas, sin embargo seguí caminando penosamente para encontrar lo que buscaba. Me salieron ampollas y perdí algunas uñas del pie como secuelas de este día; pero eso no significaba nada en comparación con el desesperado recorrido de mi enfermedad.

Inevitablemente pasé todo el día buscando, solo para terminar yéndome de la playa e irme a masturbar dentro del coche. ¿Qué haría ahora? El dolor volvía progresivamente y necesitaba otra dosis sexual. Eso significaba: la Zona de Combate. Durante las siguientes tres semanas, bebí, miré strippers, salí con prostitutas, me masturbé compulsivamente, fui a trabajar, volví a salir, visité a mi terapeuta, visité a mi mujer-amiga y a mi hijo y me mantuve huyendo, pero no podía escapar. Este extremo febril me llevó al punto en el que inicio mí historia, cuando nuevamente sentía que tenía que terminar con todo eso. Todo era demasiado familiar. Los patrones me aburrían. Nuevamente no podía vivir mi vida. Estuve un par de días bebiendo y teniendo sexo constantemente, todo lo cual terminó a las cuatro de la mañana aparcado en mi coche con una prostituta en el Edificio del Centro de la Compañía "Prudential" en Boston. Me subí la bragueta, me despedí de la prostituta y conduje a casa, sólo para despertarme tres horas después e ir a recoger a mi hijo y pasar el día con él. Luché a lo largo de ese día para despertarme el día siguiente e iniciar mi sobriedad en S.L.A.A.

Realmente no tenía más opción que entrar en sobriedad. No había nada que me permitiera escapar nuevamente, cada vez necesitaba una dosis mayor de sexo para obtener mí subidón. Había desarrollado tolerancia ante mi actividad sexual, lo que cada vez me dejaba en un estado deplorable. Tenía dos opciones: suicidarme o volverme loco. Sabía que S.L.A.A. podría ayudarme, pero también sabía que tendría que entrar en sobriedad solo. De nuevo entré en síndrome de abstinencia, absteniéndome de la letanía de comportamientos que habían sido todo y que no me habían llevado a ninguna parte. Seguía involucrado con la misma mujer y continuaba haciendo el amor con ella mientras esto fuera, y sabía que continuaría siendo, una relación de compromiso. Ahora ella era consciente de la mayor parte de mi historia y le costó mucho aceptarlo, pero estaba dispuesta a comprometerse conmigo dentro de la sobriedad.

Para mí el periodo de síndrome de abstinencia duro tres meses y fue muy difícil. Ya que era verano, había muchas tentaciones, y como resultado de esto pasé mucho tiempo encerrado en casa. Ya no podía sentirme seguro yendo a las playas o vagando por la ciudad. Descubrí que necesitaba tener destinos fijos cuando salía para evitar meterme en problemas. Siempre fue muy difícil para mí pedir ayuda a otra persona, pero descubrí que era absolutamente necesario dejar ir mi falso orgullo y coger el teléfono cuando sentía que me resbalaba nuevamente dentro de la adicción. Por las mañanas empecé a pedir ayuda a un Poder Superior para que me ayudara a mantenerme alejado de la bebida y de las actuaciones adictivas durante ese día. Cada día se convirtió en un experimento de madurez, que continúa hoy. Me di cuenta que al detener las prácticas adictivas empecé a experimentar los sentimientos de los cuales había estado huyendo por tanto tiempo. Aprendí cosas respecto a mí que no eran agradables y además descubrí cosas que eran gratificantes. Sobre todo aprendí que no tengo que actuar sexualmente aunque quiera hacerlo.

Tengo un sentido de dignidad y poder personal que nunca antes tuve. Ya no tengo que disculparme por existir. Estoy enfermo y no soy un pervertido en bancarrota moral. En ocasiones, aún siento el deseo de actuar sexualmente y probablemente a veces continuaré sintiéndome así, pero esos deseos sólo sirven para recordarme que debo poner mi energía en mi recuperación y hacer lo que sea necesario para permanecer sobrio. El síndrome de abstinencia también me ayudó a ver como la adicción se alimenta a sí misma. Cuando me encontraba en activo, cada vez necesitaba más sexo para iniciar el alivio del dolor. Pero una vez que detuve mis prácticas adictivas, descubrí que no experimentaba una irresistible lujuria que amenazara con llevarme de vuelta a la Zona de Combate. Ahora, cuando el dolor vuelve, no recurro automáticamente a pensamientos o soluciones sexuales. Tengo tiempo de procesar los sentimientos y darme cuenta de que no pueden incitarme si le pido ayuda a mi Poder Superior o a un compañero de la Asociación S.L.A.A.

Pocos momentos antes de sexualizar mis actitudes, he tenido la oportunidad de tolerar sentimientos desagradables que intentan reactivar mi adicción. Esto puede ocurrir cuando dejo de expresar abiertamente mis sentimientos a aquellas personas cercanas a mí y empiezo a pensar que existe una solución sexual a los problemas de mi vida. Sin embargo, lo que he aprendido es que al compartir estos sentimientos con alguien, puedo dispersar los deseos y bloquear la espiral negativa que convierte mí adicción activa en la única salida. Una vez que permito que mi pensamiento negativo tenga cabeza propia, mi naturaleza adictiva contesta rápidamente. No menciono esto para pintar la sobriedad de manera irreal. Sin embargo las recompensas de la sobriedad son enormes. Nunca antes la vida fue tan hermosa y la promesa de un futuro con algo de paz mental es real. Sin embargo, la sobriedad para mí después de veinte años de prácticas adictivas, puede ser una lucha diaria. Después de todo, soy un niño de treinta y siete años, ¡que finalmente está aprendiendo a crecer! Pero al igual que un niño estoy experimentado la vida de una nueva forma. Los retos son emocionantes. El aprendizaje es doloroso, pero no se acerca al dolor provocado por la culpa y las prácticas adictivas.

Los Doce Pasos de este programa ofrecen un tipo de vida que todos merecemos. Mi vida me ha enseñado lo impotente que soy al enfrentarme con esta adicción. He llegado a creer que un Poder superior a mí mismo puede restaurar mi sano juicio. Diariamente intento, lo mejor posible, poner mi vida y mi voluntad al cuidado de ese Poder. He firmado la paz con mi pasado y he enmendado el daño hecho a aquellos a quienes lastimé, el proceso continua amo a mi Dios y a la Asociación de S.L.A.A. que han hecho que todo esto sea posible. Rezo para, que dentro de estas líneas, haya podido comunicarles el dolor que sentí anteriormente y la solución que me ha sido dada para sobreponerme a ese dolor. Hoy no tengo que caer en las entrañas de la Zona de Combate. Puedo respirar aire fresco, caminar con dignidad en mi mundo y ¡agradecer a Dios por mi sobriedad! ¡Al fin libre!

Las Cosas Que Hice Por Amor

Llevaba dos años de estar viviendo con S. y luchaba con la decisión de mantener o dejar la relación. En realidad, estaba obsesionada con esa pregunta se me convirtió en un patrón el hecho de no tomar ninguna decisión al respecto. Estaba acostumbrada a conformarme con recibir poco de los hombres con los que salía, así que me llenaba de miedo y ansiedad la idea de mudarme y estar sin él. Gracias a Dios, fui bendita con una madrina de Al-Anon que participaba en varios programas de Doce Pasos. Mi madrina, cansada de que le pidiera que tomara "La Decisión" por mí, me sugirió que asistiera a una reunión de Adictos al Sexo y al Amor Anónimos. Eso fue en julio de 1983, y como ya había aprendido en Al-Anon a seguir las sugerencias, acepté ir. Parecía horrible—una habitación llena de personas (en su mayoría hombres) con toda clase de historias "pervertidas", que daban detalles de sus prácticas adictivas. Cada tanto, cuando era capaz de escuchar con la mente más abierta y teniendo en cuenta que hay que identificar y no comparar, escuche cosas con las que pude identificar "la persona que yo solía ser." Pero ninguna de las cosas que escuchaba parecían relevantes para la lucha que sentía al encontrarme en una relación afectuosa de compromiso.

Por supuesto que esta relación "afectuosa" había empezado—muchos años antes—como muchas otras. Acababa de perder mi trabajo y me sentía llena de auto—compasión, odio hacia mí misma, inseguridad y soledad. Estaba entrenada para ser una profesional con nivel de máster, y trabajaba como camarera para que me alcanzara el dinero, ya que no tenía la confianza para buscar trabajo dentro de mi especialidad. Conocí a S. en un bar e inmediatamente me sentí atraída hacia él, sin importar que estuviera demasiado borracho como para decir algo coherente. Dos semanas después nos volvimos a encontrar y esa noche tuvimos sexo. Su esposa lo había dejado hacía poco tiempo y su madre acababa de morir. Al día siguiente tenía que volar a California y a mitad de nuestra primera noche juntos él se despertó con los temblores propios de un alcohólico; así que tuve que llevarlo a la sala de urgencias. Era una trampa perfecta para mí, tocaba todos mis botones de "rescatar." Lógicamente, le dije que tenía bastante con mis problemas y que no podía involucrarme con los suyos. Pero desde que regresó de California, pasamos cada tarde juntos. S. vivía frente a mi casa y yo tenía citas— para demostrarle que no me interesaba—para después llamarle cuando volvía a casa. Cada fibra racional de mi ser me decía que esto era un error—pero yo estaba enganchada. Un mes después S. entro a un programa de desintoxicación y entró en sobriedad. Dos meses después nos mudamos juntos.

Había desarrollado un patrón de "enamorarme desesperadamente"—y desaparecer en cuanto las cosas se ponían difíciles—Estaba decidida a hacer que esta relación funcionara. Eso significaba que aguantaría todas sus recaídas alcohólicas, su casi suicidio, sus críticas en relación a mis amigos y su no disponibilidad emocional. Tuvimos algunos momentos buenos juntos y también compartimos sentimientos profundos, pero ninguno de los dos era lo suficientemente sano o maduro para sobrevivir a los desacuerdos y trabajar nuestras diferencias para comprometernos en una verdadera relación de pareja.

En octubre de 1983, después de tres años, decidí que no podía "jugar a la casita" y comprometerme en una verdadera relación de compromiso. Ya que S. no era capaz de una comunicación eficaz; y mucho menos de comprometerse en una relación. Gracias a mi recuperación en Al-Anon y mi Poder Superior, lo dejé.

Al principio, use el programa de Al-Anon y el apoyo de mí madrina, abordé la mudanza con una perspectiva positiva. Claramente esto me fue dado por Dios. Había encontrado un bonito apartamento que podía pagar, incluso se podría decir que era lujoso, por lo cual me permití gastar dinero en convertir este nuevo lugar para que se convirtiera en mi hogar. Una de las luchas que tuve con S. fue acerca de re-decorar el apartamento que compartíamos. Él no permitía que intentara que el lugar fuera como "nuestra casa", así que me sentí liberada al poder establecer una casa para mí. Pensaba que al practicar el programa de Al-Anon y tener a Dios en mi vida sería suficiente para superar la separación y ayudarme a seguir creciendo. Pero no sabía que tenía una adicción sin tratar y que no tardaría mucho en sentirme asfixiada por ella.

Poco después de mudarme, empecé a pensar que había cometido un error y me sentí invadida por sentimientos de culpa, desesperación y añoranza por regresar con S. Mi madrina nuevamente sugirió que intentara asistir a S.L.A.A., así que empecé a ir a las reuniones con relativa frecuencia.

Todavía me sentía fuera de lugar en el programa. Todavía sufría la pérdida de una relación monógama de tres años y en ese entonces muchos de los miembros de S.L.A.A. parecían intentar de dejar su "dosis sexual", ya fueran múltiples aventuras, la actividad en la "zona roja de la ciudad" o la masturbación compulsiva. Sugirieron que no regresara a los brazos de mi amor, pero pensé que podríamos mantener contacto para trabajar en una reconciliación futura.

En esta época veía a S. casi todos los domingos. Como era la tradición de nuestros domingos juntos, yo cocinaba la cena y nos relajábamos juntos, veíamos televisión y hacíamos el amor. S. parecía estar contento con esta situación, pero yo necesitaba hablar de nuestra separación, de cómo me sentía, de lo que esperaba—y él

no quiso hablar de eso. Al cabo de un mes de estas visitas, sentía más dolor con este nivel superficial de relación que si no estuviéramos juntos. También volvió a beber y después de no saber nada de él durante dos semanas, respondí a su llamada de "auxilio" y volví a los comportamientos permisivos que en Al-Anon me habían enseñado a dejar de lado.

Así que finalmente renuncié a una pequeña parte de mi fuerza de voluntad y me comprometí con mi madrina a no dejar de llamarle. Estaba enojada. Estaba obsesionada con la idea de hablarle, de verle, de dormir con él. Me sentía torturada al no actuar en esa obsesión. Todavía pensaba que esto era así porque lo amaba mucho y permanecí reticente a etiquetarme como una adicta.

En diciembre empecé el camino al "fondo" que haría mi posible recuperación. Justo antes de las fiestas navideñas, en un baile de A.A., conocí a un hombre cuya energía sexual me provocaba. Había ido lo suficiente a S.L.A.A. y había leído la suficiente para saber que no debía aceptar una cita con esta persona. Esa noche escribí en mi diario que si él me llamaba, sólo nos iríamos a tomar un café; que no empezaría una relación sería y que no me acostaría con él. Pero en cuanto lo volví a ver supe que estaba en problemas, no podía resistir la excitación sexual que sentía en su presencia. Nos tomamos un café, fuimos a dar un paseo y pocas horas después, en el suelo de su sala, me convenció para tener sexo. No es que mi cuerpo no lo quisiera, pero cuando cerré los ojos, vi la cara de S y empecé a llorar y a suplicarle que se detuviera a él no le importaron mis sentimientos, pero me sentía tan controlada por la adicción que no pude resistir sus súplicas al pedirme perdón. Así empezaron tres meses de espiral negativa durante los cuales me perdí completamente en este hombre. Le permití que me mandara—que tuviera libre acceso a mi casa, mi automóvil, mi tiempo y mi cuerpo—todo cuando le viniera bien hacerlo. Yo me lastimaba de tantas formas y mi vida se volvió extremadamente ingobernable. Tuvimos sexo durante dos meses sin utilizar ningún método anticonceptivo, me sentía ansiosa de quedar embarazada y experimenté muchos síntomas psicosomáticos ya que había dejado de tomar la píldora para resistir la tentación de acostarme con S.

Cuando mi madrina cuestionó mi comportamiento y hasta qué punto estaba implicada con este hombre, lo defendí y lo justifiqué. En ese entonces sentía que J., que había estado sobrio en a ay activo en esa Asociación, tenía la recuperación que yo tanto quería que S. tuviera. J. y yo conversábamos acerca de los Doce Pasos, nos arrodillábamos juntos en las noches e íbamos a reuniones. J. también tenía amigos del programa y era muy sociable, mientras que S. siempre había estado tan aislado. Disfrutábamos de ir a bailar y de otras actividades juntos. J. era muy entusiasta al elogiarme e incluso creo que me adoraba. Él decía que me amaba y yo nunca había escuchado eso de S. Me apoyó mucho en un momento particularmente difícil, cuando a mi madre le practicaron una cirugía a corazón abierto en 1984.

Usé todas estas cosas para justificar el hecho de estar relacionada con J.—y para negar mi necesidad de S.L.A.A., no era capaz de ver la naturaleza obsesiva de esta relación y como afectaba mi salud emocional y física—la relación que yo creía que probaba que no necesitaba S.L.A.A.—se convirtió precisamente en la que me mostraba el progreso de mi enfermedad.

Durante los primeros dos meses de mi relación con J. tuve algunas señales de que él podía ser una persona de humor cambiante, agresivo y poco predecible. Pero al mejor estilo de los adictos evité la incomodidad de reconocer esos signos. Sin embargo, en febrero, alrededor del día de San Valentín, el hombre que me había descrito a mi misma y a otros como un hombre cariñoso, honesto, amoroso y comunicativo fue poseído por otra personalidad.

J. dejó de ser comunicativo y se volvió poco disponible. Las semanas pasaban sin que tuviera noticias de él y se enfurecía si llamaba a su casa. Empezó a ser verbalmente abusivo, diciéndome que yo "no era importante para él", que yo era una "persona enferma" y cosas por el estilo. Si intentaba conversar acerca de mi confusión por su repentino cambio, me decía que empezara a hacer mi propio inventario, no el suyo y que él no era responsable de mis sentimientos. Había torcido la sabiduría del programa de Al-Anon para manipularme y confundirme.

Inmersa en una creciente sensación de impotencia y descontrol, tuve momentos en los que adquirí una nueva percepción del problema; escribí estos momentos en mi diario—que me encontraba atrapada en una adicción, que me estaba lastimando, que necesitaba detenerme—pero no podía. Permanecí a merced del poder que este hombre tenía sobre mí—respondiendo llamadas a media noche, prestándole dinero y rogándole que creyera los insultos que normalmente decía refiriéndose a mí. Me aferré a los recuerdos que tenía de esos primeros meses y esperaba a que la realidad cambiara.

Finalmente el dolor se hizo enorme, J. decidió que quería dejar de verme e hizo parecer que fue mi decisión. Pocos después empeoraron los "juegos mentales." El había llamado en un momento de vulnerabilidad y me pidió quedarse conmigo ya que estaba abrumado y asustado porque podría volver a beber. Habló con el corazón en la mano, era amoroso y afectivo. Le cociné la cena, le escuché e intenté darle apoyo. Media hora después salió por la puerta negándose a decirme a donde iba o cuándo volvería. Cuando se percató de lo herida que me sentía, respondió todavía peor. Poco antes de cerrar la puerta, volvió a entrar, tiró su abrigo y empezó a preguntarme si yo podía ir a buscar helado para nosotros. Lo hice. Estaba desconcertada y paralizada de miedo. No quería que él estuviera allí, pero no podía pedirle que se fuera. No quería que me tocara, pero no podía decir que no. Pensé que me estaba volviendo loca.

Al día siguiente, cuando una terapeuta etiquetó como sádico el comportamiento que le había descrito, fue cuando fui capaz de separarme de este hombre, iniciar mi recuperación en S.L.A.A. y empezar a tener esperanzas de que podría dejar atrás mis patrones adictivos.

En medio del dolor del síndrome de abstinencia—las noches sin dormir, las pesadillas, el lloriqueo incesante, los crueles sentimientos de soledad y abandono—busqué desesperadamente la ayuda del programa y de mi Poder Superior. Empecé a aclarar mi pasado adictivo, los sentimientos que estaba suprimiendo bajo comportamientos obsesivo-compulsivos y mi emergente sensación de ser.

Me crié en una familia relativamente "normal." No había ningún tipo de abuso físico, sexual o de sustancias. Sin embargo, los sentimientos con los que crecí son muy similares a aquellos que había escuchado de las personas de S. L.A.A. quienes crecieron en un ambiente obviamente lleno de problemas. Mi madre era una mujer con una gran fuerza de voluntad y un temperamento volátil, a quien le era muy fácil criticar, pero le era muy difícil elogiar algo o dar consuelo. Al entrar en la adolescencia, ya me encontraba con fuertes sentimientos de duda personal, auto-odio e inseguridad. Había visto a mi madre desheredar a mí hermana mayor cuando el estilo de vida de mi hermana no llenó sus expectativas; razón por la cual no podía confiar en que su amor hacia mí no sería retirado con tanta facilidad. También me sentí juzgada, no escuchada y no aceptada. Esos sentimientos tan arraigados se convirtieron en la base de mis patrones adictivos y mis relaciones con las personas, particularmente con los hombres; estos sentimientos crecieron para convertirse en una incesante sensación interna de necesidad.

Me convertí en presa de la atenciones masculinas sin ser capaz de tomar alguna decisión en relación a si quería o me gustaba estar con ese hombre en particular. Continuamente necesitaba obtener la aprobación de los demás. Debido a la falta de una identidad firme, de buena gana me identificaba con personas de diversos fondos sociales e intereses; así que asumía sus trasfondos e intereses como si fueran míos. No toleraba estar sola conmigo misma y me aboqué a la sexualidad promiscua para aliviar el dolor de la soledad y la auto—repugnancia. Me impulsaba una necesidad inconsciente de escoger hombres que hicieran mi vida más feliz, lo que se basada en los patrones establecidos durante mi infancia; a la vez que me alejaba cada vez más de encontrar una sensación de serenidad y satisfacción.

Este auto-conocimiento fue disponible para mí a medida que continuaba con mi recuperación—ir a las reuniones, leer la literatura, aprender a vivir en los Doce Pasos, buscar la orientación de un Poder Superior y la ayuda de mi madrina y de otras personas en la Asociación.

La claridad que obtuve durante el síndrome de abstinencia descubrió recuerdos y sentimientos que habían sido reprimidos por el comportamiento obsesivo—compulsivo. La recuperación me permitió llorar la pérdida de mi relación con S., lo que había estado evitando con las prácticas adictivas. La recuperación me permitió poseer las verdades de mi ser a las cuales me había resistido antes, y al hacer esto, pude empezar a soltar las cadenas de la adicción.

Al asistir a mi primera reunión, después de seis semanas de sobriedad, leí algunos pasajes de un diario que tenía en 1977. Entre los apuntes estaba este: "¿Por qué siempre tengo que dañar las relaciones? ¿Por qué dejo que ocurran?"

A excepción de tres relaciones (de muchas durante un periodo de quince años), me aboqué a "aventuras amorosas" o promiscuidad sexual compulsiva desde que tenía quince años. Cuando era niña tuve fantasías obsesivas o me obsesionaba con alguien que me gustaba, pero con los cuales nunca actué sexualmente. Al cumplir quince años, cuando empecé a trabajar en un campamento de verano lejos de casa, me presentaron a un alcohólico que tenía 25 años, así empezó el torbellino de relaciones que harían que mi vida fuera ingobernable.

Al convertirme en una joven adulta, la enfermedad progresó y me era imposible pasar tiempo sola sin entrar en una depresión profunda. Nunca pude mantener un novio del instituto porque no podía permanecer fiel durante nuestros periodos de separación geográfica.

Durante mi primer año en la Universidad, sentía que era imposible decir que no a cualquier hombre que demostrara cierto interés por mí. Nunca fui una perseguidora activa, pero siempre fui un destinatario preparado. Tuve un montón de aventuras de una sola noche, una aventura con un hombre casado y me involucré con dos hombres que compartían piso. Si la relación duraba algún tiempo, me sentía "locamente enamorada" y obsesionada con fantasías de pasar una vida juntos.

Mis sentimientos por un hombre se transferían fácilmente al siguiente y tenía poco o ningún espacio de tiempo entre amantes. El verano después de mi primer año en la Universidad es un buen ejemplo de lo inestable que podía ser esta situación. Había dejado a mi más reciente amante para irme de vacaciones de verano, y me fui a trabajar en un campamento de verano en New Hampshire. Allí me encapriché con un empleado y cuando lo despidieron, renuncié. Nos fuimos juntos y llenos de sueños de ir haciendo autostop para recorrer el país. Hice que mis padres recuperaran mis pertenencias del campamento ya que había dejado el lugar llevando conmigo sólo una mochila con ropa. Mi amigo y yo sólo llegamos hasta Reading, Massachusetts. Se fue para ir a Nueva York a conseguir dinero y nunca regresó. Llamé a otro amigo que vivía en Boston para que me rescatara aunque insistí en alquilar mi propia habitación, durante las siguientes seis semanas sólo pasé una noche en aquella habitación. Al terminar el mes de agosto, mi amante de la Universidad me recogió en la casa de este hombre. Pasé dos semanas con él y regresé a casa de mis padres una semana antes de que empezara nuevamente la Universidad, para recoger mis pertenencias. No sólo me lastimaba la adicción, también afectaba a la gente que amaba.

Muchos de los hombres con los que me involucré eran mayores, con valores e intereses diferentes y muchos de ellos eran alcohólicos o tenían problemas. Era incapaz de sentir cualquier indicio de que yo tuviera una identidad propia; una vez me involucré con alguien donde mi vida se amoldaba a sus necesidades, intereses y requerimientos. Solicité ayuda a un profesor de sicología durante la Universidad, y en una ocasión me hizo llevar un letrero que decía "No Te Metas Conmigo", pero permanecí incapaz de dar sentido a mí vida.

Durante el postgrado, mientras vivía sola en Boston, la enfermedad avanzó. Me encontraba en un estado de creciente necesidad debido a que mi último novio había muerto de cáncer. En realidad Tim había sido un hombre emocionalmente saludable y éramos buenos amigos. Murió a los veintitrés años y yo cuidé de él durante nueve meses desde que le diagnosticaron la enfermedad. Después de esta pérdida, me involucré obsesivamente con un hombre sensible, cariñoso e introspectivo, el cual habría sido un bueno compañero excepto por una cosa— él era gay. El hecho de darme cuenta de esta indisponibilidad no detuvo mis anhelos de tener algo con él, pero ya que no podía "tenerlo", sedé mi ansiedad, tristeza y vacío con mucho sexo casual. De nuevo, fue durante mi síndrome de abstinencia en S.L.A.A. que mis recuerdos de esos años se hicieron claros para mí. Al conducir frente al edificio en el que vivía en ese periodo, durante la tercera semana de sobriedad, de pronto recordé haberme acostado con él—el chico que había conocido en la lavandería, el chico que trabajaba en una licorería, el chico que vivía en el piso de arriba y su compañero de piso, el hombre que conocí cuando se me dañó el coche. Continué estos lazos sexuales hasta que pude engancharme con el siguiente amante adictivo. Los siguientes tres años y medio trajeron consigo una serie de relaciones obsesivas con lo que yo consideraba que eran hombres inapropiados. Viví con un hombre negro de Barbados que no tenía educación, era analfabeto, pero encantador. Llevaba el cabello "afro", le permití que escogiera mi ropa y aprendí a cocinar comida Indo-oriental. Después de esa relación, me comprometí con un hombre del cual no puedo recordar su apellido. Él era emocionalmente inestable y abusivo. Lo dejé cuando conseguí protección policial. Después tuve una serie de relaciones intensas pero cortas, en las que sentía que "amaba" a cada uno de estos hombres con los que me encontraba. Durante este periodo perdí mi trabajo y ahora me doy cuenta que fue debido a que consumía mi energía en tres relaciones obsesivas, y esto no me dejaba energía para trabajar.

En este punto, al final de la veintena, la adicción afectaba todas las áreas de mi vida. Devastó especialmente mi bienestar emocional y mi imagen personal. A pesar de que siempre había tenido muchos amigos me sentía aislada y no merecedora, a menos que me sintiera deseada o necesitada por un hombre. Estaba tan absorta en la búsqueda del "amor" que el resto de mi vida parecía insignificante e insatisfactoria. Tenía vagos anhelos de realizar ciertas actividades o desarrollar intereses personales, pero estos anhelos fueron rápidamente desviados y sometidos a mis muchos enredos emocionales. Era consciente de querer que mi vida fuera diferente, pero me encontraba irremediablemente esclavizada dentro de una cada vez más destructiva e insidiosa adicción.

Cuando finalmente fui a S.L.A.A., sin reconocer mí propia vulnerabilidad, tenía mucho que ganar y nada que perder. El dolor del síndrome de abstinencia llegaría a su fin; el dolor causado por mis prácticas adictivas podría continuar para siempre. Al aceptar mi impotencia con respecto a la adicción al sexo y al amor, poner mi voluntad al cuidado de mi Poder Superior y aceptar humildemente la orientación de Dios, retomé el control de mi vida. Empecé a sentir dignidad y respeto hacia mí misma. La soledad disminuyó y empecé a disfrutar el hecho de estar sola al compartir con mis amigos, estaba presente física y mentalmente. Ya no estaba infectada por una interminable sensación de añoranza. Empecé a perseguir intereses y actividades que deseaba realizar para mí misma. Regresé a mi religión para estudiar y adorar a Dios. Me fui involucrando cada vez más en la asociación, haciendo servicios a nivel de grupo e intergrupo. Empecé a ejercitar mi habilidad para escoger. Sentía que mi vida estaba completa y llena de propósitos.

Cuando mi recuperación y sobriedad se convirtieron en el foco principal de mi vida, al comenzar a vivir "un día a la vez" y poner "las cosas principales primero", me fue dada la posibilidad de una verdadera relación de compromiso.

Desde el principio abordé esta relación con disciplina y cautela. Hacía 12 años que conocía a R. Habíamos sido buenos amigos, en el pasado nos habíamos involucrado románticamente, durante esta relación yo había decidido terminar la relación mucho tiempo antes, y durante todo ese tiempo permanecimos siendo amigos. No habíamos hablado durante siete años, y principalmente nos manteníamos en contacto a través de cartas.

Justo cuando entré en síndrome de abstinencia, inesperadamente R. me preguntó si me podía venir a visitar. Mi respuesta inicial fue saltar ante la oportunidad de un nuevo escape del trabajo de la recuperación. Sin embargo, sabía que no podía permitir que esto ocurriera. En lugar de ello, escogí "ponerme al día" con mi amigo—contarle que me acababa de enterar que tenía una adicción y que necesitaba tratarme. Le dije que él siempre había sido un excelente "salvador" para mi, y que no quería colocarlo nuevamente en esta situación. Fui capaz de preguntarle si podría posponer su visita hasta que me sintiera más saludable y más estable dentro de mi síndrome de abstinencia. Él estaba dispuesto a hacer esto, y programamos una visita muchos meses después.

Hablé acerca de su próxima visita con mi madrina y en las reuniones de S.L.A.A. Pedí prestada una cama plegable para que R. pudiera dormir cómodamente en el salón. Me comprometí a llamar a miembros de S.L.A.A. durante su estancia de una semana. La visita transcurrió bien. Nos sentíamos muy cómodos el uno con el otro y fui capaz de compartir libremente la historia de mi adicción y del programa de recuperación en S.L.A.A. R. nunca había sido el tipo de persona que "encendía" mi energía sexual, así que eso no constituía un problema. Podía darme cuenta de una sensación de disconformidad por el hecho de tener un hombre en mí casa, pero eso constituía una afirmación de mi recuperación. No estaba dispuesta a "perderme" por ningún motivo, como lo había hecho en el pasado.

Como resultado de esta visita, R. y yo decidimos que queríamos empezar a explorar el potencial de una relación duradera. Tendríamos que realizar gran parte del hecho de conocernos, a través del teléfono, y planeamos llamarnos mutuamente una vez a la semana hasta la siguiente visita, muchos meses más tarde. Para eliminar cualquier posibilidad de caer en un patrón de dependencia en relación a las llamadas, no me permití llamarlo excepto cuando era "mi turno" de llamar y no lo llamaba si me sentía sola o necesitada.

Es difícil describir el proceso de los siguientes seis meses, ya que fue una nueva experiencia para mí; con una nueva percepción de las relaciones y de mi misma dentro de una relación. No existía ninguna obsesión, y mi vida continuaba con la misma vitalidad y entusiasmo por aquellas actividades que anteriormente yo había definido como importantes durante mi síndrome de abstinencia. La primera vez que sentí que "echaba de menos" a R., me preguntaba si era bueno sentir tal cosa. Necesitaba conocer la diferencia entre echar de menos a alguien y tener un anhelo obsesivo. No había huido de ninguno de mis sentimientos y fui capaz de "mantenerme al día" con respecto a ellos con mi compañero. Juntos hablamos todo tipo de asuntos que afectaban la posibilidad de nuestro futuro compromiso. Esto no fue fácil; muchas veces deseaba poder estar ciega de la realidad y encerrarme en las fantasías románticas que anteriormente sostenían mis relaciones adictivas. Sin embargo, esto ya no era una alternativa para mí.

Intenté permanecer consciente de la voluntad de Dios para que esta relación existiera y evitar cualquier tendencia (que realmente tuve) que deliberadamente "forzara la situación." R. respetaba mi necesidad de acercarme a esta relación con un paso que fuera cómodo y sobrio. He hecho elecciones basadas en mí compromiso con la recuperación, en vez de basarlas en los deseos e instintos.

La intimidad física resultó como consecuencia de la intimidad emocional y llegamos a este punto lentamente. Nuestro primer beso dio como resultado 15 minutos de carcajadas. La primera vez que dormimos el uno al lado del otro, tuve una pesadilla y volví a dormir a mi cama. La primera vez que hicimos el amor lloré. No es un hecho que cada vez que nos veamos nos involucraremos sexualmente. Depende mucho de los estados emocionales y espirituales de cada uno.

En un maravilloso libro, "El Camino Menos Recorrido", M. Scott Peck define el amor como "la voluntad de extender tu propio ser con el propósito de nutrir el crecimiento espiritual propio o de otra persona." El dice que el amor esta "lleno de esfuerzo", y que "el amor verdadero no es un sentimiento por el cual nos sentimos abrumados; es una decisión de compromiso bien pensada." Por ese entonces R. y yo teníamos esperanzas de que el hecho de explorar en una relación de compromiso nos llevaría al matrimonio. Esto no es un hecho para mí, aunque espero que ocurra. Sin embargo, sí nos casamos o no, he sido bendecida con la oportunidad de experimentar una relación libre de las fuerzas conductoras de la adicción. Ciertamente he aprendido algo respecto a mis capacidades para amar verdaderamente.

Tenía Todo (Menos Una Vida)

Veo que mi historia se refleja en las historias de muchos otros. Siendo uno de los últimos contribuyentes, he tenido la oportunidad de consultar el manuscrito del libro; y al leer las primeras historias me sentí identificado y lleno de empatía hacia cada uno de los mensajes de los escritores; y sentía que a lo mejor no tendría nada de valor que compartir.

Sin embargo, al pensar con respecto a esto último, me di cuenta que a lo mejor esto es justo lo que podría compartir; el proceso de identificarme y las conclusiones a las cuales fui forzado (por los hechos expuestos) de que yo pertenecía a la Asociación. Durante la primera reunión de S.L.A.A. A. la que asistí, sentí repulsión por las historias que escuchaba; historias de voyerismo, exhibicionismo, encuentros con la policía, historias de tratos con prostitutas, masturbación compulsiva e historias llenas de detalles sucios y repulsivos. Me preguntaba que hacía yo en este tipo de reuniones. Nunca tuve experiencias en ninguna de estas situaciones. De la manera en que originalmente definía mi adicción, en comparación a estas historias, mi adicción era inocente—y seguramente "socialmente aceptada". Yo simplemente era un Gran Amante. Modestamente, no proclamé este título solo. Me había sido concedido por mi grupo de amigos. Este grupo consistía de colegas, amigos y admiradores dentro del mundo del entretenimiento de la Costa Este de Estados Unidos. Después de todo, acostarte con tantas mujeres hermosas como pudieras parecía ser el ideal más valorado en la sociedad que yo conocía.

Los anuncios, las películas, la televisión y las revistas constantemente promovían la idea de ser atractivo, hermoso y sexualmente atrayente como el objetivo de nuestras vidas, que serían aburridas de otra manera. Parecía irónico que gracias a destacar en estas virtudes altamente valoradas, mi vida se había convertido en un desastre y finalmente, este desastre, se había hecho evidente.

Pasaré por alto la letanía de mi infancia llena de privaciones; tenía padres trastornados que no me ofrecían buenos modelos, ni el afecto necesario para desarrollarme como una persona saludable. Mi desesperada necesidad por obtener amor/aprobación y el hecho de negar dicha necesidad, me llevaron a treinta años de comportamiento frenético en muchas áreas de mí vida. En algunas de estas áreas, como por ejemplo los deportes y mi carrera empresarial, el frenesí dio como resultado que yo tuviera labilidades desarrolladas para los negocios y prosperidad económica.

Para el observador común, mi vida era el Sueño Americano hecho realidad: una esposa hermosa, dos hijos preciosos, una casa grande, piscina y cancha de tenis, automóviles, viajes, etc. detrás de este escenario existía un niño compulsivo y asustado que no creía que él viera ningún valor intrínseco, cuyas bondades podrían desaparecer en cualquier momento y cuyas únicas herramientas útiles para manejar este mundo de papel cuché eran una serie de romances consecutivos y escapes románticos alrededor del mundo, los cuales estaban llenos de intriga.

Quería la estabilidad del hogar y la familia que nunca tuve, pero simplemente era incapaz de invertir la energía necesaria y de tener la paciencia que requiere construir dicha vida. Quería todo y lo quería ya—y estaba dispuesto a aceptar la simple apariencia de que lo tenía todo. Por supuesto que sólo tenía un escenario; trágicamente desarrollé las habilidades para mentir y hacer creer (más que nada a mi mismo) que el hechizo funcionaba.

En mí grupo de amigos, la farsa era la vida misma. Parecía existir una interminable cantidad de risas, fiestas y diversión, pero cuando las fiestas se acababan y la risa disminuía, la tranquilidad era—literalmente—insoportable. En estos momentos, mi "Poder Superior" (aunque en ese entonces no supiera identificarlo como tal) me hacía mirar lo que realmente ocurría: el matrimonio era una mentira, mis dos hijos estaban metidos en las drogas y tenían problemas con la policía, mis decepciones se multiplicaban y se me acababa la energía.

Esa energía mágica que me permitía vivir tres o cuatro vidas (vivir una o dos era cuestión de principiantes) empezaba a sufrir un corto circuito. Durante muchos años aprendí a vivir con el zumbido de la ansiedad que me rodeaba. Sesiones con el psiquiatra, fines de semana de talleres y la incesante lectura de libros de auto-ayuda despejaban el dolor, pero luego partía nuevamente a iniciar otra "aventura extramarital" con una aspirante a modelo o una joven actriz.

Contrapuesto a estos antecedentes en el tobogán, se encontraba mi roce con el Programa de Doce Pasos, a través de Al-Anon. Aunque mi reacción inicial al Poder Superior fue de cínico alejamiento, mi P.S. si estableció un punto de partida y durante mis años de "progresión" de la enfermedad de la adicción al sexo y al amor, el P.S. fue crucial para el inicio de mi recuperación.

No tardó mucho (me pierdo al intentar medir el tiempo convencionalmente) antes de que las ansiedades circundantes se anclaran definitivamente. Empecé a sentir inmensos ataques de pánico, el tipo de ataques que me hacían sujetarme a una mesa para estar seguro de que no saldría volando hacia el espacio—o que me impulsaran a irrumpir en la oficina del doctor rogándole que me dejara oler algo de oxigeno para mantenerme vivo. La creciente actividad sexual y el aumento del fraude finalmente me habían doblegado. Divorciado después de veintiséis años de matrimonio, con el negocio en malas condiciones, enfrentado al miedo de convertirme en un "viejo verde", de los cuales durante tanto tiempo me burlé; había alcanzado el punto que normalmente es el preludio del cambio para muchos adictos: había tocado fondo.

Para mí, el síndrome de abstinencia fue una bendición. Mis actividades sexuales frenéticas y de intriga terminaron; toda esa energía fue tan engañosa como tantas otras farsas de mi vida. Puedo mirar chicas lindas (o flores lindas o edificios lindos), pero no continuo "intentando sacar partido de todo"; mi pequeño niño hambriento no tiene que entrar al mundo de las fantasías.

Creo que el camino para esa transformación esta descrito en este libro, en las historias de compañeros adictos, y especialmente, para mí, en las reuniones de la Asociación S.L.A.A. Fue precisamente en las reuniones, en las que inicialmente me sentía asqueado por las historias de absoluta dependencia y extrañas prácticas adictivas que se compartían, donde finalmente me escuché a mí mismo, me vi a mi mismo y eventualmente cultivé algo de compasión para mí.

Aunque desdeñaba a aquellos esclavos de la masturbación compulsiva (un acto, que de acuerdo a mis memorias infantiles, había sido etiquetado como horrible y malvado), a la larga me di cuenta que todas mis conquistas amorosas, mis logros románticos y mi interminable fanfarroneo también constituían formas de masturbación. Escondido entre las puntuaciones que asignaba a los cuerpos, las costumbres y los nombres, no existía contacto emocional, ningún intercambio y nada de comunicación; sólo existía una neurosis (que por lo tanto nunca podía estar satisfecha), una necesidad momentánea que era calmada a través del romance, la intriga y el orgasmo.

La manera en la que se manifestaba esta necesidad es secundaria en relación a la esencia de la misma—el motivo detrás de las acciones—y parte de mi enfermedad consistía en juzgar las maneras específicas; una vez más, aplacando mi necesidad de ser superior y por lo tanto continuar negando el constante dolor de no ser nada o nadie.

Aún hoy intento desarrollar y nutrir a ese pequeño niño necesitado, pero con la ayuda de esta Asociación y de los Doce Pasos; he dejado de utilizar mal mi energía o a las personas alrededor mío para lograr mi natural y merecida búsqueda de amor—un amor que ahora empiezo a comprender por primera vez. Ahora es la búsqueda para conseguir la experiencia auténtica de este valor, que puedo compartir con mi compañeros miembros de S.L.A.A.

Un Regalo No Merecido

A medida que escribo aparecen en mi memoria dos imágenes anteriores: una es una foto mía a los tres años–y la otra es una imagen mental de la cara de B., que se suicidó de un disparo hace pocos años, mientras se encontraba inmerso en esta enfermedad. Si miro con cuidado la foto de la pequeña niña, por la forma en que ella mira hacia abajo con las manos juntas y apretadas frente a su cara, por sus desordenados rizos y su mirada interior, puedo darme cuenta de que está desanimada y como "en otro lugar." ¿Y qué hay de B.? B. era muchas personas distintas para el mundo exterior; era un éxito y había estado sobrio dentro de A.A. durante muchos años, pero la adicción al sexo y al amor fue la enfermedad que le mató. No lo conocía mucho; hablamos frecuentemente por teléfono durante un corto periodo de tiempo en el cual había vuelto a S.L.A.A.—el año pasado había estado "de visita" algunas veces.

Era terrible presenciar la angustia y la paranoia que sufría; y era igualmente desalentador ver que cualquier esperanza que le pudiera ofrecer no alcanzaba el nivel de progresión que ya había adquirido su enfermedad. B. estaba atrapado en su adicción al sexo y al amor cuando pensaba que si tan solo pudiera volver con su amante, su mundo mejoraría. Cuando ella lo rechazó, fue impulsado hacia la adicción como si lo hubieran empujado por la ventana del último piso de un edificio de diez plantas. Esta enfermedad progresa de la misma forma que el alcoholismo, el comer compulsivamente o estar endeudado—Yo sé que esto es así, porque sufro de todas estas adicciones.

Cuando era niña me sentía atrapada por un padre severo (que sufría de la enfermedad del dinero) y una madre que comía compulsivamente. Soy la hija de dos adictos al amor. Amo a mi madre y amé mucho a mi padre. Mi padre murió hace un año de cáncer. Huí del dolor de su muerte a los brazos de un amante inapropiado que, a su vez, me impulsó a los brazos de S.L.A.A. hace aproximadamente ocho meses.

Toda mi vida busqué el amor que creía merecer. Pensaba que con seguridad mi padre se convertiría en ese maravilloso, amable, paciente y generoso padre que algunas veces podía llegar a ser. En mi cabeza estas actitudes ocurrían sólo hoy que se encontraba de mal humor o me da palizas con una regla o me encerraba en su habitación para darme un sermón de hora y media, explicándome que necesito aprender una lección, que a él le duele más que a mí... ¿y... qué aprendí allí? Aprendí a soñar despierta. Soñaba que estaba fuera de esa habitación claustrofóbica, lejos de su voz que me decía, una y otra vez, sin importar lo que me estuviera diciendo realmente, que su amor era incondicional y, una vez más, que yo no era merecedora de ese amor. ¿Y dónde estaba mi madre mientras todo esto pasaba? Seguramente ella me defendería. Pero por supuesto, ella se ponía del lado de su adicción y de su dependencia romántica. ¿No había sido él quien la había salvado de su desprotegida vida, casándose con ella poco después de que su madre muriera? Al morir mi padre, le pregunté a mi madre cómo se había sentido cuando murió su madre (ella sólo tenía veinte años cuando murió, yo estaba a principios de los cuarenta). Me dijo que no podía recordarlo... que ella tenía a mi padre... y su voz se desvaneció. Esa fue la respuesta a mi pregunta.

Tres años antes de que yo naciera, mi padre escribió este poema llamado "No Estar Enamorado." Empieza así:

No estar enamorado
Es conducir una búsqueda sin fin
Con todos los recién conocidos que tienen cara,
Una búsqueda para encontrar una gracia instintivamente familiar
Hacer que un alma cuyo ritmo más íntimo
Pueda mezclarse con el mío;

Escribe acerca de buscar esa "última cuerda (...) / Para igualar las gloriosas memorias de aquel cielo del amanecer que te quita el aliento / Que enseñó a mi corazón gracias a la belleza misma / Buscar hasta que muera." Dice que quiere encontrar a alguien para que "nosotros dos seamos capaces de movernos como uno." "Algún rincón vacío dentro de la mente o el corazón busca ser llenado; porque algún dolor que acecha necesita ser calmado, porque en una vida de uno, siempre existe otro que continúa llamando, y por lo tanto, jamás puede ser negado." Todo esto no significa nada si al final, él no está enamorado, si no ha encontrado a alguien para calmar ese dolor.

Cualquier cosa que dijera mi padre mientras me regañaba a puertas cerradas hasta la saciedad, me enseñó, de manera muy desagradable, que en alguna parte y de alguna forma, existía otra persona que podría convertirse en mi todo como lo que mi madre significaba para él; así que tempranamente partí a hacer lo que él había hecho: calmar un dolor que acecha. Mi dolor es que yo pensaba que no tenía su amor incondicional; y quizás tampoco tuviera el de mi madre.

Sigo mirando mi foto. Detrás de mí se encuentra Elf, mi primer compañero de juegos después de mi hermana al mirar el cabello rubio de Elf, su cara irlandesa de huesos delgados y su apariencia infantil, veo los rasgos de muchas adicciones al amor—Todas las mujeres de las que fui adicta se parecían un poco a Elf. Y Elf se parecía a María, mi hermana. María era pequeña, frágil, pasiva y me admiraba. De Elf, pasé a Josefina y después a Julia, una niña que conocí en el Campamento para niñas, que fue mi amante a la edad de doce años, hasta que su madre la envió a una escuela para chicas católicas.

Desanimada y conmocionada, me di cuenta de que las chicas empezaban a interesarse por los chicos. Me propuse no quedarme atrás. Me busqué un novio. Fui a fiestas de "chicos y chicas." Jugué el juego de girar la botella. No sabía cómo tener relaciones de igualdad con nadie. Yo dominaba o era dominada. Si una persona era abusiva o emocionalmente fría (como mi padre) eso significaba que él o ella realmente me amaba. Si encontraba a alguien débil o alguien que me admirara (como mi madre o mí hermana) ellos me amarían por siempre (y si se resistían, yo podría forzarlos). Sin embargo, me las arreglé para tener amigos que sentía que estaban en mi mismo nivel y continué comportándome bien con ellos y, principalmente durante la secundaria, reprimí mis sentimientos hacia las mujeres y centré mi vida en los chicos. Mi adicción al amor se disparó principalmente en los triángulos amorosos: papá, mamá y yo, siendo yo la principal. Creo que pensé que podría obtener afecto en medio del fuego cruzado. Escogía novios con los que tenía pocas cosas en común, para así poder evitar la intimidad. Cuando me aburría de una relación, inevitablemente la terminaba. Con menos frecuencia, ellos terminaban conmigo.

Esto fue así con Michael; y cuando él volvió conmigo, me dejó para volver con la tercera persona en el triángulo amoroso—una chica con la que él había estado en el ínterin. Mi reacción a la ruptura fue esconderme en una especie de novela, luego hacer trizas todo lo que quedaba de la relación, llorar en los brazos de mi hermana diciendo que sentía que estaba cayendo en un pozo oscuro, y esperar a que ella se durmiera para escabullirme a la planta baja de mi casa y tomar un puñado de aspirinas. Afortunadamente, 20 aspirinas solo pueden hacer que te zumben los oídos. Inmediatamente me conseguí otro novio.

Pensaba que si "escapaba" de mi pequeño pueblo sería capaz de disfrutar de independencia en la universidad. Inmediatamente después de terminar un trabajo de medio tiempo que tenía, me mudé con un hombre 14 años mayor que yo, al cual escogí porque sabía que a mis padres no les agradaría. Me llamaba "mascota" y se convirtió en mi nuevo padre. Encajaba perfectamente en el rol. Nos escapamos juntos. Él abusaba físicamente de mí. Para incitarlo, yo abusaba verbalmente de él. Me sentía como en casa. Escribí a mis padres diciéndoles que nos habíamos casado, y pasé los siguientes seis años con éste hombre, intentando ganar su cariño. Lo mantuve a él y a su negocio; no se me ocurrió nada mejor. Después de cinco años de ésta situación, conocí a algunas feministas que me apoyaron para dejar a Philip. (En ese momento vivíamos como un matrimonio en grupo con otra pareja.)

Habíamos conocido a Sarah y a John a través de un anuncio sexual para parejas que se intercambian. Al contrario de Philip, John era un hombre sensible. Creo que el último año de ese tipo de relaciones continuó gracias a su amabilidad. Pero él estaba casado, y sólo estaba disponible para mí la mitad del tiempo; así que dejé ese grupo para acostarme con doce hombres durante el verano siguiente. Conocí a un hombre haciendo autostop y otro era mi vecino. No recuerdo sentirme interesada por ninguno de ellos. El sexo no era tan bueno. Empezaba a interesarme por las mujeres; así que finalmente me acosté con una en un "menage a trois" (otro triángulo), el cual encontré demasiado excitante y atemorizante; razón por la cual lo detuve.

Peter era un buen amigo que había conocido durante un trabajo que tuve. Un domingo por la noche me visitó y se quedó a pasar la noche. Philip había sido desleal sexualmente, pero Peter era monógamo. Tuvimos una buena relación durante algunos años, disfrutando de pasatiempos similares, intereses y amigos; pero cuando Peter se fue solo a pasar las vacaciones a Europa, busqué una relación con una mujer a la que apenas conocía, y me sentí inmediatamente impulsada hacia Jean. Ella tenía novio; yo antes había trabajado con él. Nosotras nos convertimos en las mejores amigas. En este punto me sentía estresada: había muerto un maestro que había tenido hacía mucho tiempo. Yo había tenido cáncer (pero estaba completamente recuperada). Estos traumas me habían dado una excusa para "beber, comer y ser feliz." No podía pasar más de un día sin ver a Jean. Al final de mi relación de seis años con Peter, pasé más tiempo con ella que con Peter. Con el tiempo, ya que ella me había rechazado sexualmente, me di cuenta de que ella era heterosexual y que yo tendría que asumir mis sentimientos sola. Pensaba que el dolor del síndrome de abstinencia que sentía cuando estaba a su alrededor era parte de ser lesbiana. Decidí que debía salir del armario, pero continué la relación con Peter durante un año más; hasta que, en el ínterin, seduje a un estudiante de quince años para utilizarlo como una especie de amante para lograr el cambio. Él era delgado y lampiño; así que encajaba perfectamente.

Dejé a Peter y desarrollé un enamoramiento por Aurora, la única amiga lesbiana que tenía; e inmediatamente empecé a sentirme en un estado de ansiedad constante que probablemente era un desmoronamiento emocional. Me encargué de este desmoronamiento acostándome con Aurora. Sentí que este acto restauró mi autoestima como amante de las mujeres y empecé a sentirme optimista con respecto a ser lesbiana. Durante este periodo me despidieron del trabajo; apenas podía pensar en medio de tanta ansiedad y además tomé a otro amante masculino pocas semanas antes de tener que ir a una boda. Me emborrachaba frecuentemente. Cuando esta relación no funcionó (la cual previamente había sido una buena amistad), empecé a salir con mujeres en serio.

Me emborraché para obtener valor, hasta que finalmente conocí a una mujer que se parecía a Elf. Laura era una adicta al amor y también una adicta al sexo. Supongo que estoy haciendo su inventario, pero creo que la adicción era mutua. Después de seis meses de hacer el amor obsesivamente, ella se mudó conmigo, aunque ella continuara viendo a otras mujeres, lo que me enfurecía. Ella no se expresaba correctamente, tenía poca educación y me puso en un pedestal. Me sentía sola y tonta, pero no podía dejarla. Laura y yo fumábamos marihuana diariamente y vivíamos como si fuéramos una sola persona, nunca hacíamos nada solas. Con mucha frecuencia ella salía con otra mujer. En una ocasión que me sentía afligida, terminé con ella, me fui caminando ocho kilómetros hasta la casa de un amigo, donde lloré sobre su cama durante cinco horas. Luego caminé de vuelta a casa para reconciliarme con Laura.

Durante el cuarto año de nuestra relación asistí a A.A., estaba adicta a la mujer que me introdujo al programa. Marta y yo habíamos sido dos amigas que, durante años, coqueteaban entre sí, una amistad alimentada por un interés en la literatura, pero mucho más por la intriga y la adicción mutua. Durante los siguientes cuatro años fui capaz de dejar el alcohol, las drogas, el tabaco, comer compulsivamente, la cafeína y el dinero. Pero mi adicción al sexo y al amor florecía: en los siguientes tres años "sobria" sufrí a través de nueve relaciones obsesivas—tantas como hubiera podido tener en cualquier punto de mi vida (sobria o borracha). Pasé muchas horas en las reuniones de A.A., sin saberlo, intentando obtener apoyo para continuar mi adicción al sexo y al amor; sólo para obtener como respuesta que esto era un síntoma de que empezaba a estar sobria, Pero esto seguía empeorando.

Al morir mi padre, corrí hacia la primera mujer que conocí para obtener alivio. (También estaba en síndrome de abstinencia de Marta, con la cual había intentado tener una relación sexual. Debido al miedo mutuo, abandonamos el único intento que hicimos a lo largo de muchos años de increíble atracción.) Al cabo de pocas citas me aburría con Alice, pero pronto estaba enganchada y "enamorada." Experimentamos con el sadomasoquismo, inventando juegos sexuales en los cuales yo era la masoquista. Mientras más exótico fuera nuestra manera de hacer el amor, más me gustaba, buscaba cualquier cosa que me distrajera de llorar la muerte de mi padre. Cuando me enteré que me había sido infiel con alguien que conoció, la dejé con una declaración de que jamás volvería a hablarle. Tres semanas después nos encontrábamos agarradas de las manos.

En este periodo lloré diariamente y me sentía bajo tanta tensión que empecé a sangrar por la vagina. Tenía que asistir a un tratamiento (similar a un aborto) y le pedí a Alice que me acompañara. (Se puede decir que era una excusa desesperada). Después del tratamiento, la invité a casa para que viniera a consolarme. Sabía que yo estaba realmente loca. Justo al día siguiente alguien me contó de S.L.A.A., y a la semana siguiente fui a mi primera reunión, donde anoté entre seis y ocho números de teléfonos y busqué una madrina temporal. Me preparé para el síndrome de abstinencia que sabía que iba a venir, y establecí límites, sabía que vería a mi "droga" al día siguiente. Después de pocas semanas encontré una madrina permanente y definí mis patrones básicos para abstenerme, los cuales incluían no masturbarme, no salir con nadie durante un año y no asistir a eventos sociales organizados por lesbianas ni hacer más amigas lesbianas. Tampoco hice ningún intento por ver a Alice o a Marta; y evité los lugares y las reuniones donde podría encontrármelas. Hice una excepción para una reunión particularmente importante y, llena de miedo, me encontré allí con Alice una o dos veces al mes durante medio año. Esto se convirtió en el barómetro de mi recuperación, ya que gradualmente verla dejó de ser tan doloroso, aunque evitaba saludarla.

Empecé a sentirme tranquila, después de haberme sentido físicamente exhausta y deprimida, cuando pasó toda la hiperactividad del periodo inicial del Síndrome de Abstinencia. Estaba descansando de una vida de prácticas sexuales. Durante este periodo escribí y leí para re-examinar mi vida y mis relaciones. Ninguna de mis relaciones se escapó de este escrutinio. Muchas de estas relaciones pasaron por la ruta más rápida. Pasé muchos fines de semana en casa, leyendo. Cada semana iba a las cuatro reuniones de S.L.A.A. que había en mi área, llamé a mi madrina diariamente y tenía sueños increíblemente vividos. Me encontraba en una playa tranquila y agradable. Había un hombre en mi habitación a punto de asesinarme. Mi padre se cayó de un edificio y se había muerto. Hice el amor con alguien que no conocía. Dormía doce horas cada noche. Luego dormía sólo tres. Lloré y lloré por mi padre, lamenté su muerte como si acabara de morir. Gradualmente sentí como el enganche de mi adicción disminuía Alice se fue por un tiempo y Marta se mudó. Durante los primeros seis meses de sobriedad me uní a un grupo especial, que se enfocaba en trabajar los Doce Pasos. Hice un profundo Quinto Paso y conté algunos secretos de los que nunca había hablado en A.A. el alivio fue maravilloso. A los tres meses me encontré con Marta en la calle, cuando yo pensaba que ella se encontraba a muchos kilómetros de distancia. Lloré y llame a mí madrina desde una cabina telefónica. Fue una pequeña prueba. Pasé el resto del día metida en la cama. Empecé a trabajar nuevamente en mi arte; sentí que mi mente volvía a mí. En la primavera, me sentía tensa, empecé a trotar y llegué a trotar hasta cinco kilómetros diarios hasta que mi cuello empezó a darme problemas y empecé a ir al quiropráctico durante tres meses. Tomé educación formal de Meditación Trascendental y a los siete meses, en estos momentos ocho, me encuentro de nuevo cuestionando mi sexualidad. Nuevamente me siento atraída hacia los hombres. No tengo ni idea de si evitar a las mujeres—el verdadero foco de mi atención—es para permanecer a salvo; o si mi "salida del armario" fue una de las consecuencias de mi adicción al sexo y al amor, por lo que soy en realidad heterosexual. Es aterrador ver cuánto de mi identidad ha sido enmascarado por esta adicción. Tengo el consuelo de saber, que sin importar cómo resulte mi orientación sexual—lesbiana o heterosexual—esta vez sabré cual es, teniendo claridad de mente y espíritu.

A los ocho meses, me siento lo suficientemente recuperada y llena de energía para descubrir que estoy obsesionada con personas dentro del programa y con una o dos fuera del programa. Estas obsesiones son leves y tomo acción sobre ellas. Mi madrina me asegura que la enfermedad no me va a dejar en ocho meses y que esos "casos leves" me enseñaran a identificar el patrón que toma mi enfermedad.

Hoy, cuando miro a mi foto, la de esa pequeña niña rubia con sus polvorientas manos apretadas frente a ella, siento mucha esperanza. El dolor producido por la compulsión de querer tener a alguien en mi vida para poder arreglarlo, se ha disipado. El dolor oculto por esta compulsión se ha hecho soportable. Es un dolor que sana, el cual soporto gracias al regalo que he recibido de Dios—la primera relación de compañerismo que alguna vez tuve. Y la segunda es conmigo misma, con la niña que está dentro de mí que fue una víctima de esta enfermedad. Estoy aprendiendo a amarla incondicionalmente, de la misma forma en que amé a B., cuya enfermedad lo convirtió en su blanco fatal. ¿Por qué él y no yo? La sobriedad dentro de S.L.A.A. es un regalo no merecido. No puedo explicar porque me ha sido dado, pero puedo sentirme agradecida.

Problemas En El Paraiso

Me llamo Fred y soy adicto al sexo y al amor. He sido adicto desde que tengo ocho años cuando empecé a utilizar la música rock como escape. Mis padres abusaban de mí física y emocionalmente, así que busqué una forma para evitar el constante dolor. En mi familia raras veces nos abrazábamos o besábamos y nunca hablábamos de nuestros sentimientos. La primera vez que escuché de amor, seguridad y afecto fue en la música rock. Tomé literalmente lo que decían las canciones; y cuando la música me prometió paz eterna, amor y seguridad, yo estaba listo para creer en ello. Sabía que si pudiera llegar a la pubertad, todo el aburrido y doloroso vacío se convertiría en esos tesoros prometidos; se llenaría con la excitación romántica y la sensación de pertenencia. Todo lo que necesitaría en ese futuro sería encontrar a la persona adecuada.

Cuando mi madre enfermó de gravedad; y mi hermano que siempre había estado cerca de mí empezó a interesarse en otras cosas, me sentí deprimido y apartado del mundo. Mi escape con la música y las fantasías ya no eran suficiente. Necesitaba algo más fuerte para calmar mi dolor. Encontré esa píldora mágica a los trece años cuando un amigo me enseñó a masturbarme. Estuve enganchado a la masturbación durante dieciséis años.

Al no sentirme completamente satisfecho con la masturbación diaria, empecé a buscar a alguien con quien pudiera relajarme completamente y que saciara mis necesidades y deseos más infantiles. Yo quería acercarme a las chicas de mi edad, pero me sentía totalmente aterrorizado de ser rechazado. Quería que ellas "leyeran mí mente", que entendieran todas mis necesidades y que tomaran la iniciativa para acercarse a mí. Así que me encerré en mi mismo, continué masturbándome como loco y esperaba tropezarme por casualidad con la relación que salvaría mi vida. Viajaba con frecuencia en la línea de autobuses "Grayhound" y fantaseaba con que "la" encontraría sentada sola en la parte trasera del autobús. Encontraría el valor para sentarme a su lado. Sin palabras, ella empezaría a besarme. Finalmente me salvaría la vida.

Debido a mi masturbación compulsiva y al escapismo romántico, dejé de crecer emocionalmente. Descubrí la bebida y la hierba, las cuales me ayudaron a huir mucho más lejos. Como me asustaba el sexo opuesto, me obsesioné con que era gay. Empecé a salir con chicas y aprendí como hacer buenas migas. Cuando mi hermano y sus amigos empezaron a estar activos románticamente, yo miraba sus búsquedas como si fuera el espectador de algún deporte. Ellos parecían disfrutar que yo estuviera cerca durante sus fiestas salvajes; e incluso una vez me dieron el trabajo de cuidar a una chica que se había desmayado después de beber mucho. Me di cuenta de la oportunidad así que toqué su pecho.

Más adelante, al descubrir que podía tener novias, dejé de preocuparme de que pudiera ser gay. Pasaba horas en el teléfono y hablaba usualmente de noche acostado en mi cama. El peor momento de mi vida fue a los quince años: mi novia de catorce años me dejó por un chico de diecisiete. No podía creer que ella hubiera hecho eso.

Le escribí varias cartas y cuando ella no respondió, me metí en su garaje y arranque su automóvil. Dejé una nota suicida, esperando que esto la lastimara mucho. Antes de que los gases me aturdieran, corrí dentro de la casa y llamé a un teléfono de emergencia para la prevención de suicidios. Rompí la nota y nunca le conté a nadie. Continué mis escapes a través de la masturbación, la fantasía, la música y las drogas. Me colocaba estando solo hasta que el miedo y la depresión fueron demasiado grandes. Empecé a beber mucho con mis amigos, con la esperanza de que mis profundos y oscuros secretos no me devoraran cuando finalmente salieran a la luz. En casa me sentía más alienado que nunca. No había nadie con quien pudiera hablar. Las chicas de la secundaria me prestaban mucha atención, pero yo no podía responder a sus expectativas. Lo mejor que podía hacer era irme a casa y masturbarme mientras fantaseaba con ellas.

De pronto, cuando tenía dieciséis años, mi principal fantasía se hizo realidad. Trabajaba muchas horas en una pizzería y un amigo me pidió que saliéramos en una cita con dos chicas; una de ellas me había visto en la pizzería aterrorizado, rechacé la oferta. Pocas semanas después esta chica se apareció en la puerta de la pizzería justo después de cerrar. Era muy bonita y era fácil decir que ella había estado bebiendo. Me dijo que su nombre era Marie, se sentó en la barra y me invitó a que la besara. Estuve enganchado durante dos años.

Mi relación con Marie fue mucho más de lo que esperaba. Teníamos relaciones sexuales casi en cualquier lugar, a cualquier hora del día; y muchas veces a duras penas escapamos que sus padres nos sorprendieran. Me sentía como si estuviera viviendo por primera vez. Finalmente podía hacer todas las cosas que siempre me habían asustado; así como ir a fiestas, bailes y juegos de fútbol. Pasábamos hasta el último minuto juntos. Parecía como si toda mi vida encajaba. Estaba enamorado; tenía una razón para vivir. Me sentía poderoso, importante y completo. Finalmente había llegado a donde quería estar. No podía imaginar que la vida pudiera ser mejor que esto.

Nunca conocí a Marie como si fuera una persona. No sabía que le gustaba o le disgustaba. Nunca supe que sentía o pensaba. No sabía si teníamos intereses comunes. La verdad es que no me importaba. Mientras que no me dejara y continuáramos teniendo relaciones sexuales, no importaba nada más.

Marie y yo empezamos a distanciarnos cuando me fui a la universidad. Una vez vino a visitarme; y durante su visita pasamos todo el fin de semana drogándonos y teniendo relaciones sexuales. En este nuevo ambiente, ella me pareció una completa desconocida. Le dije que no quería verla nunca más.

Cuando Marie salió de mi vida, todos mis miedos, dudas e inseguridades volvieron. Me empezó a ir mal en la Universidad. Después algunos de mis amigos me dijeron que eran gays. Al ir con ellos a algunas fiestas, pensé que había encontrado la respuesta a los problemas de mi vida. Empecé a ir a bares gay y a tener relaciones sexuales con antiguos y nuevos amigos. Leía libros y revistas para hombres gay. Asistí a picnics y convenciones gay. Intenté tener relaciones sexuales con desconocidos. Tuve algunas relaciones de dependencia algunos meses después me encontraba solo y deprimido. Intenté ir a terapia. Intenté ser más listo que el terapeuta, con la esperanza de que él sería lo suficientemente bueno para adivinar cuál era mi problema. No soportaba la idea de trabajar para descubrir cuál era mi problema al poco tiempo dejé de ir. Estaba tan deprimido que solo comía, dormía y me masturbaba. Dejé de ver a mis amigos. Nuevamente tenía deseos suicidas. Después de varios meses me sentía mejor. Regresé a mi vida de fantasías y volví a ver a mis amigos. Mi compañero de piso tenía una amiga que se llamaba Alice que sonaba interesante por teléfono. Cuando la conocí en una fiesta, sólo nos tomó pocas horas terminar juntos en la cama. Me sentía atraído por ella, así como también sentía rechazo hacia ella. Durante más de un año tuvimos breves encuentros sexuales, pero podían pasar meses sin que habláramos. Sentía que la odiaba, pero no podía resistir la promesa de sexo que ella me ofrecía. Peleábamos mucho. Comenzamos a pasar más tiempo juntos a medida que aumentaba la frecuencia de nuestros encuentros sexuales. Le dije a Sam, mi compañero de piso, que me asustaba la idea de que algún día me despertaría y estaría casado con ella. Me dijo que estaba siendo ridículo. Ella tenía relaciones sexuales con otras personas y yo esperaba que se enamorara de alguno de ellos y que se olvidara de mi—creía que esta era la única forma de salir de este embrollo. No lo hizo. Un amigo me dijo que ella se estaba enamorando de mí. No sabía qué hacer. Quería terminar la relación pero no era capaz de hacerlo. También me di cuenta de que era incapaz de controlar mi hábito de masturbación. Necesitaba ese hábito para poder dormir en la noche, para despertarme en la mañana, para relajarme, para estimularme, para alegrarme y para calmarme. Me masturbaba cuando estaba aburrido. Me masturbaba cuando encontraba un sentimiento desagradable. Me dije que necesitaba este hábito mientras no tuviera relaciones sexuales con nadie. Busqué libros y revistas estimulantes para leer. Me masturbaba con tanta frecuencia que tenía miedo de dañar mi órgano sexual.

El problema con Alice me generaba tanta confusión que por primera vez pedí a Dios que me ayudara. Me arrodillé y pedí su guía. El deseo sexual se apoderó de mi, así fui "guiado" a su puerta. Ella había pasado varios días metida en las drogas y parecía un fantasma. Tuve una sensación de rechazo hacia ella, pero no pude escapar. Supera mi imaginación las razones por las cuales continué pasando tiempo y teniendo relaciones sexuales con una persona que no me agradaba. Finalmente decidí que era "la voluntad de Dios" y me resigne a cualquier cosa que pudiera pasar.

Cuando surgió la oportunidad de visitar el lugar donde vivía Alice y tomar allí vacaciones juntos; me sentí desgarrado. Tenía miedo de no poder soportar su presencia y de que se estropearan mis vacaciones. Decidí ir de todas maneras. Tres horas después de iniciadas las vacaciones ya me sentía en el quinto cielo. Sin pausa tuvimos relaciones sexuales durante dos semanas y no nos perdimos de vista ni un segundo. Al llegar el momento de regresar a casa, no pude hacerlo. Pedí ayuda a Dios. Ya que era un niño espiritualmente hablando, no tenía idea de que cuando pedía a Dios que me guiara, lo único que podía escuchar era el ensordecedor rugido de mí voluntad egoísta y de mi deseo sexual. Me sentía desesperadamente adicto a Alice.

Alice y yo decidimos vivir juntos. Sabíamos que nuestros amigos no nos apoyarían con esta idea, así que abruptamente desarraigamos nuestras vidas y nos mudamos a un pequeño pueblo, que de hecho se llama Paraíso, y que quedaba a muchos kilómetros de distancia. Cuando nos rechazaron para comprar una casa porque no estábamos casados, me sentí devastado. Sugerí que nos pusiéramos a rezar. La respuesta que obtuve era aterradora. Fiel al miedo que había expresado a Sam, no sólo decidí casarme, ¡sino que lo hicimos esa misma tarde! Estuve enganchado durante ocho años.

Al poco tiempo de empezar nuestra vida de casados (más tarde ese mismo día), las cosas empezaron a salir a la luz. Me aferraba a ella con más desesperación cuando experimentaba abuso sexual y emocional. Sabía que algo estaba increíblemente mal; pero pensaba que todo volvería a su lugar si sólo pudiéramos volver al quinto cielo. Cuando Alice se enojaba o se ponía abusiva, yo intentaba engatusarla para que tuviéramos relaciones sexuales. Nos mudamos muchas veces intentando encontrar las circunstancias adecuadas para que nuestro amor sobreviviera. En esa búsqueda para que la relación funcionara perdí contacto con la realidad.

Un año más tarde, cuando Alice quedó embarazada, sentí pánico. Yo todavía era un niño y para mí era inimaginable convertirme en padre. Discutimos amargamente. Sentía que navegábamos en un barco a punto de hundirse, donde sólo uno de los dos podría sobrevivir. Cuando estuve a punto de sobrevivir ella se aferró desesperadamente a mí y la odié por ello. Cuando ella estuvo a punto de sobrevivir yo me aferré desesperadamente a ella. Mi vida estaba fuera de control y la única cosa en la que podía pensar era en cómo mantener ese matrimonio a flote.

Las discusiones continuaron cuando nació Samantha. Me sentí abandonado y abusado. Alice entró en una depresión severa y no quería buscar ayuda profesional. El día que amenazó con golpear a la bebé, pensé que me volvería loco. Llamé a agencias de adopción. Amenacé con mudarme a otro piso. Entonces decidí que la solución era encargarme de las responsabilidades de Alice. Me sentía en vilo la mayor parte del tiempo. Llevaba a la bebé a todas partes. Nuestro matrimonio continuó tambaleándose durante siete años más. Las cosas parecieron mejorar cuando yo finalmente busque ayuda profesional. Tuvimos varios años en los que nuestra vida parecía relativamente estable. Mientras que experimentaba frecuentes abusos sexuales, llegué a pensar que el problema era que no obtenía suficiente sexo. Continué masturbándome como siempre lo había hecho. Utilizaba como excusa que nosotros no teníamos suficientes relaciones sexuales.

A lo largo de ocho años de matrimonio, fue una crisis financiera la que nos llevó a visitar a un consejero matrimonial. Los consejeros nos recomendaron que pasáramos más tiempo solos, para así poder comunicarnos mutuamente. Decidimos tomar vacaciones juntos; las cuales, se suponía, duplicarían la experiencia original que hizo que estuviéramos juntos. ¡Sólo necesitábamos volver a esa nube rosa!

Decidí que yo estaba muy a la defensiva y que pasaría más tiempo intentando abrirme con Alice. En ese entonces no tenía idea de cuan dependiente era ella de las drogas; así como tampoco conocía su decisión de dejar su suministro en casa. Cuando empezaron las discusiones me sentí devastado. Pude pretender que las cosas mejorarían hasta que llegaron a un punto límite. Llegué solo a casa e hice planes para separarme de Alice. Sentí una especie de alivio como nunca antes había experimentado en mi vida.

Me uní a una Asociación de Doce Pasos para recuperarme de los efectos de la drogadicción de Alice. Me metí al programa como un bebé hambriento. Escuché a muchas personas hablar de experiencias que yo había mantenido ocultas durante años. Mi alivio se convirtió en regocijo en la medida en que llenaba mi tiempo libre con reuniones. Encontré una nueva relación con mi Poder Superior. Encontré un padrino y empecé a recuperarme de muchos años de vivir una vida destructiva. En los Doce Pasos encontré una forma de vida que antes sólo había sido capaz de soñar. Sin saberlo, también me encontraba en las tempranas etapas del síndrome de abstinencia. Todavía faltaba lo peor.

Una tarde hablando con mi padrino acerca del amor y el cariño, me dijo que existía una potente energía sexual que a veces las personas confundían con amor. Me sentí desconcertado. Le pregunte "¿Dónde diablos había escuchado esto antes?." Pacientemente me explicó que él era un adicto al sexo y al amor en sobriedad y me explico acerca de la Asociación S.L.A.A. Quería saber más. Cuando me dio un folleto para leer, yo no podía identificarme con las historias de promiscuidad crónica. Después de todo, yo había estado solo, lleno de miedo y me sentía miserable la mayor parte de mi vida. Una vez que atrapaba a alguien, me aferraba para siempre. Además, yo nunca engañé a mi esposa (si no tenía en cuenta la masturbación).

Aún me perseguía la idea de esta Asociación, así que hice planes para asistir a una de esas reuniones. Escuché a las personas mientras hablaban de su adicción. Cuando llego mi turno dije mi nombre y pasé. El júbilo encontrado en mi otra asociación desapareció. Después de la reunión mi padrino me preguntó cómo me sentía. De repente dije "Creo que estoy contagiado." Era como si acabara de descubrir que tenía una enfermedad venérea.

Volví a casa y me senté para decidir lo que iba a hacer después. Aunque nadie mencionó la masturbación, sabía que era parte de mis "patrones básicos." Esa noche, recordé muchos años de masturbación. Recordé que me escondía detrás de puertas cerradas, sintiéndome aterrado de que mi madre o mi esposa me encontraran; luego escondía pañuelitos desechables, toallas o ropa interior empapados de semen en el cesto de la basura o en el cesto de la ropa sucia lejos de mi cama. Lo primero que me di cuenta es que no era necesario buscar rasgaduras en las cortinas para evitar que los vecinos del edificio vecino me vieran masturbándome. Después cambié de lugar la caja de pañuelitos desechables y el cesto de la ropa sucia y los puse lejos de mi cama. Poco sabía acerca de que con esta acción entraría completamente en un síndrome de abstinencia de la adicción al sexo y al amor.

A medida que pasaban los días, esperaba empezar a trepar por las paredes debido a un enloquecido impulso sexual. Lo que no esperaba es que mis emociones se tambalearan salvajemente. Las experiencias diarias se tornaron intensamente insoportables. Algunos días apenas era capaz de terminar mi trabajo, usualmente necesitaba cerrar con llave la puerta de la oficina. Otros días no podía salir de la cama. El día que le pedí a mí padrino que me fuera a buscar al trabajo estuve a punto de internarme voluntariamente en un hospital mental. Mientras paseábamos en su automóvil, me dijo que él había experimentado los mismos sentimientos durante su síndrome de abstinencia. Estuvo a punto de internarse cuando un compañero de programa le dijo que se estaba volviendo sano. Me aseguró que estos sentimientos no durarían para siempre. De hecho, me dijo que podía esperar que remitieran temporalmente dentro de pocas semanas. Esas fueron las tres semanas más largas de mi vida. La única forma de superar estos sentimientos fue ir a las reuniones, pedir ayuda constantemente a mi poder superior y llamar a compañeros para pedir apoyo. Durante un año experimenté ataques periódicos del síndrome de abstinencia. Cada vez era menos intenso. Aprendí a experimentar mis sentimientos, los cuales me había encargado de enterrar con mi adicción. Empecé a descubrir quién era Fred. La vida empezó a tomar una perspectiva que nunca antes tuve. Mejoraron las relaciones con mis amigos y mi familia. La parte de mí que estaba mal desarrollada empezó a crecer nuevamente. Empecé la larga tarea de crecer.

En sobriedad he aprendido las cosas que me había perdido completamente, siendo que crecí como un adicto al sexo y al amor; cosas como la diferencia entre estar solo y la soledad. Necesito encontrar formas apropiadas y saludables de depender de las personas con las que me relaciono. Fue necesario enfrentar mis responsabilidades sin convertirme en un mártir o en una "persona complaciente". Necesitaba confiar en las personas y ser yo mismo en diversas situaciones. Necesitaba saber dónde estaban mis límites físicos y emocionales. Necesitaba saber que detona mi adicción.

Durante los primeros nueve meses de sobriedad tuve que evitar las películas y todo tipo de música que no fuera religiosa o clásica. Estaba hipersensible a cualquier estimulo sexual o emocional; me di cuenta de que me disparaba con facilidad. Descubrí que necesitaba mantenerme al día con otros miembros de S.L.A.A. y con cualquier roce que yo hubiera tenido con la adicción. Evité completamente tener contacto con mujeres y con otros hombres gay, incluso aquellos pertenecientes a la Asociación. Algunas veces me daban ataques de paranoia durante las reuniones, pensando que algunas personas intentaban detonar mi enfermedad. No me daba cuenta de que muchas de esas personas están tan enfermas como yo; y que no tenían ninguna intención de molestarme.

Después de un año de sobriedad me di cuenta de que podía hablar normalmente con mujeres y hombres gay sin perder mi sobriedad. Podía escuchar la música que me gustaba y era capaz de ignorar los mensajes enfermos dentro de ella. Todavía necesito tener cuidado con las películas y en más de una ocasión he tenido que salir del cine. Para mi sorpresa descubrí que podía estar cerca de personas sin sentirme devorado por ellas o sin terminar metido en una relación destructiva—sintiendo que cae sobre mí una condena de por vida.

Hoy llevo dos años de vida sobria. He encontrado el auto respeto y la dignidad que me permiten tomar decisiones en la vida. Puedo pedir la guía de Dios para seguir mi vida y sé cuando me estoy engañando. Todavía necesito mucha ayuda en lo que se refiere a terapia y al apoyo del programa. Siempre mantengo conmigo una lista de los teléfonos de los compañeros de S.L.A.A. para proteger mi sobriedad he tenido que hacer llamadas de larga distancia, cambios de planes y pasar a otro nivel de desarrollo personal.

Hoy en día, para continuar sobrio, necesito mantenerme alejado de cualquier forma de sexo. A pesar de que no quiero convertirme en un monje, sí intento guardar algunas partes de mi ser para las relaciones más apropiadas e intimas que puedo llegar a tener. Hoy estoy muy ocupado creciendo cómo para perder tiempo pensando cuando aparecerá dicha relación; o si siquiera ocurrirá mientras viva. Le debo mi vida a Dios y a S.L.A.A.

Los Objetos De Mi Afecto

En 1938, mis padres llegaron a América desde Checoslovaquia; venían huyendo de Hitler. Mi hermano nació en Praga y en ese momento yo tenía pocos meses de vida. Mi familia se asentó en Cleveland; donde mi padre obtuvo una licencia para ejercer su profesión de médico, así que empezó a practicar la medicina. Nací en Cleveland en 1943. Cuando tenía dos años nos mudamos a Minneapolis; allí mi padre logró reconocimientos en el campo de la investigación médica. Durante mucho tiempo me convencí de la veracidad de esta historia de los primeros años de mi vida—de que los años en Minneapolis habían sido idílicos, que durante este periodo todos habíamos estado juntos como una gran familia feliz. De repente fue como si los mismos cimientos del mundo se despedazaran dentro del amargo divorcio de mis padres. Mi padre demandó la custodia de mí y de mi hermano sobre la base de que mi madre no tenía capacidad para cuidarnos. Los cargos presentados decían que ella estaba teniendo una aventura con una lesbiana al final mi madre ganó nuestra custodia; a pesar de que su madre (mi abuela) había testificado en contra de ella. Entonces mí madre, mi hermano y yo nos mudamos a Nueva Jersey. Esta mudanza se convirtió para mí en el inicio del caos interno de mi vida.

Mi hermano me molestaba incesantemente diciéndome que yo era gorda. Yo era regordete (no exactamente obesa) y solía ser un blanco fácil ya que tenía cinco años menos. Nos mudamos con frecuencia y por cada año de la primaria asistí a un colegio diferente. Pasaba las vacaciones de verano con mi padre. Al pasar un año y medio del divorcio, mi padre se casó con una divorciada cuya hija (perteneciente al primer matrimonio de ella) era un poco mayor que yo. Cada verano jugábamos juntas y disfrutábamos de la compañía mutua. Pero al final de los veranos, mi hermano y yo siempre teníamos que volver a casa de mi madre. Mi madre empezó a trabajar en el campo de terapia del habla para niños. Cuando tenía siete años, ella se casó con mi padrastro, que era un alcohólico activo. El contraste entre los dos hogares en los que vivía se sentía como el que existe entre el fuego y el hielo. El segundo matrimonio de mi madre era increíblemente volátil, estaba repleto de abuso verbal, impredecible agitación y cambios repentinos de humor. Durante años me sentí muy resentida frente al hecho de que mi madre hubiera "vendido a sus hijos" para poder estar con un alcohólico; por lo tanto odiaba a mi padrastro. Durante los veranos se hacía evidente el total contraste entre esta situación y el segundo matrimonio de mi padre; casi nunca los vi discutir. Sólo recuerdo haber visto a mi madrastra enojada con mi padre en una ocasión; ella le gritó y salió corriendo de la casa. En ninguno de los dos hogares yo tenía la sensación de que existieran límites claramente definidos o algún tipo de disciplina para mí o para mi hermano.

Aún así mis momentos más felices eran durante las vacaciones de verano cuando mi padre y yo tocábamos duetos juntos en el piano. El teclado era el lugar en donde recibía la atención completa de cualquier padre y por ende llegué a amar la música y encontré refugio en ella durante muchos años.

Me hicieron saltar un año del colegio del cuarto al quinto grado basándose en mis buenas calificaciones y en el hecho de sacar alta puntuación en un test de inteligencia a partir de aquí podía contar con el hecho de ser inteligente (y no tener que trabajar duro) para lograr éxito académico. Mi media hermana Deborah nació en 1953, cuando yo tenía diez años, Me sentía muy celosa de ella. Sentía una profunda envidia de las familias "normales", donde no había nadie divorciado, madres que se quedaban en casa o padres que trabajaban. No tenía ningún sentimiento de encajar o pertenecer a ningún lugar. Echaba la culpa de todo esto al divorcio de mis padres y a sus siguientes segundos matrimonios.

Hacia el final de sexto grado, nos mudamos a la casa en la que vivimos hasta que fui a la Universidad. Esto significaba asistir a una nueva escuela. Un chico llamado Robert se sentía atraído hacia mí. Un día me tomó la mano y me besó. No estaba acostumbrada en lo más mínimo a lo que acababa de ocurrir—lo sentí tan extraño como si alguien me hablara en chino. No sabía lo que significaba al poco tiempo, su interés hacia mi disminuyó; sin embargo, mi interés hacia él se mantuvo. Poco después, durante siguientes los tres meses, lo seguí como si yo fuera un perrito hambriento. Durante esos años yo era parte de su grupo de amigos: inteligentes, precoces (y probablemente odiosos) niños judíos. Hacíamos fiestas frecuentemente y jugábamos al "telefonito."

Hacia el final del noveno grado me sentí desilusionada cuando descubrí que las personas chismorreaban acerca de mi tanto como yo chismorreaba respecto a ellos. Tomé la decisión consciente de usar el humor para ganar amigos, ya que había aprendido que podía divertir a la gente. Además, en este período encontré un nuevo héroe a través de la película "El Espíritu de San Luis", ¡la cual vi dieciocho veces! Me sumergí completamente en el estudio de Lindbergh, la aviación y los aviones. Creo que lo que más me atraía de Lindbergh era que: él no dependía de otra persona que no fuera el mismo, él era el águila solitaria. Yo había adoptado una postura emocional hacia el mundo—no le contaría a nadie acerca de mi vida interior.

En este punto mi madre y mi padrastro vivían en distintos lugares; mi padrastro tenía una casa propia en Connecticut. Algunas veces pasábamos allí los fines de semana todos juntos; pero nunca sabía si él iba a ser agradable o verbalmente abusivo con mi madre. Intenté mantenerme al margen de esa situación. Mi madre alguna vez intentó explicarnos la situación: él era el villano—el lobo-, ella era la indefensa víctima—el cordero.

No salí con nadie durante la secundaria. Me hice amiga de Ellie, una estudiante de la Universidad que era mayor que yo y que trabajaba en la librería de la Universidad. Ella y sus amigos se sentían divertidos conmigo, una chica precoz que leía mucho y que pasaba el rato en la librería. La noche del Baile del primer ciclo, Ellie, Jake y yo fuimos de picnic a la playa. Durante un paseo romántico en la playa, Jake me besó. Una vez más creía que alguien me estaba hablando en chino—no sabía lo que esto quería decir. Después de esto, Jake y yo salimos ocasionalmente y nos besuqueábamos; hasta allí llegó la parte física de nuestra relación. Para mí, la parte emocional era mucho más importante. Estaba segura de que era amor verdadero y sabía que cualquier día Jake dejaría a su esposa e hijos para estar conmigo. También sabía que su atención me hacía sentir viva e indispensable; y sin esto, me sentía triste. Gradualmente empezó a pasar menos tiempo conmigo.

Un verano mientras visitaba a mi padre, mi hermanastra preparó una cita para mí con una amigo de ella de la secundaria. Estaba tan nerviosa que me olvidé completamente de su nombre; supe su nombre al entrar a otra habitación y buscar en un anuario del colegio hasta que encontré su foto. Esta forma de nerviosismo (olvidar completamente el nombre de un hombre) me molestó mucho durante años posteriores; aunque hubiera salido con alguien, tendría que trabajar para recordar su nombre.

Cuando estaba en el último año de la secundaria, mi madre alquiló habitaciones a estudiantes universitarios. Me sentía muy atraída hacia ellos; pero nunca desarrolle una relación con ninguno de ellos. Sin embargo recuerdo caminar por casa en albornoz; fue la primera vez que intenté atraer atención masculina.

Fui a una pequeña universidad cuyo programa se centraba en los clásicos. Mi primer año en la universidad fue el de "Los Tres Mosqueteros", como nos hacíamos llamar—Susan, James y yo—Éramos buenos amigos y juntos nos divertíamos mucho haciendo tonterías. Hacia fin del año, James y yo nos pusimos románticos el uno con otro; y Susan se desvaneció en el fondo de esta relación. Ese verano inicié mi primera dieta y me las arreglé para perder nueve kilos. Volví a la Universidad, vestida con ropas nuevas y ansiosa de retomar la relación con James desde el punto en el que lo habíamos dejado. El estaba igualmente feliz de verme. Mis recuerdos de las dos primeras semanas de la Universidad ese año son como las fotos de las tarjetas de felicitaciones—no había nada, pero nosotros dos nos sentíamos como si voláramos juntos cometas en un paisaje lleno de colores dorados de otoño—la bendición total. De pronto todo se desvaneció. Porque el año anterior James se había visto envuelto en una relación gay dentro de la Universidad; el psiquíatra de su pueblo le recomendó que tomara un año libre. (Tengan en cuenta que estoy hablando de 1961.) Al partir James me sentí destrozada; así que rápidamente recuperé los kilos que había perdido. Me ponía muy ansiosa antes del inicio de las clases, así que me masturbaba frenéticamente mientras intentaba estudiar.

Mi compañera de habitación ese año era una hermosa rubia que tomaba vitaminas, comía comida baja en calorías y bebía leche de tigre. Su novio era igualmente hermoso y ellos dos juntos hacían una pareja imponente. La veía poco ya que ella pasaba mucho tiempo en la habitación de su novio. Ella intentaba contestar mis preguntas en relación al sexo, pero finalmente mi curiosidad ganó.

James había dejado un círculo de amigos en la universidad y en su ausencia permanecimos juntos. En la periferia de este grupo conocí a Frank, Una noche de viernes antes del Día de Acción de Gracias, hicimos una fiesta en la cual el licor fluía libremente. Sencillamente decidí no volver a mi habitación en el dormitorio universitario. Echaba la culpa de todo al fatal brandy de zarzamora— pasarían años, antes de que me diera cuenta de lo real de esa percepción.

Frank, con quien pasé la noche, no estaba preparado, no era amable y tampoco le importaba. Todavía fue me sorprendió más, cuando a la mañana siguiente él ni siquiera sabía mi nombre. Me consumía la vergüenza y la culpa, pero ya no sentía curiosidad. Para Navidad ya me había "acostado con alguien", así que puse a mi madre sobre aviso de que llegaría tarde para las fiestas. Aunque mis padres se habían divorciado dieciséis años antes, y si existían otros doctores en el mundo; a la única persona a la cual mi madre se le ocurrió hablarle del tema fue a mi padre. Escuche la conversación desde el otro teléfono de casa; todavía hoy me acuerdo de lo mortificada que me sentí. Cuando volví a la universidad en Enero, los consejos de mi madre eran simples: "no te quedes embarazada."

Esa primavera me involucré románticamente con Vaughn, quien bebía bastante. Básicamente no me gustaba tanto como me gustaba James, pero bebía con él y nos divertíamos juntos.

Mi tercer año en la universidad fue muy diferente de los dos primeros; James volvió al campus universitario y Vaughn se había salido de la universidad y vivía en un pueblo cercano. Intenté mantener relaciones con ambos. En el piso de Vaughn me sentía como que estaba "jugando a las casitas"; salíamos a hacer la compra juntos, etc. De vuelta en el campus universitario, James era muy atento, pero nunca tan atento como yo quería que fuera.

Pasaba los fines de semana fuera del campus con Vaughn y los días de semana me los pasaba intentado explicarle a James donde había estado. Había poco tiempo para prestar atención a los libros o a estudiar. Recuerdo vivamente el hecho de estar de pie debajo de la ducha con la sensación de certeza de que sin importar que cantidad de agua y jabón utilizara jamás podría volver a estar limpia. Vaughn quería casarse conmigo, pero yo quería a James. Cuando Vaughn se emborrachaba se ponía verbalmente abusivo conmigo, igual que mi padrastro con mi madre. Toda esta situación se sentía extrañamente familiar a medida que yo sentía que me estaba convirtiendo en mi madre. Todavía no podía terminar la relación con Vaughn.

Decidí dejar que la distancia resolviera este problema. Surgió la oportunidad de ir a Israel con un grupo de estudiantes durante el verano para trabajar en un kibutz. Claramente recuerdo pedir dinero a mi padre para comprar un boleto de ida y vuelta, sabiendo, en lo más profundo de mi ser, que este iba a ser un viaje de una vía para mí y que no iba a regresar. No informé a nadie acerca de esta decisión.

Recibí más motivación para irme cuando mi universidad me informó que preferirían que asistiera a otra universidad en el futuro; en otras palabras, me habían expulsado. Me sentía terriblemente avergonzada de mi colapso académico; así que el viaje a Israel llegó en el momento preciso.

Me involucré con el primer hombre que me prestó atención. Al final del verano, cuando los estudiantes Estadounidenses volvieron a Estados Unidos, yo me mudé con Julián. Esta relación nunca se basó en la comunicación; él hablaba francés, árabe marroquí y hebreo (nada de inglés); yo había hecho un año de estudios de francés en la universidad. Nos casamos en diciembre de 1964. Cuatro meses después estaba lista para divorciarme y volver a Estados Unidos. Julián estaba aturdido, ya que él pensaba que éramos la pareja perfecta. Mientras me organizaba para volver hice muchas llamadas interoceánicas. Ya casi tenía los papeles del divorcio cuando hice una última llamada interoceánica. Oí a la operadora de Israel llamar a la operadora en Connecticut, y luego escuché a la operadora de Connecticut llamar a mi casa. Escuché a mi padrastro contestar el teléfono, y todo lo que dijo fue: "La Sra. Jameson ha cancelado la llamada." El simple sonido de su voz fue suficiente para recordarme lo mucho que lo odiaba—pensé que las cosas podían estar mal aquí en Israel, pero todo era peor allá en los Estados Unidos. Cancelé el divorcio y me quedé en Israel. Mi hija Carla nació en 1965. La primera vez en mi vida en que me sentí "normal" fue durante el embarazo; fueron tiempos felices para mí. Me convertí en la maestra de inglés de la escuela del Kibutz, y me convertí en el enlace cuando otros estudiantes venían a visitar. Un año, una chica que vino en uno de esos grupos de estudiantes fue capaz de ver a través de la "imagen perfecta" que intentaba dar—chica americana conoce a chico Israelí y vive feliz para siempre. Volví a quedar embarazada en 1966, pero me enfermé mucho durante este embarazo.

1967 estuvo lleno de grandes eventos: en abril perdí el bebé durante el séptimo mes de embarazo. En mayo, Julián y yo decidimos irnos a vivir en Estados Unidos, donde mi padre había dicho que nos ayudaría a establecernos. En junio, cuando intentábamos irnos, explotó la Guerra de los Seis Días. (Por supuesto que mi familia pensaba que era como si fuera 1939; así que infructuosamente intentaron sacarnos de allí antes de que estallara la guerra.) En Julio, (Julián, Carla y yo) volvimos a Estados Unidos; aunque en lo más profundo de mi corazón sabía que nuestro matrimonio no sobreviviría lejos del ambiente protector del kibutz. Al principio vivíamos con mi padre y mi madrastra. En agosto me hospitalizaron para operarme. En septiembre, descubrí que estaba embarazada y aborté. (Por ese entonces era ilegal tener un aborto, así que lo tuve que hacer en secreto y tuve que asegurarme de que no existiera ningún rastro que los condujera a mi padre, que era un médico local.) En octubre, Julián, Carla y yo nos mudamos a Miami Beach.

Pasé por todo eso y no le conté a nadie de mis sentimientos. Sólo sabía que me estaba volviendo loca. Tenía sueños recurrentes en los que volvía a la Universidad a buscar a James. Miraba telenovelas y lloraba durante horas; estaba terriblemente deprimida. Hice planes para escapar e ir a visitar a mi madre en Nueva Jersey para la Navidad (finalmente se había divorciado dé mi padrastro). Mi plan secreto era encontrar a mi primer amor, James; y al igual que en mis sueños empezaríamos todo de nuevo donde lo habíamos dejado.

Carla y yo sí fuimos a pasar la Navidad al norte. Antes de que pudiera acercarme a James, mi madre me había organizado una cita con un grupo de amigos de ella; entre los cuales estaba un profesor universitario llamado Simón. Fue amor a primera vista; él sería mi billete para salir del matrimonio. Sencillamente, jamás volví al apartamento en Miami Beach. Julián vino a visitarnos aún con la idea de que nosotros éramos la pareja perfecta, pero no existía posibilidad de que yo volviera a casa.

Debido a razones legales, yo tenía que ser residente del Estado de Florida por más tiempo. Así que durante seis semanas, Carla y yo nos quedamos con unos amigos de mi madre en Gainesviile, Florida, hasta que saliera la sentencia de divorcio. Gradualmente, se me hizo claro que la relación a larga distancia con Simón se disolvía y de que nosotros no viviríamos felices para siempre.

A medida que se acercaba la cita en el juzgado para finalizar los trámites de divorcio, empecé a tener insomnio, así que escuchaba radio toda la noche. Empecé a llamar al disc-jockey de la noche y fue así como Doug entró en mi vida. Fue amor a primera vista, o al menos nos fuimos rápido a la cama. No podía estar sola, pero sobre todo, no podía enfrentarme sola al proceso de divorcio. Convenientemente Doug perdió su trabajo en la estación de radio, así que juntos nos fuimos de Gainesviile y fuimos a Miami. Los tres nos fuimos a Cabo Cañaveral después del divorcio, donde Doug pensaba que unos amigos suyos le darían trabajo.

Doug tenía mucha más experiencia sexual que yo, p. ej. "era bueno en la cama." Me pareció peculiar que el sexo fuera tan cautivante, aunque él no me gustara tanto como persona. La situación se deterioraba; empecé a tener fantasías en las que caminaba hacia el océano y nunca volvía.

Finalmente conseguí un trabajo como asesora laboral en una agencia de empleo. Hice muchas llamadas llenas de coquetería, pero no le encontré trabajo a nadie. En junio de 1968, Doug se fue de casa. Mi padre vino a rescatarnos a Carla y a mí. Él hizo que nos mudarnos de vuelta a Miami donde yo podría volver a la Universidad a terminar mi carrera. Estoy muy agradecida con mi padre porque se encargó de todos nuestros gastos durante ese año.

Irónicamente, de lo que finalmente me gradué fue un potpurrí Inter-departamental llamado "Relaciones Humanas." Mi primer profesor acababa de regresar de haber pasado una semana en el Instituto Esalen; así que estaba intentando aplicar técnicas de Gestalt con nosotros. Un día una terapeuta local vino a clases y nos dirigió durante algunos ejercicios; empecé a llorar y no podía parar. Poco después, asistí a terapia con ella. Sentía que mi vida interior era completamente malsana; exceptuando esa hora semanal que pasaba con la terapeuta, donde sentía que existía algún tipo de honestidad. Era la primera vez en mi vida que le hablé a alguien acerca de lo que realmente me pasaba; tenía veinticuatro años.

Poco después de volver a Miami, durante una reunión familiar algunos amigos de la familia me preguntaron en relación a mi vida en el kibutz. Yo sabía que era una trampa, ya que un profesor universitario, recientemente viudo (que tenía una hija pequeña de la edad de Carla) iba a estar allí. Nosotros nos convertimos en "pareja." En mi cabeza bailaban visiones de color rosa; tenía toda la escena organizada—esposa de un profesor universitario, madre de dos pequeñas niñas, etc. Ron tenía 25 años más que yo, pero "el amor lo puede todo." Tuve momentos de desasosiego al enterarme de que aún no le habían enseñado a usar el w. c. a su hija de tres años y que Ron era totalmente pasivo respecto a ella.

Los cuatro (Ron, su hija, Carla y yo) viajamos juntos para pasar el Día de Acción de Gracias con mi madre en Nueva Jersey. ¡Solía pensar que mi madre le echaba un maleficio a mis relaciones!, ya que de alguna manera, dentro del estrés de aquella visita, el castillo de aire que Ron y yo construimos se derrumbaría rápidamente. Ron y su hija volvieron a casa el Viernes, dos días antes de lo planeado: me regocijaba mientras planeaba no volver a verlo nunca más.

A las cuatro de la mañana llamó mi padre desde Miami. Hubo un accidente cuando Ron conducía a casa desde el aeropuerto y en este momento le estaban practicando cirugía cerebral. La niña sólo tuvo pequeñas lesiones. No volví inmediatamente para estar al lado de la cama de Ron, ya que había decidido escapar de esta relación. Ron estuvo en coma durante una semana y estuvo hospitalizado durante meses; perdió la movilidad del lado izquierdo de su cuerpo. Su personalidad nunca volvió a ser lo que fue antes del accidente; aunque pudo mantener su carrera de profesor. Con el paso de los años, cuando se convirtió en abogado para defender a los discapacitados físicos, me atormentaba la culpa con el simple hecho de pensar en él.

De pronto me di cuenta de que había estado en la Universidad durante seis meses y que no tenía amigos, ya que estaba totalmente absorbida por Ron. Me hice amiga de un ostentoso y acaudalado chico al que yo le gustaba y que era mayor que los otros estudiantes. Organicé elaboradas intrigas de seducción, las cuales nunca se materializaron; él simplemente no estaba interesado. Esa primavera mi madre vino a visitarme por unos días; mi amigo parecía más animado con ella que conmigo. Estaba furiosa, llena de ira y de celos. Con el tiempo mi madre se fue a su casa. Escribí montones de poesía relacionada con estos encuentros y errores del corazón.

Empecé a salir con Chris, mi lechero. Al igual que yo, él no había salido con nadie cuando era adolescente y había tenido su primera experiencia sexual a los veintidós años. Tenía mucha menos experiencia sexual que yo, pero él se dedicaba a la carrera de "salvamento personal"; su hobby era hacer análisis de la escritura y yo estaba convencida de que él sabía más de mil de lo que yo sabía de mí misma. Necesitaba alguien en quien apoyarme, aunque (una vez más) no sentía que él me gustara mucho. Después de graduarme de la Universidad en Miami encontré un empleo administrativo en una agencia de servicio social, así que por fin pude mantenerme a mí y a Carla. Después de seis meses de salir con Chris, quedé embarazada. Pensé que el aborto sería una forma conveniente de terminar la relación, pero después me di cuenta de que necesitaba a Chris más que nunca, y el estaba allí para cuidar de mi. Intentando "arreglar" las cosas empezamos a asistir juntos a grupos de ayuda. Después de un año nos comprometimos y un año después (1971) nos casamos. Finalmente me convertiría en el Ama de Casa Americana, lo cual no había sido durante mi matrimonio en el kibutz. Mi sueño era que Chris continuara trabajando de manera que yo pudiera renunciar a mi trabajo y quedarme en casa. Todo acabó en que yo trabajaba para que él asistiera a la Universidad. Atribuía nuestra infelicidad al hecho de que él estaba yendo a la Universidad y de que pasábamos poco tiempo juntos. Intentamos muchas cosas para animar nuestra vida sexual—marihuana, pornografía—incluso fuimos a varias sesiones modificadas de las sesiones de Masters and Johnson.

Después de cinco años, en el fondo de mi corazón sabía que la relación había terminado. La única razón por la que me permanecí más tiempo en la relación fue mi creencia de que no podía dormir sola. Permanecí en la relación dos años más, acumulando resentimientos que impulsaran a salir de esa relación.

Nos separamos en el fin de semana del Día del Trabajo en 1977. En mi cabeza él era el malo y yo había sido la víctima. El segundo divorció fue mucho más devastador que el primero; ahora sabía que yo era una fracasada en el amor y además tenía dos actas de divorcio para probarlo. Por ese entonces, a nivel profesional me había convertido en directora de un programa de servicio social, pero tenía muchos problemas propios para poder hablar con cualquier persona que tuviera problemas. Durante los siguientes seis meses, mi jefe me cambió a llevar simple papeleo administrativo. Aproximadamente dos meses después del segundo divorcio empezó mi vida de promiscuidad en serie. Conocía a alguien y siempre era amor a primera vista. Si un hombre me llamaba tres veces, en mi cabeza ya tenía la boda preparada. Gradualmente aparecía la desilusión, seguida por mi completo rechazo hacia la persona. Para conocer gente, asistí a grupos para solteros y a servicios de citas.

En 1979, empecé a prepararme para realizar un cambio de carrera. Odiaba mi trabajo, pero siempre me había gustado la música, siempre había estado muy activa dentro de los coros locales, etc. Empecé un horario de trabajo a medio tiempo y a ir a la escuela de música tiempo completo para poder obtener mí título de educación musical. Era un "cambio de carrera a mitad de la vida" y sonaba maravilloso; secretamente, sentía mucho miedo. Me enfrenté a una tremenda reducción de salario; no tenía idea de si siquiera sería capaz de aprobar mis clases (ya que creía que tenía el doble de edad que todos los demás estudiantes y que además sólo tenía la mitad del talento), y sentía pánico total frente a la idea de realmente enseñar a niños en una clase.

Cuando empecé en la escuela de música, veía a tres hombres distintos al mismo tiempo; uno de los cuales estaba casado. Pensé, "finalmente estoy saliendo" (como diciendo que finalmente no estaba completamente enganchada emocionalmente a una persona). En octubre de 1979 descubrí que estaba embarazada y no sabía quién era el padre. Perdí totalmente la esperanza. En ese momento creí que la mano de Dios había tocado mi vida. Fue necesario que me hicieran un ultrasonido; el resultado no sólo precisó la duración del embarazo, sino que también reveló que este era un embarazo con placenta previa y que no llegaría a concretarse. La fecha precisa me ayudó a identificar al padre, y éste me dio apoyo emocional, al menos antes del aborto. Odiaba la idea de tener otro aborto, pero de todas maneras hice arreglos para tener uno. Por obra de Dios, la noche anterior empecé el aborto natural.

Este fue uno de los puntos emocionalmente más bajos de mi vida. Por supuesto que no le dije a nadie en la escuela. Sin embargo la experiencia me impulsó a asistir a terapia de grupo, por lo cual estoy muy agradecida.

Continué mí vida de la escuela de música y del trabajo. El patrón con los hombres se volvió aterradoramente repetitivo—encuentros muy breves. Me di cuenta de que si bebía cualquier cosa durante estas "citas", era un hecho que acabaríamos en la cama.

Así que decidí que la forma más simple de controlar esto era dejar de beber. Sin embargo, incluso esta resolución no detuvo el comportamiento que tanto lamentaría después.

Justo antes de empezar a dar clases a estudiantes, me le insinué a un amigo, un compañero de clases. Él no estaba interesado, pero esa tarde me dio el libro escrito por Ken Keyes, Manual Para Lograr una Conciencia Superior. Pude darme cuenta de que mis relaciones con los hombres encajaban en lo que Keyes llamaba una adicción. Pero, ¿ahora qué?

Justo después de graduarme conseguí un trabajo de enseñanza (música en la escuela primaria). Cada día, durante las primeras seis semanas, quería renunciar. Sentía que me moría dentro de la clase. Me sentía como si fuera la "hora de la comida" metida en un estanque de pirañas—los niños pueden oler la inseguridad, y yo tenía demasiado miedo como para admitir que no tenía ni idea de lo que estaba haciendo. Aún así sabía que la clase de primaria sería Mi Última Parada. No podía casarme para resolver mis problemas; ya había hecho eso y no había funcionado. No podía mudarme y resolver mis problemas; ya había hecho eso y tampoco había funcionado. No podía cambiar de trabajo y resolver mis problemas ya que acababa de hacer eso y tampoco parecía estar funcionando. Empecé a comprender que, quizás, yo ero el problema.

A lo largo de todo ese tiempo estuve asistiendo a terapia. Finalmente, en el verano de 1982, despertó el tema de que estaba siendo sexualmente compulsiva al principio estaba furiosa de que mi terapeuta utilizara semejante término para definirme. Finalmente decidí que, ya que estaba siendo compulsiva, más me valdría disfrutarlo y dejar de intentar de controlarlo sin luchar contra ello.

La siguiente persona que entró en mi vida (agosto de 1982) fue Charles. Al cabo de tres semanas estábamos viviendo juntos. Era perfecto—nos embarcamos en una "misión de rescate" mutua. Yo iba a "curarlo" y él me iba a "curar."

Pero pasó algo inesperado. Un año después (el verano de 1983) cuando alcancé el peso más alto dentro de mi "historia registrada", empecé a asistir a Comedores Compulsivos Anónimos. (Había intentado todo lo demás—Weight Watchers, etc.). Durante el verano y el otoño, perdí rápidamente los quince kilos extra que tenía, pero mis problemas empezaron realmente cuando llegué a mi peso ideal. Durante años había pensado que todo sería maravilloso cuando perdiera peso. Sin embargo, al encontrarme en el peso ideal la única diferencia era que estaba empacada en un cuerpo delgado, mientras que en el interior continuaba siendo la misma persona. Tuve innumerables "recaídas" con la comida. Me tomó trece meses obtener una verdadera abstinencia. Durante uno de estos periodos de recaída en recaída empecé a asistir a las reuniones abiertas de A.A. Ciertamente yo NO era (eso pensaba) una alcohólica—nunca bebía tanto. Sólo necesitaba escuchar la experiencia de personas para las cuales una recaída era mucho más peligrosa que comerse un "M&M"—o al menos así lo pensaba en ese momento.

Una noche mientras conducía hacia la reunión, se me ocurrió preguntarme "¿Cómo el alcohol había afectado mi vida? Casi me salgo de la vía cuando me acordé que hubo un punto durante mis "años de citas" en el que me di cuenta de que no podía controlar mi comportamiento si bebía, y que había hecho una resolución de no beber si salía en una cita con alguien.

Esa noche durante la reunión una chica del programa dijo: "no importa que tan viejo eres, o lo mucho que bebes, pero si no te gustan los resultados de tu vida, entonces tienes un problema..."después de una larga agonía, me uní a A.A. al día siguiente. Sin embargo, durante mucho tiempo y considerando que había bebido poco (solo dos copas de vino o incluso alguna bebida fuerte) yo creía que tenía un "caso moderado" de alcoholismo, yo no era como esas otras personas que REALMENTE bebían—y ciertamente yo no era como mi padrastro.

A través de una increíble (y milagrosa, creo ahora) cadena de eventos llegó a mis manos en agosto de 1984, el libro de Patick Carnes, La Adicción Sexual. La primera historia es acerca de una maestra de música de escuela primaria que lleva una doble vida. Finalmente había visto mi historia. Experimenté la clase de rendición de la cual hablan las personas en las reuniones de A.A., pero que yo nunca había sentido realmente en relación al alcohol o a la comida—el dolor que te destroza y el alivio de saber el diagnóstico. Al día siguiente llamé a todas partes en Miami, buscando un grupo de Doce Pasos que tratara el problema de la adicción sexual. Nada. Finalmente llamé a un hospital en Minnesota donde Patick Carnes había trabajado. La secretaría me dio la dirección de S.L.A.A.

Mi recuperación incluyó terminar mi relación con Charles. Creo que esta fue una de las primeras decisiones que alguna vez tomé en mi vida. Hoy el nombre de Charles está en mi lista de agradecimientos, así como también están todos Los Hombres y mis dos antiguos maridos. Si ellos no hubieran estado en mí vida, no estaría donde estoy hoy. Gracias a Dios, también sé que mi experiencia con Charles es la última relación de ese tipo que tendré que tener.

El síndrome de abstinencia es algo serio. Con frecuencia leo el capítulo acerca del síndrome de abstinencia en este libro. Recientemente pude asistir a una reunión de S.L.A.A. en Boston, y encontré una madrina que me ha ayudado a definir lo que significa mi sobriedad dentro de este programa. Estoy intentando abrir una reunión de S.L.A.A. aquí en Miami; y creo que esto ocurrirá en el momento adecuado, que aparentemente no es éste.[8] Estoy aprendiendo quien soy, lo cual nunca he sabido. Siempre me apoyé en un hombre para que me lo dijera y entonces intentaba ser como un camaleón para amoldarme a él, o intentaba que él se amoldara a mí.

En el libro, Veinticuatro Horas al Día, la hoja del 12 de marzo dice: "Tu ser alcohólico no eres realmente tú.

Tu ser que es sano, sobrio y respetable es realmente tu persona." ¡Qué regalo!

Durante años mi vida se desarrollo alrededor de los hombres, mi hija no era el foco de mi vida. Estoy agradecida de tener un programa para poder hacer

---

[8]   Nota Editorial: no hay reuniones de S.L.A.A. en el área de Miami, Florida.

enmiendas con ella. Empiezo a valorar este periodo de sobriedad sexual como un periodo para conocerme y para hacer descubrimientos continuos.

Ahora sé que lo que siempre he deseado de un hombre es lo que se describe en el Paso Tres. Tengo las semillas de una relación con el Poder Superior y recibo tantos milagros que no los puedo contar. Solía pensar que las coincidencias extrañas ocurrían en mi vida sólo una vez en muchos años. Ahora siento la Mano de Dios tocando mi vida cada día. He contado mi historia con cierto grado de detalle debido a esta cita de la página 124 del Libro Grande de A.A.

Mostrarle a otros que sufren como nos fue dada la ayuda es lo que hace que ahora nuestra vida valga la pena para nosotros. Aférrate al pensamiento de que en las manos de Dios el pasado oscuro es la posesión más valiosa que tienes—la llave a la vida y la felicidad de otros. Con ella, tú puedes apartar la muerte y la miseria de sus vidas.

En los coros en los que solía participar, usualmente cantábamos canciones de misa que incluían la frase "Salva me, fons pietatisis" Para mí esto se ha vuelto realidad, ya que he sido salvada de una vida de desesperanza por la Fuente de la Misericordia.

La Llama Que No Se Apagó

Ahora me doy cuenta de que mis padres eran padres estrictos, jóvenes e inaccesibles, producto del la generación de los baby boomers y beneficiarios del "GI Bill". Cuando era niño ellos parecían muy infelices. Mi valiente y rara vez "amable" madre, era algunas veces hostil y otras distante y depresiva. El problema de mi padre con la bebida y con el trabajo empañaron las buenas intenciones de un hombre triste. La atmósfera en casa casi siempre era tensa y llena de discusiones; sólo me sentía a salvo cuando mi abuelo venía de visita. Entonces mis padres actuaban como los padres de la televisión.

A menudo mi abuelo me llevaba de paseo y eso me encantaba. Murió cuando yo todavía estaba en el jardín de infancia y me sentí aislado, asustado y solo. En ese momento supe que si iba a crecer y llegar a ser normal, yo tendría que hacer que esto ocurriera así. Al mismo tiempo tenía una actitud protectora hacia mis padres y hacia mi hermano menor, y me sentía tan responsable como un padre adulto.

Como mi casa era tan inestable, desarrollé una gran capacidad para predecir lo que iba a pasar. Tenía una especie de radar con el cual "percibía" cuando un malentendido estaba próximo a convertirse en una terrible pelea. Me convertí en un observador de personas, por lo cual prestaba más atención a los ojos y a las acciones que a las palabras. Aprendí a ver qué ocurriría entre las personas.

Alrededor de esta época me di cuenta de que cuando le contaba a los adultos lo que realmente ocurría en mi vida y en mi casa, sus caras se tornaban serias y preocupadas. Estas miradas mi hicieron consciente de que tendría que inventar o agregar experiencias "normales" a mi infancia, de las cuales pudiera hablar en esos momentos y también cuando me convirtiera en adulto. Así que conscientemente subí árboles, jugué en la Liga Infantil, me uní al coro de la iglesia y me convertí en Niño Explorador, que más tarde se llamaron los Boy Scout, para así poder ser "normal"—y más adelante salté de los trenes de mercancía, me tiré de puentes de autopista y me convertí en una persona temeraria para poder sobresalir.

Ya en el cuarto grado los chicos me llamaban "El Profesor" porque sabía mucho con respecto al sexo. Estaba realmente obsesionado. Había ido a la biblioteca y había aprendido como encontrar información al respecto, En el séptimo grado hacíamos fiestas en las que "se apagaba la luz" y aunque no eran tan "excitantes", estas fiestas eran lo mejor que pasaba. Ocasionalmente tenía relaciones sexuales sin orgasmos con otros Boy Scout. Eran situaciones experimentales que me gustaban mucho más de lo que me gustaba reconocer. En realidad las encontraba excitantes y divertidas, y a veces eso me preocupaba.

Durante el verano del octavo grado, mi padre empezaba a estar sobrio y nos mudamos. En el nuevo pueblo empecé con el pie equivocado y nunca fui realmente aceptado. Sexual y socialmente los chicos iban mucho más lentos que los chicos que vivían en el pueblo anterior.

Había un chico que yo sabía que era gay. De vez cuando dormíamos juntos y teníamos relaciones sexuales. Esa fue una conexión muy fuerte para mí. Por primera vez, compartir la excitación sexual se convirtió en "un descanso" del aislamiento social que sufría en la escuela y durante las peleas de mis padres conmigo.

El verano en el que tenía quince años, fui a una convivencia de la iglesia. Mi compañero de habitación tenía barba y cuando me habló (durante la primera tarde) acerca de fumar marihuana y tener relaciones sexuales, yo le dije "yo también hago eso." Me miró y enseguida se dio cuenta de que eso era mentira.

Pero esa tarde mientras caminaba frente a un grupo de personas, una de las chicas universitarias se acercó, me pellizcó en la mejilla y dijo: "ooh, cuando crezcas serás especial." Descaradamente la abracé y le contesté, "Anne, ya he crecido." Así que caminamos juntos hacia el huerto. Después de más o menos una hora de besos y abrazos preliminares, ella me preguntó dónde estaba mi habitación. Lo que pasó a continuación fue muy especial. No hubo lucha para quitarle la ropa. Esto no era flirteo. Ella sabía lo que estaba haciendo y yo aparentaba saberlo también. Hacer el amor esa tarde fue simplemente maravilloso—una situación llena de humor y cariño; mi idea juvenil de lo que significaba el cielo.

En algún momento mi compañero de habitación regresó, nos vio en la cama, se disculpó y se fue. Más tarde, cuando finalmente salimos de la cama, él nos invitó a fumar un porro con él—yo acepté. Pensé, que maravillosa combinación: ¡sexo y drogas todo en una sola noche!

Durante esa convivencia de seis días tuve relaciones sexuales con otras dos chicas. Compré una onza de hierba y volví a casa volando entre nubes.

La primera noche en casa fui a ver a una atractiva "amiga" mía. Mientras le contaba animadamente acerca de mis recientes descubrimientos sexuales, me di cuenta de que debía callarme y besarla. Esa noche nos hicimos amantes secretos.

Durante esos siete días mi vida cambió mucho, a pesar de que continuaba siendo un marginado social. Me convertí a algo parecido a la "chica mala" del pueblo. Si alguna chica era vista conmigo se burlaban de ella. Me molestaba que en la secundaria ellas hicieran como si no me conocieran; pero al menos tenía el intenso placer sexual, que para ese entonces ya era esencial. ¡En efecto guardé muchos secretos!

En los próximos tres años mi casa se convirtió en algo parecido a un campo de batalla; la secundaria era una tortura, y el sexo, las drogas y el alcohol (en ese orden) me daban el único alivio que tenía. Durante el siguiente año y medio que estuve en ese pueblo, alquilé una habitación que llamaba "mí piso" donde invitaba a chicas (mis padres jamás supieron de esto).

Después de graduarme de la secundaria en 1967 me fui a la universidad. A las seis semanas de estar en el campus una chica me dijo que estaba embarazada y antes del día de Acción de Gracias otra chica estaba embarazada. Sabía que considerando mi pasado yo era demasiado inestable para ser padre de ningún niño. Los abortos eran ilegales y costaban unos 750. 00 dólares. Tuve que luchar para conseguir 1500. 00 dólares. De alguna forma me las arreglé.

Se me ocurrió que la mejor manera de hacer dinero era vender drogas. Para Navidad ya había pagado los abortos, había dejado la Universidad y viajaba por todo el país; y me encantaba. Descubrí a las "mujeres de la gran ciudad" en Nueva York.

Ahora tenía dinero y cocaína, y todavía intentaba descubrir cómo eran los amantes en las fantasías de las mujeres para poder "convertirme" en ellos. La venta de drogas me asustaba; el dinero y las mujeres eran excitantes. Pero no le podía decir a nadie qué ERA YO REALMENTE y me sentía confuso detrás de esta fachada. El sexo era una forma de "detener el tiempo", un lugar donde podía ir cuando el resto del mundo me agobiaba.

Lo que aprendí durante este periodo de mi vida fue que a pesar de que era sexualmente muy versátil y confiado, yo no estaba bien emocionalmente. No sabía cómo expresar mis sentimientos. Lo que hice fue sexualizar mis sentimientos. Digamos que estaba en las montañas y ver el atardecer me conmovía, luego no sabía qué hacer con esas emociones. Así que cuando volvía a la ciudad expresaba estos sentimientos a través del sexo.

Más adelante ese mismo año, cuando cumplí veinte tuve la revelación de que no debería beber, tomar drogas o tener relaciones sexuales con mujeres a las que no amaba. También me di cuenta de que mi lenguaje se había deteriorado, estaba usando la "jerga de los yonkis" y lo odiaba así que decidir limpiarme. Durante la semana tenía un trabajo construyendo casas y durante los fines de semana escalaba en las montañas. Ocasionalmente me drogaba y bebía, volví a ser físicamente saludable y todavía veía a algunas mujeres. Durante la primavera volví a la universidad por un corto periodo de tiempo.

Me mudé hacia la parte norte de Nueva Inglaterra y dirigí un café/palacio del rock. Muchas mujeres iban y venían, así que tuve mucho sexo. Parecía como si yo fuera una variante del "macho explotador" porque tenía relaciones sexuales con muchas mujeres diferentes. Pero en el interior yo siempre era el agradecido. Actuaba más caballerosamente de lo que realmente sentía. Usualmente estaba muy desesperado. Las personas me preguntaban frecuentemente, "Caramba, ¿cómo puedes tener sexo tan seguido? " nunca les dije que esto era lo más importante en mi vida. Cuando no obtenía sexo, tenía (lo que más tarde me enteré que eran) ataques de ansiedad. Pero el sexo no parecía tan importante para otras personas y el hecho de estar tan preocupado por esto me avergonzaba—mucho.

En septiembre de 1970 tomé un trabajo en una escuela privada en el sureste, trabajaba con chicos de la secundaria que estaban emocionalmente perturbados. A los cuatro días, la profesora de arte (Lee) y yo nos enamoramos locamente. Nunca antes había permitido que esto pasara, pero su hombre de fantasía se parecía mucho a la idea que tenía de mi mismo. Pensé que ella era la "mujer perfecta" y (esperaba que) ella pensaba que yo era el "hombre perfecto." Empezó como un cuento de hadas repleto de largas y apasionadas noches de adicción a al sexo. Solía decirle "no puedo esperar a ver cómo termina esta película (nuestra vida)"

Nos quedamos en esa escuela durante un tiempo y después nos mudamos a Boston. Al poco tiempo de estar allí empezaron los problemas. No sabíamos como discutir. Yo no sabía cómo discutir con las personas a las que amaba, aunque podía discutir con extraños y hasta tener peleas físicas con ellos. Pero cuando discutía con personas a las que quería, sólo podía ser "amable" o irme.

La mayor parte del tiempo era "monógamo", pero aproximadamente cada seis semanas tenía relaciones sexuales con alguna otra mujer. Siempre era un "compromiso limitado" en el cual no había segundas citas. Y siempre ocurría durante "circunstancias especiales." Nunca pensé que individualmente Lee y yo fuéramos perfectos, pero pensaba que juntos éramos la pareja perfecta, el "Amor del Siglo" Poco antes de la segunda Navidad que pasaríamos juntos, ella se fue a visitar a su familia durante cinco días. Estaba tan acostumbrado a tener relaciones sexuales con tanta frecuencia, que inmediatamente encontré a otra mujer con la que pasé esa noche. El problema es que no podía desengancharme de esta nueva aventura. Las cosas con Lee en realidad no eran perfectas. Alguna parte de mi vida con ella no funcionaba y esta nueva mujer llenaba esa parte.

Yo conducía un taxi, era el encargado de mantenimiento de un edificio y hacía tratos ocasionales de droga y también empecé a pagar la renta de esta otra mujer. Lee se dedicaba tiempo completo a su pintura. Y me encontraba manteniendo a Lee y a esta otra mujer para que ella también pudiera dedicar más tiempo a SU arte y a nuestra relación. ¡Así me convertí en un mecenas del arte de 22 años! Tenía un problema, porque yo no podía trabajar doce o catorce horas por día y además visitar a esta otra mujer. Me las arreglé durante dos o tres meses y ¡casi me vuelvo loco!

Me aterrorizaba que Lee se enterara de mi nueva novia, pero no podía dejar de verla. Mi única esperanza era mudarme. Quizás en la parte rural de Nueva Inglaterra yo aprendería a vivir sólo con Lee. Además, ¿no fue la vida de ciudad lo que había causado que bebiera y me drogara tanto?

Lejos de las brillantes luces de la ciudad, bebía más, intentaba NO tontear, discutía con mi compañero de negocios y miraba como se evaporaban mis inversiones. Así que, otra vez, empecé a trabajar de nuevo y me convertí en supervisor de una construcción. Entonces las cosas con Lee empezaron a deteriorarse. Ella sentía que era demasiado dependiente de mí y yo sentía que yo debía ser capaz de mantenernos a los dos. Cuando me lastimé la espalda y no podía trabajar tanto, ni mantenernos, la relación simplemente se disolvió. La película había comenzado como un cuento de hadas y se terminó como una pesadilla—ella no quería volver a verme nunca más. ¿Cómo es posible que algo que empezó tan bien terminara tan amargamente?

De nuevo tuve la revelación de que debería mantenerme alejado del alcohol, de las drogas y de las mujeres—por lo menos durante seis meses, pensé. Por supuesto bebí y estuve célibe durante siete días—hasta que apareció Lynn. Estaba felizmente sorprendido de que un solo siglo pudiera contener "dos amores tan grandes y tan maravillosos."

Sin embargo había algo diferente. Con Lee pensaba que ella era la que siempre estaba bajo mi influencia, "bajo mi ser." Con Lynn siempre me preguntaba QUIEN era el que estaba "bajo el ser" de quien. Estaba dispuesto a hacer cualquier cosa para mantenerla hechizada. Sólo me relajaba cuando ella estaba "realmente bajo mi ser." Una cosa era cierta—iba a requerir mucho dinero. Volví a mudarme a Boston. Aunque había sido celoso con Lee, ella nunca me dio una razón real para estarlo. Lynn era diferente. Ella llamaba mi atención constantemente—amenazaba con las acciones y con las palabras. No hacía nada para aplacar mis miedos. Siempre estaba preocupado de que se acostara con alguien más (lo cual nunca hizo hasta el final). Así que a pesar de que este era el "segundo amor del siglo", en general era inestable. Como me había lastimado la espalda y necesitaba hacer dinero, me metí en el mundo de las ventas. Me di cuenta de que era un vendedor natural. Pero parecía que sólo era capaz de mantener dos de las tres partes de mi vida en balance. Si Lynn estaba feliz y yo tenía dinero, entonces no tenía vida social. Si mi trabajo iba de perlas y yo tenía una vida social, entonces Lynn se quería ir. Y otras combinaciones de éste tipo. ¡Me sentía como el pequeño holandés tapando la presa!

Además existía otro problema muy real. Mi problema con la bebida era terrible, el cual había comenzado en mi temprana adolescencia. Finalmente llegué a A.A. y poco tiempo después me di cuenta de que habría conflicto entre A.A. y Lynn. Ella se sentía tremendamente celosa de todo el tiempo que pasaba en A.A. Si no estaba en casa a las 11 p. m. ella se hacía la dormida y yo tendría que despertarla con cariño para obtener mi "cuota de sexo." Luego ella se enfadaba y decía: "¿Por qué no vas a ver a tus amigos de A.A.?

Me tomó entre seis y siete meses aprender a pedir ayuda a la manera del Tercer Paso que dice "poner mi vida y mi voluntad al cuidado de un Poder Superior." Cuando aprendí a hacer esto, el Poder Superior se encargaba mucho mejor que yo de cualquier cosa que me pasara. Pero nunca se me ocurrió que yo podría cambiar mi vida sexual—o de hecho, ¡que no la pudiera controlar!

Al final de mis dos primeros años en A.A. Lynn rompió nuestro trato. Estuvo toda la noche fuera con otro hombre, no se arrepintió y pensó que ella probablemente volvería a verlo. Por supuesto yo me había estado acostando con otras mujeres, pero "sólo una vez", o sólo durante "circunstancias especiales", a sabiendas de que si me atrapaban, Lynn se acostaría con cualquiera y me echaría una bronca. Pensaba que ella era lo mejor que había pasado en mi vida y que si ella no estaba allí conmigo yo simplemente me moriría—de verdad.

Cuando rompió nuestro trato, antes de mudarme lo pensé durante una semana. No estaba en mis cabales y pensé en el suicidio. Un amigo de A.A. me dijo, "si estas pensando en el suicidio, múdate." Así que lo hice—me mudé sólo por hoy. Sin embargo al cabo de treinta y seis horas Lynn y yo cenábamos juntos y luego "volvíamos a casa a la gran cama." A pesar de que deseaba verla en la cena y... estar con ella era terrible. En otras palabras, la fantasía era increíble y la realidad era terrible. Y así había sido por mucho tiempo. ¡Sólo que nunca lo había admitido!

Más adelante mi terapeuta me dijo que en ese entonces lo más difícil que tuvo que hacer fue ponerme en contacto con lo terrible que me sentía y de lo enojado que estaba con ella a medida que me decía a mi mismo que ¡ella era la mejor parte de mi vida!

Continué sintiéndome entusiasmado de por a verla y la experiencia continuaba siendo terrible. Así que dejaba de estar con ella y volvía a sentirme bien. Empecé a buscar mujeres por si acaso, a las cuales veía en las reuniones, hacía negocios con ellas o las conocía de alguna forma casual. Salí con muchas mujeres y empecé a hacer mis citas con otras mujeres junto con las que tenía con Lynn—tanto antes como después. Y continué pagando las cuentas de Lynn a pesar de que vivía en otra parte.

Un día me encontré a Rich. Lo había conocido en A.A., pero lo había juzgado duramente. Pensaba que había demostrado su mal gusto al asistir a una reunión de recién llegados de A.A. mientras que su esposa estaba embarazada. No había hablado con él durante un año. Así que cuando lo encontré intenté ponerme al día sobre lo que él había estado haciendo en todo ese tiempo. Para ese entonces su bebé tenía doce meses. Estaba viviendo con su esposa y todo iba bien. Le dije que a mí también las cosas me iban bien: me había separado de Lynn, estaba saliendo con muchas otras mujeres y mí nuevo trabajo era interesante. Me contó que estaba hablando con otras personas acerca de temas sexuales—considerando el sexo como una adicción—y que había reuniones de S.L.A.A. cada dos martes.

Así que al siguiente martes fui a su apartamento para asistir a la reunión. Rich era la única persona presente y habló aproximadamente durante una hora y media. Entonces yo hablé durante una hora y media. Me sugirió que manejara el problema del sexo "un día a la vez." Le respondí: "¡olvídate de eso! Manejé el alcohol de esa manera, no he bebido en dos años y además ¡no voy a vivir sin sexo un día a la vez! El estaba casado y esto me parecía mucho más fácil. Pero no podía imaginarme estar soltero, teniendo a todas estas mujeres rondando y ¡no tener relaciones sexuales!

Sin embargo me fui a casa, pensé mucho, y luego hice profundamente los pasos primero, segundo y tercero con el sexo. En los días siguientes me di cuenta de que nunca había entregado mi vida sexual a un Poder Superior. Y me di cuenta de que en realidad podía hacer eso—que era posible adaptar el concepto de un día a la vez a mi vida sexual y romántica. No un día a la vez para permanecer alejado del sexo para siempre, pero para ponerlo bajo el cuidado de mi Poder Superior. Todavía estaba preocupado con la idea de que mi Poder Superior podría olvidarse de mis necesidades sexuales y que por esto yo iba a desmoronarme y morir. ¡Y este no era un problema sencillo para mí!

Empecé a hacer un tercer paso diariamente. En la mañana pedía ayuda y me centraba; así que obtenía una dirección de mi Poder Superior para ese día. Es cierto que Dios nunca me habló para decirme "evita a las rubias de piernas largas" o nada parecido. Lo que sí encontré durante estas meditaciones fue tranquilidad. Y al usar la tranquilidad como indicador, intenté aprender bajo qué circunstancias, personas o actitudes esa tranquilidad desaparecía al mismo tiempo intenté darme cuenta de qué cosas podía añadir para permanecer calmado y centrado. Empecé a asistir a las reuniones regularmente. Ni siquiera me acuerdo si en esas primeras reuniones había más personas que yo y Rich.

En esos primeros días, para mi estaba claro que no tendría que permanecer alejado del sexo para siempre y que diariamente podría pedir a mí Poder Superior que me diera a conocer su voluntad para conmigo durante ese día. Una noche después de lo que groseramente denominé una cita de "relleno", me di cuenta de que quizás era mejor no acostarme con mujeres de A.A. con las que todavía no me había acostado o por las que no pudiera sentir amor.

La primera vez que no intenté seducir a una mujer de A.A. porque ella era alguien "a no imaginaba que podría llegar a amar", llegué a casa más temprano y recibí la llamada de un amigo de A.A., un hombre. Me di cuenta de que no conocía muchos hombres. Durante esas semanas continuaba saliendo con todas las otras categorías de mujeres. Pero siempre después de alguna experiencia o encuentro real; más adelante aprendería a limitar las categorías de contacto. Una semana incluí a "las mujeres en Massachusetts a las que no me imaginaba que podría llegar a amar." Otra semana incluí a "las mujeres fuera del estado que podían ser amables pero que no podía imaginar que las llegara a amar." Y descubrí que tan pronto dejaba ir otra categoría—eso significa que no intentaría ningún lance con ninguna mujer en una librería o en ningún otro lugar—terminaba recibiendo una llamada, yendo a un partido de los Red Sox o escuchando a algún comediante. Era divertido. Y pude mantener la sensación de tranquilidad que estaba aprendiendo a valorar.

Me di cuenta de que perdía la tranquilidad a medida de que mi impulso de seducir a mujeres tomaba parte activa en mi vida. Y me di cuenta de que podía pedir ayuda y volver a sentirme centrado—así que volvía la tranquilidad.

Hoy en día puedo comparar la tranquilidad y la sensación de estar centrado con una vela ardiendo a ritmo constante. Esa pequeña llama que me guió en el camino. Generalmente cuando yo sentía que ardía a ritmo constante, estaba sobre una buena base espiritual. Cuando la llama parpadeaba o se apagaba, me encontraba en dirección a los problemas. El proceso de detener lo que ya no funcionaba y de aprender nuevas formas para agregar cosas en las que podía trabajar fue poco conflictivo. Y créanme, ¡no dejé ir nada que todavía funcionara!

A pesar de que cuando tenía dieciséis años el hecho de irme a la cama con alguien me producía euforia por cuatro o cinco días, para el verano del 1977 el mismo comportamiento sólo satisfacía temporalmente mi ansiedad. Tenía que salir y conocer a alguien inmediatamente. Eso me asustaba porque yo pensaba que estaba abusando de algo y me asustaba volverme impotente.

Después de asistir a las reuniones durante aproximadamente seis semanas, y de pedir diariamente a mi Poder Superior ayuda, cooperación y guía; pude darme cuenta de que mantener una relación sexual con cualquier mujer en particular era demasiado trabajo para la satisfacción que me brindaba. Entonces aparecía otra categoría—algo como "no te acuestes con mujeres durante tus viajes de trabajo entre semana"—así que renunciaba así que consecuentemente—categoría por categoría—empezaba a detener los comportamientos que me hacían sentir mal y que habían dejado de funcionar para mí.

Ponerme en contacto con la sensación interior de tranquilidad—lo que yo llamaba "estar centrado"—me hacía sentir muy espiritual. Así que cuando me comportaba de formas que interferían con esa sensación o que me hacían sentir mal, podía detener el comportamiento que me producía esa sensación.

Eso me llevo a un patrón de acción el cual más tarde etiqueté como "abstinencia secuencial." No dejé todo a la vez. Sí tuve un periodo de experimentación. Y no me maltraté exigiéndome hacer todo al mismo tiempo.

Seguí el desarrollo de mi llama sobre la vela. Quiero remarcar la importancia que esto tuvo en mi recuperación. Si permanecía limpio y me sentía bien, continuaba con ese comportamiento. Si la llama parpadeaba o se apagaba, si me volvía loco o me sentía mal, detenía ese comportamiento. Y continué centrándome cada mañana y a lo largo del día.

También extendí mi conciencia hacia mis negocios. Cuando me daba cuenta de que usaba la seducción para realizar ventas, me sentía mal. Así que dejaba de sexualizar las ventas.

También empezaba a ver socialmente a más personas de A.A. y particularmente disfrutaba de ir a cenar con amigos del sexo masculino. En todo el tiempo que estuve tan ocupado con el sexo, parecía estar poco disponible para ser amigo de nadie. Y eso ahora estaba cambiando.

Durante el fin de semana del Día de Colón de 1977, fui a ver a una mujer que había conocido hacía quince meses en una convención de A.A. Esa vez nos habíamos acostado juntos, y con eso ella había terminado un periodo de nueve meses de celibato al que se había sometido, todo había terminado en un arrebato de pasión. Había decidido no volver a verla porque en ese entonces yo vivía con Lynn. Ahora que Lynn ya no formaba parte de mi vida, pensé que quizás estaría bien ir a ver a esta mujer. Fuimos a un motel y lo pasamos maravillosamente juntos. La erupción volcánica de sexo que hubo entre nosotros fue tan fuerte que simplemente me sentía como loco. Preparé todo para volver a verla, pero lo cancelé. El sexo tenía tanta fuerza que quizás pudiera apagar mi llama para siempre. Anteriormente habría hecho cualquier cosa para poder tener relaciones sexuales así de movidas. Ahora me encontraba más preocupado por mi recién encontrada paz interior.

En ese momento estaba listo para hacer cualquier cosa que mi poder superior tuviera planeada para mí—listo para rendirme a mi Poder Superior—incluyendo "no tener relaciones sexuales con nadie (para siempre si esto era necesario)". Sí me masturbé algunas veces, pero sólo cuando me sentía bien al respecto. Incluso cuando lo sentía bien, no TENÍA que hacerlo—a pesar de que no me había impuesto grandes prohibiciones al respecto, Me sorprendió que en vez de sentir ansiedad ante la perspectiva de pasar una noche sin sexo, experimenté tranquilidad. Mi vela parecía parpadear menos y volverse más brillante; me sentía bien y tranquilo.

Una tarde de finales de octubre fui a visitar a una amiga de A.A. Ella me había pedido que la visitara porque una amiga suya (Julie), que no pertenecía a A.A., iba a pasar por su casa y quería que yo la conociera. En la mañana me centré, fui a un Baño Ruso, fui al parque durante un rato, escuché a los pájaros cantar y finalmente, después de darme cuenta de lo contento que me sentía con mi vida, fui a la casa de Susan. Había varias personas de A.A. quienes conocía. Y allí estaba Julie: atractiva, inteligente, poderosa, interesante y se veía que definitivamente no era mujer de un solo hombre. Obviamente ella vivía su vida, enredada en su trabajo, intereses y amigos.

Bien, cuatro de nosotros salimos a dar un paseo. Cuando me enteré de que Julie tenía automóvil, sugerí que ella condujera a pesar de que había más personas en el asiento de atrás, Julie y yo sólo hablábamos entre nosotros. Fue un cálido, amigable e interesante paseo de una hora. Lo que no hice fue actuar como alguien diferente de mi mismo. Pude mantener esa sensación buena y centrada. No tenía que convertirme en otro para mantenerla interesada—ella ya estaba interesada por averiguar quién era yo. No tenía que convertirme en el hombre de sus fantasías secretas. Sólo permanecí en el lugar donde había aprendido a estar a través de la meditación y con otras personas de A.A. Ella se fue al final de paseo y yo le pregunté a Susan si podía darme su número de teléfono. El martes llamé a Julie y le pregunté si quería salir conmigo el viernes por la noche, y dijo que sí.

Pensaba que nuestra primera cita sería como una de esas películas de los años treinta en las que beberíamos cócteles toda la noche y bailaríamos mejilla a mejilla. Pero no fue nada parecido a la película de los años treinta. Nos sentimos raros. Sugerí que fuéramos a una cafetería que yo conocía y que nos sentáramos a hablar. Así que eso hicimos. El tiempo no se detuvo mientras hablábamos. Era divertido y agradable. La vida seguía su ritmo—una vida agradable, no un guión o una película.

Mis impulsos seguían enfocados en conseguir la película, sin embargo esa noche cuando salíamos de la cafetería empezó a llover. Empecé a llamar a un taxi para que ella no se mojara y ella sólo se rió en voz alta. Ella no conocía a nadie que tomara taxis tan frívolamente. Julie había crecido en una granja y sabía que no nos derretiríamos en la lluvia así que nuevamente me di cuenta de que se trataba del VIEJO impulso y de que no sentía que estaba bien. Así que caminamos bajo la lluvia. Lo que estaba descubriendo era que yo tenía que aprender a estar con alguien. No sabía cómo hacerlo o que hacer en esta situación. Todos mis hábitos e impulsos estaban dirigidos a vivir en una película. Tenía que "dejar ir", volver a tener quince años y aprender nuevos comportamientos. Descubrí que me sentía incómodo cuando no me encontraba haciendo el papel de alguna película—nervioso y tímido. Y en lugar de sentirme asustado, me sentía bien. Me sentía "limpio."

A medida que caminábamos, le puse mi boina y la besé. En ese momento lo sentí como una cosa amigable y natural—y me sentía incómodo. No sabíamos que hacer, así que caminamos una calle antes de decir nada. Nos tomamos de la mano y me di cuenta de que no me había sentido así durante mucho tiempo. Cuando finalmente llegamos a mi automóvil, le pregunté si le gustaría venir a mí casa para comer pastel de fresas casero. Al principio ella no estaba segura pero luego confió en mí lo suficiente como para tomar el riesgo.

Fuimos a mi pequeño y amueblado piso, comimos pastel de fresas y hablamos. Hablamos acerca de los viajes, la enseñanza y acerca de viejos amigos. Hablamos del presente y hablamos muchas cosas. La mayor parte del tiempo juntos la pasamos muy relajada y placenteramente.

Cuando me di cuenta de que la noche podría terminar, me puse muy nervioso. Pedí excusas y fui al baño, pedí ayuda y me centré. Así la llama permaneció encendida. Sentía que lo que estaba pasando estaba bien—no como muchas otras experiencias que había tenido. Así que volví y le pregunté si a ella le gustaría ver el resto de mi casa. Me contuve; y no representé ningún papel de ninguna película.

Me sentí bien con el sexo que tuvimos esa noche, a pesar de que no nos conocíamos mucho. En la mañana preparé omelet de queso. Más tarde a lo largo del día cuando fuimos a su casa me sentí incómodo con sus compañeros de piso. Pero salimos a cenar esa noche y hablamos mucho más. Volví a darme cuenta de que no TENIA que contarle inmediatamente todo de mí. Me sentía bien al decir—o no decir—lo que quisiera. Sin compulsión.

Empezamos a salir los fines de semana porque los dos teníamos trabajos que requerían mucho de nosotros durante la semana. Poco a poco nos fuimos conociendo. El sexo siempre iba de acuerdo a como iba avanzando la relación. Dependía de la relación, estaba RELACIONADO a ella y no a una imagen que alguno de los dos tuviera.

Para la Navidad cuando ella se fue a visitar a su familia, me di cuenta de que esta sería la primera Navidad desde que tenía quince años en la que ¡no tendría relaciones sexuales! Aún así, la Navidad fue bastante dramática. Uno de los estudiantes de Julie me había contagiado los piojos; tenía un resfriado que se convirtió en una gripe; sentí nauseas, vomité y tenía escalofríos. El 26 de diciembre, me multaron por conducir rápido y volví a mi apartamento sintiéndome terrible. Y el teléfono sonó. Era Lynn, preguntándome con una voz dulce y seductora "¿Cómo estás?."

En vez de contestarle, "estoy bien", le dije, "Bueno, a ver. Estoy enfermo, recibí una multa por conducir rápido, acabo de vomitar y ahora tu estas al otro lado del teléfono. ¿Qué quieres?" Empezó a hablar dé su sobrino, del cual yo era muy cercano y de lo mucho que él me extrañaba. Finalmente me sugirió que vendría a mi casa y que 'me arreglaría'. Le expliqué, con sumo detalle, por qué no quería que hiciera eso y le colgué. A pesar de estar enfermo, no me sentía loco y sabía que ella no iba a arreglar nada.

En febrero, Julie y yo nos fuimos juntos de vacaciones al Caribe. Era como estar de vacaciones por separado. Teníamos ideas muy diferentes acerca de lo que queríamos hacer. Yo quería conducir, ver gente, intentar aprender Español y estar activo. Julie quería sentarse a la sombra y leer. Así que hicimos cosas diferentes durante el día y luego cenábamos juntos en la noche. A pesar de que me sentía bien, estaba sorprendido de hacer esto.

Desde que conocí a Julie, nunca entré a una habitación lleno de "expectativas." Podía esperar hasta que me sintiera cómodo y centrado. Algunas veces estaba muy confundido después de una semana de ventas y de viajes. Y sabía que no estaba lo suficientemente centrado para hacer el amor.

Pero a la noche siguiente me encontré de vuelta en ese restaurante Francés vestido con un bonito traje. Llegué tarde y pensé que a lo mejor sería más discreto si la esperaba en otra parte, lo cual hice. Después de mucho hablar apasionadamente, abrazarnos y besarnos, me di cuenta de que no quería que ella supiera donde yo vivía porque ¡la iba mantener como mi secreto! Y ella se sentía avergonzada de llevarme a su casa y no quería ir a un motel, a pesar de que estaba dispuesta a venir a mi apartamento.

Finalmente hicimos una cita para el siguiente Lunes por la noche, para cenar en su casa. Ella iba a preparar una maravillosa cena y entonces nosotros podríamos...—sabíamos lo que podríamos hacer. Al día siguiente, después de haber hablado con ella hasta las 4 de la mañana, me sentía exhausto y muy mal. Así que hable con Rich y me di cuenta de que no debía volver a verla. Le envié un telegrama diciendo "Lo lamento, imposible reunión el lunes."

Julie volvió esa noche y salimos a cenar. Por supuesto le conté acerca de S.L.A.A. y eso no parecía ser un problema, siempre y cuando yo asistiera a las reuniones y pidiera ayuda. Le dije que había dejado de actuar en formas que me parecían inapropiadas, a pesar de que algunas veces todavía sentía el impulso. En fin, hablamos y nos contamos acerca de nuestra semana. Y le conté con sumo de detalle acerca de la modelo y de la mujer del restaurante Francés y lo que había estado haciendo. Ella escuchó la mayor parte, pero antes de que terminara la parte del telegrama, se fue del restaurante. Terminé mi comida e hice un intenso Tercer Paso, pedí ayuda y esperé estar haciendo lo correcto. Realmente quería que ella supiera quién era yo y de que yo sí tenía problemas con esto; y de que así era como a veces ocurría. No quería envolver de azúcar mi mensaje. Así que escondí el hecho de que al final no había dormido con la mujer. Intentaba hacerle saber cómo era mi mundo cuando estaba distorsionado.

Cuando finalmente salí del restaurante, ella estaba esperándome en el automóvil. Subí y hablamos. Terminé la historia, dejando muy claro que ella no tenía que hacer nada y que esta era mi dificultad.

Continuamos viéndonos. Después de habernos conocido durante nueve o diez meses, me di cuenta de que sentíamos más afecto el uno por el otro. Mucho más se expresaba sexualmente y pensé que el sexo así de bueno forzosamente tenía que ser loco y que a lo mejor yo estaba en peligro. Hablé con respecto a mis preocupaciones en las reuniones de S.L.A.A. y otras personas no pensaban que yo estuviera tan loco. Aquí estaba yo, empezando a ser sano y a sentirme tan diferente que DEBÍA estar loco.

Poco después de esto empecé a darme cuenta de que si no tenía mucho cuidado terminaría casándome con Julie. Tenía la idea de que nuestra relación iba en esa dirección. Me encontré sin fantasear pero pensando en cómo podría ser "si." Entonces pensaba en mis antecedentes y en el hecho de que ciertamente no conocía ningún matrimonio bueno; así que guardé silencio.

En otoño la llevé en uno de mis viajes de negocios durante cinco días. Ella fue capaz de ver lo duro que trabajaba, lo temprano que me levantaba, como hablaba sin descansar con los clientes y lo aislado y solitario de todo eso. Al final de viaje alquilamos una cabaña en Maine. Me sentí maravilloso al estar allí con ella durante unos días. Me gustó tanto esa sensación que estuve todo el camino de vuelta hablando de lo mucho que me gustaría ser soltero el resto de mi vida al día siguiente que regresamos a casa ella se fue a Nueva York a visitar a una amiga. Y no supe nada de ella durante una semana.

La fui a buscar el día que volvió. Entonces, no hablamos de amor o matrimonio. Muy despacio empezamos a hablar, al principio hipotéticamente: "si te casaras..." o "Cuales serían tus necesidades si te casaras..." etc. Todavía tenía muchas reservas en relación al matrimonio. Y no hablaba mucho de ello con Julie—a pesar de que lo hablaba en las reuniones de S.L.A.A. y con Rich.

Esa Navidad fuimos a las montañas y pasamos diez días en distintos hoteles de Nueva Inglaterra apenas llegué me enfermé y pasé gran parte del tiempo en cama. Hablamos mucho—maravillosas conversaciones acerca de la posibilidad del matrimonio. No estaba haciéndole una proposición formal, pero si hablé de lo que nos haría falta y acerca de cuáles eran nuestras expectativas dentro del matrimonio. Uno de los temas principales eran los niños. Después de mirar mi infancia y mi vida, pensaba sólo había 5% de posibilidades de que yo quisiera tener hijos. En cambio, Julie pensaba que había un 5% de posibilidades de que ella NO quisiera tener hijos. Cada uno tenía una posibilidad del 5% para negociar y ambos teníamos un sentido muy claro en relación a nuestros sentimientos, aunque sabíamos que podía ocurrir un cambio. A pesar de todo confiábamos el uno en el otro, y yo decía que ella tenía una base más sólida para discutir que yo. Todavía me asustaba la idea de que si ella se casaba conmigo, el tiempo me quitaría la alfombra de los pies y yo me caería.

Sin embargo, seis meses después nos casamos; el matrimonio lo celebró su padre que era ministro, y la ceremonia la diseñamos nosotros mismos. La ceremonia se llevó a cabo en el centro de reuniones de los "Quaker": no hubo personas a cada lado de la iglesia apoyando a cada uno de los casados y tampoco su padre la entregó como novia. Fue una boda muy emotiva. Mi padre lloró (¡por primera vez en su vida!) así como muchos otros. Pasamos nuestra noche de boda en el Ritz, un hotel que antes había guardado para una noche especial.

En Julio, Julie se lesionó la espalda y fue dada de baja de la oficina durante un mes. Diez días después perdí mi trabajo. Tuve la revelación de que debía ir a la universidad y dejar las ventas, pero no sabía cómo hacerlo. Fuimos de vacaciones al campo durante unos días. Recuerdo que sí tenía otras opciones—como la carpintería. Pero conseguí otro trabajo en ventas y seguí vendiendo.

En noviembre, mi automóvil se dañó y volví a cambiar de trabajo. El día después de nuestro primer aniversario perdí otro trabajo—un verdadero shock. Pero el mensaje y el patrón parecían claros: estaba haciendo cosas incorrectas para vivir. Cuando pedí ayuda, la dirección parecía muy clara así que Julie y yo hablamos al respecto y volví a la universidad. Dejé de ser el mayor proveedor de la casa y Julie continuó con su trabajo. Bajamos nuestro estándar de vida y a los treinta años volví a ser un estudiante. Tuve que empezar desde el principio como un recién llegado. Me matriculé en un programa de estudios independientes que incluía prácticas de dos semanas cada seis meses. Y funcionó muy bien para mí.

De todos modos volví a la universidad con la esperanza de que el tema de los bebés desapareciera. Por supuesto que no fue así. Julie volvió a tocar el tema. Yo le decía, "simplemente no podemos. No tenemos dinero. Con mis antecedentes, es una locura. Todos somos unos borrachos y lunáticos." Y la escuchaba a ella decir, "tenemos que hacerlo. No existe forma de que no lo hagamos. Me moriré si no lo hacemos." Entonces nos encontrábamos en posiciones de blanco/negro y "esto/ó"—sin ninguna negociación del tipo "y/también."

Asistimos a varios consejeros de parejas para aprender a hablarnos sin terminar en posiciones absolutas. Me tomó aproximadamente un año cambiar mi posición en relación al tema. Entonces, en el término de dos semanas, cambié de "nunca" querer hijos a pensar "como podría funcionar." Me di cuenta de que Julie no se sentiría completa si no tuviéramos hijos. Ese año—para Navidad—lo único que quería era un set de "erector." En realidad no era para mí, pero era para un niño. Lo recibí—uno de los grandes al estilo antiguo. Y un día al final de esa época dije, "Si, tengamos un hijo. Pero no hoy—cuando me gradúe de la universidad." ¡Continuaba alargando el tiempo!

Para ese entonces sabía que Julie y yo habíamos aprendido a decir cuando nos sentíamos afectuosos o enojados. Finalmente aprendí como llevar el tema—discutiendo—con personas cercanas a mí. Fui capaz de confiar en que estaba enojado y limpio al mismo tiempo. Así que la resolución de tener hijos significaba algo más que sólo tener hijos. También era un símbolo de mi habilidad para hacer que la relación funcionara sin necesidad de ser "amable" para encubrir los temas importantes y al no venderme por poca cosa.

Mucho del trabajo lo hicimos al continuar la terapia, juntos y Julie y yo por separado. Mucho del trabajo fue llevado a cabo con un viejo amigo de A.A. al cual me sentía muy cercano. Así que finalmente tenía una relación con Julie que era amorosa, llena de confianza y en la que podía trabajar—y también era capaz de desarrollar una importante amistad con Tom.

A medida que leo esta historia y pienso al respecto, lo que me parece más importante que cualquier otra cosa es lo que aprendí acerca de la llama que no se apagó. Desde mi experiencia fui capaz de darle sentido a lo que yo sentía correcto mientras experimentaba y prestaba atención a lo que funcionaba y a lo que me mantenía centrado. Poco a poco fui capaz de detener comportamientos que me volvían loco. No paré todo al mismo tiempo—sólo lentamente, con la ayudad de mi Poder Superior, y con el tiempo.

Al principio, incluso me asustaba hablar de lo que me ocurría porque no encajaba con las experiencias predominantes que compartían otros miembros en S.L.A.A. Tenía miedo que desde afuera (para otros) simplemente pareciera el mismo viejo patrón—por ejemplo, acostarme con Julie en la primera cita. Sin embargo, desde dentro, era una experiencia cualitativamente diferente. Tuve miedo de hablar durante un tiempo porque no quería arriesgarme a recibir juicios por parte de algunas personas en S.L.A.A. en ese momento.

En S.L.A.A. aprendí a seguir la llama de la vela y a dejar que brillara claramente y a prestar atención cuando no lo hacía. Como resultado dejé de sentir mi vida como una película ahora siento que es MI VIDA. Ahora vivo mi vida. Solía decirle a Lee, "no puedo esperar a ver cómo termina esta película". Entonces cuando nos separamos me acuerdo de haberle dicho "Supongo que ES ASÍ como termina la película." Bueno, la película sí terminó y mi vida empezó.

No intento convertirme en el hombre de las fantasías secretas de nadie. No amoldo mi comportamiento para desarrollar un papel escrito por otra persona. Puedo ser quien realmente soy y puedo estar donde realmente estoy ahora.

Gran parte de los últimos cinco años los he gastado en desarrollar las habilidades que habría tenido de no haber convertido mí vida en una película. Como dije, empecé y terminé la universidad (Cosa que no hice con ningún trabajo que tuve antes). Ahora tengo un trabajo que me gusta. Incluso, a medida que escribo esto, mi esposa y yo esperamos tener un hijo algún día. La vida es buena; muy diferente de cualquier cosa con la que antes había fantaseado, y es mi vida. La vivo agradecidamente.

La Reconciliación con el Amor y el Abuso

Cuando era niña, para mi abuso significaba amor; y para poder mantener esta creencia, durante mis veintiséis años de vida adulta, distorsioné mi percepción y la de las personas que me rodeaban física, mental y espiritualmente. Ahora que miro atrás desde la perspectiva de una recién llegada de S.L.A.A. que ha utilizado los Doce Pasos para recuperarse del alcoholismo, de fumar marihuana y tabaco y de comer compulsivamente, era como si el auto abuso se hubiera convertido en mi principal mecanismo para enfrentarme a la vida.

A pesar de que en casa de mis padres si nos inculcaron algunos de los valores Americanos—así como trabajar duro, el éxito, la puntualidad, la obediencia, la participación política y mantener una buena apariencia—nunca se planteó un enfoque espiritual hacia la vida. Cuando la presión de demasiados hijos, poco dinero o necesidades generales abrumaron a mis padres, ellos no tenían ningún poder superior que los ayudara a hacerles las cosas más fáciles, a quien dejarle sus problemas o para que los iluminara y les diera amor. En vez de esto, mis padres se convirtieron en sus poderes superiores mutuamente; lo cual tuvo como resultado que las cuatro paredes de nuestra pequeña casa usualmente retumbaran debido a la ira derivada de las expectativas no cumplidas; esta situación creaba una tensión intolerable para todos. Mi padre se privaba de descanso, relajación y ayuda en sus esfuerzos por salir adelante; entonces, lleno de resentimientos y frustración, arremetía contra la familia. Esto estimulaba a mi madre para manipularnos emocionalmente a través de amenazas de suicidio. Después de la amenaza, ella se comportaba amorosamente, tanto física como emocionalmente. Ella también liberaba su tensión a nivel físico con sus hijos; y a modo de protección yo aprendí a pelear con mis hermanos. Nunca sufrí de ninguna fractura ósea, pero no había ninguna parte de mi cuerpo que estuviera a salvo, y usualmente me golpeaban en la cara o en la cabeza. Quería desesperadamente amar y ser amada por mis padres, así que decidí que yo debía merecerme ese abuso, ya que ellos tenían que tener la razón y algo debía estar mal en mí, así que no podía esperar nada mejor. En este momento, secreta y amargamente hice votos de que nunca volvería a ser vulnerable y que mantendría mis sentimientos bajo control.

Descubrí la masturbación cuando tenía aproximadamente cinco años. Entre los cinco y los doce años, Usualmente disfrutaba de esta manera privadamente, pero se me hizo difícil cuando tuve que compartir una cama doble con mi hermana. Se me ocurrió el deseo de tener relaciones sexuales con mi hermana, pero no actué sobre este pensamiento ya que el sexo era un poderoso tabú en nuestra casa. Estaba avergonzada de la curiosidad que sentía respecto a mis genitales, al acto sexual, al embarazo y a la diferencia entre los chicos y las chicas. Incluso la ropa interior era "sucia."

Durante la pre adolescencia, empecé a imaginarme como podría ser el sexo. Era una lectora voraz y empecé a buscar descripciones escritas referentes al sexo y al amor, los libros variaban desde "Confesiones Verdaderas" hasta libros de medicina. Me preguntaba cuando sabría que estaba enamorada. Nunca se me ocurrió buscar un modelo en mis padres cuando había hecho votos para que ellos nunca gustaran de mí. Empecé a sentirme atraída tanto de hombres como de mujeres adultos y al no tener a nadie a quien confiar mis secretos (ni siquiera a mi grupo de amigos), mi imaginación enloqueció. Sentía que era capaz de llegar a la gayidad, el amor sadomasoquista, la prostitución, la trata de blancas y cualquier clase de sexo y amor sensacionalistas.

Se me permitió empezar a salir en citas cuando tenía dieciséis años y dado que ya había aprendido las técnicas de flirteo y manipulación por parte de mi madre, tuve muchos novios. Quería que me llevaran a muchos lugares, así que use mi sexualidad para tentar a los hombres lo suficiente de manera que pudiera obtener favores, pero sin llegar hasta el final. Empecé a ir a bares, y a los veintiún años descubrí que había perdido la virginidad después de perder el conocimiento gracias al alcohol. Durante dos años más fui moderada con el uso de mi cuerpo pues sentía miedo a quedar embarazada (en ese entonces no habían métodos anticonceptivos fáciles de adquirir) y a los veintitrés años conocí y me casé con un compañero alcohólico y adicto al sexo y al amor.

Durante dieciséis años existió para nosotros una progresión cuesta abajo del alcoholismo y de la adicción al sexo y al amor. Charles amaba lo que yo tenía—un cuerpo femenino—y yo amaba lo que él tenía—dinero, inteligencia, firmeza y una debilidad a través de la cual podía ser manipulado. Al principio de nuestro matrimonio, después de un baile del Club Campestre en el cual habíamos bebido mucho, me peleé con él e intenté abofetearlo. Él me golpeó y cuando vi estrellas sentí una sensación de poder. Nuevamente estaba involucrada en el tipo de amor abusivo que había conocido en la infancia. Pensé que ahora tenía licencia para beber más, pelear más y reconciliarme más.

Después de un año de casada me violó por un ladrón en mi propia cama al poco tiempo me di cuenta de que se me ponían los pelos de punta y me ponía a temblar cada vez que alguien me tocaba. Intenté utilizar el psicoanálisis para la frigidez que fue el resultado de todo esto, pero no funcionó. Sin embargo, mi creciente uso del alcohol y de las drogas me adormecían lo suficiente como para poder tener relaciones sexuales. Después de cinco años mi marido me dijo que encontraba que nuestra vida sexual era aburrida; así que, desesperada por aferrarme a él, me fui al otro extremo y me convertí en una persona sexualmente activa—a través de hablar tonterías, usar ropa provocativa, usar pornografía, ir a bares de strip y de gays, buscar amigos para tener parejas intercambiables y participar en episodios alcohólicos de adulterio. Después Charles quería que alternáramos con otras parejas, pero me asustaba que él pudiera encontrar una mejor compañera sexual y que me dejara, así que no lo consentí. Nuestra vida sexual se volvió cada vez más sadomasoquista. La mayor parte del tiempo estaba borracha o colocada con anfetaminas y yo provocaba hostilidad por parte de él. Él intentaba discutir conmigo o golpearme; y de cualquier forma yo me excitaba y encontraba el sexo más excitante o él me obligaba a tener sexo oral o anal. En otras ocasiones yo intentaba que el sexo fuera pervertido—golpes, látigos, correas, cautiverio y disfraces. Algunas veces me masturbaba despúes que él se acostaba a dormir ya que casi nunca tenía orgasmos con él. Realmente no sabía lo que significaba sentir un orgasmo durante el coito.

En ese punto no podía continuar negando la realidad de cómo el alcohol arruinaba mi vida, así que intenté dejar de beber. Después de treinta días de mi resolución de no beber tomé una copa en un evento social relacionado con el trabajo y volví a casa donde encontré a mi mejor amiga y compañera de bebida, una prostituta negra, y a mi esposo bebiendo un poco. Después de consumir un poco de cocaína y bebida, mi esposo se desmayó y ella se desvistió, empezó a masturbarse, luego me preguntó si yo podía ayudarla a llegar al orgasmo. Sentí que tenía que hacer lo que ella me pedía. Había entrado en el mundo del matrimonio compartido. Hubo muchos otros alcohólicos bisexuales y lesbianas con los que tuve relaciones sexuales. Nunca fue satisfactorio.

Toqué fondo con el alcohol; y muchas veces borracha le dije a mi esposo que se fuera de casa. Para mi sorpresa, si lo hizo, y me humillé al pedirle que volviera. Cuando no lo hizo asistí a A.A., encontré a mi Poder Superior y me puse sobria, pero juré vengarme e intenté humillarlo a través aceptar como compañero sexual a cualquier hombre que me llamara desde el bar del cual mi esposo era dueño. Tuve herpes y ladillas, pero no se lo dije a mis parejas sexuales. Tenía relaciones sexuales con hombres casados, sexo ruidoso durante el día mientras mi hijos adolescentes estaban en casa, le di dinero a mis parejas sexuales, tuve relaciones sexuales en grupo e hice pareja con otra mujer para hacer tríos. Un día tuve relaciones sexuales con cuatro hombres diferentes. Con el tiempo, tuve relaciones sexuales con lesbianas que conocí en A.A. y entonces conocí a Sheila, mi amante adictiva/abusiva durante cinco años.

Las relaciones sexuales con ella garantizaban que llegaría al orgasmo, y llegué a necesitar esto como si de una droga se tratara. Sentía que sólo ella podía darme esta sensación. Hice todo lo que ella quería para proteger mi suministro. Ella estaba hecha a medida para alguien a quien le gustara el abuso. Una vez fui empujada fuera de la casa a su porche, desnuda, y con la puerta cerrada detrás de mí hasta que mis gritos hicieron que su compañero de piso gay me abriera la puerta. En otra ocasión me echó de casa a media noche sin dinero y sin las

llaves del automóvil. A mí y a mis hijos nos robaron dinero, fui amenazada con ser expuesta como lesbiana en mi trabajo y participé de muchos otros eventos llenos de histeria. Siempre la vi a ella como el problema y no podía ser honesta con respecto a mi propia enfermedad, mi necesidad de que abusaran de mí.

Finalmente terminamos y mi ira me mantuvo célibe durante casi tres años mientras estudiaba un doctorado. Durante éste periodo me aferré mentalmente a Sheila ya que me decía que dentro de cinco años ambas estaríamos listas para que nuestro maravilloso amor floreciera. Bueno, en la mitad de ese tiempo sentí que me había ganado tener algunas relaciones sexuales, así que la llamé. Ella vino inmediatamente y, para mi sorpresa, la insanidad y la fuerza de mi adicción habían progresado dentro de mí. Los síntomas eran obvios. Mi búsqueda de trabajo perdió impulso y empecé a limpiar oficinas a tiempo parcial. Perdí mi automóvil, me metí en muchas deudas e impuse mi presencia a familiares y a amigos mientras intentaba huir de ella. Mentí, hice trampa y robé para poder seguir usándola sexualmente. La manipulé emocionalmente como lo habían hecho conmigo durante mi infancia. Me odiaba y no podía mirarme al espejo.

Durante una huida geográfica a Boston, escuché acerca de S.L.A.A. en una reunión de A.A. Sabía que era adicta al sexo y al amor así que fui a una reunión. Sentí resistencia hacia el hecho de dejar ir a Sheila y continué llamándola durante seis meses y jugando juegos hasta que finalmente ella terminó definitivamente. Cuando me di cuenta de que finalmente había terminado, quería morirme, pero esta vez la dejé ir completamente. No me dije que dentro de cinco años volveríamos a estar juntas. Esta vez, sentí los sentimientos dentro del síndrome de abstinencia. Perdí interés en la vida y dejé que desapareciera mi apariencia. Me atraqué de comida y me mataba de hambre, de ese modo continué el abuso hacia el cual soy adicta. Tenía poca energía y necesitaba dormir mucho. Imaginaba que los extraños en la calle querían atacarme. Mi actitud era negativa, lloraba constantemente y. odiaba a Dios por los acontecimientos de mi vida.

Sin embargo, un día a la vez me abstuve de mis patrones adictivos básicos de llamar a Sheila. Hoy en día, mí abstinencia de patrones adictivos básicos incluye el celibato sin masturbación durante un periodo en el cual me rendí dentro del programa de S.L.A.A. y a los Doce Pasos, y aprendí a aplicarlos en mi vida. La transformación energética que me está ocurriendo es increíble. Todo lo que necesito hacer es apoyarme en Dios pidiéndole ayuda, esperar a que pasen los deseos sexuales y no actuar en mi adicción. Estoy siendo recompensada con la habilidad de hacer amigos en el programa, involucrarme con los servicios dentro de S.L.A.A. en diversos niveles, ser madrina de los recién llegados, retomar el ejercicio y la meditación, volver a practicar tenis y a correr, bailar, aprender a escribir a máquina y a aceptar un trabajo más desafiante.

Hoy en día mí programa es primero. Estoy segura de dejar ir cualquier cosa que me tiente a ponerla antes que mi programa y/o de Dios. No sé si existirá otro amante en mi vida, pero al vivir un día a la vez, este concepto pierde importancia. Estoy aprendiendo a eliminar todos los tipos de abuso de mi vida. Tengo que aceptar mis defectos de carácter—mi predisposición para pelear, la forma en que me expongo al abuso y mi odio e iras incontrolables. Tuve que dejar de juzgarme por tener pensamientos obsesivos con respecto a otros miembros de S.L.A.A. He disminuido el horario de castigos que me había auto impuesto. Me quedo con los ganadores y aprendo de los perdedores. Doy todo lo que puedo, de cualquier forma que me sea posible, de manera que confío en que seré salvada cuando me llegue la hora de tener pensamientos insanos de involucrarme con alguna pareja abusiva sexual o románticamente. S. L. A.A. y Dios pueden salvarme si los pongo primero, antes de mi motivación sexual y mi necesidad de amor.

Creo que todas mis necesidades serán satisfechas si practico un enfoque espiritual hacia la vida. Creo que existe un mundo paralelo del espíritu que contiene todas las experiencias de mi niñez y la fase activa de mi adicción al sexo y al amor. Cuando permanecí sobria y pude experimentar completamente el dolor y la alegría del presente, reclamé esas experiencias y crecí para convertirme nuevamente en una persona completa. En la medida en que pido ayuda a Dios y a S.L.A.A., entonces el poder de la enfermedad disminuye y es posible la reconciliación con el amor y el abuso. Esto ocurre en mi interior en la medida en que me acepto y me amo. Estoy muy agradecida de ser una adicta al sexo y al amor en recuperación.

Nunca Supe Que Podría Vivir
sin un Pulmón de Acero

Estaba en los comienzos de mis cincuentas, llevaba nueve años sobrio en Alcohólicos Anónimos, cuando empecé a darme cuenta de que aquello que siempre pensé que era mi mayor ventaja personal—ser un hombre amoroso y cariñoso—siempre había tenido un componente que la convertía en mi mayor problema. En ese momento, hacía dos años que estaba divorciado de mi esposa, con la que estuve aproximadamente 28 años—M.—la cual amaba mucho o pensaba que la amaba—era la madre de nuestros muchos hijos. Además acababa de marcharme del piso de una mujer—A—a la cual amaba mucho, o al menos pensaba que la amaba, con la cual había estado viviendo durante quince meses.

Mi esposa era un desastre. Yo estaba desempleado. Mis únicas posesiones eran un destrozado automóvil, algunas ropas decentes, algunos libros y poco dinero que provenía de un trabajo de asesoramiento que acababa de terminar. Nueve años atrás, cuando empecé a asistir a A.A., era dueño de una linda casa y de algunos automóviles, pertenecía al Club Campestre local, enviaba a nuestros hijos a escuelas privadas y tenía todas las trampas externas del "éxito." En A.A. continuaba escuchando "no bebas, asiste a las reuniones y tu vida mejorará." Durante los siguientes nueve años, no bebí, asistí a más de dos mil reuniones de a ay de Al-Anon, trabajé lo mejor que pude los Doce Pasos y mi vida continuaba desenmarañándose. Pensé que durante mi séptimo año de sobriedad, había tocado fondo cuando, de entrada, pasé por un divorcio y por la quiebra financiera y casi muero de una infección debida a un absceso en un diente.

Me acababa de mudar al extremo opuesto del país, conseguí un trabajo, conocí a A me mudé con ella y durante un tiempo mi vida parecía funcionar de nuevo. Ahora aquí estaba yo, igual que antes menos en quiebra, sin trabajo y una vez más solo. Podía ver que esos quince meses con A. habían sido una resumida repetición de mis veintiocho años de matrimonio. Empecé a admitir que algo podría estar terriblemente mal—no con M—tampoco con A—pero si conmigo.

Al mirar hacia atrás en mi vida, puedo ver, que desde que tengo memoria, siempre he tenido chicas con las cuales he tenido fantasías románticas o sexuales. Desde la pubertad en adelante siempre tuve novias; y si no tenía una amiga, lo más importante en mi agenda era encontrar una lo más pronto posible. Podía ver que mi principal identidad siempre había sido determinada por las relaciones en mi vida y el rol que desempañaba en dichas relaciones. Era el hijo de mis padres, el hermano de mis hermanos, el marido de M., el padre de nuestros hijos, el amante de A.—pero, ¿quién era yo solo? Nunca lo averigüé. Como adulto simplemente no sabía quién era yo sin estar involucrado física, mental y emocionalmente con las mujeres. Es cierto que era un hombre amoroso y cariñoso, pero todo ese amor y cariño tenían que enfocarse en una mujer que me alimentara con ese mismo amor y cariño dentro del marco de una relación sexual. Sin eso, figurativamente, yo era una víctima de polio sin un pulmón de acero. Una de las razones principales de la ruptura de nuestro matrimonio fue que M. finalmente se cansó de ser ese pulmón de acero.

Pero, poco después encontré otro pulmón de acero en A; yo era totalmente inconsciente de la realidad del trabajo que tenía mientras vivía con ella. Era un trabajo de mentira en una compañía de mentira, pero me proporcionaba un frente legítimo, un lugar donde pasar el día y un ingreso adecuado, mientras que mi verdadera carrera era jugar a la casita con mi nuevo amor. A. finalmente se dio cuenta, más o menos de la misma forma en la que M. se había dado cuenta; así que nuestra relación terminó.

Sabía que algo tendría que cambiar y sabía que ese algo tendría que ser yo. Pero ¿cómo? No podía imaginar mi vida sin una relación de pareja, al igual que nueve años antes no podía imaginar mi vida sin el alcohol.

Algo fuera de mi conocimiento consciente—llámalo la gracia de Dios, mi ángel de la guarda, mi profundo e inconsciente anhelo, un Poder Superior— me llevó a ponerme en contacto con el único grupo de S.L.A.A. que existía en el país en ese momento. Pienso que soy el quinto o sexto miembro de nuestra asociación que llegó y se quedó.

Me quedé, pero fue, y aún es, una lucha. Intenté todo lo que puedas imaginar para no enfrentar lo que tenía que enfrentar. Las relaciones de dependencia a largo plazo parecían ser lo que más dolor me causaba. Hacía mucho tiempo que había aprendido que para mí las relaciones de una noche, los bares de ligue, las prostitutas y cualquier cosa similar eran todos una lata; pero seguía con la esperanza de que existiera un feliz punto intermedio en el cual pudiera existir un lazo de pocos meses de duración sin ningún tipo de compromiso real. Así que intenté algunas de esas relaciones y resultaron ser versiones extendidas de relaciones de una sola noche. Intenté compartir casa con una mujer que era una vieja amiga y eso fue el final de nuestra relación de amistad. Ambos nos convertimos en el basurero de la ira no resuelta del otro. Sin embargo, hubo consecuencias positivas de lo que de otra manera habrían sido unos terribles pocos meses. No podía continuar negando que yo tenía una enorme cantidad de ira sin resolver, muy cuidadosamente escondida y que sí no la sacaba, al final podría destruirme.

Finalmente había tenido suficiente-, suficiente ira, suficientes relaciones dependientes, suficientes trastornos internos y suficientes relaciones de una sola noche, largas o cortas. Lo que quería más que nada era libertad de los grilletes internos que me habían atado toda mi vida. Había tocado "fondo" y algo dentro de mi simplemente dejó ir algo y dijo "sí" a lo que sea que fuera necesario para ser un hombre libre. Sabía que la primera cosa que tendría que hacer era vivir solo sin ningún tipo de contacto sexual.

El siguiente año fue uno de verdadero crecimiento para mí. Entré en terapia con un compromiso real. El terapeuta y la terapia resultaron ser perfectos para mí.

Hace diez años, desde que conocí por primera vez los Doce Pasos de A.A., supe que había mucho más en el Quinto Paso que una simple confesión. Había hecho el Cuarto y el Quinto paso muchas veces lo mejor que pude, pero siempre supe que no había llegado a la "naturaleza exacta de mis faltas". Finalmente, después de poco más de un año de terapia, pude comprender completamente e internalizar lo que constituía esta naturaleza exacta.

Desde pequeño, antes de tener una memoria consciente, tuve que aprender a hacer frente a una madre testaruda y excéntrica que tenía problemas y a un padre que bebía mucho, que amaba mucho a mi madre y que aguantaba sus excentricidades. Mientras que nunca existió la privación económica, recibí severas palizas emocionales y físicas. El resultado es que salí de la temprana infancia con muchas necesidades emocionales insatisfechas y sentimientos enterrados de miedo, ira, resentimiento, impotencia y confusión. Para lidiar con estas necesidades insatisfechas y sentimientos sin resolver, desarrollé una estrategia para abordar el problema.

Esta estrategia primaría para abordar el problema se convirtió en el verdadero núcleo de mi personalidad adulta—me había guiado durante mis años de crecimiento y hasta mi vida adulta. Para usar una analogía, si yo fuera un ordenador, esa estrategia era mi programa básico de funcionamiento. La manifestación adulta de ese programa básico era mi patrón compulsivo dominante de adicción y dependencia, tapado por muchas estrategias para esconder el patrón incluso de mi mismo. El hecho de beber mucho era sólo la punta de un iceberg muy grande. Simplemente era una de las manifestaciones. Cuando dejé de beber, otra manifestación se hizo patente, incluso cuando las consecuencias eran lo último que yo conscientemente quería que ocurriera.

¿Quién a sus cincuenta años quiere estar solo, en la quiebra y sin empleo? De verdad era impotente. Poco necesita ser dicho de la gran cantidad de culpa y auto recriminación que sentí. Dos veces evalué detenidamente el suicidio como una alternativa, la última vez me encontraba en el séptimo año de mi sobriedad en A.A. Desde que empecé a estar sobrio en Alcohólicos Anónimos, había leído suficiente filosofía y sicología para entender más de estas cosas a nivel intelectual, pero fue sólo a través de la terapia que pude lidiar con este programa básico de funcionamiento a un nivel emocional. Tuve que mirar a esos primeros años de estrategias para abordar el problema y aprender a ver como actuaban dentro de sus manifestaciones adultas. Una vez que fui capaz de hacer eso, empecé a darme cuenta de que en realidad tenía elección acerca de si quería o no continuar actuando en mi adicción; y por lo tanto recobré algún grado de control consciente sobre mi comportamiento.

Hubo una experiencia durante la terapia que demuestra lo renuente que estaba en relación a examinar ese programa básico de funcionamiento. Después de aproximadamente diez meses de tener una o dos sesiones por semana, mi terapeuta detectó suficientes grietas en mi armadura para decirme exactamente como eran las cosas conmigo, y me lo dijo. En la medida en que ella hablaba, sabía que estaba en lo correcto, pero eso solo ocurrió mientras que las palabras pululaban en el aire. Esas palabras simplemente entraron por un oído y salieron por el otro, cuando ella se detuvo, no podía recordar nada de lo que dijo. Sin embargo, yo grababa mis sesiones de terapia; y durante los siguientes días escuché las cintas tres o cuatro veces. Las palabras aún no se quedaban, así que me senté y las transcribí en una máquina de escribir—cuatro páginas. Para cuando terminé de hacer esto y después de leerlo unas diez o quince veces, finalmente pude "escuchar" lo que ella había dicho.

El lector se puede preguntar, al igual que yo lo hice, porqué era yo tan renuente a esta primera y verdadera mirada al programa básico de funcionamiento. Estoy convencido de que esto ocurrió porque ese programa, que creció a partir de la estrategia primaria para abordar el problema, estaba tan arraigado en mi naturaleza que pensaba que ese era yo—pensaba que constituía mi identidad básica. Si constituía mi ser básico, entonces no podía existir nada que se ocultara detrás de ese programa que permitiera examinar a ese ser básico si lo quitaba. Sin embargo aquí estaba yo, examinando conscientemente lo que yo antes pensaba que era mi identidad básica con otra parte de mí "ser." Una parte consciente de mí ahora era capaz de ver lo que yo había pensado que era mí ser básico. Así que lo que yo pensaba que ese ser era, en realidad no era yo después de todo—era sólo mi programa. Por supuesto que intelectualmente siempre había sabido muchas de estas cosas, pero llegar a experimentarlo realmente se convirtió para mí en la diferencia entre la vida y la muerte—literalmente.

Creo que las palabras con más significado en el libro Alcohólicos Anónimos están en el capítulo cinco—"Los resultados eran nulos hasta que dejamos ir absolutamente." "Absolutamente" para mí llegó finalmente a significar todo—y el programa básico de funcionamiento, que pensaba que era yo mismo, fue lo último en irse.

Gracias a una educación basada en una de las tradiciones religiosas más rigurosas, he llegado a creer que le han llamado correctamente el "viaje de culpa Judeo-Cristiano"—juicio y condena, culpa y castigo, el cielo y el infierno, el purgatorio y la penitencia. Me he creído estas cosas, pero no necesito quedarme con ellas. Ahora puedo envolver toda esta basura dentro de un paquete y llevarlo al basurero. La "naturaleza exacta de mis faltas" no estaba del todo mal. No había juicios, ni condenas, ni culpa, ni castigo, ni cielo, ni infierno, ni purgatorio, ni penitencias: sólo la manifestación adulta de una estrategia desarrollada por un niño pequeño intentando sobrevivir de la mejor manera que pudo en la situación en la que se encontraba.

Dentro de mi recién encontrada sobriedad empecé a hacer algunas cosas que nunca antes había hecho—sólo para mí. Compré una buena cámara, la cual había querido tener durante años y realmente disfruté usándola. Compré una bicicleta en la que viajé diariamente hacia un trabajo que en los años anteriores nunca pensé que yo podía llegar a tener. Fui a esquiar por primera vez en seis o siete años. Tomé clases de pintura en una galería local. Y lo más importante, me di cuenta de que podía hacer todas estas cosas y mucho más sólo, o con amigos, sin la ayuda del "pulmón de acero", el cual siempre pensé que tendría que tener. Junto con esto vino una tremenda sensación de libertad que nunca antes había experimentado.

Pero una cosa fue muy dura—el síndrome de abstinencia de mi ex esposa. Mirando hacia atrás, M. y yo habíamos tenido muchos años felices. Nuestra relación era monógama y comprometida durante más de veinte de esos años.

Nuestro divorcio, además de doloroso, sucedió sin la amargura propia de los divorcios. Ahora vivimos en extremos opuestos del país, pero nos vemos brevemente algunas veces al año y yo tenía el hábito de llamarla siempre, una vez pasadas algunas semanas. Nuestros hijos nos apoyaron a ambos. El divorcio no pareció destruir el sentido de familia que todos habíamos experimentado a lo largo de los años. Simplemente era que Mamá y Papá ya no estaban casados y vivían a 4800 Km. de distancia.

Pensé que con el tiempo, el programa de S.L.A.A. y la psicoterapia, yo había dejado ir a M., pero ahora me doy cuenta de que siempre me había aferrado a los retazos de fantasía de que de alguna forma y en algún momento podríamos restablecer una relación intima. Sin embargo, mi síndrome de abstinencia no fue incondicional. Dentro de él se encontraba una agenda secreta que decía: "si realmente limpio mi vida y vivo una vida independiente, entonces a lo mejor M. y yo podremos volver de esta nueva manera."

La conclusión de este deseo llegó cerca del final de mi terapia cuando M. y yo pasamos cuatro días en la misma ciudad, visitándonos, junto con algunos de nuestros hijos y con algunos amigos. Al final de esos cuatro días me di cuenta de que volver con ella de cualquier forma no iba a ocurrir. Durante la semana siguiente, después de once meses de celibato, me encontré en la cama en dos ocasiones con dos mujeres diferentes. Honestamente no estaba buscando conscientemente que estas cosas pasaran, pero un par de mujeres se metieron en mi camino y yo respondí. Había escuchado dentro de S.L.A.A. que nosotros siempre somos sometidos a prueba cuando nos encontramos más vulnerables. Yo me encontraba vulnerable; fui sometido a la prueba; y fallé. No hubo juicios ni condenas, tampoco culpa o castigo, ni cielo, ni infierno, ni penitencia, ni purgatorio—sólo un pequeño niño abordando el problema lleno de sentimientos de ira y frustración por haber salido y haberse acostado con alguien.

La sobriedad sexual y emocional son autodefinidas dentro de nuestra asociación. Por supuesto que saltar en la cama con dos mujeres diferentes debido a la ira y a la frustración debido a la actitud de mi ex esposa no demostraba ningún tipo de sobriedad sexual o emocional por mi parte. Pero, ¿qué lo haría? Necesitaba subir de nivel mis actividades: ¿poner más tiempo en mi trabajo? ¿montar un cuarto oscuro y revelar mis propias fotos? ¿unirme a un club de ciclismo? ¿ir a esquiar más a menudo? ¿apuntarme a otra clase de arte? Todas estas eran actividades "que valían la pena" y de las cuales disfrutaba. Pero si utilizaba el hecho de estar involucrado en dichas actividades como una máscara para ocultar mis propios sentimientos negativos de miedo, ira, resentimiento, dependencia o soledad; entonces estas actividades no eran nada diferentes de las estrategias destructivas que usaba en el pasado. El motivo básico, a pesar de que no fuera un motivo consciente, era el mismo. Lo que realmente necesitaba era relajarme y experimentar mis sentimientos de la manera en que son realmente, enfrentarlos directamente y lidiar con ellos diariamente, evitando los comportamientos que había llegado a identificar como problemáticos.

Este enfoque tardío me pareció el camino hacia la libertad absoluta de no ser conducido a hacer nada—de actuar desde una perspectiva de escogencia en vez de hacerlo desde la compulsión. La verdadera clave aquí es "diariamente." Un día a la vez. El pasado se ha ido, el futuro no ha llegado. Estar aquí y ahora. Este tema se encuentra en el centro de cualquier receta para vivir feliz. Sin embargo, brevemente implica la experiencia de una confianza total, una fe total de que básicamente todo está justo donde tiene que estar en este momento, incluyendo mi deseo de que todo sea diferente en el siguiente momento.

No puedo enfatizar lo suficiente, la importancia del trabajo duro y repetitivo que los Doce pasos (tanto en Alcohólicos Anónimos como en la versión adaptada de la Asociación S.L.A.A. y de otras Asociaciones de Doce Pasos) tuvo en el desarrollo de mi recuperación de los patrones de toda una vida de adicción múltiple. En realidad mi terapia no fue más que la ayuda profesional necesaria para realizar el Cuarto y el Quinto paso. Pero para obtener experiencia "práctica" en relación a los sentimientos sin tomar ninguna medida para evitarlos, para la práctica disciplinada de "estar aquí y ahora", no hay nada que reemplace la meditación regular y disciplinada como se sugiere en el Paso Once. Me he metido en esta práctica durante muchos años y, dentro de mi recuperación, la considero de igual importancia que el hecho de asistir a las reuniones y a la terapia. Es una parte vital de mi vida.

Al inicio de este relato he dicho que yo pensaba que amaba a M. y pensaba que amaba a "A". No puedo definir el amor. Lo único que sé es que en mis relaciones con estas dos mujeres experimenté una dimensión diferente de la que había experimentado en ninguna otra relación. Pienso que la diferencia vino del nivel de compromiso que yo sentía, el cual en ambos casos era total e incondicional. Ambas relaciones tuvieron sus recompensas. Ambas terminaron con dolor agudo para mi (y para las mujeres) debido a mi síndrome del pulmón de acero. He experimentado nada menos que los únicos gozos de una relación incondicional y comprometida; y sé que esos goces son reales.

Todos los compromisos que he contraído en mi vida, incluyendo aquellos hechos con M. y A, han tenido la misma cualidad a un nivel básico, no existía la respuesta emocional como el compromiso que describí antes de hacer cualquier cosa necesaria para convertirme en un hombre libre. Como tal, estas relaciones han tenido un elemento compulsivo en ellas—no tenía más elección que decir que "si." Ahora me doy cuenta de que tengo una creciente fortaleza para decir "no" a situaciones que sé que son inapropiadas y que me conducirán a comportamientos, que desde mi experiencia, promueven mi fracaso; y a decir que "sí" a invitaciones varias para circunstancias en mi vida las cuales siento que serán sustentables y auto liberadoras para mí.

Ahora paso mucho tiempo solo—lo disfruto, incluso me entusiasma la idea. Mezclado con este tipo de soledad existen varios grados distintos de soledad. Pero en la medida en que observo las vidas, los matrimonios, las relaciones de muchos, sino de la mayoría de mis contemporáneos, encuentro un antídoto excelente para los ocasionales dolores agudos de autocompasión que aparecen en mi camino. No hay nadie a quien realmente envidie.

Con la soledad ha vendido un creciente sentimiento de dignidad humana de mi valor personal. Toda mi vida he tenido la sensación de que muy en el fondo yo era un farsante. En muchas formas yo era un buen farsante. Casi podía tener éxito ocultando, incluso de mi mismo, el hecho de que yo era un farsante. Pero debajo de toda la farsa siempre supe la verdad.

Se quien soy en realidad. Que sentirme solo ha hecho que todo valga la pena. Ninguno de nosotros nunca somos completamente felices en esta vida, pero esas trabas internas que me ataban tan fuertemente se han aflojado, si es que no se han caído del todo.

Ahora siento que me gustaría compartir esta libertad en una relación completamente comprometida con una mujer que también sea real y libre—tener una relación de pareja libre y creciente dentro del ámbito de la libertad. Pasará cuando pase, si está dispuesta a pasar; y estoy dispuesto, aunque todavía no sea completamente capaz de aceptar el hecho de que puede que no pase. Puedo buscar paralelismo en mi vida personal con lo que ha ocurrido dentro de mi vida de negocios. Simplemente no había forma da ir desde donde yo estaba cuando A. y yo nos separamos a donde me encuentro tres años después... simplemente no había manera. Pero aquí estoy y es real. No es una farsa. Sea lo que sea lo que pase en mi vida personal será tan real y tan gratificante con tal de que yo permanezca siendo real.

Así, mi vida se despliega, un día a la vez.

El Lenguaje De Las Personas
Emocionalmente Dañadas

A los cuarenta y un años, me encontraba entrando, a la vez que intentaba salir, de mi quinta relación más importante. Desde la adolescencia sólo estuve soltera dos días. Los últimos quince años me los he pasado con hombres adictos al alcohol y a la hierba. Estos hombres eran sensibles, creativos, interesados por sí mismos y estaban emocionalmente dañados. Mi patrón era utilizar a cada amante para salir del anterior, cambiando mi destino al saltar de un tren al otro, sin preguntarme nunca hacia donde iba el otro tren. Siendo que todas estas relaciones eran emocionalmente aterradoras, consumidoras y destructivas para mí; asumí que el sexo no era mi único fuerte, sino que el sexo era la fuerza vinculante y mi principal motivo de acción. Más tarde me di cuenta de que estuve en una serie de misiones de rescate emocional, y que el sexo es usualmente el único lenguaje que hablan las personas emocionalmente dañadas. Fortuitamente mi último amante estaba en su primer año de sobriedad del alcohol y me fue imposible beber para aplacar la desesperación emocional y explayarme en la cama.

Sentía como si el daño hacia mi capacidad de amar y hacia mi autoestima podrían llegar a ser pacientes terminales. Pero después de tres rupturas en un mes, todavía no era capaz de permanecer alejada de una relación.

Cuando mi terapeuta sugirió que yo era una "Adicta", fue como si descorrieran una cortina y pude ver como toda mi vida adulta encajaba en su justo lugar.

Algo turbada, busque sin pausa esta reunión de los adictos al sexo y al amor, la cual seguramente estaría llena de gente rara y de violadores; dicha reunión estaba apropiadamente escondida en las profundidades del quinto pino del centro Lindeman, un centro de salud mental de la comunidad.

Una mujer hablaba acerca de que había sido violada mientras que hacía auto stop para volver a su casa después de haber sido violada. Me sentí conmovida, pero se salía de mi línea. Me sentí decepcionada. En la reunión de ese día parecía que el 95% eran hombres, la mayoría gay y la mayoría lidiando con temas de promiscuidad. Esto no tenía nada que ver conmigo. Y no me gustaba el término "adicto al sexo y al amor"—sonaba irrefutable.

Resolví empezar un nuevo grupo de mujeres "amor-obsesivas." Pero mientras reunía personas para esto continué asistiendo a las reuniones.

Las reuniones grandes me devolvieron a todos los viejos sentimientos que en primer lugar quizás me habían llevado a la adicción. Era como un niño nuevo en el jardín de infancia que come solo en el recreo, aterrorizada de que la gente viera mi soledad. Además, el rechazo era muy confuso en este contexto de grupo. Si alguien parecía ser seco conmigo, las posibles interpretaciones parecían infinitas. A ellos no les gustaba yo; o a mí no me gustaban ellos; o ellos tenían miedo de que yo pensara que ellos me gustaban. Además de todo esto, nunca en mi vida tuve un "amigo" del sexo masculino, haciendo que las conexiones casuales y amistosas fueran aparentemente imposibles.

Mientras tanto, estaba escuchando a la gente decir cosas que nunca le habían dicho a otras personas—no a sus amantes, ni a sus esposas, ni a sus terapeutas. Semanalmente veía a la gente cambiar, adquiriendo confianza y un sentimiento de pertenecer a la raza humana. Escuchaba a personas rezar por su vida, renunciar a la única realidad que siempre habían conocido de alguna cosa que siempre había estado allí. Me di cuenta de que si algún grupo iba a funcionar para mi, iba a tener que rendirme y no tomar el control. Así que permanecí en S.L.A, A. Gracias a la intimidad de las reuniones más pequeñas, empecé a sentir una profunda sensación de conexión, a tener a personas a las que esperaba ver, por las que me preocupaba, por las que oraba y con las que contaba. Conté mi historia. Empecé a socializar después de las reuniones. Pedí los números de teléfono de los compañeros. Pero en realidad no hice llamadas. Y no busqué una madrina. Y permanecí en contacto con el amante que acababa de dejar. Y después de diez semanas, tuve una "recaída" con él.

Había contado con que no me sentiría culpable. Y así fue. No había contado con que volvería a despertar todos los sentimientos de añoranza hacia él y la urgente necesidad que se sentía en cada célula de mi cuerpo. No había contado con tener que volver a pasar por los sentimientos desgarradores del síndrome de abstinencia. No sentía como si hubiera tenido una "recaída." Me sentía como si me hubiera "roto" una manada de caballos salvajes.

Aunque todavía no me sentía lista para buscar una madrina en el programa, usé a alguien fuera del programa con este fin, y hablé con mi amante una vez más para decirle que no mantendríamos contacto telefónico por mucho tiempo más.

El síndrome de abstinencia fue mucho peor la segunda vez. La imagen que me vino fue la de haber gastado mi vida en el lugar donde se desvaneció cada de espejismo, esperando más allá de la esperanza al borde del desierto había una montaña con acantilados, más atrás de la cual se encontraba el verdadero pero desconocido valle de la "recuperación." Para llegar allí tendría que pasar a través de un largo y oscuro túnel a través de las montañas. El túnel era el síndrome de abstinencia. Era la zona del limbo. Allí todavía no había luz al final. Iba a ser una larga caminata. Pero sabía que no lo estaba caminando sola.

Se me estaba haciendo demasiado claro que si el programa iba a trabajar para mí, no podía solamente congelar mis viejos comportamientos y esperar que estos se vieran diferentes mientras yo intentaba derretirlos durante aproximadamente un año. Iba a tener que reconocer las necesidades saludables y los instintos que motivaron mis viejos patrones—y averiguar una forma de cubrir esas necesidades—extraer lo que había sido vital y exitoso de esos acercamientos románticos y sexuales y luego integrar esas cualidades con la realidad que estaba descubriendo y creando en ese momento.

Más recientemente, después de la reunión, algunos miembros de S.L.A.A. me ayudaron a darme cuenta de que estaba bien pedir ayuda y hacer llamadas telefónicas desde una posición de necesidad. Me he rendido con gratitud a la idea de que necesito una madrina.

Estoy manteniendo mi sobriedad. Encuentro más útil mantener en mi mente lo que yo llamo mi comportamiento de línea superior, en vez de mis comportamientos adictivos de base. Mi comportamiento de línea superior es lo que sí quiero hacer para mí, mis metas programadas.

Quiero integrarme física, emocional y espiritualmente; relacionarme con otros desde un estado de plenitud; vivir tomando decisiones desde una perspectiva de libertad y claridad en vez de tomar decisiones desde la compulsión y la confusión; sentirme suficientemente a salvo para permanecer lo suficientemente abierta para encontrar los pequeños bienes de la vida en movimiento, en vez de necesitar que me tiren de una colina para sentir la emoción. Quiero estar presente, ver las cosas como son y sentirme feliz de estar viva. Estas cosas están empezando a ocurrir para mí.

Tan Sutil Como la Fuerza que se Esconde en las Artes Marciales

Estoy escribiendo la historia de mi primer año de sobriedad en S.L.A.A. con la esperanza de que tú también puedas ganar algo que es muy necesario.

Fui criado en un hogar alcohólico e hice un pacto conmigo de recibir amor a través del dolor, que en algunas ocasiones se hizo tan sutil para mí como la fuerza que se esconde en las artes marciales. Mis padres eran católicos y fui educado de conformidad con esta creencia, por lo tanto asistí a la escuela de la parroquia, fui monaguillo, pasé gran parte de mi vida joven soñando despierto y jugando en competiciones atléticas (lo cual pensaba que me salvaba). Todavía recuerdo que, en mis primeros años, mi hermana envolvía su tibio cuerpo alrededor mío durante la noche cuando yo no podía dormir, o recuerdo mirarla a ella vestirse y quedarme pasmado ante la belleza de su cuerpo—muriéndome de ganas por conseguir un cuerpo así para mí.

Fui sutilmente abusado físicamente por mi padre cuando era joven y mentalmente abusado por el resto de mi familia, quienes se dieron cuenta de que era una forma cruel de divertirse. Como el más joven de cinco hijos, crecí intentado ser duro, pero al mismo tiempo era muy sensible a todas las burlas que se hacían en la familia a costa mía. No sabía que para ese entonces el alcohol ya era el principal factor de mi vida (debido al problema con la bebida de mi padre) y seguramente no sabía que alguna vez yo iba a ser afectado por este problema, y que más tarde llegaría a desarrollar mi propio problema con el alcohol y las drogas, Estaba muy confundido y pasé mucho tiempo fantaseando acerca de ser el mejor boxeador, luchador, jugador de fútbol, jugador de básquet, jugador de béisbol, etc. Era lo suficientemente bueno en los deportes como para mantener estas fantasías vivas durante muchos años, hasta que llegó el alcohol (el cual, había odiado al principio, pero en el que después me apoyé para todo), se apoderó de mi vida y para mí llenó los vacíos de amor y felicidad. Pero me estoy adelantando.

Alrededor de la pubertad hice la conexión mental entre mi pene y la anatomía de las chicas; encontré un nuevo campo donde jugar y allí estaba yo corriendo. Todavía me recuerdo masturbarme en un campo frente a la casa de dos mujeres mayores (esperando ambas cosas, que me vieran y que no lo hicieran), masturbándome un poco más, esperando alcanzar el cielo lleno de placer. Entonces recuerdo sentir el dolor de la culpa procedente de mis creencias religiosas. Sin embargo, continué buscando el placer y el alivio a toda velocidad y haría cualquier cosa para conseguirlo. A medida que me hacía mayor, más confundido me sentía—atrapado entre el alivio y la culpa, entre sentirme compulsivo sexualmente y necesitado de amor. Para cuando tenía diecisiete años, ya usaba suficientes drogas como para terminar con hepatitis. También jugaba béisbol y mi padre alcohólico era el entrenador del equipo. En esta época me hice amigo de unos chicos que tenían una banda de rock y ellos me pidieron que hiciera una audición como cantante para esta banda. Lo hice, conseguí el trabajo y me mudé con ellos.

Entonces vinieron los horrores durante la noche—estaba solo, lejos de mis abusivos padre y me sentía perdido. ¿Qué hacer? Tener una aventura gay—cualquier cosa que pudiera ayudarme a mantener mi enfermedad en secreto. Esta aventura funcionó durante un tiempo porque continuaba haciéndome sentir muchas de las viejas cosas (placer, culpa, vergüenza, etc.) a las cuales me había acostumbrado en el pasado.

Así que continué hasta que una noche fui violado completamente por unas personas que se quedaban en la casa de mi compañero. Me sentí devastado por la experiencia. La terapia que había iniciado un poco antes no funcionaba, (bebía y fumaba hierba, tomaba pastillas para dormir y Valium.) Continué con la terapia y continué sintiéndome confundido acerca de donde estaba mi problema y cual era. También continué masturbándome más y más, buscando el olvido de mi disconformidad.

Este patrón de bola de nieve creció aproximadamente durante siete años hasta que alcanzó el punto de sentir cada vez más y más pánico y de no poder escapar de ese pánico. Me había unido a otra banda durante este periodo y me metí en todo tipo de enredos que incluían a las esposas de otros miembros de la banda.

Dejé la banda sintiéndome en estado de desgracia, volví a Boston contrariado y busqué un trabajo real. Entonces conocí a una chica con la cual salí por un tiempo, aparte, busqué el olvido que me proporcionaba el sexo durante los siguientes años, buscando intrigas con prostitutas y sintiéndome culpable. Incluso empecé a hacer llamadas telefónicas obscenas y me descubrieron cuando mi madrastra hizo intervenir su teléfono y las llamadas fueron rastreadas. Fui arrestado con los pantalones abajo y toda la ropa sucia quedó al descubierto. Me escapé deslizando las muñecas a través de las esposas con un año de libertad condicional por declararme "culpable sin alegar".

Sorprendentemente encontré trabajo como consejero de alcohólicos y al principio hice bien el trabajo. Parecía poder lidiar, a través de la masturbación en privado, con las tensiones sexuales que podían surgir en la situación de consejero. Además, por esta época conocí a mi futura esposa. Sin embargo todo estaba enredado, porque a pesar de que disfrutaba de ella, yo no sabía qué hacer con otra mujer de la que creía estar enamorado. No obstante terminé la otra relación y conseguí otra. También en esa época empecé a asistir a A.A.

Permanecí con la ira, el miedo y la culpa durante aproximadamente dos años, con la esperanza de practicar mi adicción, pero aplazándola porque no quería destruir esta relación. Entonces la tapa voló y practiqué mi adicción con algunas de mis antiguas pacientes a las que servía de consejero. Terminé confesando todo esto en el trabajo y fui despedido.

Llamé a mi padrino de A.A. Él me sugirió que asistiera a una reunión de a apara poder conocer a un amigo suyo que estaba en S.L.A.A. No tenía ni idea de lo que había escondido en todo esto para mí, pero me sentía desesperado.

Sin trabajo, actuando en mí adicción, discutiendo con mi novia y con todos a mí alrededor, estaba fuera de control—y en este punto lo sabía.

Mi novia fue a visitar a su madre (que vivía fuera de E.E.U.U.) y me quedé solo. Evidentemente, ella siempre supo instintivamente que yo era un adicto al sexo y al amor a pesar de que le había tomado mucho tiempo confiar en lo que su intuición le decía. Ella necesitaba estar un tiempo alejada de mí.

Así que asistí a S.L.A.A. Entré en sobriedad en este maravilloso, abierto y honesto programa ahora me doy cuenta de lo poderoso que es el programa porque he estado en terapia y he intentado mejorar durante casi tres años, con muy poco progreso. Entonces entré en este programa y—¡Zás!—hice progresos desde el primer día.

Todo lo que te puedo decir es que si tú tienes un problema en cualquier área de las relaciones o de las prácticas adictivas sexuales o románticas, has llegado al lugar adecuado. Te deseo mucha firmeza y fortaleza. Recuerda—puedes hacerlo, puedes permanecer sobrio, llevo casi un año sobrio, estoy haciendo planes para casarme y me he rehabilitado siendo un consejero para alcohólicos.

El Único "Yo" Que Alguna Vez Conocí

Nací de unos padres muy enfermos. Los odiaba y siempre me decían lo mala y poco humana que era. Fui abusada sexualmente por muchos adultos en mi vida—incluyendo mis padres, tíos, doctores, un diácono de la iglesia, un psiquiatra, los vecinos y hombres a los cuales mi madre me "vendía" con la esperanza de librarse de mí.

Mi madre solía atarme y torturarme sexualmente. Yo lloraba y me abrazaba a mi misma durante la noche, sin poder dormir debido al dolor en mi vagina. Intentaba "masturbarme" violentamente, no para obtener placer, sino para intentar aliviar el terrible dolor.

Mi familia era tan anormal que la gente cruzaba la calle para evitar pasar frente a nuestra casa. Mi madre hizo muchas cosas para que yo me viera repugnante. Esta no fue su única manifestación de locura, ella gastaba mucha energía en hacer que mi hermana se viera hermosa. Por alguna razón, yo representaba para ella todo el mal y el odio; y mi hermana representaba todo el bien y el amor. Viví en la misma casa que mi hermana durante seis años, y a lo mejor sólo pude vislumbrarla en ese limitado tiempo. Mi madre gritaba violentamente si accidentalmente entrábamos en la misma habitación, porque yo podría deshonrar a mi hermana con el simple hecho de mirarla. Mi aspecto era realmente absurdo. Incluso algunas personas endurecidas por la vida han llorado al ver fotos mías de pequeña.

Los niños del barrio no querían jugar conmigo, incluso huían de mí, me insultaban e incluso intentaban golpearme. Yo era demasiado anormal para ir al colegio, de hecho nunca fui—ni siquiera llegué al instituto. Creo que las autoridades del colegio pensaban que mi familia estaba demasiado loca como para molestarse.

Cuando yo tenía aproximadamente tres años, mi padre empezó a ingresar periódicamente en hospitales psiquiátricos, así que él sólo estaba en casa de vez en cuando. Para el resto del mundo él parecía el más loco de los dos, créanme, ¡su abuso no se acercaba en lo más mínimo al de mi madre! El también fue responsable de darme el único mensaje que salvaría mi vida durante muchos años, "El sexo es maravilloso, ¡búscalo!" Esto, junto al mensaje de mi madre: "Las relaciones son, en el mejor de los casos, estúpidas, horribles, malas, etc.; y por lo tanto deben evitarse a toda costa", marcaron el escenario para la forma en la que me he estado relacionando con las personas desde entonces.

Mi primera relación empezó cuando tenía seis años. La chica de al lado también había soportado el rechazo de los otros niños del barrio, así como también los insultos, el abuso verbal de mis padres y las palizas de su padre por jugar conmigo. Un día en particular ella había recibido una dura paliza de manos de su padre por haberme visto y aún así, ella se escabulló de vuelta en mi casa. ¡Estaba tan asustada de perderla! No sé como lo sabía (pero lo sabía) que la podía conservar a través del sexo. Apenas audiblemente le dije: "¿Quieres jugar sucio?"

Ella se entusiasmó con la posibilidad y así empezó una aventura de tres años de vernos diariamente.

Ella tenía cinco años más que yo y tenía mucha experiencia. Su hermana mayor acababa de terminar una relación sexual de cinco años con ella porque había descubierto a los chicos. F. y yo hicimos todas las cosas que hacen los adultos—no era simplemente "jugar al doctor." La mayor parte del tiempo era unilateral, y ella me hacía el amor. Aún no podía sentir un orgasmo pero me gustaba tanto que esto me quitó el dolor. Vivía mis horas con F y soportaba el resto de mi vida dentro de un aislamiento total y llena de terror.

Justo antes de cumplir nueve años, abruptamente nos mudamos de Los Ángeles a Kansas City. Me sentí totalmente devastada—aplastada—destruida. Yo amaba a F.; ¿cómo podría vivir sin ella?

En Kansas City me pusieron en una "clase especial" para niños "locos". Habían diez niños en la "clase"; sin embargo, no realizábamos ningún tipo de trabajo académico, sólo había una "casa de muñecas", unos cubos y una pila de arena. Pasé ese tiempo con la "casa de muñecas" o haciendo a otras dos niñas lo que F me había hecho, ya fuera en el cuarto para guardar los abrigos o en el baño.

Después de tres meses y medio nos mudamos de nuevo a Los Ángeles, pero no cerca de F. Mi madre me había hecho tomar drogas desde los siete años. Ahora había círculos de personas a los que ella me "vendía" o con los que me "compartía." Odiaba esta actividad sexual con los adultos. Las drogas aumentaron en cantidad. También odiaba las drogas.

Tres meses antes de que yo cumpliera diez años, mi madre finalmente consiguió una institución para enfermos mentales que me aceptara. Ya conocía el inminente encarcelamiento y el "olvídate de que existe" que iban a ocurrir durante siete meses; y saberlo de antemano era el infierno. Las drogas aumentaron hasta que llegué a estar inconsciente la mayor parte del tiempo. Un vecino venía periódicamente y me llevaba al baño. Intenté persuadir a mi madre y le rogué que no me desechara. Hice promesas de ser buena—sin importar lo que eso significara. (En retrospectiva, ¡yo era buena!) Intenté no ser vista ni oída, porque atraer la atención hacia mí significaba recibir abuso severo.

Sin haber cumplido los diez años, partí para el asilo—un pabellón de aislamiento. Este es un lugar atemorizante para un adulto, ahora imaginen dejar sola allí a una niña de diez años. Es imposible describir el terror y la agonía por los que pasé. Estuve histérica durante tres semanas—gritando y llorando y escribiendo cartas, rogándole a mi madre que me aceptara de vuelta. Después de tres semanas, extrañamente me calmé, caminé y pedí al guardia que me transfiriera a un pabellón de mínima seguridad, donde participé de mi primera "cacería sexual" (buscar sexo compulsivamente con quien pueda y cuando pueda hasta saciarme). Me metí compulsivamente en actos sexuales con cada chica a la que pudiera acercármele y continué haciendo esto dentro del más completo abandono personal. Continuaron atrapándome y siempre regresaba al pabellón de aislamiento; me golpeaban grupos de chicas porque yo hacía que las castigaran, pero continué con las cacerías.

¡Le enseñaría a mi madre que no la necesitaba a ella ni a nadie en este maldito mundo!

Después de algunos meses escapé. Era una fugitiva de diez años de edad, totalmente sola, ahora empezaba otro patrón que continuaría durante muchos años. Escapaba de una institución para enfermos mentales, me quedaba un rato vagando por las calles hasta que me pillaban, iba a alguna institución o algún otro lugar y volvía a escapar. Durante la noche de mi primer escape conocí a un chulo de putas. Fue la primera vez que bebí y tomé drogas sin que me obligaran, además lo hice como venganza porque sabía que íbamos a tener relaciones sexuales y no quería acordarme de eso. No me acordé. Al día siguiente él me puso en las calles a trabajar. Lo dejé al cabo de una o dos semanas y nunca volví a tener un chulo. En vez de eso, más adelante yo me convertí en chulo, ¡a los trece años! Lo hice porque odiaba prostituirme tanto.

Los siguientes años fueron la historia normal de un adicto en la calle. La única cosa inusual era mi edad (sin embargo, yo me veía mucho mayor). Durante ese periodo tuve mucho cuidado de mantener relaciones sexuales con las mujeres "lo hacía gratis y por diversión". Nunca cobraría a una mujer y ¡ciertamente nunca rechazaría a una! Una cosa que me gustaba de la prostitución era que me daba el privilegio de decir no a los hombres. Yo despreciaba el sexo con los hombres. También engañaba y robaba o de no ser así, abusaba de los hombres con mis trucos. Tenía bastantes seguidores porque siempre atraía masoquistas—tanto hombres como mujeres.

Cuando estaba recluida en alguna institución para enfermos mentales, pasaba la mayor parte del tiempo encerrada; salía sólo cuando quería ir de cacería sexual o simplemente escapar de la institución. Me sentía en el cielo cuando estaba en una habitación con veinte o cincuenta mujeres. Me la pasaba de una cama a la otra toda la noche.

Durante estos años sí tuve relaciones de pareja; y hasta muy recientemente siempre pensé que ellos rompían las relaciones debido a mi abuso de las drogas y del alcohol. ¡Nada más lejos de la realidad! En un inventario que hice, encontré que todas y cada una de las personas con las que me relacioné, terminaron conmigo debido a mi adicción sexual. Sin importar la cantidad de sexo que tuviera con mi pareja, yo tenía que tener también a alguien más—en grandes cantidades, frente a mis amantes, donde fuera, todo el tiempo. Yo no estaba en ese rollo de esconderme y vigilar por encima del hombro para que no me descubrieran. Mis amantes me decían que a ellos no les gustaba eso, pero honestamente yo no podía escuchar sus quejas. Incluso si las hubiera escuchado, yo no podía parar. Quizás me hubiera vuelto más furtiva, pero no hubiera podido dejar de hacerlo en frente de ellos. Para mí no era inusual "llevar a todo el bar a casa" varias veces por semana para tener una orgía, o para que mi amante me pillara, con personas diferentes y en lugares extraños.

A los quince años di a luz a un niño. No puedo contar mucho en relación a los siguientes años porque estuve completamente drogada. Casi al final de mi problema con la bebida, siempre me encontraba atacando o violando a alguien.

A los diecisiete años fui a A.A., luego de nuevo a los dieciocho, y esta vez lo hice en serio. Entré en sobriedad e inmediatamente me metí en una relación—¿no se supone que eso es lo que "debes" hacer? Ella era muy dependiente de mí y yo dependía de su dependencia. Ella sabía lo importante que el sexo era para mí y me sirvió sexualmente, lo cual alimentó muy bien mi ego.

Durante tres semanas aproximadamente permanecí "semi-monogama" por ella; terminé con ella, salí para una gran cacería sexual y volví a casa cuando estaba cansada. Usualmente estas "cacerías" consistían de treinta o cuarenta mujeres—todavía más si eran orgías.

Nuestra relación también era muy sadomasoquista (S & M). Al principio, la lastimé muchas veces seguidas, lo que requirió visitas al hospital y juré salirme de la actividad del S & M. Sin embargo continué golpeándola con frecuencia. Esto no encajaba muy bien con la imagen de la "maravillosa Srta. A.A. " que tenía de mi misma.

Desde el primer día en que la conocí intenté terminar la relación para siempre pero no podía—¡yo era adicta! La odiaba, no la respetaba, no me respetaba a mi misma o en lo que nos convertíamos cuando estábamos juntas, sin embargo no podía dejarla. El sexo con ella era estupendo, pero todo lo demás era una mierda, (ahora puedo ver que habían muchas más cosas que me mantenían adicta además del buen sexo.) Esta relación duró cuatro años y medio y para cuando salí de ella me sentía casi destruida. Después de eso, ella tuvo otro amante, pero ellos no podían hacer el amor a menos que mi ex amante me consiguiera una mujer y me llamara para que fuera a hacer el amor con la otra; para que de esta manera ella y su amante pudieran ver y excitarse. Me encantaba que me suministrara mujeres y me encantaba organizar shows, pero odiaba el poder que tenía esta mujer sobre mí, la despreciaba.

Después de que oficialmente dejamos de estar "juntas", mi vida se convirtió en una continua cacería sexual. Eso fue hace más o menos doce años, y en ese entonces empezaba a darme cuenta de que "algo estaba mal" conmigo y con el sexo. Un día me encontré afuera, bajo la lluvia, "yendo a ligar", teniendo que detenerme con frecuencia en las gasolineras para masturbarme. Antes de que pudiera tener a una mujer en la cama, generalmente sentía pánico y me decía a mi misma: "Dios mío, ¿hasta dónde voy a llegar la próxima vez?"

Mi hijo era lo más importante en mi vida después del sexo; y fue la única persona a la que alguna vez amé. Aún así, lo arrastré por el infierno, por todo el país, en mi búsqueda de un trasero. Lo llevé a orgías; lo encerré en armarios para poder ligar sin tener que preocuparme de donde estaba en ese momento.

De hecho, mi adicción sexual fue, de una manera muy retorcida, parcialmente responsable de la muerte de mi hijo. Estaba en camino para recoger un anillo que pensé que necesitaba para poder ligar. Estaba muy obsesionada con los posibles ligues que estarían en la fiesta de la noche del día siguiente mientras le gritaba a mi hijo y le decía que se apurara a cruzar la calle. No sé si hubiera importado, pero hay posibilidades, si no hubiera estado tan preocupada por el orgasmo y tan excitada, puede que hubiera visto el automóvil que se acercaba.

Alrededor de una semana antes de su muerte, me quedé en casa una noche. Me estaba cansando y desilusionando de mi vida sexual. El estaba tan sorprendido. Con lágrimas en los ojos continuaba diciendo una y otra vez: "¿De verdad quieres decir qué prefieres quedarte en casa conmigo en vez de irte a una fiesta?." Me sentía así esa noche, y era verdad. Pero la noche siguiente estaba de nuevo en la calle; cada noche estaba allí afuera.

Después de su muerte, por primera vez en mi vida, no quería tener relaciones sexuales. Tomé su muerte como un castigo de Dios por todo el sexo que antes había tenido. Me dije a mi misma: "Quizás 'esas' personas tengan razón después de todo", mientras pensaba en todo "el fuego del infierno y el azufre" con los que los predicadores habían maldecido a las personas como yo. Sin embargo, a pesar de sentirme cansada de tener relaciones sexuales y de sentir el alma enferma por la muerte de mi hijo, nuevamente me encontré enganchada sexualmente y con las mismas personas a las que había sido capaz de decir que no anteriormente. Y ahora lo hacía por dinero, tanto con mujeres como con hombres, intentando conseguir dinero para enterrar a mi hijo. Me sentía usada y sentía que se aprovechaban de mí. Volví a usar drogas, luego a beber. Incluso un grupo de personas me violó y volví a quedar embarazada. Milagrosamente me las arreglé para volver a entrar en sobriedad. Una vez más, con mi apenas recuperada sobriedad, embarazada y aterrorizada de tener el bebé sola; también estaba verdaderamente muy, muy cansada de mi vida sexual. Así que escogí a una mujer que también empezaba a estar sobria, me mudé con ella y me casé con ella.

No salía con otras personas cuando estaba con ella. En vez de eso, me obsesioné con el embarazo y con el bebé, hice que nos mudáramos a un pueblo muy pequeño para sí poder aislarnos completamente de otras lesbianas y engordar cincuenta y cuatro kilos.

Le di a esta mujer sexo, pero ella era bastante aburrida para mí en la cama, así que simplemente esperaba a que se durmiera y entraba en el baño para masturbarme. Además, con un niño hiperactivo, dirigiendo una "mini-granja" y mi obesidad en extremo, era como si no tuviera tiempo para el sexo.

Antes había usado el peso como un "seguro" para de alguna manera frenar mis cacerías sexuales. Me paseaba de una adicción a la otra entre el sexo, la obesidad y las relaciones. La obesidad nunca me detuvo, sólo me hacía un poco más lenta, pero nunca antes estuve tan obesa antes había estado en O. A, así que volví y perdí como treinta y cinco kilos.

Nos mudamos a San Diego y casi inmediatamente terminé la relación. Estaba en San Diego sin dinero, ni amigos y con un niño hiperactivo de dos años que nadie quería cuidar. Ni siquiera podía ir a las reuniones de A.A. porque él era demasiado destructivo. Completamente en contra de mi voluntad fui forzada a entrar en lo que yo creía que era el celibato. ¡Fue el peor año de mi vida!

En realidad no era celibato. Solamente estaba mucho menos activa sexualmente, por lo que me parecía que estaba en celibato. Conducía hasta Los Ángeles y dejaba a mi hijo con mi madre—que yo sabía que estaba loca y que abusaba de él—para poder irme de cacería sexual. Me odiaba por hacer eso.

Después de un año me mudé, encontré una niñera permanente y empecé de nuevo. Mi hijo estaba en el parvulario todo el día y yo tenía treinta horas a la semana mientras la niñera cuidaba de él. Yo recibía asistencia social del estado para así poder dedicarme de lleno a mis actividades de ligue. Pero algunas veces aún era necesario dejarlo solo, durante varias horas, dentro del automóvil estacionado fuera de algún bar, para así poder ir a ligar. Y todavía guardaba las cacerías sexuales más grandes para cuando fuera a Los Ángeles, más o menos dos o tres veces al mes.

Todo el mundo siempre había sabido lo "pervertida" que yo era, pero pronto llegó el momento de enfrentar y admitir mi propio sadomasoquismo. Después de eso, parecía como que todas las mujeres del mundo me perseguían—no tenía que ligar. Tenía la reputación—que gasté mucho tiempo para mantenerla (y así asegurar que tendría un aprovisionamiento de parejas sexuales que nunca se acabaría)—de hacer realidad la fantasía de cualquiera, sin importar lo extraña que fuera. Tenía miles de dólares invertidos en "juguetes y disfraces" Las personas solían venir a mi casa en grupos para hacer una gira por mi "colección."

Las cosas continuaron yendo cuesta abajo con más rapidez. Vivía en los bares. Me cansaba rápidamente de la situación. Volví a prostituirme. Sentía todo tan vacío. Me resentía con las mujeres con las que estaba porque me usaban y porque dejaban que yo las usara. Me resentí conmigo por usarlas y por dejar que me usaran. Simplemente me resentía con toda la maldita situación. ¿Pero cómo podía culpar a más nadie que a mí misma?

Creo que no había nada de malo con ninguna de las formas que tomó mi expresión sexual—sólo conmigo—y la forma en que usaba estas expresiones. Nunca he tenido una sola experiencia sexual que no haya sido completamente egoísta, ya fuera cuando estaba en mis días "malos" en que asustaba a las personas al obligarlas; o mis días más aceptables a nivel social cuando me tomaba la tarea de curar los problemas sexuales de toda la población sexual femenina.

Mis trucos se iban haciendo progresivamente más enfermos. Recuerdo una noche, mientras una mujer y yo hacíamos el amor y teníamos una pistola cargada, y pensaba: "Si, supongo que eso sería el mejor de los orgasmos", y sintiéndome segura de que así es como yo moriría—muy pronto—en una escena de estas.

Conocí a D.; ella se movía en el mismo tipo de noche que yo. ¡Me puse peor! Esta vez escogí la posición de abusada, en vez de ser la abusadora. Era horrible. Estuve con ella durante dos años y, honestamente, estuve todo el tiempo buscando una forma de salir de la relación.

Finalmente empezó a pasar por mi muy, pero muy grande, cabezota—YO ERA ADICTA. No obtenía nada que quisiera o necesitara; pero sí muchos traumas y dramas que no necesitaba y que ¡todavía me cuesta creer que soportaba! Vi que era exactamente como ser adicta a las drogas. Con muy pocas excepciones, ni siquiera le fui infiel porque sabía que el sexo ya no era la respuesta.

Más de una vez terminé engordando cuarenta kilos, volviendo a las drogas, con una pierna rota, y volví a beber.

Entonces finalmente se me dio el regalo de poder dejar la relación. Y más que nada fue un regalo—el Poder no vino de mí.

Eso fue el 16 de diciembre de 1983.

Cuando me mudé, sabía que no podría soportar otra sucesión de sexo o de relaciones. Regalé toda mi colección de "juguetes", me mudé a un pequeño pueblo infestado de catetos homofóbicos y me negué a perder peso—todo para protegerme de las mujeres y de mí misma atravesé sentimientos de pérdida y de aflicción, pero principalmente, todavía estaba anestesiada por mi sobrepeso, por la soledad y por el hecho de sentirme tan agradecida de haber sido rescatada de esa relación. Había sido más desmoralizador y humillante que todas las drogas, el alcohol y la comida combinados. Sólo después pude darme cuenta de que había tocado fondo y de que me había rendido.

Me metí en grupos de Hijos Adultos de Alcohólicos y esto finalmente hizo girar la rueda de mi recuperación—¡al fin!—después de aproximadamente diecisiete años de estar "por allí" en distintos programas de auto ayuda, en los que nunca me comprometí de verdad.

Empecé a ser honesta—finalmente. Empecé a hablar en las reuniones acerca de mi adicción al sexo y a las relaciones. Empecé a hacer inventarios de mi historia sexual y de relaciones. Sabía que no podía seguir ocultándome detrás de mi peso o del aislamiento en el que había estado viviendo. También sabía que en cuanto empezara a perder peso, la vieja obsesión sexual volvería—y volver a ceder sería mi muerte. Realmente toque fondo; lo sabía. No sólo no podía involucrarme en asuntos sexuales, tampoco podía flirtear—o hablar de sexo—de la misma forma en que lo hacía antes. Sabía que el dolor de no permitirlo era menor que el dolor de permitirlo. El precio de la indulgencia fue muy alto—de hecho siempre lo ha sido, pero antes no lo sabía.

Empecé a contarlo todo en las reuniones de A.A. (a las que también había vuelto). Compartí con cualquiera que me escuchara. No me importaba la respuesta que obtenía—¡Hablaba para salvar mi vida!

La época más dura para mí fue cuando quemé mi último "libro de trucos." ¡Debido a eso pasé por la parte física del síndrome de abstinencia! Eso fue una evidencia concreta de que me tomaba en serio todo, y quería dejar ir mi pasado, para no decir que toda mi identidad—el único "YO" que alguna vez conocí. Para mí todo había sido sexual o un preludio para el sexo, ya fuera que trabajara en mi automóvil o fuera de compras. Era capaz de convertir cualquier situación de mi vida en una situación sexual; y de hecho así lo había hecho.

No sé si alguna vez podré volver a tener relaciones sexuales, o cuando; y en este momento en particular, me importa un bledo. Ahora no puedo tener relaciones sexuales y estoy eternamente agradecida de haber sido liberada de esa esclavitud, de manera que no me importa. Dios sabe que yo también he tenido mi cuota de sexo—¡y también la de muchas otras personas!

Después de escribir uno de mis inventarios sexuales, llamé a aproximadamente treinta personas, y por coincidencia, ninguno estaba en casa. Finalmente terminé llamando desesperadamente a una mujer que yo sabía que entendería lo que había escrito. Cuando terminé de leérselo, ella me dio la dirección de S.L.A.A.

Desde entonces he obedecido y me la he pasado devorando cada pedacito de literatura que puedo conseguir; y (¡sorpresa!) la gente de por aquí ha estado saliendo de sus escondites y quieren que haya una reunión de S.L.A.A. en San Diego, así que estamos empezando un grupo.

Todo somos bebés de recién llegados y realmente no sé que intentamos hacer, pero sé que—con la literatura, hacer caso, la amistad con otros miembros de S.L.A.A. y mi Poder Superior—estaré bien y me siento sumamente agradecida.

He tenido breves destellos de lo que es "ser" o de lo que simplemente es "vivir", y los he sentido mucho mejor que cualquier orgasmo que haya tenido. No puedo decir lo que es, pero sí sé que es sólo una muy, muy pequeña idea de lo que todavía está por venir.

¿Y ahora qué? ¡Lo Estoy Haciendo! No con mucha gracia (así que tendré cuidado); pero lo estoy haciendo.

NOTAS

NOTAS